L'ETAT CHINOIS ET LES COMMUNAUTES

CHINOISES D'OUTRE-MER

Fidèle à sa volonté de maintenir vivant l'ensemble du catalogue et de continuer à rendre accessible à tous la richesse de son contenu, Les marques du groupe L'Harmattan proposent les ouvrages, même s'ils sont épuisés dans leur premier tirage, et les impriment à la demande.
Au vu de l'ancienneté de ce titre, un exemplaire original a été numérisé pour être réimprimé, ce qui pourrait altérer légèrement la qualité de certains passages.

© L'Harmattan, 1997
ISBN : 2-7384-5303-1

Carine GUERASSIMOFF

L'ETAT CHINOIS
ET LES COMMUNAUTES CHINOISES
D'OUTRE-MER

Ouvrage publié avec le concours de
l'Institut du Droit et de la Paix du Développement de
l'Université de Nice

Éditions L'Harmattan
5-7, rue de l'École-Polytechnique
75005 Paris

L'Harmattan Inc.
55, rue Saint-Jacques
Montréal (Qc) – CANADA H2Y 1K9

à Eric

INTRODUCTION

La République populaire de Chine (R.P.C.) connaît, depuis la fin des années 1970 une forte croissance économique. Cette croissance est attribuée à l'introduction d'une politique de réformes dont la caractéristique majeure est une « ouverture » à l'économie internationale, après plusieurs décennies de « fermeture ». Cette politique d'ouverture, instituée par Deng Xiaoping, consiste à faire appel aux capitaux et aux technologies étrangères.

L'examen de l'origine des investissements étrangers en R.P.C., ces dernières années, met en évidence la participation croissante de la diaspora chinoise. Peu d'observateurs ont souligné le fait que les populations de Taiwan, de Hong-kong, de Singapour, ainsi que les minorités chinoises dispersées dans les Etats asiatiques, constituent actuellement les sources principales des transferts de capitaux et de technologies en direction de la R.P.C.

De 1979 à 1990, la Chine continentale aurait reçu du reste du Monde chinois quelque 25 milliards de dollars sous forme d'investissements industriels, immobiliers, de services et d'infrastructure, dont quelque 17 milliards en provenance de Hong-Kong, 5 milliards en provenance d'Asie du Sud-Est, plus de 3 milliards de Taiwan et moins d'un milliard de Singapour [1]. Est-on en train d'assister en Chine à l'intégration de l'émigration dans une stratégie de développement ? Cette question s'insère dans le thème des rapports entre les migrations et le développement, thème qui connaît aujourd'hui un regain d'intérêt.

1   Migration et développement

L'intérêt porté par les hommes aux flux de populations évolua en fonction des problèmes qu'ils posèrent à l'environnement dans lesquels ils se déroulèrent.

> « Il n'est peut-être aucun phénomène qui ait exercé un rôle aussi important que les migrations sur l'histoire de l'humanité. C'est grâce à elles que la terre s'est peu à peu peuplée, qu'elle a été occupée dans toutes ses parties, que la mainmise de l'homme a pu s'effectuer sur tous ses éléments et que l'habitat des hommes a pu se confondre avec l'étendue même du monde.
> Et maintenant que la terre toute entière est plus ou moins effectivement occupée, qu'il n'est plus une région habitable qui soit restée *res nullius*, le rôle des migrations ne s'est pas restreint » [2].

Aristide Zolberg souligne que la division du monde en Etats souverains constitue une époque charnière dans l'histoire des migrations humaines. Elles deviennent un phénomène inter-national. Il ne s'agit plus uniquement du « mouvement d'un individu dans l'espace, mais de la traversée d'une frontière, indiquant un changement de juridiction, et si le mouvement s'avère permanent, c'est aussi un changement d'appartenance d'une communauté politique à une autre » [3]. Les flux migratoires connaissent une croissance importante au XIXe siècle et au XXe siècle, principalement en raison des progrès réalisés dans le domaine des transports.

Au lendemain de la Seconde Guerre Mondiale, on s'intéressa de plus en plus aux déséquilibres économiques, sources potentielles de conflits majeurs. Un fossé plus large s'était formé entre un petit groupe d'Etats, riches en capital, technologiquement avancés, stratégiquement puissants et d'autres Etats, dénués de ces avantages. Parallèlement, les relations démographiques entre ces deux groupes de pays s'inversèrent. La population des Etats « économiquement développés » atteignit son maximum et amorça son déclin. Celle des Etats « en développement économique » augmenta plus rapidement. A partir des années 1950, les pays industriels utilisent en plus grand nombre la main-d'œuvre peu coûteuse des pays en développement, provoquant une vague continue de migrations « économiques ». L'internationalisation croissante des échanges économiques amplifia ces mouvements [4].

Dans cet environnement, les études qui portent sur les migrations s'intéressent à la relation possible entre les migrations et le développement. Dans un article sur l'échange inégal des ressources humaines publié en 1977, Bernard Kayser résume la nouvelle problématique :

> « Au début des années 1960, lorsque s'étaient amorcés en direction de l'Europe occidentale industrielle les flux migratoires de travailleurs qui devaient devenir les plus importants de l'histoire démographique du continent, il n'avait pas manqué, dans les sphères politiques, de bons esprits pour y voir les prémisses d'une nouvelle dynamique de développement : l'émigration devait apporter aux pays du sud non seulement le soulagement de leur "surpeuplement", mais encore les transferts de tous ordres indispensables à leur "décollage" » [5].

Un tel projet se dessina sans prendre en compte les possibilités de crise des Etats industriels. A partir de la fin des années 1960 et du début des années 1970, les Etats industrialisés, européens et américains, décidèrent d'interrompre le flux d'immigrés en fermant leurs frontières. On élabora de nouvelles stratégies de développement économique et politique. Comme l'écrit G.Tapinos, on commença à suggérer que « l'ouverture commerciale, les investissements privés, la délocalisation de certaines activités, l'aide et la coopération pouvaient constituer une alternative à la migration, et devaient en toute hypothèse se traduire par une baisse de la propension à émigrer » [6].

Les deux stratégies se soldèrent globalement par un échec. La fermeture des frontières et la mise en œuvre de stratégies de développement basées sur l'ouverture n'ont pas empêché les flux de migrants de pays en développement de se déverser dans les Etats industriels [7]. Par ailleurs, à la fin des années 1980, les bouleversements politiques de l'Europe de l'Est ont relancé la crainte d'une arrivée massive de population dans les Etats industrialisés et politiquement stables.

Au début des années 1990, les mouvements de populations ne s'arrêtent pas. Ils diversifient leur provenance, modifient quelque peu leur destination et rendent leurs formes plus complexes. Si l'on parle souvent des migrations du Sud vers le Nord, on oublie de parler des migrations Sud/Sud. Auparavant, les limites entre migrations politiques et économiques étaient clairement établies. Aujourd'hui, la frontière entre les deux est difficilement identifiable [8]. Enfin, les migrations se déroulent le plus souvent dans l'illégalité. Elles contournent les Etats et remettent en question leur souveraineté.

Devant la permanence des flux migratoires, notamment de populations issues des pays en développement, les Etats industrialisés sont contraints de confronter une nouvelle fois les réalités des migrations et du développement. Les analyses ne partent plus du principe que les migrations constituent un facteur naturel de développement. Il s'agit aujourd'hui d'étudier tous les aspects de la relation migration-développement (causes, conséquences, limites), afin de déterminer dans quelle mesure les flux de populations pourraient devenir un facteur de développement pour l'Etat d'origine.

On analyse tout d'abord les causes des départs pour tenter de déterminer quel est le rapport entre migration et développement. Les différents chercheurs constatent un lien inéluctable entre un niveau de développement économique et politique insatisfaisant et les départs [9]. Cependant, ils s'aperçoivent aussi que le phénomène ne s'enraye pas totalement avec l'amorce d'une croissance économique et d'un développement général. Au contraire, ils peuvent être un facteur de migrations supplémentaires. C'est ce que l'étude de Pang Eng Fong démontre dans le cas des récentes migrations dans la région Asie Pacifique [10].

D'autres travaux se sont attachés à la compréhension des conséquences économiques, politiques et sociales provoquées par les migrations sur les Etats d'accueil [11]. De nombreuses recherches ont détaillé la situation des immigrés, comme par exemple les travaux de Le Huu Khoa ou la thèse de Live Yu Siong sur l'étude de l'immigration chinoise en France [12]. Ce type de recherche s'inspire d'une volonté de limiter, dans un contexte de fermeture des frontières, les problèmes et les conflits internes que fait naître l'arrivée de populations étrangères. A la différence des années 1960, l'immigration tend à ne plus être étudiée en tant que phénomène global, mais à être tronçonnée en fonction de l'origine ethnique des populations.

Enfin, le dernier domaine est constitué par l'analyse des retombées économiques et politiques de l'émigration sur l'Etat d'origine. On trouve de nombreux ouvrages de ce type pour les Etats du Maghreb et du Machrek, principaux foyers d'émigration en direction des Etats industrialisés européens [13].

La relation migration-développement comprend un domaine essentiellement politique, dont Bertrand Badie définit la problématique en ces termes :

> « Dans un monde où l'Etat prétend au statut d'acteur exclusif et souverain de la scène internationale, le processus migratoire dérange et devient source d'anomie : se réalisant souvent hors de l'Etat, ou en le contournant, il contribue couramment à défaire les allégeances citoyennes, à défier les politiques publiques, à créer des espaces échappant au contrôle politique et en fin de compte, à ériger parfois l'individu ou les réseaux d'individus en micro-acteurs souverains du jeu international. Elément important des flux transnationaux qui entretiennent la "turbulence" du monde contemporain, les migrations en sont probablement la part la plus rebelle parce que la moins réductible aux choix collectifs, donc la plus sujette à l'imprévisibilité et aux aléas »[14].

La confrontation des différents aspects liés aux rapports migration-développement a pour objectif de permettre aux Etats et à leurs gouvernements d'adopter des politiques migratoires conformes à leurs intérêts. L'étude des migrations et du développement amène invariablement à s'interroger sur l'action possible des Etats, soit à l'égard de chacune des deux réalités (migration ou développement), soit sur les deux considérées simultanément.

Les politiques migratoires sont définies comme des composantes du système migratoire. Par système migratoire, il faut entendre la combinaison particulière de type de flux de populations entre pays d'arrivée et pays de départ, avec les règles ou les lois qui régissent ces flux et les organismes chargés de les appliquer. Boutang et Papademetriou en déduisent une définition des politiques migratoires :

> « Elle comprend dans les Etats de droit, toute action des gouvernements centraux ou autorités locales s'appuyant sur des traités internationaux, des conventions, des lois, des décrets et des circulaires. La politique migratoire comprend aussi les pratiques administratives tendant à définir, appliquer et légitimer les décisions concernant les populations exogènes, dans un cadre constitutionnel donné. Par populations exogènes, on entendra aussi bien la population étrangère elle-même immigrée, que ses descendants nés à l'étranger ou nés dans le pays d'arrivée »[15].

Si cette définition détaille les éléments institutionnels d'une politique migratoire, elle semble avoir été élaborée sous le seul angle de l'Etat d'immigration. Depuis les années 1970, les politiques à l'égard de l'immigration ont fait l'objet de nombreux travaux. Mais, comme l'écrivent Seccombe et Lawless, « l'examen de leur contrepartie, les politiques à l'égard de l'émigration, a été sérieusement négligé malgré l'accroissement des migrations internationales dans le monde entier au cours des trente dernières années »[16]. Selon Adler, cette omission résulte d'une hypothèse implicite : puisque ce sont les pays d'accueil qui détiennent effectivement le pouvoir sur le marché international du travail, il convient d'abord la question des politiques à partir du point de vue des pays d'immigration[17]. L'échec des politiques d'immigration, notamment dans la perspective d'un arrêt des flux, a favorisé un intérêt croissant pour les politiques d'émigration.

Aujourd'hui, ces dernières sont reconnues comme étant une composante essentielle du système migratoire. La définition des politiques d'émigration peut être calquée sur celle des politiques d'immigration. Elles comprennent toutes les actions des gouvernements centraux, ou des autorités locales s'appuyant sur un ensemble de textes légaux et de pratiques administratives et politiques, tendant à appliquer et à légitimer, les décisions concernant la population émigrée dans un cadre constitutionnel donné.

L'analyse des politiques d'émigration participe à la compréhension des flux de populations de plusieurs manières. L'ampleur de ces derniers variera en fonction de l'existence, de l'absence et de l'importance d'une politique d'émigration. De telles études doivent prendre en considération le contexte politique, historique et économique afin de comprendre la stratégie existante, les contraintes qui pèsent sur elle, sa formulation, son maintien ou son changement[18]. Rejoignant la problématique migration-développement, les politiques d'émigration doivent être étudiées en fonction des stratégies générales de développement adoptées par l'Etat. Cette prise en considération semble fondamentale pour l'élaboration de réponses potentielles à la question du développement par les migrations.

Lorsque l'on se réfère à la littérature concernant ces politiques, on s'aperçoit que du point de vue du développement, les politiques d'émigration ont deux fonctions essentielles : la sauvegarde des intérêts nationaux en matière de développement, économique ou politique, et l'augmentation des recettes procurées par les migrations. Pour Seccombe et Lawless, ces deux préoccupations sont à l'origine de la division de la politique d'émigration en politiques de gestion et en politiques structurelles[19].

Les politiques de gestion concernent principalement l'organisation et le fonctionnement à court terme du processus migratoire (protection juridique des droits et conditions des ressortissants vivant à l'étranger, politique de sélection des migrants). Elle est complétée par un ensemble de mesures visant à influencer le niveau, l'utilisation et la répartition des gains de l'émigration. Ces bénéfices sont, semble-t-il, essentiellement constitués par les remises [20] envoyées par les émigrés. Les politiques structurelles, de plus vaste portée, auraient pour objectif d'établir une régulation de l'émigration, de façon à ce qu'elle soit en harmonie avec les objectifs nationaux de développement.

Certains éléments des politiques de gestion (droit de la nationalité, protection juridique extérieure des émigrés, présence économique importante des Chinois d'outre-mer) réapparaissent précisément en R.P.C. depuis l'engagement des réformes. Le désengagement américain au Vietnam et la disparition de Mao en 1976 sont des événements essentiels qui vont modifier la conjoncture externe et interne de la R.P.C., pour aboutir au 3e Plenum du XIe Comité central du P.C.C. de décembre 1978 consacrant le retour de Deng Xiaoping aux affaires et engageant le pays dans une politique de modernisation et d'ouverture qui semble diamétralement opposée à celle des vingt années précédentes [21]. On en connaît les modalités et les évolutions essentielles : création de zones franches et ouverture du littoral, appel aux capitaux étrangers sous différentes formes, reconstitution et développement prioritaire d'une « Chine maritime ». Or, dans tous ces aspects, il s'agit d'abord dans les faits d'une ouverture « sino-chinoise » : les cinq zones économiques spéciales ont été développées sur les grands foyers pourvoyeurs de la diaspora chinoise : Xiamen dans le Fujian, Shantou, Shenzen, Zhuhai, Hainan dans le Guangdong. Les « zones économiques spéciales » ont été elles-mêmes directement inspirées des zones franches qui avaient fait leurs preuves à Singapour et à Taiwan. Après de chaotiques premières années, elles sont réellement devenues opérationnelles grâce, notamment, à la collaboration d'une figure de premier plan des communautés chinoises outre-mer, Goh Keng See, ancien vice-premier ministre de Singapour et économiste renommé.

L'existence de liens entre la diaspora et l'Etat chinois depuis 1978 s'observe également au travers du principal artisan des réformes actuelles, Deng Xiaoping, qui fut lui-même un émigré. Né en 1904 dans la province du Sichuan, au Sud-Ouest de la Chine, Deng Xiaoping quitte son pays pour l'Europe à l'âge de seize ans. Il débarque à Marseille en décembre 1920. Le jeune Xiaoping, que l'on connaîtra bientôt sous le pseudonyme de Deng Xixian, fait partie d'un groupe d'étudiants chinois contraints de partager leur temps entre l'étude et le travail pour financer le séjour en France. On trouve le futur dirigeant de la Chine sur les chaînes de fabrication de la manufacture de caoutchouc Hutchinson installée à Montargis. Il travaillera également pour l'usine Renault de Billancourt. La condition des travailleurs chinois émigrés ne lui est donc pas tout à fait étrangère. Il a sans doute aussi pu apprécier les fortunes spectaculaires constituées par ses compatriotes expatriés plus chanceux. C'est enfin à l'étranger que la conscience politique du « Petit Timonier » s'éveille. Il adhère au Parti communiste chinois en France en 1924. A l'issue de cinq années de séjour, Deng Xiaoping quitte la France. Il se rend en U.R.S.S. pour suivre les enseignements dispensés au sein de l'Université orientale de Moscou. Deng ne retrouve la Chine qu'en 1927, après sept ans d'absence [22].

Ces faits invitent à analyser avec plus de précision les rapports entretenus par ces deux réalités, l'Etat chinois et la diaspora chinoise, depuis 1978 à la lumière de la problématique générale migration-développement exposée ci-dessus. On s'attachera plus particulièrement à montrer dans quelle mesure l'Etat chinois élabore une politique d'émigration. L'examen de l'attitude du gouvernement chinois à l'égard des émigrés et de leurs descendants renvoie immanquablement au passé de cette relation. Les flux migratoires chinois apparaissent en effet très anciens.

2   Bref rappel des grandes étapes de l'émigration chinoise

Il est possible que des Chinois se soient infiltrés dans le Nord de l'Indochine dès le troisième siècle avant notre ère. Certains auraient atteint Sumatra et Bornéo un peu plus tard. Les habitants du Fujian quittent la région de Fuzhou au cours du premier siècle avant notre ère pour se rendre outre-mer, probablement aux Philippines. Ainsi, si on observe que les destinations les plus anciennes sont localisées en Asie du Sud-Est, on ignore tout des foyers d'implantations de ces premiers émigrants [23]. A partir du milieu du Xe siècle, l'émigration chinoise connaît un développement parallèle à l'essor du grand commerce maritime dans les provinces méridionales. Les marchands chinois fondent des postes commerciaux sur les côtes d'Asie du Sud-Est et de l'océan Indien. Ils y établissent, parfois de manière permanente, des correspondants, choisis dans la famille ou le clan. A partir de la fin du XIIe siècle, ce sont les expéditions militaires maritimes, organisées par les Yuan, qui essaiment soldats et marins dans les "mers du Sud". Ces émigrants se fixent en Asie du Sud-Est ; de véritables colonies chinoises se constituent [24].

La venue des Européens, Portugais et Espagnols au XVIe siècle, et Néerlandais et Britanniques à partir du siècle suivant, en stimulant les activités marchandes attire un nombre croissant de Chinois [25]. Mais, cette période, marque surtout l'essor des sultanats en Asie du Sud-Est. Dans ces cités-Etats portuaires, les marchands de toutes origines trouvent une place [26]. La fin du XVIIe siècle voit l'émigration chinoise atteindre un niveau inconnu auparavant. Les troubles qui ont précédé et accompagné l'avènement des Qing, dynastie étrangère, ont conduit un grand nombre d'habitants des provinces méridionales à s'expatrier [27]. Un siècle plus tard, c'est au contraire la prospérité retrouvée, l'intensification des contacts commerciaux qui poussent les Chinois à s'établir outre-mer.

Les départs outre-mer ne sont pas acceptés par les autorités politiques. L'hostilité de l'Etat chinois vis-à-vis de l'émigration se manifeste dès le XVe siècle, et l'avènement de la dynastie Ming. Une image très négative de l'émigré est forgée par la cour dès cette époque. Elle est reprise par la dynastie suivante. Au XIXe siècle, l'émigration reste interdite en Chine.

A l'origine, l'hostilité des Mandchous envers l'émigration outre-mer apparaît dictée par des considérations militaires. Les provinces méridionales, pourvoyeuses de la diaspora, résistèrent férocement aux envahisseurs Qing. Elles trouvèrent des appuis parmi les émigrés. La résistance menée par le fujianais Zheng Chenggong (Koxinga) bénéficia du soutien d'émigrés installés au Vietnam, au Cambodge et au Siam [28]. Après l'écrasement des rebelles, le gouvernement impérial continua de redouter les colonies chinoises des "mers du sud", devenues le refuge des « loyalistes ». Si la peur des complots s'estompe avec les années, les préjugés envers l'émigration perdurent. Autrefois rebelle, l'émigré est à présent considéré comme un déserteur [29].

L'attitude qui conduit la dynastie des Qing à condamner l'émigré en tant que déserteur semble résulter de la progressive « sinisation » des Mandchous. Les départs vont à l'encontre de la conception du pouvoir, du sujet et de la morale, définie par la doctrine confucéenne. Les principes du système politique traditionnel ont été décrits à maintes reprises. Il suffit de les rappeler brièvement. Il s'agit d'un système de matérialisme organique dans lequel le monde et la société, le domaine de la nature et celui de l'homme, sont non seulement régis par des lois communes, mais constituent un ensemble organique intégré. Les rapports entre les choses et les hommes représentent l'essentiel. Ils obéissent aux cinq relations : Empereur-sujet, père-fils, mari-femme, frère aîné-frère cadet, ami-ami. L'Empereur, fils du ciel, est le médiateur entre la nature et la société humaine. Il est responsable de l'adéquation de cette dernière à l'ordre du monde [30]. Selon les enseignements confucéens lorsque les gens quittent l'Empereur, et partent pour un royaume étranger, cela signifie que le souverain est impopulaire. La perte de sujets est conçue comme une perte de prestige.

L'émigrant en quittant son pays ne remplit également pas son devoir à l'égard de sa famille. Il bafoue la piété filiale. Cette vertu est alors le fondement de la morale domestique et de la morale civique. L'essence de la piété filiale consiste en une entière dévotion envers ses parents. La tradition demande à un fils de procurer le meilleur de ce qu'il peut offrir, au niveau matériel aussi bien que spirituel : le respect, l'affection, le mariage, la naissance d'un enfant mâle. L'usage exige aussi qu'un fils rende régulièrement visite à la tombe des parents et offre des sacrifices aux esprits. Or, l'émigration entraîne l'absence du descendant. Elle rend difficile la pratique de ces préceptes. C'est pourquoi, elle est présentée comme une désertion [31].

L'émigrant est condamné non seulement pour les conséquences que son départ fait subir à l'Etat et à la société, mais aussi à cause des motifs qui le poussent à partir. C'est le profit, l'appât du gain qui, aux yeux de la Cour, conduit l'émigré loin de sa terre natale. Outre-mer, il fait généralement fortune en devenant marchand. En Chine, le commerçant se situe au bas de l'échelle après les lettrés, les paysans et les artisans [32].

Rebelle, déserteur, l'émigré est considéré comme un traître à l'issue de la première guerre de l'opium (1842). Les émigrés ont été accusés d'être responsables de la défaite de la Chine. Ils avaient fourni des renseignements et participé aux combats. Certes, la collaboration de certains d'entre eux est avérée. Mais leur rôle fut exagéré par les fonctionnaires locaux afin d'expliquer leur défaite et échapper ainsi aux représailles de la cour [33].

Si les textes officiels reflètent cette condamnation de l'émigration, ils ne sont que très peu appliqués. Les édits impériaux concernant l'émigration émis jusqu'en 1860 sont peu nombreux. Les motivations ont évolué, mais la sentence à l'égard des départs demeure identique. Le phénomène reste illégal. Un premier texte datant de 1656, traduit alors les préoccupations politiques et militaires de la nouvelle dynastie.

> « Les marchands qui vont outre-mer pour leur compte et commercent ou fournissent aux rebelles des provisions seront décapités et leurs biens confisqués. Les propriétés des violateurs seront remis aux informateurs comme récompenses. Les fonctionnaires locaux qui ont omis d'enquêter et d'appréhender ces personnes seront démis de leurs fonctions et punis par de lourdes peines. Le Pao-Chia qui omettra d'exposer leurs crimes encourra la peine capitale » [34].

L'édit fondamental en matière d'émigration sera promulgué par l'Empereur Kangxi (1662-1723). Il sera intégré au code des Qing comme règlement annexe de la section CCXXV. Il restera officiellement en vigueur jusqu'en 1893.

> « Tous les officiers du Gouvernement, les soldats et les simples citoyens qui commerceront clandestinement par mer, ou qui se rendront dans les îles étrangères, pour y habiter et les cultiver, seront punis conformément à la loi rendue contre ceux qui communiquent avec les rebelles et avec les ennemis, et conséquemment subiront la mort par décollement. Les gouverneurs des villes du second et

> du troisième ordre seront aussi décapités, lorsqu'on les trouvera coupables de connivence avec ces personnes, en s'entendant avec elles pour en profiter. Quand on ne pourra leur imputer que d'avoir négligé de prendre des mesures pour empêcher leur commerce et leur émigration, ils ne subiront pas la mort, mais ils seront dégradés et expulsés pour toujours de la fonction publique. Les gouverneurs des villes du premier ordre et les autres officiers ayant le même rang qu'eux, lorsqu'ils se rendront coupables d'une pareille négligence, seront dégradés de trois rangs et privés de leurs places. Les vice-rois et autres grands officiers de province, seront dégradés de deux rangs dans le cas où ils auraient commis ladite négligence; mais ils conserveront leurs emplois. Néanmoins, on pardonnera une telle négligence à tous ces officiers, s'ils mettent ensuite les coupables en lieu de sûreté et les livrent pour recevoir la peine due à leur crime » [35].

Les fonctionnaires locaux sont responsables de l'application de cet édit. En 1712, l'Empereur Kangxi rappelle que, « ceux qui resteront outre-mer de manière permanente seront punis par la peine capitale, et déclare que le Gouvernement demandera leur extradition afin qu'ils soient décapités » [36]. Il ne semble pas qu'il y ait eu dans la pratique de demandes d'extradition. Ces premiers textes, comme nous l'avons expliqué ci-dessus, reflétaient les craintes de la dynastie pour les activités des rebelles. Tous les Chinois émigrés en ces temps ne participaient pas à des actions politiques. Mais, la législation en vigueur ne les encourageait pas à rentrer. Afin de les distinguer, le gouvernement promulga un autre décret, proposant l'amnistie à ceux qui rentreraient sous une période de trois ans. Cette grâce comportait certaines limites :

> « Les Fujienais qui se sont installés de manière permanente outre-mer sont autorisés à prendre les bateaux pour rentrer dans leur province natale. Les propriétaires de ces bateaux devront être leur garant. Après leur retour en Chine, ils devront être amenés à leurs familles par les fonctionnaires locaux pour qu'elles en aient la garde. Si ces personnes se révèlent être malhonnêtes et de mauvaise composition, elles seront envoyées dans les zones infestées par la malaria pour les travaux forcés. Ceux qui ne répondront pas à ce pardon et rentreront dans un délai ultérieur, seront exécutés après avoir été arrêtés » [37].

La crainte des rebelles s'estompe, mais l'opinion négative à l'égard des émigrés demeure, comme le démontre l'édit de l'Empereur Yongzheng en 1727 : « Je pense que la majorité de ceux qui émigrent outre-mer sont des éléments indésirables. S'ils peuvent aller à leur guise, ils deviendront encore plus indésirables et ils encourageront d'autres personnes à les suivre. Aussi, une période limitée doit être imposée, et ceux qui ne rentreront pas au cours de ce délai, seront à jamais interdits de retour... » [38]. En 1728, le décret est à nouveau promulgué par Yongzheng : « Ceux qui émigrent outre-mer et ne rentrent pas, restent volontairement en terre étrangère. Ceux qui émigrent sans permission ne seront pas autorisés à rentrer » [39].

La Cour ne se préoccupe pas du sort des émigrés dans les pays d'accueil. En 1740, les Chinois de Java furent massacrés. Informé, l'Empereur déclare : « Ces personnes ont déserté l'Empire Céleste, elles ont déserté la tombe de leurs ancêtres et n'ont recherché outre-mer que le profit, et la Cour s'en désintéresse [...] » [40]. En 1858, pendant la négociation du Traité de Tianjin, les Etats-Unis essayèrent de convaincre le gouvernement chinois d'envoyer des consuls. La conversation entre le Vice Roi du Zhili, Tang Dingxiang et le capitaine Dupont, illustre le peu de considération de la Chine pour cette question.

« vice-roi : Il n'est pas dans nos habitudes d'envoyer des représentants officiels au-delà de nos frontières.

Dupont : Mais vos gens sur cette côte du Pacifique sont très nombreux, plusieurs dizaine de mille.

vice-roi : Alors que l'Empereur règne sur tant de millions de sujets, quel intérêt aurait-il pour quelques enfants abandonnés qui ont dérivé vers des terres étrangères ?

Dupont : Ces personnes sont nombreuses, et parmi elles beaucoup sont riches, ayant découvert de l'or dans nos mines. Cela vaut la peine de s'en préoccuper pour cette raison.

vice-roi : Le bien être de l'Empereur est au delà de toute estimation; pourquoi s'intéresserait-il à ceux de ses sujets qui ont quitté leurs maisons, ou au sable qu'ils ont gratté ensemble ? » [41].

A partir du début du XIXe siècle, l'émigration chinoise évolue considérablement. Elle concerne des effectifs sans commune mesure avec les périodes précédentes. L'émigration s'organise. Les destinations varient également. Aux "mers du sud", s'ajoutent bientôt les plantations et les mines du Nouveau Monde et de l'océan Indien. [42].

Un ensemble de facteurs, domestiques et internationaux, a contribué à ce changement d'échelle et de nature. En Chine, le manque de terre, le chômage aggravé par une démographie importante, s'accompagnent d'un renforcement de la pression fiscale sur les paysans. Le paiement des indemnités réclamées par les puissances étrangères à la suite des guerres de l'opium amène le gouvernement impérial à accroître les impôts. La population est contrainte d'avoir recours à l'usure. Les paysans finissent par être ruinés. On constate alors une concentration des terres au profit des classes déjà nanties, qui s'assurent ainsi la prépondérance politique, économique et intellectuelle dans les provinces [43].

L'appauvrissement des paysans nourrit une instabilité politique croissante. Affrontements opposant différents clans, des sociétés de brigands, mais également heurts avec les autorités locales, deviennent fréquents. En 1851, cette instabilité se manifeste au travers de la célèbre "révolte des Taiping". Le mouvement gagna rapidement tout le sud de la Chine. En 1862, son effondrement laissa une situation encore plus critique qu'auparavant. Les pertes humaines et matérielles furent considérables. Les bandes armées dispersées se livrèrent au pillage et au brigandage. L'ensemble de ces facteurs expliquent qu'un nombre toujours plus important de Chinois choisissent l'expatriation [44].

Le développement de l'économie coloniale, en particulier dans les possessions anglaises ou néerlandaises d'Asie du Sud-Est, en créant un besoin de main d'œuvre à bon marché, facilita l'accueil des émigrés chinois [45]. La modernisation des transports permit l'acheminement de ces travailleurs vers ces régions, où les investissements sont alors importants. Ainsi, en ce milieu du XIXe siècle, l'émigration change d'échelle et modifie sa nature en devenant une émigration de masse, composée de coolies.

Dès les années 1840, les Occidentaux participent au commerce des coolies, en dépit de la législation chinoise qui interdit l'émigration. Le premier contingent de coolies sous contrat à destination de l'étranger part du port d'Amoy (Xiamen) en 1844 à bord d'un navire français, à destination de l'île Bourbon [46]. Cuba reçoit les premiers émigrés chinois en 1847 en provenance des Philippines, puis à partir de 1850 de Macao, de Shantou et de Xiamen. En 1874, plus de 120 000 coolies quittent ce dernier port pour se rendre à l'étranger. Ce n'est pas seulement l'économie de plantation qui requiert une masse de main d'œuvre chinoise importante, mais aussi les activités minières, comme par exemple les mines d'Afrique du Sud, et les grands travaux (chemin de fer du Congo). D'autres Chinois se laissèrent entraîner par le mirage de l'or des « pays neufs ». La première ruée chinoise vers l'or date de 1848. Trois années plus tard, l'Australie accueille à son tour une immigration chinoise importante, attirée ici aussi par les « Nouvelles montagnes de l'or ».

Le dispositif des « ports ouverts », imposé par les Occidentaux à la Chine en 1842, et les conditions socio-économiques de la Chine que nous avons décrites ci-dessus, ont permis, dès les années 1840, l'organisation d'une véritable traite des coolies. Des agences de recrutement, le plus souvent étrangères, officiaient en amont de ce système. Dans le port de Xiamen, il existait six agences étrangères de recrutement de coolies, dont cinq étaient anglaises. Les activités illégales des firmes européennes étaient facilitées par la position officielle de leurs propriétaires. James Tait est probablement le plus puissant trafiquant de coolies de cette époque. Il crée son agence en 1845 à Gulanyu, une petite île située en face du port de Xiamen, sur laquelle sont installés les consulats étrangers. James Tait exerçait dans le même temps les activités de consul d'Espagne, vice-consul des Pays-Bas et consul du Portugal [47]. Le cumul de la fonction de Consul et du métier de négociant permettait à ces étrangers d'avoir des contacts directs avec les autorités chinoises. Leur position officielle les protégeait des poursuites éventuelles. Ce « marchand-diplomate » a fait construire les locaux de son agence au pied de la colline Fuding, à l'entrée du détroit séparant les îles de Gulanyu et de Xiamen. A quai, en face de l'agence, mouille un navire baptisé « l'émigrant ». Il sert de dépôt.

Ces « diplomates » s'employaient à soustraire de la juridiction impériale les émigrés d'origine chinoise, embauchés par les agences de coolies pour recruter la main d'œuvre. Au regard des lois de l'Empire, ces émigrés au service des agences de recrutement demeuraient des sujets chinois et pouvaient être poursuivis puis condamnés. Mais, ils étaient également inscrits comme sujets britanniques dans les consulats de la Grande-Bretagne. Ils bénéficiaient alors de la protection britannique [48]. Les consuls s'appuyaient sur le principe de l'extraterritorialité prévu dans les traités de 1842.

> « Lorsqu'un Chinois d'outre-mer utilisait la protection étrangère pour défier les lois impériales, cela n'était pas seulement ressenti comme une tentative d'échapper aux sanctions, mais aussi comme un défi pour le système légal chinois et pour l'autorité politique de l'Empire » [49].

Les recruteurs chinois utilisaient tous les moyens possibles pour fournir les coolies chinois aux agences étrangères. Le plus souvent, c'est à l'aide de dettes de jeu, de primes illusoires, de rackets, mais surtout d'enlèvements qu'ils recrutaient ces « engagés ». Arrivés dans les ports de Xiamen, de Shantou ou de Macao, ces coolies étaient entassés dans des baraquements (les *baracoons*) dans des conditions d'insalubrité extrême. Ce négoce a été décrit avec un luxe de détails au milieu du XIX⁰ siècle par le Comte Ludovic de Beauvoir.

> « Après la première infamie de la capture par les agents subalternes, voici comment se continue ...le négoce ! Celui qui a fait la commission dans l'article homme reçoit, par tête de Chinois livré, 50 francs pour lui et environ 300 francs pour le vendeur... La cargaison humaine, qui par devant les juges a consenti au départ (ou à risques de graves représailles), est alors intégrée au baracoons. Enfin le navire est arrimé, les coolies sont embarqués et chacun alors est vendu environ 750 francs par le propriétaire du baracoon au représentant de l'agence espagnole de navigation. [...] Le contrat est rédigé en espagnol et en chinois, signé et parafé par le Chinois (souvent analphabète), le procureur du roi et le consul d'Espagne. En voici les principales clauses : Je m'engage à travailler douze heures par jours, pendant huit ans, au service du possesseur de ce contrat et à renoncer à toute liberté pendant ce temps. Mon patron s'engage à me nourrir, à me donner quatre piastres (20 francs) par mois, à me vêtir, et à me laisser libre le jour de l'expiration du contrat » [50].

Le voyage se déroulait également dans des conditions extrêmes. Le typhus, la malnutrition, les coups rendaient l'arrivée à destination difficile. Les capitaines des navires furent de plus en plus souvent confrontés à des mutineries.

Malgré le fait que l'ensemble de ce commerce se déroule en violation de toutes les législations chinoises en vigueur, l'application des textes est peu contrôlée. Yen Ch'ing-Hwang explique que les fonctionnaires locaux furent plus que tolérants à l'égard du commerce des coolies. Ce trafic avait l'avantage de vider les provinces méridionales d'éléments indésirables et d'éliminer le surplus de population. Les contrebandiers rétribuaient la complaisance des officiels. Lorsque les étrangers participèrent directement à ce commerce, leur tolérance s'expliqua également par la peur de heurter directement les puissances et de provoquer un conflit. Les provinces se gardaient d'informer la capitale des problèmes engendrés par le négoce des coolies de crainte de voir les sanctions impériales prévues par les textes s'appliquer [51].

Lorsque l'ordre public était menacé par ce trafic, ils minimisaient la situation. La révolte qui éclata à Xiamen en 1852 apparaît en grande partie liée à la conduite des recruteurs de coolies et de leurs patrons étrangers. L'incident qui servit de détonateur au mécontentement de la population fut l'intervention de Syme, propriétaire d'une agence d'émigration anglaise, en faveur de l'un de ces rabatteurs chinois, emprisonné en raison de l'enlèvement de coolies. Les mandarins locaux se préoccupèrent avant tout de calmer l'indignation de la foule et d'empêcher que d'autres incidents visant les étrangers ne surviennent [52].

Lorsque le recrutement de la main d'œuvre chinoise se déplaça à Shantou et à Canton, le kidnapping des populations se concentra dans le Guangdong. Le gouvernement de cette province apparaît plus résolu à combattre ces pratiques. En 1855, le gouverneur, Bo Gui, publia une proclamation interdisant l'enlèvement. Il ordonnait leur arrestation. Des milices locales furent spécialement levées. Il s'agit de la première déclaration officielle contre les enlèvements et le commerce des coolies [53]. Mais, les difficultés rencontrées par les autorités provinciales pour arrêter ces criminels s'expliquent par le fait que l'essentiel des activités illégales s'exerçaient à Macao, en dehors de leur juridiction. L'arrestation des seuls ravisseurs chinois ne pouvait résoudre la question du commerce des coolies. Les mandarins du Guangdong ne tenteront pas de s'en prendre directement aux étrangers. Jusqu'à la fin des années 1850, ils ne purent agir autrement à cause de l'absence de soutien de la cour. Le gouverneur général du Guangdong et du Guangsi adressa un mémoire à l'Empereur au sujet d'une mutinerie à bord d'un vaisseau américain transportant des coolies. La cour ne donna aucune réponse. Quatre ans plus tard, le gouverneur du Zhili envoya un rapport sur les méfaits du trafic de l'opium et du commerce de coolies. L'Empereur répondit que ces questions étaient du ressort des provinces [54].

Ce sont les émigrants « libres » de contrat qui alimentent les flux de la première moitié du XXe siècle. Ces flux n'ont plus le caractère massif de la période précédente. Le fait nouveau est la destination européenne. Les courants se dirigent, au tournant du siècle, vers la Grande-Bretagne, puis les Pays-Bas (essentiellement des matelots et des dockers), et vers la France avec le recrutement en 1917-1918 de quelques 140 000 travailleurs pour « aider à l'effort de guerre » dans les usines d'armements et pour creuser les tranchées sur le front déployé d'Arras à Verdun [55].

L'émigration chinoise continue à se déverser en Asie du Sud-Est jusqu'au coup d'arrêt de la grande crise mondiale de 1929. Au début des années 1930, il y aura plus de 8 millions de Chinois de la Birmanie aux Philippines. Les départs de Chinois augmentent brusquement au moment de l'invasion japonaise, puis se tarit avec l'éclatement de la Seconde Guerre Mondiale. La guerre civile en Chine, et la victoire remportée par les Communistes en 1949, engendrent de nouvelles turbulences migratoires au sein du monde chinois. Pour fuir le nouveau régime, environ deux millions de personnes suivent Jiang Jieshi (Tchiang Kai Chek) et le Parti Nationaliste à Taiwan. D'autres se rendent aux Etats-Unis. Malgré l'interdiction imposée par les Communistes au pouvoir, de 1950 à 1982, Hong-Kong accueille plus de 2 millions de réfugiés en provenance du continent.

Toutes ces évolutions ont contribué à donner une importance réelle au phénomène diasporique chinois actuel. Cette importance va néanmoins bien au-delà de l'expression quantitative. Elle se manifeste aussi par le rôle économique des émigrés chinois et de leurs descendants dans leurs Etats et territoires d'accueil [56].

3   L'importance actuelle des communautés chinoise outre-mer

L'incertitude des chiffres est un des caractères inhérents à tout phénomène migratoire. Elle est d'autant plus grande que la migration est ancienne, multiple, insérée dans des pays d'accueil très différents. Les données chiffrées sur l'importance numérique actuelle des Chinois émigrés varient par conséquent d'une publication à l'autre et sont généralement en retard sur la réalité.

Néanmoins, le tableau ci-contre fait apparaître les grands traits de la répartition géographique de la diaspora chinoise. Cette dernière est caractérisée à la fois par une dispersion très large qui touche les cinq continents et par une énorme concentration en Asie du Sud-Est. Cette région accueille 88 % des émigrés chinois entre 1980 et 1985.

L'Asie du Sud-Est constitue également la région où les Chinois sont crédités d'un poids économique considérable. Il est difficile de chiffrer la puissance économique des Chinois de la diaspora. Ceci s'explique en grande partie parce que les gouvernements d'Asie du Sud-Est refusent de reconnaître cette importance. Néanmoins, diverses évaluations ont été proposées qui permettent sous certaines réserves de se faire une idée .

Au milieu des années 1980, la puissance financière des Chinois en Asie du Sud-Est serait comprise entre 50 et 60 milliards de dollars US, pour atteindre 100 milliards de dollars US en incluant Hong-Kong [57]. La production de la diaspora chinoise équivaut globalement à celle de la production de la République populaire de Chine qui est vingt-cinq fois plus peuplée [58]. Les Chinois possèdent 60 à 70 % du capital privé en Indonésie et en Malaysia. Ils détiennent 90 % des investissements industriels en Thaïlande et l'essentiel du commerce et de l'artisanat au Cambodge et au Sud-Vietnam avant 1975 [59]. La part chinoise dans la capitalisation boursière était estimée en 1991 à 61 % en Malaysia, 73 % en Indonésie et 81 % à Singapour. Enfin, dans la région, plus de 100 banques sont partiellement ou entièrement contrôlées par des descendants d'émigrés ou des émigrés; dont

45 en Indonésie, 19 en Malaysia et 14 à Singapour. Triollet rappelle également que sur les 12 plus grandes banques mondiales, 5 sont chinoises, dont 2 sont implantées à Singapour, et les autres en Thaïlande et en Malaysia [60]. C'est donc une diaspora de formation ancienne, relativement nombreuse, implantée sur les cinq continents, et économiquement forte en Asie du Sud-Est qui semble actuellement intéresser le gouvernement chinois.

LE FAIT CHINOIS DANS LE MONDE EN 1980-1985 [61]

Etats et territoires	Population d'origine chinoise	% de la population totale
ASIE (sans la Chine)	18 474 491	
Indonésie	6 150 000	4.02
Thaïlande	4 800 000	10.33
Malaisie	4 100 000	33.34
Singapour	1 850 237	76.89
Philippine	1 036 000	2.04
Birmanie	700 000	1.97
Vietnam	700 000	1.22
AMERIQUES	1 633 075	
Etats-Unis	910 843	0.39
Canada	325 000	1.31
Brésil	65 000	0.05
Pérou	52 000	0.27
Panama	33 000	1.61
Jamaïque	20 000	0.88
EUROPE	550 026	
Royaume-Uni	230 000	0.41
France (métrop.)	210 000	0.38
Pays-Bas	60 000	0.41
Allemagne	20 000	0.03
OCEAN PACIFIQUE	168 456	
Australie	122 700	0.88
Nouvelle-Zélande	20 000	0.63
Tahiti	20 000	11.76
AFRIQUE	78 509	
Ile Maurice	34 100	3.55
Madagascar	13 600	0.14
La Réunion	13 400	2.43
Afrique du Sud	11 000	0.03
TOTAL OUTRE-MER	20 905 457	
ESPACE CHINOIS		
Chine populaire	940 942 034	93.33
Taiwan	19 159 082	98.20
Hong-Kong	4 885 600	97.90
Macao	271 400	98.00

Leur présence en R.P.C. amène certains auteurs à écrire que cet Etat pourrait constituer un exemple pour les autres pays en développement dans la perspective de l'utilisation économique et politique des émigrés. Face à cette idée, il s'agit de déterminer quel rôle l'Etat chinois a réellement conférer aux Chinois d'outre-mer et de quelle manière les dirigeants envisagent d'atteindre cet objectif. L'étude des relations de l'Etat chinois avec les Chinois d'outre-mer soulève des problèmes purement juridiques, tels que la nationalité, l'allégeance et la souveraineté. Les solutions proposées par la R.P.C. semblent obéir à la logique du projet qu'elle a élaboré pour ses relations avec les émigrés et descendants d'émigrés. L'étude de la politique de la R.P.C. à l'égard des émigrés chinois rencontre cependant plusieurs difficultés.

Lorsqu'un juriste entreprend d'étudier un problème touchant à l'Etat chinois, sa formation le heurte à certains obstacles, et l'oblige à entreprendre une démarche particulière. Il ne peut aborder les questions relatives à cet Etat comme celles relatives aux Etats dits de droit, c'est à dire par l'étude exclusive du corpus légal qui émane des instances dirigeantes. L'une des illustrations de ce problème se manifeste dans la définition même de l'Etat chinois, si définition il peut y avoir. Dans les conceptions juridiques strictes, la Chine n'est pas un Etat de droit, c'est à dire un Etat dont le fondement serait le Droit. Si l'Etat chinois peut se définir en fonction des critères de droit international, c'est à dire une entité possédant une population, un territoire et un gouvernement, ce n'est qu'une définition partielle qui ne peut pas être complétée par une définition juridique.

La notion d'un Etat sans droit a été confortée par les Chinois eux-mêmes. Ils ont toujours opposé le droit aux rites. Le droit, défendu par les légistes n'était qu'un moyen, généralement répressif, pour faire respecter l'harmonie entre la société et la nature. Les hommes qui formaient le gouvernement étaient choisis parmi les plus sages afin de gérer la société en fonction des principes confucéens et dans l'objectif ultime de préserver l'harmonie. L'évolution politique de la Chine n'a pas modifié le problème. En 1949, ce pays a adopté un système politique marxiste. Le droit est à nouveau écarter au profit du politique et de l'idéologie. Ce régime tend au dépérissement de l'Etat qui n'est qu'un étape transitoire. L'Etat chinois ne peut être appréhendé dans notre étude que comme l'ensemble des institutions politiques, économiques et des hommes qui dirigent la R.P.C.

La relation particulière de la R.P.C. avec le droit nécessite une approche juridique globale; même si l'on constate depuis 1978 une volonté marquée des dirigeants chinois de mettre en place une légalité. La construction d'un édifice légal demeure encore aujourd'hui embryonnaire, et parfois même ne correspond pas à la réalité. Il importe ainsi d'aborder les relations de la R.P.C. avec les Chinois d'outre-mer en associant aux sources juridiques, les textes politiques et la presse officielle. L'approche juridique globale s'applique aussi aux domaines juridiques investis. L'élaboration actuelle d'un corpus juridique s'adapte non seulement à la vision chinoise du droit , mais aussi à sa conception socialiste. Le droit n'est toujours pas une fin en soi, mais un moyen d'atteindre un objectif, en l'occurrence depuis 1978, celui des « quatre modernisations ». L'étude des relations de la R.P.C. avec les communautés chinoises émigrées implique de considérer toutes les normes juridiques affairant à cette question, qu'elles appartiennent au droit international, au droit administratif, afin de rendre compte le plus efficacement possible de la réalité de la question.

La dénomination employée par le gouvernement chinois pour désigner les émigrés pose un problème particulier. Les textes officiels se réfèrent le plus souvent aux « Chinois d'outre-mer ». Mais, ce terme englobe des situations juridiques et des réalités différentes. Depuis 1978, les dirigeants de la R.P.C. distinguent quatre catégories de Chinois d'outre-mer. La première comprend les « compatriotes », *Tongbao*, de Hong-Kong, Macao et Taiwan, qui vivent en Chine, mais qui échappent provisoirement à l'autorité de Beijing. Très souvent, les législations se référant à l'émigration englobent ces populations. La seconde catégorie rassemble les Chinois d'outre-mer « de l'intérieur » (*Domestic Overseas Chinese* selon l'appellation reprise par les auteurs anglo-saxons). Cet ensemble se divise en *Guiqiao*, et *Qiaojuan*. Les premiers sont des Chinois émigrés rentrés en Chine; les seconds sont composés des familles vivant en Chine de Chinois résidant à l'étranger. Enfin, les Chinois d'outre-mer comprennent l'ensemble des Chinois de la diaspora, divisés par Beijing depuis 1980 en *Huaqiao*, Chinois qui ont encore la nationalité chinoise et *Huayi* ressortissants étrangers d'origine chinoise. En dépit de ces distinctions, la littérature sur la question a vulgarisé le terme de *Huaqiao* pour l'ensemble des Chinois d'outre-mer.

Le terme *qiao* désignait à l'origine des Chinois résidant temporairement à l'étranger. Il apparut pour la première fois en 1858, dans le cadre des traités signés entre le gouvernement impérial et les puissances étrangères pour réglementer l'immigration de la main d'œuvre chinoise. *Qiao* faisait référence à des Chinois recensés, autorisés officiellement à partir, et protégés par le gouvernement chinois. Ce n'est que dans les années 1880 que le nom *Huaqiao* apparut. Il désigna d'abord une catégorie spécifique de Chinois, séjournant à l'étranger en dehors de tout accord officiel. Il finit par concerner l'ensemble des Chinois résidant à l'étranger. Ce terme fait souvent l'objet de polémique. Il est remis en question par certains émigrés qui ne se considèrent plus comme des résidents temporaires à l'extérieur de la Chine, et encore moins comme rattachés à la Chine. Ils préfèrent l'utilisation des termes *Huaren* ou *Huayi*, descendants de chinois[62]. Chacune des appellations a été reprise dans ce travail. Mais, nous avons le plus souvent utilisé la dénomination de Chinois d'outre-mer ou d'émigré pour parler de la politique chinoise en général.

L'accès aux sources constitue, avec les problèmes de définition, une autre difficulté majeure rencontrée au cours de ce travail. Les sources sont principalement conservées en R.P.C. ou à Taiwan. Elles sont très nombreuses, mais non encore systématiquement inventoriées. Souvent, les textes sont dispersés dans de nombreux recueils, qui n'ont pas trait spécifiquement aux Chinois d'outre-mer. Face à l'étendue du corpus, il a fallu opérer une sélection des textes les plus significatifs. Nous restons conscients de la nécessité de réaliser un inventaire exhaustif qui permettra de mener une étude systématique de l'ensemble de la législation.

Notre analyse écarte l'examen des obstacles et des limites que peut rencontrer aujourd'hui la politique de l'Etat chinois à l'égard des Chinois d'outre-mer. En premier lieu, le caractère récent de la politique restreint le champ d'une telle étude. Certaines mesures n'ont pas encore donné tous leurs effets. En second lieu, l'accueil de cette politique par les principaux intéressés devrait faire l'objet d'une étude particulière. Certes, les réactions des émigrés demeurent fonction de la politique de l'Etat d'origine. Mais, elles sont aussi intimement liées à deux autres facteurs : les politiques des Etats d'accueil, l'évolution économique, sociale, politique de chacune des communautés émigrées en relation avec son environnement. L'étendue des deux domaines évoqués ci-dessus expliquera peut-être les raisons pour lesquelles nous avons renoncé à les explorer.

A l'image de l'émigration chinoise, les relations de l'Etat chinois et des Chinois d'outre-mer sont anciennes. Dès la fin du XIXe siècle, le gouvernement des Qing se préoccupe de la fortune et des talents des émigrés. C'est à cette époque d'ailleurs qu'apparaissent les premiers textes concernant le projet d'associer les émigrés à l'avenir de la Chine. Les gouvernements successifs, y compris le gouvernement communiste mis en place en 1949, ont toujours gardé un intérêt pour les Chinois d'outre-mer. Outre l'ancienneté, ces relations sont dominées aussi, semble-t-il, par une vision « utilitariste » des Chinois émigrés et de leurs descendants. Ces derniers devaient contribuer à aider leur Etat d'origine à entreprendre certaines réformes économiques et politiques, dans le seul intérêt de l'Etat.

Les dirigeants actuels cherchent à intégrer les Chinois d'outre-mer dans un projet de renforcement politique et économique de l'Etat. L'attraction exercée par les Chinois d'outre-mer sur les dirigeants actuels procède-t-elle de la même optique « instrumentaliste », ou bien incorpore-t-elle une nouvelle dimension dans la relation Etat-émigré ? (Première partie). L'intérêt du gouvernement chinois pour les communautés émigrées se manifeste principalement à deux niveaux. Les Chinois d'outre-mer sont sollicités pour participer à la modernisation économique de l'Etat (Première partie, Chapitre 1). Mais, le gouvernement de la R.P.C. envisage également de solliciter l'aide des Chinois d'outre-mer pour rattacher Taiwan au continent (Première partie, Chapitre 2).

 Ce dessein a pour principale conséquence de contraindre l'Etat chinois à s'adapter aux Chinois d'outre-mer (Deuxième partie). Les Chinois d'outre-mer conduisent ainsi l'Etat à reconsidérer son action à leur égard au sein même de la Chine (Seconde partie, Chapitre 1), mais aussi à l'extérieur de ses frontières (Seconde partie, Chapitre 2).

NOTES DE L'INTRODUCTION

[1] Triollet. Pierre. *La Diaspora chinoise* . Paris. P.U.F..Coll. : « Que Sais-Je ? ». 1994. 126 pages. pp.116-117.

[2] Varlez. Louis. « Les migrations internationales et leur réglementation ». *Recueil des Cours de l'Académie de Droit International*. La Haye. 1927. Tome XX. pp.169-345. page 169.

[3] Zolberg. Aristide.R.. « Un reflet du monde : les migrations internationales en perspectives historiques ». *Etudes Internationales*. n°spécial : « Migrations et relations internationales ». Vol.XXIV. n°1. mars 1993. pp.17-29. page 17.

[4] Golini. A.. Righi. A.. Bonifazi. C.. « Vitalité et déclin démographique : le contraste Nord-Sud ». *in* O.C.D.E.. (ed). *Migrations internationales : le tournant* . Paris. O.C.D.E.. 1993. 298 pages. pp.19-38.D

[5] Kayser. Bernard. « L'échange inégal des ressources humaines : Migrations. Croissance et Crise en Europe ». *Revue Tiers-Monde*. n°spécial : « Migrations et Développement ». Tome XVIII. n°69. Jan-mars 1977. pp.7-20. page 7.

[6] Tapinos. Georges. « L'intégration économique régionale. ses effets sur l'emploi et les migrations ». *in* O.C.D.E.. (ed). *Migration et développement. Un nouveau partenariat pour la coopération* . Paris. O.C.D.E. 1994. 343 pages. pp.241-256, page 241.

[7] Livi-Bacci. Massimo. « Déséquilibres Nord-Sud : une approche comparative des expériences Nord-Américaine et Européenne ». *in* O.C.D.E.. (ed). *Migrations internationales...* . *op.cit.*. pp.39-50.

[8] Domenach. H.. Picquet. M.. « Typologies et réversibilité migratoire ». *in* O.C.D.E.. *L'incidence des migrations internationales sur les pays en développement* . Paris. O.C.D.E.. 1989. 459 pages. pp.43-52.

[9] Wood. B.. « Stratégies de développement et migrations : nature des liens et principaux enseignements ». *in* O.C.D.E.. (ed). *Migration et développement. Un nouveau partenariat...* . *op.cit.*. pp.159-173.

[10] Pang. Eng Fong. « Migrations de travail. développement économique et régionalisation dans la zone Asie-Pacifique ». *in Ibidem*. pp. 280-294.

[11] Les travaux publiés sous l'égide de l'O.C.D.E. sont les plus significatifs de cette orientation.

[12] Le Huu Khoa. *Les vietnamiens en France : insertion et identité. le processus d'immigration depuis la colonisation jusqu'à l'implantation des réfugiés* . Paris. l'Harmattan. C.I.E.M.. 1985. 297 pages. *Ibidem*. *Réfugiés asiatiques en France* . Paris. Groupement pour les droits des minorités. 1990. 98 pages. Live. Yu-Siong. *La diaspora chinoise en France : immigrations. activités socio-économiques, pratique socio-culturelle* . Paris. Thèse de Doctorat en Sociologie. 1991. 824 pages.

[13] *Cf* en particulier Beauge. Gilbert. Buttner. Friedman. (dir). *Les migrations dans le monde arabe* . Paris. Ed.du C.N.R.S.. 1991. 327 pages.

[14] Badie. Bertrand. « Flux migratoires et relations internationales ». *Revue Tiers-Monde*. n°spécial. *op.cit.*. pp.7-16. page 7. Pour un développement de ces questions *Cf. ibidem*. Dewenden. Whitol. (dir). *Le défi migratoire. Questions de relations internationales* . Paris. Ed. de la F.N.S.P.. 1993. 185 pages.

[15] Moulier Boutang. Yann. Papademitriou. Demetrios. « Les systèmes migratoires : Typologies. évolutions et performances des principaux systèmes migratoires », in O.C.D.E.. (ed). *Migration et développement. Un nouveau partenariat...* . *op.cit.*. pp. 21-41. page 22.

[16] Seccombe. I.J.. Lawless. R.I.. « L'intervention de l'Etat et le marché international du travail : examen des politiques à l'égard de l'émigration de travailleurs dans le monde arabe », in O.C.D.E.. (ed). *L'incidence des migrations internationales...* . *op.cit.*. pp.77-99. page 77.

[17] Cité par *Ibidem*.

[18] *Ibidem*. page 78.

[19] *Ibidem*. pp.78-79.

[20] Le terme « remise » est généralement employé pour désigner les sommes d'argent envoyées par les émigrés aux familles demeurées en Chine. -

[21] Pour une étude détaillée des conséquences du désengagement américain au Vietnam sur les autres Etats de la Région. *cf.* Isoart. Paul. *Les Etats d'Asie du Sud-Est* . Paris. Economica. Coll. : « Politique Comparée ». 1978. 275 pages. L'évolution politique de la Chine au lendemain de la Révolution culturelle est présentée également. *in*. Bergère. M-C. Bianco. L.. Domes. J.. *La Chine au XXe siècle* Tome 2. « De 1949 à aujourd'hui ». Paris. Fayard. 448 pages. pp. 89-121. La politique d'ouverture est présentée ci-dessous dans le chapitre premier.

[22] Wang. Nora. « Deng Xiaoping : The Years in France ». *The China Quarterly*. déc.1982. pp.698-705. Pour une étude plus approfondie de la situation des groupes d'étudiants chinois en France dans les années 1920. *Cf.* Wang. Nora. *Paris Shanghai. Débats d'idées et pratique sociale, les intellectuels progressistes chinois, 1920-1925* . Paris. Université de Paris VIII. Thèse pour le doctorat d'Etat. 1986. 2 volumes. 1156 pages.

[23] Purcell. Victor. *The Chinese in Southeast Asia* Kuala Lumpur. Oxford University Press. Coll : « Oxford Asian Paperback ». 1980. 623 pages. pp.8-12.

[24] Gernet. J.. *Le Monde Chinois* . Paris. Armand Colin. Coll. : « Destins du Monde ». 1972. 699 pages. pp.330-331.

[25] Wang. Gungwu. « Merchants without Empires : The Hokkien Sojourning Communities ». *in Ibidem, China and the Chinese Overseas* . Singapour. Times Academic Press. 1991. vii+312 pages. page 87.

[26] Lombard. Denys. *Le carrefour javanais. Essai d'histoire globale* . Paris. Ed. E.H.E.S.S.. 1990. 3 vol.. 267+420+334 pages. vol.2.

[27] Gernet. J.. *Le monde Chinois* . *op.cit.*, pp.450-462.

[28] Tsai. Maw Kuey. *Les Chinois du sud Vietnam* . Paris. Bibliothèque Nationale. 1968. 293 pages.

[29] Yen. Ch'ing Hwang. « Ch'ing Changing Images of the Overseas Chineses. 1644-1912 ». *Modern Asian Studies*. Vol.15. n°2. 1981. pp.263-264.

[30] Gernet. Jacques. *Le monde chinois* . *op.cit.*. pp.403-428. page 405. Chesnaux. J.. Bastid. M.. *La Chine. Des guerres de l'opium à la guerre franco-chinoise, 1840-1885* . *op.cit.*. Tome 1. pp.6-20.

[31] Wu. Xingxi. « Qingchao zhengfu de huaqiao zhengce ». (La politique du Gouvernement des Qing en matière de Chinois d'outre-mer. 1644-1795). *in* Zheng. Ming. Liang. Chuming. (eds). *Huaqiao huaren shi yanjiu ji* . (Recueil sur l'histoire des Chinois d'outre-

mer). Beijing. Haiyang chubanshe. Coll. : « Zhonguo huaqiao lishi xuehui congshu zhisan ». 1989. 2 vol.. 2+10+2+441+2+462 pages. Vol.1. pp.92-105.

[32] Elle peut être comparée à la condamnation du prêt à intérêt comme péché mortel par Saint Thomas d'Aquin. Chesneaux. J.. Bastid. M.. *La Chine. Des guerres de l'opium à la guerre franco-chinoise, 1840-1885*. op.cit.. pp.22-23.

[33] Yen. Ch'ing Hwang. « Ch'ing Changing Images... ». *op.cit.*, pp.263-270.

[34] *Ch'in-ting Ta-Ch'ing hui tien shih li*. (Faits et Précédents des Statuts collectés du grand Empire des Qing). Taipei. Reprint 1963. 24 Vol.. Vol.19. page 14 951.

[35] Staunton. Georges Thomas. *Ta-Tsing-Leu-Lee ou les lois fondamentales du code pénal de la Chine*. Paris. De Crapelet. 1812. 2 Tomes. 455+511 pages. Tome 2. pp.453-454.

[36] Cité par Yen. Ching-Hwang. *Coolies and Mandarins*. Singapour. Singapore University Press. 1985. 413 pages. page 20.

[37] *Ibidem*. page 21.

[38] Cité *in* Huaqiao shih bian xuan weiyuanhui. *Hua Qiao Shih*. (Histoire des Chinois d'outre-mer). Taipei. Haiwai chubanshe. 1956. 256 pages. pp.94-95.

[39] *Ibidem*. page 96.

[40] *Ibidem*. page 97.

[41] Cité par Martin. W.A.P.. *A Cycle of Cathay*. New York. Fleming H.Compagny. 1900. 469 pages. page 160.

[42] Chen. Da. *Chinese Migrations, with Special Reference to Labor Conditions*. Tapei. Cheng Wen Publishing Compagny. 1967. 237 pages.

[43] Chesnaux. J.. Bastid. M.. *La Chine. Des guerres de l'opium à la guerre franco-chinoise, 1840-1885*. Paris. Hatier Université. Coll. : « Histoire Contemporaine ». 3 Tomes. 223 pages chacun. Tome 1. pp.6-20.

[44] *Ibidem*.

[45] Jackson. James C.. *Planters and Speculators : Chinese and European Agricultural Entreprise in Malaya, 1781-1921*. Kuala Lumpur. University of Malaya Press. 1968. 312 pages. page 128. Carillon. Daniel. *Contribution à l'étude des Chinois de Malaysia et de Singapour*. Université de Bordeaux. Mémoire de Maîtrise de Géographie des Pays Tropicaux. 1969. 216 pages.

[46] Yen. Ching-Hwang. *Coolies and Mandarins*. op.cit.. page 2.

[47] Le système des « consuls-marchands » avait été mis en place dans les ports ouverts en Chine devant la nécessité de contrôler et de protéger les sujets étrangers non britanniques. A plusieurs reprises. les consuls anglais avaient été sollicités pour intervenir dans des litiges opposant ces étrangers aux Chinois. Mais. une telle action comportait des risques pour les consuls anglais. En 1844. il fut décidé que certains marchands britanniques résidents en Chine recevraient des Etats étrangers le statut juridique de consul ou vice consul afin d'agir en leurs noms. Fairbank. K.. *Trade and Diplomacy on China Coast : The Opening of the Treaty Port, 1842-1854*. Cambridge. Mass : Harvard University Press. 1964.2 Vol.. 490 pages. pp.212-213.

[48] En 1846. deux Chinois de Pinang sont impliqués dans un trafic de contrebande à Amoy (Xiamen). Ils sont arrêtés par les autorités chinoises. puis relâchés après l'intervention du consul britannique. Yen. Ching-Hwang. *Coolies and Mandarins*. op.cit.. page 29.

[49] *Ibidem*.

[50] Ludovic de Beauvoir. *Voyage au bout du monde. Java, Siam, Canton*. Paris. Plon. 1869. cité *in* Triollet. Pierre. *La Diaspora chinoise*. op.cit.. page 14.

[51] Yen. Ching-Hwang. *Coolies and Mandarins*. op.cit.. page 74.

[52] Wang. Sing-Wu. *The Organisation of Chinese Emigration, 1848-1888*. San Francisco. Chinese Materials Center. Coll. : « Chinese Materials and Service Center. Occasional Series ». n°25. 1978. xviii+436 pages.

[53] « A Proclamation of Forbidding the Abduction of People with the Intention of Obtaining Ransom for Them. or to Transport Them beyong the Sea. Issued in the early part of 1855. re-issued in 1856 ». *Foreign Issued Records*. Londres. 17 Séries. N°97/102A (1856). pp.84a-85. cité *in* Yen. Ching-Hwang. *Coolies and Mandarins*. op.cit.. page 78.

[54] *Ibidem*. pp.80-81.

[55] Wou. P. *Les travailleurs chinois et la Grande Guerre*. Edition Pedone. Paris. 1939. 36 pages.

[56] Le terme territoire sera employé pour parler de Taiwan.

[57] *Ibidem*.. page 106.

[58] Bouteiller. Eric. *Les Chinois de la Diaspora*. Paris. Eurasia Institut. Hiver 1991-1992. 55 pages. pp.8-9.

[59] Tsai. Maw-kuey. *Les Chinois du Sud-Vietnam*. op.cit.

[60] Triollet. Pierre. *La Diaspora chinoise*. op.cit.. page 107.

[61] Triollet. Pierre. *La Diaspora chinoise*. op.cit.. page 35

[62] Wang. Gungwu. « Southeast Asian Hua-ch'iao in Chinese History Writing ». *Journal of Southeast Asian Social Science*. Vol 12. n°1. mars 1981. pp.1-14. pages 4 et 5.

PREMIERE PARTIE

Les Chinois d'outre-mer et le renforcement de l'Etat chinois

Pendant la Révolution culturelle (1966-1976), l'attitude des dirigeants de la République populaire de Chine à l'égard des Chinois d'outre-mer consista essentiellement à discriminer et parfois même à persécuter leurs familles résidant en Chine. Le régime les condamnait uniformément comme des éléments bourgeois et contre-révolutionnaires. Les prémisses d'un changement politique à l'égard des communautés émigrées s'observent à la fin des années 1970. A partir de 1978, l'intérêt croissant de l'Etat vis à vis des communautés chinoises de l'outre-mer s'inscrit dans la perspective des réformes économiques, mises en oeuvre par la nouvelle équipe dirigeante (Chapitre 1). La préoccupation politique majeure, à laquelle l'Etat associe aujourd'hui les Chinois d'outre-mer, est celle de la reconstitution territoriale (Chapitre 2).

Le projet conçu par les dirigeants actuels semble se rapprocher de celui des gouvernements chinois jusqu'à la fin des années 1950. Pourtant, on observe aujourd'hui certains objectifs spécifiques, qui confèrent au présent dessein de l'Etat chinois vis à vis des communautés émigrées une originalité.

Chapitre 1

Les Chinois d'outre-mer et l'ouverture économique

Lançant le pays dans une nouvelle voie de développement (Section 1), les dirigeants désirent utiliser le potentiel économique des Chinois d'outre-mer. A partir de 1978, l'Etat chinois renoue avec l'intérêt que les émigrés ont inspiré aux dirigeants depuis le XIXe siècle pour le développement économique interne. Mais aujourd'hui, ils cherchent peut-être, aussi, à s'en inspirer (Section 2).

Section 1 : La modernisation économique en R.P.C. depuis 1978

Depuis plus de quinze années, l'économie chinoise connaît un rythme de croissance annuel (9 % en moyenne), comparable à celui des nouveaux pays industrialisés de la région au cours de leur phase de décollage. Les dirigeants chinois sont parvenus à ce résultat en entreprenant d'importantes modifications du système économique. L'un des principaux fils directeurs des réformes a été la réintroduction des principes du « mode de production capitaliste » (§.1). La modernisation s'est également appuyée sur une politique d'ouverture de l'économie aux étrangers (§.2).

§.1 L'économie socialiste de marché

Comme l'écrit François Gipouloux, « dans ces modalités, la réforme consistera en un faisceau de mesures qui touchera, sans véritable schéma directeur, l'agriculture comme les différentes branches de l'industrie, les finances comme le commerce extérieur » (A)[1]. Cependant, la croissance économique, qui est née de ces réformes, se révèle onéreuse et déséquilibrée (B).

A / Des politiques économiques pragmatiques

Le changement radical d'orientation économique date de la IIIème session plénière du Comité Central du Parti, issu du XIème Congrès du Parti Communiste Chinois (P.C.C.) en décembre 1978. Le programme économique de Hua Guofeng, privilégiant les investissements massifs dans le secteur de l'agriculture, est remis en cause. L'équipe au pouvoir, dirigée par Deng Xiaoping, y substitue la politique dite des « quatre modernisations ». Les domaines visés sont l'agriculture, l'industrie, les sciences et techniques et la défense nationale. Mais, comme l'ont montré ces seize années de réforme, le programme ne consistera pas en un simple réajustement de l'économie du pays, mais en un changement de stratégie de développement.

Dès le IIIème Plenum, l'économie prend le pas sur le politique. Deng Xiaoping qui, comme l'écrit Nora Wang, « à l'inverse des radicaux, procède plus souvent par aphorismes que par une théorisation argumentée »[2] pose les nouvelles règles qui dirigeront désormais l'élaboration du socialisme et la modernisation économique. « La pratique est le critère unique de la vérité » et « il faut s'efforcer de rechercher la vérité dans les faits » deviennent les deux principaux fondements de ces orientations. En 1982, Peng Zhen renforcera cette direction en affirmant que :

> « La caractéristique essentielle de cette période est que les exploiteurs ont été liquidés en tant que classe et que la lutte des classes ne constitue plus la contradiction principale de notre société. [...] Une stratégie importante que nous devons adopter pour rétablir le cours normal des choses, c'est de déplacer résolument le centre des activités de l'Etat sur l'édification économique en vue de la modernisation socialiste »[3].

Dès 1980, sur la base de ces directives politiques, les économistes chinois élaborent une théorie qui permettra aux dirigeants de justifier toutes les réformes économiques. Selon eux, les critères du socialisme, dépeints par Marx et Lénine, s'appliquent à un socialisme avancé et ne concernent pas directement la Chine. Cette dernière n'est qu'au premier stade du socialisme. Seule la pratique peut décider des options choisies pour développer les forces productives. Adoptée officiellement par le P.C.C. en 1987, cette théorie constitue le fondement du pragmatisme des réformes[4].

Depuis 1978, la mise en oeuvre des réformes a connu quatre phases. Au cours de la première période (décembre 1978-octobre 1984), les dirigeants réintroduisent un système économique dualiste, où le plan coexiste avec le marché. La place tenue par le second ne doit être que marginale, mais celle du plan doit être assouplie[5]. Comme avant la Révolution culturelle, le secteur « hors plan » comprend l'industrie légère, les services et l'artisanat. Les dirigeants mettent l'accent sur la satisfaction matérielle de la population, car il faut, comme le déclarait l'économiste Xu Muqiao « apurer une dette de vingt ans à l'égard du bien-être du peuple »[6]. Il s'agit également de réintroduire certaines motivations « capitalistes », telle que la notion de profit, afin d'obtenir une production et une productivité accrues.

Au cours de ces cinq années, c'est l'agriculture qui fait l'objet des changements les plus importants. Ce secteur est massivement décollectivisé. Les exploitations agricoles demeurent liées par contrat à l'Etat [7]. Le gouvernement encourage la diversification des activités et permet la commercialisation « hors plan » des surplus de production. Les dirigeants obtiennent rapidement de bons résultats : entre 1978 et 1983, l'agriculture connaît une croissance moyenne de 7 % par an [8].

La restructuration du tissu industriel débute en 1979 de manière expérimentale dans la province natale de Deng Xiaoping, le Sichuan. Certains établissements obtiennent une autonomie plus grande en matière de gestion du personnel et de leurs ressources. Un système de contrat avec l'Etat se substitue aux objectifs rigoureux du plan. Dans le cadre de la décentralisation, les contrats sont conclus entre les entreprises d'Etat et les administrations locales de tutelle. Les surplus de production peuvent être vendus directement par l'entreprise [9]. En décembre 1980, l'Etat permet à 6 600 entreprises de garder une partie des bénéfices afin de financer les investissements et d'octroyer des primes aux salariés. Les entreprises seront désormais soumises à un impôt progressif sur le revenu. Ce système (*li gai shui*) est généralisé en mars 1984. La même année, l'Etat introduit un mécanisme de prix à « double rail », (*shuangui jia*) [10].

La deuxième période (oct.1984-sept.1988) se caractérise par une combinaison accrue du plan et du marché. En octobre 1984, le IIIe Plenum du XIIe Congrès du Comité Central du P.C.C. décide d'étendre les réformes du secteur urbain et des entreprises d'Etat. Les modifications expérimentées au cours des années précédentes seront généralisées et approfondies. On favorise la création de liens horizontaux entre les unités de production. Ces dernières obtiennent une indépendance accrue en matière de gestion du personnel avec l'introduction des contrats pour le recrutement de nouveaux travailleurs. Ces transformations sont soutenues par la création d'un système juridique adapté. En 1986, une loi est votée concernant la faillite. En octobre 1987, le XIIIe congrès du P.C.C. officialise les différentes formes de propriétés industrielles (privées, collectives et d'Etat).

L'apparition d'effets négatifs (forte inflation, disparités croissantes des revenus) oblige les dirigeants à adopter une politique de « réajustement ». Elle s'étend de septembre 1988 à décembre 1991. Le gouvernement impose un gel des réformes. Mais, d'une part, les mesures de restructuration aboutissent à ralentir l'activité économique. L'Etat n'a pu atteindre les objectifs qu'il s'était fixé, tels que le maintien d'un taux de croissance modéré ou l'équilibre budgétaire. D'autre part, les difficultés économiques contribuent à provoquer des manifestations populaires qui remettent en cause la légitimité politique du gouvernement [11]. L'adoption en mars 1991 du VIIe plan quinquennal marque la fin de l'austérité. Le XIVe Congrès du P.C.C., en novembre 1992, entérine la relance. Le but à atteindre est à présent « l'économie socialiste de marché ». Selon les dirigeants, le caractère socialiste de cette nouvelle économie sera garanti par la prédominance de la propriété publique des moyens de production.

Le nouveau plan concerne principalement les entreprises d'Etat. Selon la Commission d'Etat pour l'Economie et le Commerce :

> « L'approfondissement de la réforme des entreprises d'Etat a pour but d'établir un système de gestion adapté au fonctionnement de l'économie de marché, de permettre aux entreprises de jouir pleinement des divers pouvoirs de décisions statutaires en matière de gestion, en assumant la responsabilité qui incombe à la personne morale en ce qui concerne les résultats de gestion, et ainsi permettre aux entreprises d'Etat d'entrer dans la concurrence sous les mêmes conditions que les entreprises collectives ou privées » [12].

Les dirigeants s'attachent à maintenir un contrôle macro-économique plus strict. La réforme du système bancaire, conçue à la fin des années 1980, a pour objectif la transformation de la Banque de Chine en un organisme décideur en matière de politique monétaire [13]. Enfin, la maîtrise de l'inflation, estimée à 21,7 % pour 1994 [14], demeure une priorité.

Si ces réformes ont donné à l'économie chinoise un essor important, la croissance reste fragile et laisse les économistes sceptiques quant à sa longévité.

B / Une croissance déséquilibrée et coûteuse

En Chine, le passage de l'économie planifiée à l'économie de marché se caractérise par des inégalités de développement entre, notamment, les secteurs industriels, les différents types d'entreprises, mais aussi entre les régions [15]. Ces disparités peuvent être difficilement corrigées par un budget central amoindri et constamment sollicité par une croissance coûteuse.

Les secteurs industriels se développent de manière déséquilibrée. Cela engendre d'importants goulots d'étranglement. Cette situation existe particulièrement dans le domaine de l'énergie. Entre 1980 et 1990, son taux de croissance n'a été que de 5 % [16]. La stagnation de la production face à une augmentation constante de la demande oblige l'Etat à recourir au rationnement. Entre 1985 et 1986, la région du Guangdong a été obligée d'importer du pétrole pour faire face à la demande de ses industries. Les importations chinoises globales d'énergie sont passées de 1 % en 1970 à

4 % en 1992 [17]. Certaines productions de matières premières, telles que le coton ou la soie, connaissent de semblables problèmes. Ces déséquilibres entre l'offre et la demande contribuent à générer une inflation importante. A contrario, certaines industries connaissent une surproduction qui est à l'origine d'une accumulation de stocks d'invendus. C'est le cas, par exemple, de l'industrie manufacturière ou de l'industrie des téléviseurs [18].

A ces déséquilibres sectoriels s'ajoutent des écarts de résultats entre les entreprises d'Etat et les entreprises collectives et privées. Comme le note l'économiste J.F Huchet, « les annonces d'un élargissement de l'autonomie de l'entreprise d'Etat, depuis le début 1992, sonnent comme une reconnaissance implicite de l'échec.[...] Depuis 1988, les indicateurs des mauvaises performances des entreprises d'Etat clignotent les uns après les autres » [19]. Les entreprises collectives et privées, situées dans les campagnes (*Xiangzhen Qiye*), et les entreprises étrangères sont les principaux acteurs de la croissance. La contribution des entreprises d'Etat à la croissance ne cesse de se réduire : elle était de 80 % en 1978 et de moins de 50 % en 1992 [20].

La permanence d'une régulation bureaucratique majeure explique en partie les mauvaises performances de ces établissements. Tous les spécialistes s'accordent pour écrire que l'une des caractéristiques du 'capitalisme' chinois est sa proximité avec l'administration [21]. La décentralisation (*Xianfang*) a permis aux administrations locales de récupérer les prérogatives du pouvoir central sur ces entreprises. Dans le cadre des contrats de tutelle délocalisés, le taux d'imposition fait l'objet de négociations entre l'entreprise et l'administration locale. Ces « marchandages » aboutissent à instaurer des fiscalisations à la carte qui permettent aux dirigeants locaux d'augmenter, sinon d'assurer les revenus fiduciaires ou matériels de leur budget. Ils ne se préoccupent que très peu de la rentabilité de ces usines. Les pouvoirs locaux ont obtenu également une liberté de décision en matière économique. Ils ont dirigé à leur gré les investissements et l'allocation des ressources. Ce sont principalement les nouveaux acteurs économiques (collectifs, privés ou étrangers) qui ont bénéficié des politiques économiques provinciales. Leurs activités plus rentables permettent à ces administrations d'obtenir des recettes budgétaires conséquentes [22].

Le budget de l'Etat étant considérablement réduit, ces distorsions ne peuvent être que difficilement rattrapées par une réallocation des capitaux. L'une des conséquences des réformes a été de redistribuer les ressources financières au profit des provinces, des entreprises et des ménages. Entre 1978 et 1988, le poids du budget central dans l'économie est passé de 36 % à moins de 20 % [23]. La décentralisation financière a mis en évidence l'absence de réelle politique fiscale. L'Etat semble incapable de mobiliser des recettes suffisantes face à des provinces soucieuses de garder le contrôle sur le maximum de revenus [24]. Les dépenses continuent cependant de s'alourdir malgré les restrictions budgétaires. Cette situation provoque un déficit constant du budget central. Le ministère des finances l'a estimé à 153,7 milliards de renminbi pour 1995 [25]. Ces dépenses concernent majoritairement l'aide fournie aux entreprises d'Etat, notamment pour couvrir leurs dettes. En 1992, sur 90 milliards de yuans de déficit, le poste des dépenses concernant les entreprises d'Etat représentait 44,6 milliards de yuans. Jusqu'à présent, ce passif était financé par l'emprunt extérieur et l'émission de monnaie [26]. Depuis le 1er janvier 1994, une nouvelle réforme fiscale est entrée en vigueur. Le gouvernement tente d'augmenter le postes des recettes en précisant leurs règles de partage entre le centre et les provinces [27]. La réussite de ce nouveau système fiscal semble être une des conditions de la pérennité des réformes et de la croissance.

Celle-ci se révèle très coûteuse. Elle se fonde presque exclusivement sur une utilisation extensive du travail et du capital. Seul un accroissement constant et important des investissements a permis le maintien d'un taux élevé de croissance. Pour les années 1985-1986, la part de ces investissements a été de 40 % du Produit Intérieur Brut [28]. Les économistes relèvent également la faiblesse de leur rentabilité par rapport à leur importance. Les secteurs privilégiés par ces ressources utilisent peu de technologie. Ce besoin permanent de capitaux allié à une meilleure gestion des entreprises restent aujourd'hui encore les préoccupations essentielles des dirigeants.

Les autorités chinoises ont décidé que cette modernisation devait être en partie financée et soutenue par l'ouverture de l'économie aux capitaux et aux techniques étrangères.

§.2 La politique d'ouverture

Le 10 octobre 1978, Deng Xiaoping déclare :
« La Chine a au cours de son histoire beaucoup contribué au progrès mondial. Pourtant, elle stagne depuis longtemps et ne se développe que très lentement. Le temps est venu de nous inspirer de ce que font les pays étrangers. [...] Nous ne saurions nous développer en nous confinant dans la routine ou en nous berçant d'illusions sur notre puissance. [...] C'est pourquoi, si nous voulons réaliser nos quatre modernisations, nous devons nous appliquer à nous instruire et à obtenir l'aide du monde. Nous devons nous procurer des techniques de pointe et du matériel moderne et nous appuyer là-dessus pour notre développement » [29].

Cette politique vise à promouvoir les échanges extérieurs et à attirer les capitaux étrangers afin d'accélérer la croissance (A). Elle se caractérise par la définition d'un cadre géographique particulier pour son application, celui des régions côtières (B).

A / Commerce extérieur et entreprises étrangères

En décembre 1978, le IIIème Plenum du XIIe Congrès du P.C.C. avalise l'ouverture économique comme corollaire des quatre modernisations. Cette politique vise à promouvoir les échanges extérieurs et à attirer les capitaux étrangers afin d'accélérer la croissance.

1) Développer les échanges extérieurs

La réforme du commerce extérieur a consisté à décentraliser la prise de décision. Entre 1979 et 1986, l'Etat a octroyé aux provinces, municipalités et entreprises le droit de transaction directe avec l'étranger. Cette mesure a eu pour conséquence immédiate de multiplier le nombre de sociétés d'import-export (elles étaient au nombre de 3700 en 1991)[30] et de permettre aux régions d'entretenir des relations extérieures indépendantes.

A partir de 1986, l'Etat entreprend le partage des responsabilités dans le domaine des échanges avec l'étranger. Son objectif est de ne plus assumer les pertes liées aux échanges extérieurs des établissements. A l'instar de l'agriculture et de l'industrie, il met en place un système de contrat avec les provinces, municipalités et les entreprises. Ces accords précisent les quotas de produits à exporter et la part des devises revenant à l'Etat. Certaines entreprises de l'industrie légère (confection et artisanat) expérimentent directement une responsabilité financière totale dans les opérations extérieures[31].

La promotion des exportations constitue le second point de cette stratégie. Le gouvernement a tout d'abord permis aux établissements et aux régions de garder une part importante des devises gagnées. A la fin des années 1970, cette décision était particulièrement incitative à cause de la pénurie en monnaies étrangères. Elle permettait aux entreprises d'acquérir des biens de production et des technologies à l'extérieur. Les dirigeants ont pratiqué tout au long de ces années, une politique de change avantageuse pour les exportations. Depuis 1979, le *renmibi* a été régulièrement dévalué. A partir de 1986, l'échange et la circulation des devises ont été favorisés par la création de « centres d'échanges de devises »[32].

Enfin, le 1er janvier 1994, le système de la double monnaie (*renminbi* et *waihui*) a été officiellement aboli. Cette mesure a pour objectif de canaliser le commerce de devises sur les marchés organisés à cet effet, et d'en faciliter l'accès aux entreprises pour le règlement de leurs importations [33]. L'Etat poursuit la libéralisation du commerce extérieur en allégeant l'emprise du plan sur les échanges. En 1988, il ne couvrait plus que 45 % des exportations et 40 % des importations. En 1991, le plan impératif a été supprimé pour l'ensemble des exportations [34]. Le gouvernement tente cependant de maintenir un certain contrôle, en particulier sur la qualité des produits destinés à l'étranger [35].

Les dirigeants sont conscients qu'une augmentation des capacités d'exportation est subordonnée à une intégration plus grande de l'économie chinoise à l'économie mondiale. Au plan interne, des dispositions ont été prises pour améliorer l'adaptation des exportations chinoises. En 1984, le gouvernement enjoint aux sociétés de commerce extérieur de vendre, aux entreprises chinoises, les produits importés aux prix pratiqués sur le marché international. Généralisé en 1986, le système couvrait en 1991 plus de 90 % des importations. En janvier 1992, l'Etat a supprimé officiellement les subventions budgétaires aux exportations [36].

L'ouverture doit fournir aux industries les techniques et les méthodes de gestion susceptibles d'accroître les capacités de production et d'améliorer la compétitivité sur le marché mondial. Pour les réformateurs, l'implantation des industries étrangères en Chine constitue le second volet de la politique d'ouverture.

2) Les investissements étrangers

Du 19 au 23 janvier 1992, Deng Xiaoping a effectué une visite dans le sud de la Chine, lieu d'établissement des premières zones économiques spéciales. Les discours prononcés à cette occasion prônaient une relance générale des réformes et la continuation de la politique d'ouverture. « Le principal architecte de la réforme et de l'ouverture » a ainsi mis un terme aux critiques des conservateurs. Pour Deng Xiaoping, l'ouverture n'est pas un simple retour au capitalisme d'antan, mais un moyen « socialiste » de développer le pays [37]. Les réserves émises ne sont cependant pas dénuées de tous fondements. Inaugurée dès la fin des années 1970, cette politique a été l'une des premières ruptures majeures avec l'ancien système. Il ne s'agissait plus de « compter sur ses propres forces », mais au contraire d'obtenir l'aide des pays « capitalistes » et de « s'attacher à étudier l'expérience étrangère et d'en tirer les enseignements qui s'imposent » [38].

Les dirigeants ont donc accepté d'endetter le pays. La dette chinoise n'a cessé de s'alourdir pour atteindre 69.320 millions de US$ en 1992, contre 24 millions US$ en 1987 [39]. Elle reste de proportion modeste par rapport aux revenus en devises. En 1992, la dette équivalait à moins de 10 % du PIB [40]. L'ensemble de ces éléments autorise à qualifier la situation financière extérieure de la Chine de « favorable ». Cependant, deux éléments laissent craindre une dégradation possible. Les emballements cycliques de la croissance, comme en 1992 et en 1993, réduisent les excédents commerciaux. La fuite des capitaux, estimée à 12 milliards US$, diminue les réserves chinoises [41].

L'endettement ne représente qu'une des solutions destinées à apporter à la Chine les financements de sa modernisation. Dès 1978, les dirigeants privilégient le recours aux investissements directs étrangers (I.D.E.). Comme nous l'avons décrit ci-dessus, ce moyen doit permettre de moderniser les industries en leur fournissant de nouvelles technologies, de nouveaux produits et les modes de gestion adaptés. A terme, le pays devra être capable de remplacer les importations par la production intérieure.

Afin d'attirer les entreprises étrangères, le gouvernement a élaboré, peu à peu, un cadre juridique spécifique. La première loi autorisant les investissements étrangers est publiée le 10 juillet 1979. Elle concerne les seules sociétés à capitaux mixtes. La loi a été complétée par le décret du 20 septembre 1983, modifié en 1986 et en 1990 [42]. Les investissements à capitaux 100 % étrangers ont été autorisés par la loi du 12 avril 1986. L'Etat a également diversifié les secteurs où les investissements bénéficient d'avantages fiscaux. En 1995, les infrastructures, les industries de haute technologie et d'exportation, la distribution de gros, les transports, l'immobilier et les services financiers ne sont que quelques uns des domaines pouvant accueillir les capitaux étrangers [43].

Grâce au développement du commerce extérieur, mais plus encore aux investissements étrangers, les dirigeants espèrent pouvoir créer des pôles de développement produisant des effets entraînants sur l'ensemble de l'économie.

B / Le réveil de la Chine maritime

En 1979, la Chine met en place, en prenant exemple sur Taiwan, quatre zones économiques spéciales, dont trois dans la province du Guangdong (Shenzen, Zuhai, Shantou), et une dans la province voisine du Fujian (Xiamen) [44]. A partir de 1984, la majeure partie de la façade maritime s'ouvre aux entreprises étrangères. Ce sont d'abord quatorze villes côtières, dont Shanghai, puis les zones du delta et enfin l'île de Hainan, qui peuvent les accueillir [45]. Ces enclaves offrent des privilèges fiscaux et douaniers. Les entreprises étrangères y trouvent des infrastructures et un cadre législatif plus favorables à leurs activités que dans le reste du pays.

Les dirigeants privilégient une stratégie régionale de développement afin d'accélérer la croissance économique. Cette orientation les a conduit à favoriser les régions du littoral dans la politique d'ouverture. Les provinces maritimes représentent 15 % du territoire et regroupent 41 % de la population. En 1990, leur part dans le Produit National Brut était évaluée à 54 %. Le revenu national par habitant y était estimé à 1621 yuans contre 1063 yuans pour les provinces centrales et 950 yuans pour les habitants de l'ouest. Elles rassemblaient 57 % du montant total de l'épargne, totalisaient 46 % de la production agricole et 63 % de la production industrielle. Elles assuraient 75 % des exportations chinoises [46].

La stratégie de développement régional élaborée dès la fin des années 1970 par les réformateurs est à l'opposée de celle menée par les dirigeants communistes de 1949 à 1970. Lorsqu'en 1949, les communistes ont pris le pouvoir, la configuration régionale se caractérisait par de profondes inégalités de développement. Cette situation avait été renforcée par l'éclatement politique de la Chine au début du siècle. Les activités industrielles, commerciales étaient concentrées dans les régions côtières, particulièrement à Shanghai. Les provinces de l'intérieur demeuraient encore fortement agricoles. La politique économique des communistes a consisté à corriger cette situation. L'Etat consacrait d'énormes investissements pour développer les industries et les infrastructures dans les régions du centre. Cette politique s'accompagnait d'une allocation importante des ressources budgétaires aux provinces pauvres. Au cours des années 1960, des considérations sécuritaires avaient renforcé les objectifs économiques. L'isolement et les tensions diplomatiques poussaient les dirigeants à disperser les centres industriels [47].

Le plan des réformateurs consiste, a contrario, à utiliser les avantages comparatifs de certaines régions en espérant que leur croissance aura un effet d'entraînement sur les autres et égalisera à terme les niveaux de développement. Selon le 6ème plan quinquennal (1981-1985), il s'agit de « mettre en valeur la puissance économique des régions côtières, en tirant profit de leurs points forts, afin de promouvoir le développement de l'économie dans l'intérieur du pays » [48]. Quant aux provinces centrales, elles se doivent « d'accélérer l'édification de l'industrie énergétique, des transports et des communications, des matières premières et de soutenir le développement des régions côtières » [49].

La politique économique régionale s'affine avec le 7ème plan. Les dirigeants découpent le pays en trois longues bandes côtières et définissent pour chacune d'entre elles les secteurs à promouvoir. L'agriculture, les ressources forestières et du sous sol, l'élevage, les transports seront les principaux domaines à étendre par la ceinture occidentale. Les régions du centre devront se concentrer sur l'amélioration de la production énergétique et agricole. Enfin, la ceinture orientale (la façade maritime), devait donner la priorité aux technologies de pointe, à l'industrie manufacturière et d'exportation, à l'infrastructure, à la diversification des productions agricoles. C'est cette dernière bande régionale qui doit se développer a priori et donner l'impulsion à celles du centre et de la partie occidentale [50].

La définition du rôle des provinces maritimes sera précisée et développée par le secrétaire général du parti, Zhao Ziyang. A la fin de novembre 1987, suite à un voyage effectué à Shanghai, au Zhejiang, au Fujian et au Jiangsu, il propose de mettre en oeuvre une « stratégie de développement côtier ». Ce dessein vise essentiellement à renforcer l'orientation extérieure de l'économie de ces provinces [51]. La période de récession (1988-1991) diffère quelque peu l'utilisation de cette orientation. En 1992, le voyage de Deng Xiaoping dans le sud du pays relance le processus. Il reprend les projets of Zhao en affirmant que :

> « Les endroits qui disposent de conditions favorables doivent s'efforcer d'accélérer le mouvement pour autant que l'on veille à l'efficacité et à la qualité. Mettre en place une économie tournée vers l'extérieur n'a absolument rien d'inquiétant. Par contre un rythme lent équivaut à un arrêt voire un recul.[...] Le Guangdong devra gravir quelques échelons afin de rattraper en vingt ans les Quatre Dragons d'Asie. [...] Lorsque je regarde en arrière, un de mes grands regrets est de ne pas avoir ajouté Shanghai à la liste des quatre zones économiques spéciales créées à l'époque » [52].

Au cours des années 1980 et 1990, la Chine s'est éloignée de manière progressive, mais irréversible, du modèle de développement qu'elle avait emprunté à l'Union Soviétique dans les années 1950. Malgré les dénégations des dirigeants, elle a réintroduit le mode de production capitaliste dans son économie, par le biais notamment de l'appel aux investisseurs de l'extérieur. C'est dans la perspective de cette nouvelle stratégie de développement que la Chine s'est tournée vers les Chinois d'outre-mer et leurs descendants.

Section 2 : Instruments et modèles

La volonté d'utiliser les capitaux et le savoir faire des Chinois d'outre-mer pour la modernisation économique est révélée lors de la réunion préparatoire de la Commission des Chinois d'outre-mer en décembre 1977 :

> « Développer les services s'occupant des ressortissants chinois, les accueillir parmi nous et donner libre cours à l'enthousiasme socialiste des familles et des ressortissants chinois et des ressortissants rapatriés, tout

cela est important pour la réalisation de notre objectif qui est de moderniser l'industrie, l'agriculture, la défense nationale, les sciences et techniques » [53].

Depuis la dynastie Qing, les gouvernements successifs ont eu le projet d'associer les Chinois émigrés à l'amélioration des conditions économiques du pays (§.1). Mais, si depuis 1978, certains des éléments de ce dessein sont reconduits, l'association des Chinois d'outre-mer à la modernisation économique s'étoffe d'une nouvelle dimension : celle de modèle (§.2)

§.1 Un intérêt récurrent

Depuis la fin du XIX⁰ siècle, tous les gouvernements chinois ont envisagé les Chinois d'outre-mer comme un potentiel pour la modernisation économique du pays (A), mais aussi comme un moyen de maintenir un contrôle sur l'ouverture économique (B).

A / Les Chinois d'outre-mer, un potentiel disponible

De la fin du XIX⁰ siècle au début des années 1960, les dirigeants ont pensé pouvoir utiliser économiquement les émigrés, car ils les perçoivent comme des « entrepreneurs » riches, modernes et liés à la terre d'origine.

1) Des ressources financières et techniques

Au XIX⁰ siècle, la connaissance des communautés émigrées par l'Etat chinois s'enrichit avec l'envoi de quelques missions temporaires à l'étranger. En 1866, un groupe d'officiels chinois accompagne l'inspecteur britannique des douanes chinoises, Robert Hart, à Londres. Suivant les instructions du *Zongli Yamen* [54], un rapport est présenté à l'Empereur. Le mémoire de Bing Chun relate sa rencontre en Annam et à Singapour avec des Chinois devenus marchands. Le *Zongli Yamen* et l'Empereur ne portent pas une attention particulière à ce rapport. Les premières informations auxquelles la cour s'intéresse sérieusement sont celles rapportant la situation dramatique des coolies [55]. Avec l'installation des premières missions permanentes, les Qing découvrent les marchands chinois. Comme l'écrit Yen Ching-hwang,

« à la fin du XIX⁰ siècle, avant de se rendre outre-mer, les diplomates confucéens nourrissaient des conceptions erronées sur le statut des Chinois d'outre-mer ; mais ils ont très vite été frappés par le nombre important des communautés chinoises locales et par la richesse des marchands »[56].

En 1876, le premier ambassadeur chinois, Guo Songtao, en route pour Londres, fait escale à Singapour. Dans la colonie britannique, il est reçu par Hu Yaji (Hoo Ah Kay), connu sous le nom de « Whampoa ». Le luxe dans lequel vit ce Chinois ainsi que la renommée qu'il détient tant au sein de la communauté chinoise qu'auprès des Anglais l'impressionnent. Guo proposera sa candidature au gouvernement central pour le poste de consul à Singapour[57]. Dès 1878, le *Zongli Yamen* demande aux diplomates et aux consuls d'adresser des rapports réguliers concernant la condition des émigrés. Ces rapports confirment la richesse et la réussite économique de ces populations.

Cette caractéristique de l'émigré sera dès lors toujours présente à l'esprit des dirigeants. Pendant la première moitié du XXe siècle, l'idée de la réussite économique est renforcée par le fait que les entrepreneurs chinois de l'outre-mer sont étroitement liés à la nouvelle bourgeoisie des « ports ouverts ». Dans les années 1930,

« un des principaux atouts des entrepreneurs cantonais de Shanghai réside dans les liens financiers étroits qu'ils entretiennent avec les communautés chinoises émigrées des « mers du Sud », où beaucoup d'entre eux ont commencé leur carrière, ainsi qu'avec Hongkong où ils ont généralement créé leurs premières entreprises. [...] Tant par la carrière de leurs promoteurs que par l'origine de leurs capitaux, les entreprises cantonaises de Shanghai apparaissent souvent comme une extension vers la mère patrie des activités des Chinois émigrés »[58].

A partir de la prise de pouvoir par les communistes, la richesse des émigrés est surtout observée, sur le continent, à travers l'aisance matérielle de leur famille et de la prospérité de leurs régions d'origine[59]. Tolérée pendant quelques années, cette caractéristique sera condamnée à partir de la fin des années 1950.

Tout au long de cette période (1880-1950), les Chinois d'outre-mer apparaissent aux gouvernements successifs comme des « marchands », puis des « entrepreneurs », et enfin comme des «bourgeois». Chacune des appellations sous-entend une réussite financière, mais aussi l'assimilation du savoir et des techniques étrangères. Les entreprises outre-mer étaient plus au fait des techniques étrangères que leurs consœurs continentales. Au début du XXe siècle, la famille Khaw (Xu) introduisit à Phuket (Thaïlande) de nouvelles techniques d'exploitation de l'étain qu'elle était allée chercher en Australie. D'autres Chinois ont acquis outre-mer une formation technique et linguistique. Non seulement ils parviennent à assimiler les techniques étrangères, mais encore certains d'entre eux créent eux-mêmes des techniques équivalentes. Dès 1924, Chen Jiageng commença à déposer des brevets pour la vulcanisation du caoutchouc.

Ce potentiel économique intéresse d'autant plus les autorités chinoises qu'elles sont elles-mêmes confrontées à des difficultés dans leur projet de moderniser l'économie. Les problèmes qu'elles rencontrent dans cette tâche sont principalement d'ordre financier. Le trésor des Qing est ruiné par les efforts de guerre, et par les indemnités réclamées par les étrangers. L'appareil d'Etat, en déliquescence, est incapable de recouvrir des recettes budgétaires, détournées par les provinces [60]. De 1911 à 1927, les différents gouvernements utiliseront les recettes fiscales pour les luttes politiques internes, les étrangers, ou bien les besoins personnels des dirigeants. Jiang Jieshi (Tchang Kaishek) imposera une lourde fiscalité sur les entreprises privées pour financer les efforts d'industrialisation. Mais, d'une part, le pouvoir du gouvernement de Nanjing ne s'applique pas à tout le territoire et d'autre part, ces efforts sont perçus négativement par le secteur privé [61]. En 1949, les communistes sont confrontés à une économie ruinée par douze années de guerre. Dès 1953, ils décident de financer la modernisation de l'économie en « comptant sur leur propre force ». Il s'agit de mettre un terme aux pratiques abusives d'endettement extérieur des gouvernements précédents. De plus, l'hostilité internationale limite l'aide étrangère aux seuls régimes communistes, tel que l'URSS [62].

Le manque de capitaux handicape l'introduction de technologies plus avancées. Par ailleurs, dès le XIXe siècle, la Chine se heurte dans ce domaine aux étrangers. La réflexion de J.Chesnaux et de M.Bastid au sujet des usines d'armements ouvertes par les Qing, nous semble bien illustrer le problème.

> « Même si d'autres raisons entrent en ligne de compte pour expliquer le retard technique de cette dernière (la Chine), il est de fait que les Occidentaux lui vendirent du matériel d'un type déjà ancien plutôt que les modèles les plus perfectionnés, et que malgré les assurances des directeurs étrangers aucune machine complexe n'était fabriquée en Chine » [63].

La Chine tentera de combler ses lacunes en faisant appel à des experts étrangers, mais aussi en envoyant de plus en plus d'étudiants chinois à l'extérieur [64]. Le départ d'étudiants chinois à l'étranger prendra un essor particulier au cours des années 1920 [65]. Trois décennies plus tard, les communistes font appel dans ce domaine à l'Union Soviétique. Le traité, signé entre les deux pays en 1950, prévoit l'envoi d'experts soviétiques en Chine et la formation en Union Soviétique d'ingénieurs chinois [66].

Dès le XIXᵉ siècle, la Chine s'est heurtée aux problèmes rencontrés par les Etats, que nous appelons aujourd'hui en développement, dans leurs initiatives pour moderniser l'économie. A la même époque, les Chinois émigrés apparaissent comme ayant réussi cette reconversion aux techniques occidentales. Ils seront d'autant plus attirants pour les gouvernements successifs qu'ils restent, selon eux, attachés à leur Etat d'origine.

2) Des Chinois d'outre-mer disponibles

Depuis l'extrême fin du XIXᵉ siècle, tous les gouvernements chinois ont vu la persistance de l'attachement des émigrés pour la mère patrie, dans le fait qu'ils perpétuaient outre-mer les pratiques culturelles chinoises. Au XIXᵉ siècle, les Qing constatent, à leur grand étonnement, que les émigrés n'ont pas renoncé à leurs traditions. Dans le rapport qu'il adresse à l'Empereur en 1893, Xue Fucheng écrit :

> « Bien que les émigrés chinois résident outre-mer depuis plus de cent ans, leurs descendants continuent de suivre les traditions chinoises. Ils ont maintenu l'utilisation du calendrier chinois, des vêtements, des rites pour les mariages et les funérailles. [...] Tous cela révèle leur profond attachement émotionnel à la Chine » [67].

Certains Chinois d'outre-mer, parfois de la deuxième ou troisième génération, renforceront cette idée en prônant auprès de leurs compatriotes le maintien de ces pratiques [68].

Découvert au XIXᵉ siècle, l'attachement culturel des émigrés attirera toujours l'attention des gouvernements. Dans les années 1950, c'est un exemple a contrario qui prouve la persistance du phénomène. Les dirigeants communistes demandent que les descendants apprennent la langue locale et étudient la géographie et l'histoire des Etats d'accueil [69]. Dans un discours prononcé à Rangoon en 1957, le Premier ministre Zhou Enlai déclare que la langue des Etats d'accueil devait être non seulement apprise par les enfants, mais aussi par les parents. Ces langues devaient être, selon lui, enseignées dans les écoles chinoises et utilisées dans les journaux de la communauté [70].

Du XIXᵉ siècle aux années 1950, le lien émigré-Chine semble se manifester pour les autorités politiques à cause de l'action économique « spontanée » des émigrés en direction des familles et des régions d'origine. Cette idée se concrétise principalement par l'envoi d'argent [71]. L'existence et l'importance des remises envoyées par les émigrés avaient été notifiées au gouvernement central dès 1886 par le gouverneur général du Guangdong. Zhang Zidong estimait que le montant annuel de ces sommes d'argent atteignait 20 000 millions de dollars (mexicains?) [72]. Il expliqua que l'argent avait permis au Fujian et au Guangdong de faire face aux difficultés économiques liées à la croissance démographique [73]. Les fonds permettaient également de créer dans les villages d'origine des émigrés, des écoles, des temples ou diverses infrastructures. Ils achetaient des biens immobiliers ou fonciers que leurs familles exploitaient.

Pour les différents gouvernements chinois, la disponibilité du potentiel économique des émigrés est renforcée par les politiques des colonies et des Etats d'accueil. De la fin du XIXe siècle au lendemain de l'indépendance des principaux Etats d'accueil asiatiques des émigrés, ces politiques ont toutes en commun d'avoir fortement discriminé les populations chinoises et d'avoir ainsi voulu freiner, pendant un certain temps, leur « assimilation ».

Ce fait s'est particulièrement illustré dans le cas des Etats-Unis, du Canada ou des dominions britanniques de la fin du XIXe siècle au début du XXe siècle. Les préoccupations de ces gouvernements étaient de construire un Etat, dominé numériquement par la race blanche. Les Chinois, comme l'ensemble des communautés de couleur, furent rejetés [74]. Dans ces Etats et territoires, les Chinois ont été très tôt considérés comme une main d'oeuvre concurrente déloyale, acceptant des horaires plus longs pour des salaires moindres. Cette perception est à l'origine des mouvements anti-chinois. Aux Etats-Unis, l'hostilité aboutit à l'interdiction de l'émigration chinoise avec les traités de 1880, 1888 et 1894. Les différentes législations internes limitent drastiquement les droits civiques des émigrés sur le territoire américain. Elles imposent de lourdes taxes sur les activités économiques des Chinois :

> « Il n'y a pas un gouvernement dans les Etats miniers qui ne pourraient vivre sans les taxes payées par les Chinois... » [75].

Dans les colonies européennes d'Asie du Sud-Est, les Chinois étaient administrés par les Européens sur la base de politiques qui favorisaient la séparation des communautés. La distinction ainsi faite entre les différentes communautés n'entraînait pas de discriminations. Cette situation commence à changer au tournant du XIXe siècle pour certaines colonies anglaises et néerlandaises. Les autorités des Indes néerlandaises ont soumis les activités économiques chinoises à des taxes élevées et leurs déplacements dans l'archipel à des autorisations spéciales. La base légale des discriminations était une distinction que les Hollandais avaient introduite entre les populations non-européennes. Aux côtés des étrangers asiatiques (Chinois), il y avait les Asiatiques autochtones (Javanais) [76]. Les Britanniques ne commencèrent réellement à discriminer les Chinois qu'à partir du moment où ils s'intéressèrent à l'exploitation économique de la colonie, c'est à dire à la fin du XIXe siècle et au début du XXe siècle [77]. En introduisant des ordonnances spéciales sur la terre dans les Etats malais fédérés (Perak, Selangor, Negri Sembilan et Pahang), le gouvernement s'appropriait les terres laissées en friche et les offrait aux planteurs contre de très faibles loyers à condition qu'ils cultivent l'hévéa. Mais, les planteurs chinois étaient exclus de ces mesures. En outre, le gouvernement octroyait des facilités commerciales aux seuls planteurs européens [78].

Les dirigeants chinois communistes seront à leur tour confrontés au problème de la discrimination des Chinois dans leurs Etats d'accueil. Cette situation se posait surtout au sein des nouveaux Etats d'Asie du Sud-Est. Les autorités politiques malaises, indonésiennes, et vietnamiennes prennent diverses mesures discriminatoires (économiques, culturelles, politiques) à l'encontre des communautés chinoises. Le maintien de ces politiques a été décidé, semble-t-il, en fonction de deux problèmes : la construction d'un Etat nation sur une base pluriethnique et/ou l'établissement de relations avec la République populaire de Chine [79]. Elaborées principalement au cours de la période 1950-1970, les mesures gouvernementales ont principalement visé à contrebalancer en faveur des autres ethnies l'influence économique des Chinois. Ainsi, par exemple, en 1959, le président indonésien Sukarno, promulgue un décret qui exclut du commerce de détail tous les Chinois et prévoit que toutes les entreprises doivent être détenues à 51 % par un Indonésien de souche [80].

Depuis que les autorités politiques chinoises se sont intéressées à leurs émigrés, les politiques suivies par les colonies et les Etats d'accueil ont contribué à forger dans l'esprit des dirigeants chinois l'image d'émigrés disponibles pour le pays car discriminés. Ces mesures sont également à l'origine du fait que certains Chinois d'outre-mer se sont tournés vers leur Etat d'origine. Ils lui ont demandé d'intervenir auprès des gouvernements d'accueil pour la protection de leurs intérêts. A la fin de l'année 1877, lorsque le premier représentant permanent chinois, Ho Ju-chang, arrive à Tokyo, certains marchands se plaignent auprès de lui de « mauvais traitements », ainsi que des taxes spéciales imposées par le gouvernement japonais. Cette requête sera présente parmi les communautés chinoises, quoique plus nuancée, jusque dans les années 1960 [81].

Les discriminations ont poussé certains Chinois d'outre-mer à concevoir la Chine comme l'avenir de la communauté expatriée. L'action de Chen Jiageng (Tan Kak-kee) en matière d'éducation est à ce niveau exemplaire [82]. L'absence de reconnaissance spécifique dans les pays d'accueil explique le retour d'émigrés chinois, parfois de la seconde génération. Ce fut le cas de 60 000 étudiants chinois d'Indonésie dans les années 1950-1960.

> « Ces premiers étudiants, pratiquement tous issus d'écoles en langue chinoise, sentaient qu'ils auraient peu

d'opportunité pour des études supérieures dans une Indonésie indépendante [...] Il faut noter également, assez ironiquement, au regard de ce qui se passera plus tard, qu'un nombre important d'entre eux étaient des artistes qui croyaient recevoir plus de reconnaissance » [83].

De telles attitudes favorisaient les autorités chinoises dans le projet d'utiliser le potentiel économique des émigrés pour la Chine, et ceci même si ces réactions n'étaient pas représentatives de l'ensemble des Chinois d'outre-mer.

Les Chinois d'outre-mer ont donc été perçus par les différents gouvernements qui se sont succédé en Chine comme une source de financement et de technologies, dont ils pouvaient librement disposer pour faciliter la modernisation de l'économie. Il semble aussi que les autorités aient envisagé de se servir de ce potentiel économique pour maintenir leur direction sur le processus de réforme et d'ouverture économique.

B / Une ouverture économique maîtrisée par l'Etat

Les dirigeants ont pensé pouvoir trouver dans le potentiel économique des émigrés une solution pour orienter et contrôler la modernisation de l'économie, non seulement dans une perspective sectorielle, mais aussi dans une perspective de maîtrise politique du processus.

1) Des domaines d'investissements stratégiques

Depuis la fin du règne des Qing, les gouvernements chinois se sont toujours efforcés d'employer les capitaux, les techniques et le savoir faire des Chinois d'outre-mer plus particulièrement dans deux domaines : l'industrialisation et le commerce extérieur.

Sous les Qing, la préoccupation des dirigeants a d'abord été de moderniser les industries d'armements. En 1895, le gouverneur général du Fujian et du Zhejiang, envoya une mission dans les « mers du Sud » afin d'attirer de riches marchands pour gérer et investir dans l'arsenal de Fuzhou [84]. Quelques années plus tard, le développement exclusif des industries d'armements a été remis en cause. Les dirigeants concentrent alors leurs efforts sur les projets industriels et les infrastructures [85].

A la fin du XIXe siècle et surtout au début du XXe siècle, ce sont en priorité les industries minières, les chemins de fer et les banques que le gouvernement essaie de développer avec l'aide des Chinois d'outre-mer. Zhang Zhidong a fait notamment appel à eux pour la construction de la ligne de chemin de fer Guangzhou-Hankou [86]. En 1907, le Ministère du Commerce et de l'Industrie essaya de recruter des mineurs chinois dans les

« mers du sud ». Les statuts du Bureau des Affaires des Chinois d'outre-mer, institué en 1923 par le gouvernement révolutionnaire du sud [87], édictent dans l'article 1 « qu'il faut favoriser les créations d'entreprises par les Chinois d'outre-mer » [88]. La première loi du gouvernement de Nanjing, concernant les investissements des Chinois d'outre-mer, promulguée en 1929, privilégie l'industrie, l'électricité, les mines, les transports. Le gouvernement de Nanjing introduit l'idée d'utiliser les capitaux et le savoir faire des émigrés dans l'agriculture, l'exploitation des forêts, la pêche et l'élevage [89].

Les législations concernant des investissements d'outre-mer, promulguées par le gouvernement communiste de 1950 à 1960 concernent peu les industries lourdes. Les domaines privilégiés sont les transports, l'agriculture et la forêt. Ces textes prévoient de les orienter vers les coopératives de consommateurs et les coopératives de crédit [90]. On s'aperçoit par l'énumération de ces domaines, qu'en fait, les gouvernements chinois espéraient que les Chinois d'outre-mer deviennent des rouages de l'économie, dans son ensemble.

La position particulière de résidence à l'étranger des Chinois d'outre-mer a amené certains dirigeants chinois à les considérer comme une aide possible pour le développement du commerce extérieur de la Chine. L'idée avait été émise sous les Qing par deux diplomates, Guo Songtao et Xue Fucheng. Ils reprennent les idées d'un certain nombre de fonctionnaires impériaux pour qui le développement du commerce extérieur est l'un des moyens d'accroître la puissance chinoise. Ils observent l'intérêt porté par les nations étrangères à leurs marchands et la constitution des Empires anglais et hollandais. Ils en concluent que l'expansion des Européens obéit à des considérations économiques et non militaires. Les Occidentaux sont parvenus, en partie, à cet objectif en protégeant les commerçants et les émigrés à l'étranger. Xue Fucheng estime de plus que les remises envoyées par les émigrés représentent une solution pour couvrir le déficit commercial de la Chine [91]. Le gouvernement des Qing ne se ralliera pas entièrement à ces idées. A partir de 1903, quelques mesures sont néanmoins prises dans le secteur commercial. La cour crée un ministère du Commerce et de l'Industrie, développe les Chambres de commerce. De l'avis de certains auteurs, tel que Chang-Ven Chen,

> « la fonction commerciale n'a pas occupé autant qu'il l'aurait fallu, l'emploi du temps journalier des Consuls. Ceci était en partie dû à l'absence de programme systématique pour le commerce international en Chine et en partie à l'incompétence du personnel consulaire en la matière » [92].

En 1908, le gouvernement refuse d'honorer les entreprises d'import-export possédées par des Chinois d'outre-mer [93].

Au contraire, les gouvernements républicains reconnaîtront l'importance des activités commerciales. Pour Sun Yat-sen, le « commerce est une composante importante pour la puissance et la prospérité d'une nation » et la « promotion d'une circulation massive des biens est liée à l'abolition des taxes nombreuses et à la mise en place de lois pour la protection du commerce, ainsi qu'à la création de compagnies maritimes et de lignes ferroviaires » [94]. Ils estiment donc nécessaire de « favoriser les Chinois d'outre-mer qui entreprennent des activités d'import-export avec la Chine » [95].

Au cours de la première moitié du XX⁰ siècle, les activités commerciales se développeront librement. Les Chinois d'outre-mer y participeront sans que l'Etat intervienne dans l'orientation de leurs investissements. Cela n'illustre pas un désintérêt de l'Etat. Les dispositions prises pour favoriser les liens entre l'outre-mer et le continent dénotent au contraire l'importance financière que les gouvernements, particulièrement celui de Nanjing, accordent aux remises.

L'intérêt pour les remises se retrouve aussi chez les dirigeants communistes. « En faisant en sorte que les remises atteignent la Chine par les canaux officiels », écrit Fitzgerald, « ils [i.e les dirigeants] pouvaient se garantir directement des devises étrangères, qui contrairement à l'aide soviétique, n'avaient pas à être remboursées » [96]. Par contre, ils n'attachent pas d'importance à l'utilisation des émigrés pour le développement du commerce. La R.P.C. entretenait des relations commerciales avec l'extérieur prioritairement en fonction d'objectifs politiques et non plus seulement dans un but économique [97].

Le potentiel économique des expatriés chinois a été aussi convoité par les autorités chinoises pour leur permettre de conserver le contrôle politique du processus de transformation économique.

2) Le contrôle de l'ouverture économique

Les différents gouvernements qui se sont succédé en Chine depuis la fin du XIX⁰ siècle jusqu'aux années 1960, ont voulu mettre les capitaux et les technologies des Chinois d'outre-mer au service de la souveraineté économique chinoise. Par ailleurs, le potentiel économique des émigrés leur apparaissait comme un instrument pour garder un contrôle interne de l'Etat sur le processus de modernisation économique.

a) Un substitut à la participation économique des étrangers

La domination étrangère sur l'économie chinoise de la fin du XIX⁰ siècle à 1950 est un phénomène aujourd'hui connu [98]. Au XIX⁰ siècle, le recours aux étrangers inquiète d'autant plus les gouvernements que les conditions de l'aide sont généralement inégalitaires. Ceci augmente la domination étrangère sur l'économie et restreint la souveraineté de la Chine. Cette situation donnera lieu à un mécontentement populaire important qui explosera dans le mouvement du 4 mai 1919 [99] : et sera dénoncée tout au long des années 1920-30.

Au cours de cette période, les autorités chinoises ont pensé pouvoir remplacer, au moins partiellement, les étrangers par les Chinois d'outre-mer. Elle pouvait ainsi recouvrer, puis maintenir, sa souveraineté économique. L'idée de substituer l'aide des Chinois d'outre-mer à celle des étrangers est formulée de façon claire par les dirigeants au début du XX⁰ siècle. Par exemple, en 1908, un journal chinois de Singapour, le *Lat Pau* écrit :

> « comme les prêts étrangers entraînent des controverses diplomatiques, le gouvernement préfère dépendre du capital des Chinois d'outre-mer » [100].

La question de la souveraineté chinoise se pose de manière différente après 1949. Au cours des années 1950, les dirigeants ont recours aux Chinois d'outre-mer dans le domaine économique pour deux raisons principales. D'une part, l'hostilité internationale les empêche de faire appel à une aide autre que celle offerte par les Etats communistes. D'autre part, l'aide des Chinois d'outre-mer ne semble pas obliger le gouvernement à donner des contreparties. Elle ne remettrait pas en cause sa souveraineté.

L'intérêt économique de l'Etat pour les Chinois émigrés s'explique aussi, semble-t-il, par la crainte des autorités publiques de perdre leur direction politique sur le processus de modernisation.

b) Une modernisation contrôlée par l'autorité publique centrale

Chan Wellington avance l'hypothèse que l'intérêt du gouvernement des Qing au début du XX⁰ siècle pour les moyens économiques dont disposaient les Chinois d'outre-mer s'expliquait aussi par la volonté du gouvernement central de regagner un pouvoir sur les provinces, et plus particulièrement sur les deux provinces d'origine des émigrés, le Fujian et le Guangdong [101]. L'éclatement politique de la Chine à partir de la fin du XIX⁰ siècle jusqu'en 1927, a été maintes fois décrit par les historiens. Sous les Qing, les provinces détournent à leur profit les projets économiques conçus par l'Etat. Lorsque, à partir de 1901, la cour lance un vaste plan de modernisation économique, les autorités locales ne la soutiennent pas. Elles voient dans ces réformes une remise en question de leur pouvoir. Au début du XXᵉ siècle, les provinces et les dirigeants locaux seront parmi les principaux acteurs de l'évolution politique. Ils contribueront à empêcher la reconstitution d'un Etat central effectif [102].

Le recours aux résidents chinois outre-mer permettait à l'Etat d'accroître ses ressources financières et techniques par rapport aux provinces. Il pensait pouvoir ainsi imposer aux autorités locales la réalisation des projets économiques. Il est vrai que l'autonomie des provinces du sud était favorisée par le fait qu'elles monopolisaient les richesses des Chinois émigrés. Elles avaient tendance « à se considérer comme les seules autorités en ce domaine ». En détournant les capitaux et le savoir faire au profit de l'Etat, le gouvernement coupait les fondements de l'autonomie provinciale [103].

Les dirigeants communistes ont réussi à réunifier le pays sous le commandement d'un Etat central, contrôlant effectivement l'ensemble de l'économie. Mais, au début des années 1950, ils se sont heurtés, dans leurs réformes économiques, aux régions du Sud dont la richesse provenait toujours des ressources émigrées. En les canalisant à nouveau, au profit de l'Etat, les dirigeants reprenaient le contrôle du processus de modernisation économique de ces régions [104].

Derrière la question de la lutte provinces-centre, il semble que se profile celle, plus générale, du contrôle des autorités politiques sur le domaine économique. De la fin du XIXᵉ siècle à la prise du pouvoir par les communistes, lorsque l'Etat a fait appel aux capitaux privés internes pour soutenir des projets économiques, il s'est heurté à un refus. Les capitaux provenant des revenus traditionnels (fonciers, immobiliers, artisanaux ou agricoles) préféraient se diriger vers des activités lucratives : entreprises étrangères, propriétés foncières. Ils fuyaient l'association avec l'administration à cause des malversations des fonctionnaires en charge des entreprises [105]. Or, comme nous l'avons souligné ci-dessus, le recours aux étrangers comportait le risque d'accroître la dépendance de la Chine à leur égard et celui de perdre ainsi la souveraineté économique.

La volonté de l'Etat de s'associer aux Chinois d'outre-mer apparaît en fin de compte comme le reflet de son affaiblissement dans le domaine économique. Pour l'Etat, les émigrés ont semblé constituer l'aide « idéale » pour relever les différents défis que lui posait l'ouverture de l'économie.

Dans la perpective de faire participer les Chinois d'outre-mer à la modernisation économique de la Chine, l'Etat et les gouvernements depuis les Qing ont eu essentiellement une vision utilitariste des Chinois d'outre-mer. Le point commun de cette attitude des gouvernements chinois en matière économique a été de percevoir les émigrés comme un instrument économique au service des instances politiques du pays d'origine. L'intérêt économique manifesté depuis 1978 par les dirigeants pour les Chinois d'outre-mer procède-il de la même vision ou bien incorpore-t-il une nouvelle dimension de la relation Etat-émigré ?

§.2 La recherche d'un modèle

Depuis 1978, les Chinois d'outre-mer font partie des investisseurs « étrangers » que la Chine s'efforce d'attirer sur son territoire. Elle attend d'eux les moyens financiers et techniques de sa modernisation (A). Mais, aujourd'hui, il semble que la Chine soit également intéressée par l'étude de la réussite économique des émigrés chinois et de certains Etats asiatiques d'origine ou d'accueil (B).

A / Des investisseurs pour la modernisation

La puissance économique des Chinois d'outre-mer apparaît aujourd'hui comme un instrument pour la modernisation économique. Dans cette perspective, ils gardent au regard des dirigeants la spécificité de pouvoir participer plus facilement au développement de leur région d'origine.

L'intérêt pour le potentiel économique des Chinois de l'extérieur est confirmé par l'analyse socioprofessionnelle que la Chine propose des émigrés. En 1978, le caractère d'entrepreneur riche et moderne est présenté comme dominant parmi les communautés émigrées :

> « Les Chinois d'outre-mer et de nationalité étrangère travaillent dans leur majorité comme ouvriers, paysans, petits commerçants, ou exercent des professions libérales. Certains ouvrent des commerces dans l'alimentaire, la restauration, la blanchisserie, etc., ou créent des entreprises diverses.[...] *Constitués par la simple économie commerciale au début, ils embrassent maintenant l'industrie, la finance, les transports et communications, le tourisme, etc.* » [106].

Après la troisième session du XIème Congrès du P.C.C. en 1978, la volonté politique de développer « l'enthousiasme socialiste » parmi les Chinois d'outre-mer et leur famille disparaît avec l'avènement de la politique économique de Deng Xiaoping. L'appel aux investissements des Chinois d'outre-mer s'intègre dans la politique d'ouverture. Il se fait plus pressant, mais aussi plus pragmatique. Il s'agit à présent, par leur intermédiaire, « d'introduire de l'étranger des capitaux, des ressources intellectuelles, des équipements, des sciences et des techniques » [107]. On reconnaît ici les souhaits exprimés par les différents gouvernements chinois avant 1939, que nous avons exposés ci-dessus. Comme pour les investissements « étrangers », les autorités souhaitent parvenir à ce but en développant « le plus grand nombre d'entreprises mixtes sous diverses formes avec des Chinois d'outre-mer et des compatriotes de Hong-Kong et Macao » [108].

Les domaines délimités pour les investissements des Chinois d'outre-mer sont les mêmes que pour tous les investisseurs étrangers. Les dirigeants décident qu'ils s'orienteront principalement vers l'industrie à haute technologie, la distribution de gros, l'immobilier et les services financiers. Le huitième plan quinquennal (1990-1995) prévoyait d'accroître leur participation dans le secteur des infrastructures [109].

Les Chinois d'outre-mer représentent un relais commercial pour les entreprises chinoises. En 1984, le compte rendu du 3ᵉ Congrès National des Chinois d'outre-mer rapatriés déclarait que l'un des principaux objectifs du Congrès en matière économique était de « développer des activités économiques à l'extérieur » [110]. En 1992, le ministre chinois des relations économiques et commerciales avec l'étranger déclarait :

> « Nous sommes également heureux de voir des Chinois d'outre-mer revenir investir dans la partie continentale du pays et y développer la coopération économique et commerciale en fonction des lois des pays où ils résident » [111].

Le désir des autorités chinoises d'attirer les investisseurs d'origine chinoise et de développer par leur intermédiaire les activités commerciales transparaît également au travers de la promotion à des postes économiques clés de personnalités anciennement liées à l'« outre-mer ». En 1978, Deng Xiaoping nomme à la tête de la *« China International Trust and Investment Corporation »*, (CITIC), Rong Yiren. Rong est l'un des fils d'une ancienne famille bourgeoise de Shanghai, émigrée en 1949 à Hong-Kong [112]. Le gouvernement chinois semble donc « vouloir utiliser les réseaux des diasporas familiales pour réactiver les relations avec les capitalistes de l'étranger et plus particulièrement ceux de la périphérie » [113]. Mais, la CITIC est chargée d'attirer et de contrôler l'ensemble des investissements étrangers.

Dès le lancement de la politique d'ouverture, les dirigeants chinois reprennent l'objectif de leurs prédécesseurs : attirer les capitaux et les technologies « modernes » que les Chinois d'outre-mer sont censés posséder. Cet objectif semble être confirmé par le choix des ères géographiques pour l'application des réformes.

La presse chinoise impute l'origine des premières zones économiques spéciales au directeur de la célèbre *« China Merchants Steam Navigation compagnie »*, Yuan Geng. La création de cette société remonte à

1872. Au cours de la période dite du « mouvement pour les activités à l'occidentale » (*Yangwu Yundong*), Li Hongzhang créa cette compagnie maritime dans le but de moderniser la flotte chinoise et de pouvoir ainsi concurrencer les étrangers sur le territoire chinois. Après 1950, l'entreprise a été nationalisée par la République populaire chinoise. Sous la tutelle du ministère des communications, elle a toujours maintenu une représentation importante à Hong-Kong [114].

En janvier 1979, Yuan Geng aurait proposé aux deux vices-premiers ministres, Li Xiannian et Gu Mu, de créer dans la localité de Shekou, près de Shenzen, une zone industrielle. La suggestion aurait été immédiatement acceptée et suivie d'une décision du Conseil des Affaires d'Etat de faire du district de Bao An une « zone de production d'articles pour l'exportation ». Au mois d'avril de la même année, les responsables du Guangdong se réunissaient à Beijing et demandaient à ce que soit accéléré dans leur région le développement de mesures visant à favoriser l'ouverture ainsi que la réforme du système économique. A la fin du mois de mai 1979, Gu Mu fut chargé d'une mission d'enquête dans les provinces du Guangdong et du Fujian. Les 6 et 9 juin, les comités provinciaux du P.C.C. publièrent des rapports dans lesquels étaient inscrits l'acceptation des nouvelles réformes [115]. Les deux provinces allaient bénéficier en priorité des mesures que nous avons exposées dans les politiques de réformes et d'ouverture.

Le choix des régions côtières a été interprété comme un signe en direction des émigrés. Le Guangdong et le Fujian pouvaient attirer d'importants capitaux de l'extérieur, car elles étaient les deux principales provinces pourvoyeuses de cette diaspora [116]. Pour les dirigeants, les Chinois d'outre-mer, les « compatriotes » de Hong-Kong, Macao et les Taïwanais doivent constituer « le levier économique de leurs foyers ancestraux ». Parlant de la zone économique spéciale de Xiamen, Deng Xiaoping déclarait en 1984 : « La zone économique spéciale de Xiamen est trop limitée, il faut qu'elle englobe l'ensemble de l'île de Xiamen. On pourra alors y attirer les capitaux des ressortissants chinois à l'étranger[...] » [117]. Le 26 août 1980, la première « Règlementation sur les zones économiques spéciales de la province du Guangdong » est publiée. L'article 1 définit le cadre juridique de ces zones comme suit :

> « territoires délimités qui ont pour but d'encourager les Chinois d'outre-mer, et les compatriotes de Hong-Kong et de Macao, et leurs compagnies et entreprises à établir des usines, des entreprises et d'autres services, avec leurs fonds propres, ou des capitaux mixtes » [118] avec des Chinois.

Les responsables politiques de ces provinces appuient et prennent le relais de la capitale. Le vice-maire de Xiamen, Wang Jinshui, décrivait les atouts de sa ville en tant que zone économique spéciale en ces termes :

> « Xiamen diffère des trois zones économiques spéciales car c'est déjà une ville industrielle depuis longtemps [...] En outre, Xiamen est une ville culturelle, scientifique et technique. c'est aussi *un pays natal des Chinois d'outre-mer* »[119].

Depuis 1984, Fuzhou (la capitale du Fujian) est une ville portuaire ouverte. Sous le titre évocateur « Fuzhou, lieu d'origine des Chinois d'outre-mer le plus ouvert », la presse expose les avantages des régions côtières :

> « Les provinces du Fujian et du Guangdong sont connues pour être les régions d'origine de nombreux Chinois d'outre-mer.[...] On compte parmi eux de nombreux entrepreneurs qui ont réussi, y compris quelques milliardaires.[...] Depuis le lancement de la politique de réformes et d'ouverture en Chine, des Chinois d'outre-mer de plus en plus nombreux sont rentrés dans leur région d'origine pour voir des parents, certains d'entre eux y ont même investi pour créer des entreprises, resserrant ainsi les liens avec leur région d'origine »[120].

En 1994, le maire de Guangzhou, Li Ziliu, rappelait :

> « Quand en 1979, le gouvernement décida de mettre en oeuvre la politique d'ouverture au monde extérieur, Guangzhou fit partie du premier groupe de villes à ouvrir leurs portes au monde extérieur. Guangzhou est le lieu d'origine de nombreux Chinois d'outre-mer. [...] Les nombreux Chinois d'outre-mer et compatriotes de Hong-Kong et Macao qui sont revenus, ont apporté de précieuses contributions à la ville, dont ils ont promu l'ouverture au monde extérieur et le rapide développement économique »[121].

En 1978, la diaspora retrouve pour l'Etat chinois le rôle historique de pourvoyeurs de capitaux et de technologies pour le développement économique du pays d'origine. Les Chinois d'outre-mer sont aujourd'hui un trait d'union entre les pays développés et un pays en développement. Mais, derrière cette perception « instrumentaliste » des Chinois d'outre-mer, apparaît, semble-t-il une nouvelle dimension, celle d'un modèle pour le développement économique du continent.

B / Capitalisme et confucianisme

A l'époque contemporaine, la réussite économique des entreprises chinoises d'outre-mer accompagne le « décollage » de certains territoires d'accueil, tels que Taiwan ou Hong-Kong. La prospérité des Chinois d'outre-mer apparaît indissociable de celles des Etats en Asie-du Sud-Est. Ces Etats, comme Singapour, sont qualifiés de nouveaux pays industrialisés. Derrière le développement économique de ces « dragons », se profile celui de la Corée du Sud et du Japon. L'étude du développement de ces économies a inspiré l'hypothèse d'un « modèle asiatique ». La spécificité revendiquée par ce modèle, tant au niveau micro-économique que macro-économique, constitue pour les dirigeants chinois un nouveau pôle d'intérêt.

1) Le modèle « affectif »

Pour expliquer la rapide croissance économique de cinq pays d'Asie (Japon, Corée du sud, Taiwan, Hong-Kong et Singapour) à la fin des années 1970, les économistes se sont attachés à développer une théorie concernant un modèle de développement particulier. Ce sont surtout les auteurs anglo saxons qui se sont penchés sur les performances économiques des entreprises et des Etats asiatiques [122]. Aujourd'hui, l'idée de « modèle » est reprise par les Etats concernés. En allant à l'encontre des thèses weberiennes [123] sur l'Asie, ils pensent que les principes prônés par le confucianisme sont un des facteurs du succès économique de leurs entreprises. Ils s'attachent à étudier et à démontrer quel est l'impact des préceptes confucéens sur l'organisation micro et macro économique. Ils ont développé ce que certains d'entre eux appellent le « modèle affectif » [124].

Ils partent du principe que le confucianisme organise la société sur les rapports familiaux. Dans le domaine économique, le modèle affectif « insiste sur les liens émotionnels humains dans toutes les entreprises de l'individu. Les Chinois considèrent le rationalisme, l'efficacité et la recherche des gains comme essentiels au succès économique, mais ils n'essayent pas de réaliser des succès économiques aux dépens de ce qu'ils appellent les relations humaines (*renshi guanxi*) ou sentiments humains (*ren qing*) » [125]. Partant de ce principe, le modèle affectif se concentre principalement sur « l'orientation du groupe ». Cette dernière est fondée sur l'extension des relations familiales à l'ensemble des organisations, entreprises comprises. Enfin, le modèle aurait comme but ultime la recherche de l'harmonie.

> « L'Oriental préfère se concentrer sur les affaires humaines; il ne ressent pas de "tension" l'obligeant à conquérir son environnement physique, mais il a pour

mission d'améliorer les conditions sociales dans lesquelles il vit » [126].

Pour atteindre cet objectif, il utilise les normes morales de préférence aux normes juridiques. Ainsi, il peut dissuader les individus d'entreprendre des activités personnelles qui pourraient compromettre la cohésion du groupe.

Ces principes généraux, brièvement évoqués ici, ont été repris pour l'analyse des entreprises. Ils constituent le fondement de leur spécificité par rapport aux entreprises capitalistes occidentales. Le particularisme des firmes asiatiques intéresse les entreprises chinoises du continent, elles-mêmes à la recherche d'une nouvelle voie.

2) La réussite micro-économique des Chinois d'outre-mer

Les spécificités culturelles des sociétés de l'Asie orientale auraient un impact sur l'organisation de l'entreprise. Ces dernières auraient toutes comme point commun d'être de petite taille et bien souvent familiales. Cette caractéristique se retrouve en Corée du Sud où, « l'ensemble des ouvriers qui travaillent dans l'industrie comprend de nombreux employés dans des petites entreprises, officielles ou non » [127]. L'étude de D.Joly et J.R. Chaponnière rappelle qu'à Taiwan « la moitié des entreprises emploient moins de 4 personnes et 33 % entre 5 et 19 personnes » [128]. Les études concernant l'organisation des entreprises chinoises en Asie du Sud-Est insistent fréquemment sur la composition familiale du personnel et la petite taille [129].

Les deux éléments se retrouvent en R.P.C. depuis le lancement des réformes. Les dirigeants n'ont autorisé au début des réformes que la constitution d'entreprises privées de faibles envergures. La reconversion des paysans dans des entreprises privées devait s'organiser autour de personnes ayant entre eux des liens familiaux [130].

La seconde « originalité » des entreprises asiatiques réside dans l'organisation et la gestion du personnel. « En Occident, employeurs et employés sont unis par le seul objectif de faire des gains pécuniaires [...]. Par contraste, les firmes orientales influencent le comportement de leurs employés par des moyens économiques et sociaux » [131]. Leur politique salariale consiste, comme en Occident, à verser un salaire selon les capacités et l'ancienneté. Mais, elles octroient en plus des primes aux salariés, gratifications pécuniaires pour leur productivité. « Elles peuvent se monter à un ou deux mois de salaire pour un ouvrier taiwanais, à la moitié du salaire annuel de base pour un employé japonais » [132].

Les réformes économiques du continent ont prévu, nous l'avons rappellé, la réintroduction du système de l'intéressement des salariés aux résultats de l'entreprise.

> « Les primes considérées pendant la révolution culturelle comme une insulte faite à la classe ouvrière, sont aujourd'hui présentées comme la juste récompense des plus méritants. Au principe du 'bol de riz en fer' est opposé celui du 'bol de riz en porcelaine', certes plus fragile, mais procurant davantage d'agréments à son détenteur » [133].

Les entreprises asiatiques peuvent séduire également la Chine continentale par le rôle social qu'elles exercent. Ce sont elles qui gèrent généralement les conditions matérielles de vie des employés (logement, congés maladie, crèches). Elles prennent en considération les « besoins » sociaux des employés en organisant des activités de loisir, en s'occupant des mariages ou des funérailles [134]. L'une des préoccupations actuelles des dirigeants chinois pour les réformes des entreprises publiques est de trouver un substitut au rôle social de l'Etat, traditionnellement remplit par les *Danwei* [135]. Le fait qu'ils aient favorisé les entreprises familiales dans le secteur privé, s'explique par l'intérêt que pouvait avoir la structure familiale pour pallier aux besoins sociaux qu'aucun service privé ne remplissait encore en Chine. En fait, les entreprises asiatiques pourraient fournir des éléments de réponses « honorables » au désistement de l'Etat chinois dans ces domaines. Le second aspect du rôle social de ces entreprises pourrait à terme présenter un attrait pour les réformes des entreprises publiques. En pourvoyant à l'aspect social de la vie du salarié, « la firme orientale possède une bien plus grande capacité d'action que la firme occidentale lorsqu'il s'agit d'influencer le comportement des employés afin de réaliser ses objectifs » [136].

L'intérêt pour les entreprises des Chinois d'outre-mer s'explique par le fait qu'elles se présentent elles-mêmes comme un modèle « chinois ». Leur organisation et leur fonctionnement seraient fortement influencés par la particularité culturelle, le confucianisme. Or, ce trait "distinctif" appartient aussi à la Chine continentale. Il nous semble que la Chine cherche dans le modèle micro-économique des Chinois d'outre-mer, des « compatriotes » de Taiwan, Hong-Kong et Macao, la justification "chinoise" à la réintroduction du mode de production capitaliste dans une économie dite socialiste. Au delà des entreprises, c'est l'organisation économique et sociale des Etats asiatiques que les dirigeants chinois cherchent, peut-être, à s'approprier.

3) L'intérêt chinois pour les « Quatre dragons »

Comme nous l'avons indiqué, la création des zones économiques spéciales en Chine s'était inspirée de celles de Kaoshiung à Taiwan. L'orientation extérieure de la production de ces zones avait été proposée par Zhao Ziyang, et officiellement acceptée à la fin des années 1980. En 1992, Deng Xiaoping lui même affirmait que le but que devait atteindre la province du Guangdong était de devenir un « petit dragon asiatique » [137].

L'attrait de Singapour sur les dirigeants communistes illustre, selon nous, le désir de la R.P.C. de s'inspirer du mode de développement de ces Etats. En 1981, lors d'une visite à Singapour, Zhao Ziyang se déclarait impressionné par le développement économique et social de l'île [138]. Quatre ans plus tard, le gouvernement chinois proposait à l'ancien Premier ministre de Singapour, Gok Keng Swee, de devenir conseiller du Conseil des Affaires d'Etat en matière de zones économiques spéciales [139]. En 1990, le Secrétaire général du P.C.C., Jiang Zeming rappelait à la presse l'impression plus que favorable que lui avait laissée sa visite du complexe industriel « Jurong » à Singapour en 1980. Il s'était rendu dans l'île à l'invitation des Nations-Unies afin d'étudier différents modèles de développement possibles pour le continent [140]. En février 1991, le Congrès populaire de la municipalité de Shanghai publiait une loi de réforme sur les logements. Les mesures s'inspiraient directement du système de Singapour. Une année auparavant, le maire de la ville, Zhu Ronji, avait été accueilli par la cité-Etat [141].

Taiwan et Singapour exercent, selon nous, un attrait supplémentaire sur la Chine. L'aspect "moral", donné par les dirigeants des deux îles au développement économique capitaliste, est un des objectifs poursuivis par les autorités communistes. A Singapour et à Taiwan, le confucianisme est encore à la base de la démarche. En 1949, le gouvernement nationaliste l'avait érigé en idéologie officielle, en opposition à l'idéologie communiste. Par la suite, l'épargne, l'ardeur au travail, la dévotion à la famille et le respect des relations sociales devaient constituer des compensations aux tensions et aux conflits nés de la course au développement économique [142]. A Singapour, les principes confucéens sont officiellement la meilleure réponse aux maux du capitalisme [143]. L'individualisme et la course au profit doivent être combattus par un « retour à des relations familiales et sociales commandées par le "ren" et sens de la justice "yi" » [144].

En R.P.C., le souci de "moraliser" la société, qui redécouvre les effets "pervers" du capitalisme, a pris la forme d'une campagne politique pour la défense de la « civilisation spirituelle socialiste », en 1983-84 [145]. Le principe, inscrit dans la constitution de 1982, est présenté comme le corollaire idéologique et culturel de la modernisation économique [146]. Il vise à encourager « la population toute entière à améliorer les relations entre les hommes en renforçant l'unité, l'entraide mutuelle et en établissant de nouvelles règles d'éthique et de comportement dans la société »[147]. En 1983-84, lors de la campagne pour la « lutte contre la pollution spirituelle », le Parti remet en avant cinq recommandations : la civilité, la politesse, l'hygiène publique, la discipline et la morale. Il s'agissait ainsi « d'élever des générations de gens dotés d'une haute qualité morale communiste »[148].

Deux choses apparaissent communes dans les démarches des autorités des Etats « confucéens ». La première est une volonté affirmée de lutter contre une trop grande "occidentalisation" de la société et contre un bouleversement social important, engendré par le mode de production capitaliste. La seconde, peu avouée, est leur détermination à maintenir un contrôle social ferme. Le dirigisme social des Etats "sinisés" est l'illustration de la présence d'un Etat fort, régi par des principes autoritaires. Ces fondements apparaissent justifiés pour les hommes politiques asiatiques, par l'héritage confucéen[149].

Cet aspect devient, selon nous, un facteur explicatif de l'attrait des autorités chinoises pour les Etats asiatiques. L'organisation politique de la Corée du Sud, de Singapour et de Taiwan a fait l'objet de nombreuses études[150]. Ces travaux s'accordent sur le fait que le développement économique important de ces Etats est lié à la présence d'un régime politique autoritaire. La place tenue par l'Etat dans l'économie a été prépondérante. Ces théories ont reçu un écho favorable en Chine à la fin des années 1980. Défendant la privatisation de l'économie, les théories dites "néoautoritaristes" justifiaient le succès économique des économies asiatiques par la présence d'un parti unique et d'un Etat fort[151]. Le fondement culturel de cette organisation, le confucianisme, constituerait à nouveau la particularité "chinoise", recherchée par les autorités du continent.

Aussi, il y a lieu de penser que, par delà le modèle économique, les dirigeants chinois chercheraient peut-être, chez les Chinois d'outre-mer, et particulièrement chez ceux qui président aux destinées de Taiwan et Singapour, une source d'inspiration pour des réformes politiques en cours ou à venir.

Depuis 1978, la R.P.C. a donné une nouvelle dimension aux rapports émigrés-Etat. A côté de la volonté d'utiliser les capitaux et les technologies des Chinois d'outre-mer comme l'instrument de la modernisation de l'économie chinoise, il existe à présent une recherche de modèle. Cette évolution illustre un changement important : la Chine semble reconnaître l'existence d'un développement particulier et indépendant des Chinois émigrés. L'importance que les Chinois d'outre-mer, les compatriotes de

Hong-Kong, de Macao et Taiwan, revêtent aujourd'hui pour la Chine de Deng Xiaoping se comprend aussi par la question de la réunification territoriale, c'est à dire principalement le rattachement de Taiwan au continent.

NOTES DU CHAPITRE 1

[1] Gipouloux. F.. *La Chine vers l'économie de marché ? La longue marche de l'après Mao.* Paris. Nathan. Coll. : « Economie Sciences Sociales ». 1993. 207 pages.. page 39.

[2] Wang. N.. *L'Asie orientale....* op.cit.. page 345.

[3] Peng. Zhen. « Rapport sur le projet de révision de la Constitution de la République populaire de Chine ». *Beijing Information*. n°50. 13 déc.1982. pp.10-26. page 12.

[4] Hsu. R.C.. *Economics Theories in China. 1979-1988.* Cambridge. Cambridge University Press. 1991. 208 pages. page 56. Au cours du XIII ^{e} congrès du P.C.C. (25 oct-1 ^{er} nov.1987). Zhao Ziyang. Secrétaire général du Parti. affirme que la Chine reste attachée au socialisme dont la construction nécessite une « période préliminaire » qui pourrait durer « au moins cent ans ». Entre temps. la Chine peut tolérer d'autres formes de propriétés en maintenant la suprématie de la propriété publique. Zhao. Ziyang. « La marche en avant sur la voie d'un socialisme à la chinoise ». *Beijing Information*. n°45. 9 nov.1987. pp.19-49. pp.22-35.

[5] L'utilisation du marché comme moyen régulateur de la production dans le cadre d'une planification plus souple est un projet développé. entre autre. par Chen Yun. Il l'avait élaborée dans les années 1950. La politique du « Grand Bond en avant » et la Révolution culturelle n'avait pu lui permettre de la mettre en oeuvre. Deng Xiaoping et les réformateurs se sont ralliés à cette théorie. Pour Chen Yun. le marché représente « un adjuvant palliant les lacunes du plan ou soulageant ses ankyloses. en permettant à l'oiseau économie d'évoluer à son aise. mais de manière ordonnée à l'intérieur de la cage "plan" ». Chevrier. Yves. « Chine : L'échec des conservateurs après Tian'anmen ». *Le Courrier des Pays de l'Est*. n°361. juil-août 1991. pp.17-36. pp.18-20: Zhu. Minzhi. Zou. Aiguo. « Chen Yun parle de l'économie planifiée ». *Beijing Information*. n°12. 22 mars 1982. pp.15-16.

[6] Cité par Gipouloux. François. *La Chine vers l'économie de marché ?...* op.cit.. page 43.

[7] Ces contrats fixent la quantité de production livrable à l'Etat par les exploitations familiales. les diverses prestations en nature ou en argent dues par les familles à la collectivité. Leur durée initialement de 4-5 ans a été prolongée à 15 ans lors du III ^{e} Plenum du XII ^{e} Congrès en 1984. Aubert. C.. Etienne. G.. « Les progrès et les aléas de l'agriculture et du monde rural » *in La Chine et l'Inde en transition. Economie Prospective Internationale*. n°50. 2nd trimestre 1992. pp.31-65. pp.44-45.

[8] Par contre. au cours de la seconde moitié des années 1980 et au début des années 1990. cette croissance connaît un ralentissement. Cela est principalement du à une baisse des prix offerts par l'Etat pour certains produits. notamment les céréales. En 1989. l'Etat tente de rétablir la situation en recontrôlant les moyens de production et en relevant les prix prévus dans les contrats. Aubert. C.. « La crise agricole en Chine ». *Le Courrier des Pays de l'Est*. n°344. nov.1989. pp.51-68; Ash. F.R.. « The Agricultural Sector in China. Performance and Policy Dilemmas during the 1990's ». *The China Quarterly*. n°131. n°spécial. *The Chinese Economy in the 1990's*. sept.1992. pp.545-576. pp.547-551.

[9] Pairault. T.. « Politique industrielle et industrialisation en Chine ». *Notes et Etudes Documentaires*. n°4735-36. 12 oct.1983. 126 pages. pp.111-124.

[10] Le système introduit la coexistance de deux prix pour une même marchandise : l'un étant fixé par le plan. l'autre par le marché. Les surplus de production seront vendus et achetés selon le second prix. L'entreprise obtient un bénéfice dès qu'elle produit en plus du plan et que sa production ne nécessite pas l'achat hors plan de matières premières. Lemoine.

Françoise. *La nouvelle économie chinoise.* Paris. Ed. La Découverte. Coll. : « Repères ». 1994. 125 pages. pp.26-29.

[11] Le désarroi social qu'engendrent les effets négatifs des réformes aboutit aux manifestations de Tian'anmen en mai-juin 1989. Les revendications des étudiants et d'une grande partie de la population urbaine portent sur la lutte contre la corruption des cadres du parti. Il s'agissait d'une partie de la population qui subissait l'augmentation des prix. la stagnation de leurs salaires alors que d'autres s'enrichissaient de manière illégale. Certains intellectuels, avec le climat de détente de l'ère Deng Xiaoping, s'aventurèrent à mêler au sein de ces revendications leurs idées politiques. L'origine économique des protestations semble être corroborée a contrario par « l'immobilisme » de la population « nantie » et majoritaire (les paysans, ainsi que de la population des zones côtières du sud), comme nous avons pu le constater lors de notre séjour à Xiamen en 1988-1989. Le massacre du 4 juin 1989 et les répressions ont marqué les limites des réformes engagées par les dirigeants. Parallèlement, elles ont renforcé les hommes politiques dans leur volonté de poursuivre les réformes économiques. La satisfaction matérielle du peuple doit à présent être le garant de la légitimité du pouvoir en place. Wang, N., *L'Asie orientale...*, op.cit., pp.351-356; Bergère. M-C. Bianco. L.. Domes. J.. (dir.). *La Chine au XXe siècle...*, op.cit.. pp.215-284.

[12] Il s'agit entre autre de clarifier les relations avec l'Etat. Un des moyens est d'accroître l'autonomie financière. Certaines entreprises d'Etat ont été transformées en société par action ou à responsabilité limitée. Il faut faciliter à terme une privatisation. L'Etat a également recours à l'émission d'actions et commence à créer des bourses de valeurs (Shanghai. Shenzen). Les autorités cherchent à mettre en place des services de prestations sociales. dissociés de l'entreprise d'Etat. Geng. Yuxin. « 1995 : année de la réforme des entreprises ». *Beijing Information.* n°1. 2 jan.1995, page 4.

[13] Feng. Bing. « 1994 : succès des mesures de réformes ». *Beijing Information.* n°52. 26 déc.1994. pp.10-16. pp.13-15. La réforme a consisté en la création au sein de la Banque d'un comité responsable de la politique monétaire. Le gouverneur de l'institution ne doit recevoir ses instructions que du gouvernement central. La banque ne peut accorder son soutien au budget que dans une proportion de 10 % de ses revenus fiscaux annuels. Il lui est interdit de prêter aux gouvernements locaux. Cette interdiction est aussi valable pour les institutions non financières. les entreprises et les particuliers. Enfin. la Banque centrale s'occupera du contrôle des changes. Lemoine. F.. « Chine : surchauffe économique. percée réformatrice ». *La Lettre du CEPII.* n°120. jan.1994. 4 pages. page 3.

[14] Kaye. Lincoln. « China. Reduce the Speed Ahead ». *Far Eastern Economic Review.* 16 mars 1995. pp.14-15.

[15] La question des disparités régionales sera examinée dans le cadre du 2nd paragraphe.

[16] Howe. C.. « The People Republics of China. Economy ». *in The Far East and Australasia. 1995.* Europe Publications Ltd. Coll. : « Regional Digest of the World ». 26^{ed}. 1995. 1142 pages. pp.119-243.

[17] Banque Mondiale. « Rapport sur le Développement dans le Monde. Une Infrastructure pour le développement ». Tableau N°14. *Structures des importations et des exportations.op.cit.* pp. 202-203.

[18] Lemoine. F.. *Chine : métamorphose économique et blocages politiques. op.cit..* page 1.

[19] Huchet. J.F.. « Le nouveau visage de l'industrie chinoise : Entrepreneurs et bureaucrates dans le processus de réformes » *in* Beraud P.. Perrault J.L.. *Entrepreneurs du Tiers Monde.*

Lonrai, Eds. Maison Neuve et Larose. De l'Orient; Coll. Economies en Développement. 1994, 215 pages, pp.57-85, pp.58-60.

[20] *Ibidem*, page 74.

[21] Bergère, M.C., « Réforme du communisme et capitalisme chinois d'outre-mer » *Nouveaux Mondes*, Genève, N°2, été 1993, pp.87-110. Certains auteurs avancent l'hypothèse que cette caractéristique remet en cause la viabilité du processus de libéralisation de l'économie chinoise. Goodman, S., « China : The state and Capitalist Revolution », *The Pacific Review*, Vol.5, n°4, 1992, pp.350-359.

[22] Rocca, J.L., « La mise au travail au travail capitaliste des Chinois » in Bayart, J.F., *La réinvention du capitalisme*, Paris, Karthala, 1994, 254 pages, pp.59-65.

[23] Lemoine, F., *La nouvelle économie chinoise*, op.cit., page 31.

[24] Le budget de l'Etat regroupe celui du gouvernement central et des administrations provinciales. Les gouvernements provinciaux doivent consolider eux-mêmes leurs budgets. Le centre a voulu autonomiser les provinces. Il leur a accordé une augmentation des recettes qu'elles perçoivent directement, notamment avec les impôts sur les entreprises d'Etat. Le budget central est donc diminué. D'autre part, le reste des recettes fiscales faisait l'objet depuis la fin des années 1980 d'une répartition entre le centre et les provinces dans le cadre de contrat. Ce partage s'effectuait sans règle uniforme. Il donnait lieu ici aussi à des négociations entre le centre et les provinces. « Les formules destinées à la fois à responsabiliser les autorités locales et à garantir au gouvernement un niveau minimal de ressources ont eu pour effet de priver le pouvoir central d'une grande partie des ressources qu'il pouvait escompter de la croissance économique ». Boillot, J.J., Lemoine, F., « Finances publiques : l'émergence de la crise fiscale dans les années 1980 », *in La Chine et l'Inde en transition*, op.cit., pp.99-121, pp.113-114.

[25] Kaye, Lincoln, *China. Reduce the Speed Ahead*, op.cit., page 15.

[26] Huchet, J.F., « Le nouveau visage de l'industrie chinoise : Entrepreneurs et bureaucrates dans le processus de réformes », op.cit., page 83.

[27] Cette réforme vise à clarifier les règles de la répartition entre le centre et les provinces des impôts collectés. Ce partage s'effectuera désormais en fonction de la catégorie d'impôts et non plus en fonction de marchandages aléatoires. D'autre part, le gouvernement a introduit un nouvel impôt sur la valeur ajoutée. Feng, Bing, « 1994: succès des mesures de réformes », op.cit., pp.10-12.

[28] Lemoine, F., *La nouvelle économie chinoise*, op.cit., page 71.

[29] Deng, Xiaoping, « Appliquons la politique d'ouverture vers l'extérieur et adoptons les techniques de pointe étrangères. (Extrait d'un discours prononcé devant une délégation de l'Allemagne fédérale, 10 octobre 1978) ». *Beijing Information*, n°50, 12 déc.1994, pp.9-10.

[30] Lemoine, F., *La nouvelle économie chinoise*, op.cit., page 36.

[31] Lardy, N.R., « Chinese Foreign Trade », *The China Quarterly*, n°131, op.cit., pp.691-718, pp.699-703.

[32] Gipouloux, F., « La Chine vers l'économie de marché ?... », op.cit., pp.143-157.

[33] Comme la plupart des Etats communistes, la R.P.C. avait deux monnaies : l'une convertible et destinée aux étrangers (le F.E.C.), l'autre à l'usage de la population (le Renminbi). Trois taux de change coexistaient : l'un pour les étrangers et les touristes, l'autre pour les entreprises et enfin celui du marché noir. La réforme supprime cette situation. Le taux de change du Renmibi est fixé par l'offre et la demande. A terme, la Chine souhaite aboutir à

une convertibilité complète pour faciliter son intégration au sein de l'Organisation Mondiale du Commerce. Deron. F.. « La Chine décide de faire flotter le yuan ». *Le Monde.* 31 déc.1993. page 19; *Ibidem.* « Le remaniement monétaire du 1er janvier a provoqué une débauche de consommation ». *Le Monde.* 4 jan.1994. page 6.

[34] Lemoine. F.. *La nouvelle économie chinoise. op.cit..* page 36.

[35] L'augmentation quantitative des exportations. au cours des années 1980. s'est faite au détriment de la qualité et de la rentabilité. Le gouvernement a décidé de mettre en place des contrôles sur les exportations et sur les importations. « Resserrement du contrôle sur l'import-export ». *Beijing Information.* n°11. 13 mars 1995. page 7.

[36] Lemoine. F.. *La nouvelle économie chinoise. op.cit..* page 37.

[37] « Discours de Deng Xiaoping dans le Sud. Document n°2 du Comité Central ». *Perspectives Chinoises.* n°2. av.1992. pp.10-14.

[38] Deng. Xiaoping. « Allocution d'ouverture au XII e Congrès du Parti Communiste Chinois. 1er sept.1982 ». *in Ibidem, Les questions fondamentales de la Chine d'aujourd'hui.* Beijing. Ed. En Langues Etrangères. 1987. 227 pages. pp.1-6. page 3.

[39] Howe. C.. « The People Republics of China. Economy ». *in The Far East and Australasia. 1995.* Europe Publications Ltd. Coll. : « Regional Digest of the World ». 26ed. 1995. 1142 pages. page 214.

[40] La dette chinoise se compose pour les quatre cinquième de prêts à court et moyen terme. Les principaux créanciers de la Chine sont des banques commerciales. des gouvernements étrangers et des organisations internationales. Les prêteurs privés ne représentent que 10 % du passif. Banque Mondiale. (ed). *Rapport sur le Développement dans le Monde. Une infrastructure pour le développement.* Washington. Banque Mondiale. 268 pages. Tableau n°20. pp.214-215.

[41] En 1993. l'administration fiscale avait lancé une vaste opération à l'encontre des évasions. Selon les rapports officiels. elle aurait rapporté 600 millions US$ en impôts impayés. Deron. F.. « La Chine prépare une vaste réforme fiscale ». *Le Monde.* 3 nov.1993. page 23.

[42] Les sociétés à capitaux mixtes pourront désormais être créées pour une durée illimitée. Huchet. J.F.. « Le nouveau visage de l'industrie chinoise... ». *op.cit..* page 80.

[43] « Promulgation des "dispositions provisoires d'orientation des investissements étrangers" ». *Beijing Information.* n°38. 18 sept.1995. pp.14-24.

[44] L'idée de départ était la création de « zones d'exportation spéciales ». Cependant. le principe. adopté en 1979 par le Comité central et le Conseil des affaires d'Etat. s'est avéré très vite limité. Les réformateurs voulaient créer des lieux où seraient développés l'industrie. le commerce mais aussi l'agriculture. le tourisme. l'immobilier. la recherche scientifique et l'éducation. En mai 1980. le Comité Central le nomme « les Zones Economiques Spéciales » (*Jingji Tequ*). Nhay. Phan. « Ouverture de la Chine : la troisième vague ». *Le Courrier des Pays de l'Est.* n°330. juin 1988. pp.39-49. page 41.

[45] L'Etat crée dans les villes côtières des « Zones d'Exploitation Economique et Technique ». A la différence des ZES. seuls les projets concernant les industries nouvelles. utilisant des techniques de pointe. sont autorisés. En février 1985. les trois deltas (Yangtsé. Rivière des Perles. région de Xiamen-Zhangzhou-Quanzhou) deviennent des Zones Economiques Ouvertes (*jingji Kaifang qu*). Leur objectif est de former une économie orientée vers l'exportation. Les industries légère et textile y sont encouragées. L'île de Hainan a accédé au statut de province en août 1987. Les dirigeants veulent en faire la plus grande ZES du

pays. Ils ont accordé une autonomie d'action et de décision en matière d'exportation. d'investissement. d'embauche. etc.. Les subventions publiques qui étaient versées dans le cadre de l'ancienne province de rattachement de l'île. le Guangdong. sont maintenues pour la nouvelle province. *Ibidem.* pp.42-43.

[46] Gipoulous F.. « La Chine vers l'économie de marché?...». *op.cit.*. page 198.

[47] Liu. Suinian. Wu. Qingan. *Ebauche d'une histoire de l'économie socialiste en Chine. 1949-1984.* Beijing. Ed. Beijing Information. 1986. 805 pages+tables. pp.1-222.

[48] Zhao. Ziyang. « Rapport sur le sixième plan quinquennal. Présenté le 30 novembre 1982 par le 1er ministre à la 5eme session de la 5eme APN ». *Beijing Information.* n°51. 20 déc.1982. pp.9-37. page 17.

[49] *Ibidem.* page 26.

[50] Weggel. O.. « La politique de développement régional de la Chine et les effets de la régionalisation ». *Problèmes Economiques.* n°2007. 14 jan.1987. pp.27-32. pp.27-28.

[51] Pairault. Th.. « Shanghai. Zhao Ziyang et le développement côtier ». *Le Courrier des Pays de l'Est.* n°330. juin 1988. pp.50-54.

[52] « Discours de Deng Xiaoping dans le Sud... ». *op.cit.*. page 10.

[53] « Les ressortissants chinois et les politiques adoptées à leur égard ». *La Chine en Construction.* Beijing. Ed. En langues Etrangères. n°17-f-1183. 1983. 4 pages. page 4.

[54] Nom du Ministère des Affaires étrangers chinois.

[55] *Cf.* Introduction. Yen. Ching-Hwang. *Coolies and Mandarins. op.cit.*. pp.80-81. Irick. Robert L. *Ch'ing Policy toward the Coolie Trade, 1847-1878.* Taibei. Chinese materials Center.1982. 452 pages. pp.275-290.

[56] Yen. Ching-Hwang. *Coolies and Mandarins. op.cit.*. page 251.

[57] Wen. Chung-chi. *The Nineteenth-Century Imperial Chinese Consulate in the Straits Settlements : origins and developments.* Singapour. National University of Singapore. M.A.Thesis. Histoire. 1964. 273 pages + bibliographie. Annexes. pp.75-77.

[58] Bergère. Marie-Claire. *L'âge d'or de la bourgeoisie chinoise.* Paris. Flammarion. Coll. : « Nouvelle Bibliothèque Scientifique ». 1986. 370 pages. page 153.

[59] Vogel. Erza F.. *Canton under Communism. Programs and Politics in a Provincial Capital, 1949-1968.* Cambridge. Harvard University Press. 1969. 448 pages. pp.102-103. Cette situation posera des problèmes aux communistes. notamment pour la mise en place. à partir de 1953. des réformes sur la propriété des sols. Voir les études de Fitzgerald. Stephen. *China and the Overseas Chinese. A Study of Peking's Changing Policy, 1949-1970.* Cambridge. Cambridge University Press. 1972. 268 pages et de Soo. Fong Tan. *Chinese Communist Policy Towards Overseas Chinese in Southeast Asia, 1949-1960.* Californie. University of California. M.A.Thesis. 1963. 248 pages. Cette politique est également présentée. mais sous un aspect plus critique à l'égard des communistes car idéologiquement plus marqué à leur encontre. par Lu. Yu Sun. *Programs of Communist China for Overseas Chinese.* Hongkong. The Union Research Institute. Research Series : Communist China Problem. 1956. 82 pages.

[60] Bastid. M.. Bergère. M-C. Chesnaux. J.. *La Chine. L'illusoire modernité, 1885-1921. op.cit.*. 223 pages. Bergère. M-C. Bianco. L.. Domes. J.. *La Chine au XXe siècle* Tome 1. « D'une Révolution à l'autre. 1885-1949. Tome 2. « De 1949 à aujourd'hui ». Paris. Fayard. 1994. 441 pages+448 pages. Tome 1. Chapitre 2 et 3. pp.45-118.

[61] Parks. M.. Coble. *The Shanghai Capitalist and the Nationalist Governement. 1927-1937.* Cambridge. Harvard University Press. Council on East Asian Studies. 1980. 307 pages. chapitres 4 et 5. pp.123-185: Wang. Nora. *L'Asie orientale du milieu du XIXe siècle à nos jours.* Paris. Armand Colin. Coll. : « Histoire Contemporaine ». 1993. 407 pages. Chapitre 6. Chapitre 8. pp.127-154. pp.185-192.

[62] Wang. N.. *L'Asie orientale...*. op.cit.. Chapitre 11. pp.269-292: Bergère.M-C. Bianco. L.. Domes. J.. *La Chine au XXe siècle.* op.cit.. Tome 2.

[63] Bastid. M.. Chesnaux J.. *La Chine. Des Guerres de l'opium...* op.cit., page 178.

[64] L'ignorance des fonctionnaires chinois en matière de langues étrangères conduit le gouvernement des Qing à créer des écoles d'apprentissage linguisitique. La première date de 1862. Le gouvernement décida qu'il fallait aussi envoyer des étudiants à l'étranger pour qu'ils puissent apprendre les « secrets de la technologie occidentale ». De 1872 à 1881. 120 jeunes chinois ont été envoyés aux Etats-Unis. En 1876. 30 étudiants furent envoyés officiellement en France et en Grande-Bretagne. dans le cadre du programme d'apprentissage de l'arsenal de Fuzhou. Wang. Y.C. *Chinese Intellectuals and the West, 1872-1949.* Taibei. Rainbow Bridge Book Co.. 1976. XIV+557 pages.

[65] « Les "nouveaux intellectuels" des années 1920 ont soif d'éducation et de formation "modernes". La préoccupation est ambiante : nul politicien qui puisse faire l'économie d'un programme ou d'une manifestation d'intentions dans ce domaine. » Wang N.. *Paris Shanghai...*, op.cit., page 49.

[66] Liu. Suinian. Wu. Qungan. *Ebauche d'une histoire de l'économie socialiste en Chine, 1949-1984.* Beijing. Ed. Beijing Information. 1986. 805 pages. page 135.

[67] Le mémoire de Xue Fucheng est reproduit *in* Chen. Hansheng. *Huagong chu guo ziliao huibian.* (Recueil de matériaux concernant les travailleurs chinois émigrés). Vol.1. *Zhongguo guanwen shu ziliao.* (Choix de documents émanant du gouvernement chinois). Tome 1. pp.292-294. page 293.

[68] Le mouvement pour la renaissance des idées de Confucius en Chine connaît un essort important outre-mer à partir de la fin des années 1890. Des réunions et des lectures sont organisées sur les idées du penseur pour les Chinois émigrés. Singapour constitue le lieu privilégié pour le développement de ce mouvement dans la péninsule malaise. Celui qui sera un personnage dominant du mouvement à Singapour est un Chinois né outre-mer et instruit dans les écoles occidentales. Lin Wenqing. Yen Ching-hwang. « The Confucius Revival Movement in Singapore and Malaya. 1899-1911 ». *Journal of Southeast Asian Studies.* Vol.7. n°1. mars 1976. pp.33-44.

[69] He. Xiangning. « Qiaojuan guiqiao tonyang guji kanjing licheng shangqu ». (Les familles et les Chinois d'outre-mer de retour en Chine doivent faire des efforts pour se surpasser). Rapport soumis à la Cinquième Session du premier Congrès National Populaire. *Renmin Ribao.* 7 février 1958. pp.3-4.

[70] Zhou. Enlai. « Dui miandian huaqiao de jianghua ». (A propos des Chinois de Birmanie). *in Qiaowu zhengce wenji* ». Beijing. Renmin Chubanshe. 1957. 103 pages. pp.7-8.

[71] Les sommes d'argent envoyées par les Chinois d'outre-mer en Chine ont toujours fait l'objet d'études. Voir en langue chinoise Yiang. Jiangcheng. (ed). *Qiaohui liutong zhi yanjiu.* (Recherches à propos des remises provenant des Chinois émigrés). Taibei. Zhonghua xueshuquan. Nanyang yanjiusuo. 1984. (1er ed. 1914). 140 pages.

[72] Il est difficile d'estimer réellement l'unité monétaire utilisée. L'absence d'appareil statistique commun explique cette situation.

[73] Le mémoire de Zhang Zidong, daté du 30 mars 1886, est reproduit *in* Chen, Hansheng, *Huagong chu..., op.cit.*, pp.267-270. L'estimation exacte des envois a toujours soulevé de nombreuses difficultés à cause de l'abscence de statistiques. Par ailleurs, l'argent arrivait souvent en Chine directement lors d'un retour de l'émigré.

[74] Coolidge, Roberts Mary, *Chinese Immigration. American Problem*. Taibei, Chen Wen Publishing Compagny, 1968, 531 pages, page 76. La discrimination s'observe de manière évidente dans le fait que les émigrés chinois étaient exclus de la naturalisation. Cela fut prévu officiellement par le traité de Burlinghame en 1868. L'article VI stipule, après avoir posé la réciprocité du droit de circulation et de protection des citoyens américains et Chinois, que « Rien ci-dessus ne doit être retenu pour octroyer la naturalisation aux citoyens des Etats-Unis en Chine, ou aux sujets de la Chine aux Etats-Unis ». *Cf.* « Additional Articles to the Treaty of Commerce between the United States and China, of June 18, 1858, Signed at Washington, 28th july, 1868 » *in* Hertslet, Godfrey, E.P., *Treaties and Co between Great Britain and China; and between China and Foreign Powers; and Orders in Council, Rules, Regulations, Acts of Parliament, Decrees &c, affecting British Interest in China*, Londres, Harrison and Sons, St.Martin Lane, 1908, 2 Vol., 623 pages, pp.554-557, page 556. De telles restrictions existaient également dans les dominions britanniques. *Cf.* Huang, Tsen Ming, *The Legal Status of the Chinese Abroad*, Taipei, China Cultural Service, 1954, 347 pages, en particulier pp.181-198.

[75] John, E.Benton, député au Congrès américain, 1862; Cité par Coolidge, Roberts Mary, *Chinese Immigration, American Problem, op.cit.*, page 69.

[76] Huang, Tsen Ming, *The Legal Status..., op.cit.*, pp.170-175.

[77] Yen, Ching-hwang, *A Social History of the Chinese in Singapore and Malaya, 1800-1911*, Singapour, Oxford University Press, 433 pages; Klein, Ira, « British Expansion in Malaya », *Journal of Southeast Asian History*, Vol.9, n°1, 1968, pp.53-68.

[78] Jackson, James C., « Le développement de l'agriculture commerciale dans la péninsule malaise avant 1908 », *Les Cahiers d'Outre-Mer*, Tome 24, n°93, 1971, pp.32-44, pp.10-13.

[79] Nous avons plus particulièrement étudié ce point pour les Etats de Singapour, de la Malaisie et d'Indonésie. *Cf.*Guerassimoff, C., *La question des Chinois d'outre-mer dans l'évolution des relations de la R.P.C. avec la Malaisie, l'Indonésie et Singapour, 1978-1992*, Nice, Mémoire pour l'obtention du D.E.A de Droit et Economie du Développement, 1992, iii+ 137 pages+XXXII.

[80] Suryadinata, Leo, « Indonesia Policies toward the Chinese Minority under the New Order », *Asian Survey*, Vol.16, n°8, 1976, pp.770-787, page 772.

[81] *Cf.infra*, seconde partie, chapitre 2.

[82] Lorsqu'en 1918, Chen Jiageng entend parler à Singapour de la création d'un collège par les méthodistes américains, il demande à être associé au projet. La congrégation lui promet la création d'un département d'enseignement supérieur en langue chinoise contre une contribution financière importante. Le gouvernement anglais de l'île interdit le projet parce qu'il associe des Américains et des Chinois. Il propose la création d'un collège, contrôlé par les autorités anglaises, mais il ne prévoit pas d'enseignement chinois. Devant les obstacles érigés par les Anglais à la création d'un enseignement supérieur chinois, Chen se tourne vers la Chine et sa région d'origine, le Fujian, pour créer l'Université de Xiamen en

1921. Wilson. H.E., « An Abortive Plan for an Anglo-Chinese College in Singapore ». *Journal of Southeast Asian History*. Vol.2. n°2. 1961. pp.35-42.

[83] Godley. R.M., Coppel. A.C., « The Pied Piper and the Prodigal Children. A Report on the Indonesian Chinese Students who went to Mao's China ». *Archipel*. n°39. 1990. pp.179-197. pp.180-181.

[84] On ne sait pas si cette mission a eu des résultats concrets. *Cf.* Chui. Kwei-Chiang. *Late Ch'ing's Modern Enterprise and the Chinese in Singapore and Malaya, 1904-1911*. Singapore. Nanyang University. College of Graduates Students. Institute of Humanities and Social Science. Occasionnal Paper n°17. 1976. 37 pages. pp.16-17. Voir également Godley. R. Michael. *The Mandarin-capitalists from Nanyang. Overseas Chinese Entreprise in the Modernization of China. 1893-1911*. Cambridge. Cambridge University Press. 1981. 222 pages; Yen. Ching-Hwang. « The Overseas Chinese and Late Ch'ing Economic Modernization ». *Modern Asian Studies*. Vol.16. n°2. 1982. pp.217-232.

[85] Dès le début des années 1870. cet effort exclusif commence à être critiqué. A l'exigence du "renforcement". les dirigeants ajoutèrent celle "d'enrichissement". le but de cette politique étant de faire accéder la Chine « à la richesse et la puissance » (*fuqiang*), comme l'écrivait Li Hongzhang dès 1872. Sur la politique du *Fuqiang*, *Cf*. Bastid. M., Chesnaux. J., *La Chine. Des Guerres de l'opium...*, *op.cit.*, page 186.

[86] Chui. Kwei-Chiang. *Late Ch'ing's Modern Enterprise..., op.cit.*, page 20.

[87] En février 1923. Sun Yat-sen revient à Canton (Guangzhou) où il met en place un gouvernement militaire. Il assigne comme objectif de réunifier le pays. Ce gouvernement a été appelé gouvernement révolutionnaire du Sud en opposition à celui siégeant à la même époque à Beijing. nommé gouvernement du Nord. Wang. N., *L'Asie orientale...*, *op.cit.*, page 150.

[88] Gemin Zhengfu. « Qiaowu ju zhangcheng ». (Règlement concernant le Bureau des Affaires des Chinois d'outre-mer. 22 décembre 1923). *in* Collectif. *Shijie huaqiao huaren zidian*. (Dictionnaire des Chinois d'outre-mer et des Chinois de descendance. du monde entier). Beijing. Beijing Daxue Chubanshe. 1993. 1023 pages. page 507.

[89] Zhonghua Minguo Zhengfu. Qiaowu Weiyuanhui (Commission des Affaires des Chinois d'outre-mer. Gouvernement de la République de Chine). « Huaqiao huiguo xingban shiye jiangli fa ». (Loi concernant l'octroi d'encouragements aux Chinois d'outre-mer rentrés en Chine pour créer des entreprises. 27 janvier 1929 . Révisée en décembre 1948); *in* Zhonghua Minguo Zhengfu. Qiaowu Weiyuanhui. *Qiaowu fagui*. (Lois et Règlements sur les Affaires des Chinois d'outre-mer). Nanjing. 1950. 73 pages. page 67.

[90] Ces mesures ont été plus détaillées au niveau local. *Cf*. « Constitution de l'Association Unie des Chinois d'outre-mer de retour de Shantou ». (Article 2. Chapitre I). Cité par Lu. Yu Sun. *Programs of Communism China..., op.cit.*, page 18.

[91] Corcoran. Eugène J., *Hsueh Fu-ch'eng and China's Self Strengthening Movement, 1865-1894*. Kansas. University of Kansas. Phd., 1979. UMI Dissertation Service (ed). 1993. 585 pages. Chapitre VII. pp.394-522; Frodsham. J.D., *The First Embassy to the West : The Journal of Kuo-Sung T'ao, Liu Hsi-Hung and Chang Te-I* ». Londres. Oxford University Press. 1974. 254 pages.

[92] Chen. Charng-ven. *China and the Law of Consular Relations*. Cambridge. Harvard University Law School. Doctoral Dissertation. 1972. 528 pages. page 98.

[93] « Niding huashang banli shiye jueshang zhangcheng ». (Règlement concernant l'octroi de récompenses et de titres aux Chinois d'outre-mer qui ont créé des entreprises). in Collectif. *Shijie huaqiao...*. op.cit.. page 380.

[94] « Sun Yat-sen Early Revolutionary Programm ». (Lettre adressée à Li Honzhang en 1894, extraits). in Teng. Ssu-yu; Fairbank. John K.. *China's Respons to the West. A documentary Survey, 1839-1923*. Cambridge. Harvard University Press. 1954. XI+ 296 pages. pp.223-227. pp.224-225.

[95] « Qiaowu ju zhangcheng ». op.cit.. page 570.

[96] Fitzgerald. S.. *China and the Overseas Chinese...*. op.cit.. page 122.

[97] Joyaux. F.. *La Tentation Impériale : Politique extérieure de la Chine depuis 1949*. Paris. Imprimerie Nationale (Ed). 1994. 426 pages.

[98] Bergère. M-C. Bianco. L.. Domes. J.. *La Chine au XXe siècle*, op.cit.; Wang. N.. *L'Asie orientale...*. op.cit.; Wrigth. Tim. *The Chinese Economy in the Early Twenty Century*. New-York. St Martin Press. 1992. 220 pages.

[99] Au cours de la Conférence de la Paix à Paris. les puissances. en présence de la Chine. acceptent d'octroyer les possessions allemandes du Shandong au Japon. Apprenant la nouvelle. les premières manifestations. composées d'abord d'étudiants auxquels se joindront ouvriers et bourgeois. se déroulent dans les grandes villes chinoises. Les slogans demandent de « sauver le pays ». (*jiu guo*) en abolissant les traités inégaux et prônent la promotion des marchandises nationales (*guohuo*). Bastid. M.. Bergère. M-C. Chesnaux. J.. *La Chine. L'illusoire modernité...*. op.cit.. pp.179-187. « Le terme (mouvement du 4 mai 1919) peut être pris en deux sens différents. Au sens étroit. il désigne l'ensemble des événements de nature patriotique et plus ou moins subversive qui se déroulent entre le 4 mai et la fin juin 1919. Au sens large. il s'agit d'un "mouvement" aux implications culturelles et sociales autant que politiques. Ce courant remet en cause. à travers des écrits. au-delà des campagnes de boycott des produits japonais. et des manifestations de rue. les fondements même de la société ». Wang. N.. *L'Asie orientale...*. op.cit.. page 142.

[100] Godley. Michael R.. *The Mandarin-Capitalists...* ». op.cit.. page 104.

[101] Chan. K.K.Wellington. *Merchants. Mandarins and Modern Enterprise in Late Ch'ing China*. Cambridge. Monograph n°79. Harvard East Asian Monograph. 1977. pp.127-212.

[102] Bastid. M.. Bergère. M-C. Chesnaux. J.. *La Chine.* ». Tome 2. op.cit.. Bergère. M-C; Bianco. L.. Domes. J.. *La Chine au XXe siècle* Tome 1. op.cit..

[103] Yen. Ching-Hwang. *Coolies and Mandarins*. op.cit.. page 280.

[104] Vogel. Erza F.. *Canton under Communism...* ». op.cit.; Fitzgerald. S.. *China and the Overseas Chinese...*. op.cit.. pp.52-73; Soo. Fong Tan. *Chinese Communist Policy...* op.cit.. pp.39-98.

[105] L'enjeu militaire et politique de la modernisation est telle pour les autorités publiques qu'elles ne peuvent concevoir de laisser la direction des entreprises créées aux marchands. Elles mettent en place le système appelé « *Guang du shang ban* ». L'entreprise est dirigée par des fonctionnaires. mais gérée et financée par des marchands. Finalement. les administrateurs officiels évincent les marchands. Chan. K.K.Wellington. *Politics and Industrialization in Late Imperial China*. Singapour. Institute of Southeast Asian Studies. Occasional Paper n°30. 19 pages.

[106] Renmin Ribao. (ed) « Quanguo qiaowu huiyi yubei hui zai jing juxin ». (Une réunion préparatoire de la Commission des Chinois d'outre-mer de tous les pays s'est tenue à Beijing). *Renmin Ribao*. 4 jan.1978. pp.1 et 4. page 1.

[107] « Le congrès des Chinois d'outre-mer rapatriés ». *Beijing Information*. 23 av.1984. page 5.

[108] *Ibidem*.

[109] « Promulgation des "dispositions provisoires"... ». *op.cit.*, pp.14-19.

[110] « Le congrès des Chinois d'outre-mer rapatriés ». *op.cit.*.

[111] Interview de Lin. Lanqing, « Développons le commerce extérieur et améliorons l'environnement offert à la coopération ». *Beijing Information*. n°10. 9 mars 1992. pp.8-10. page 8.

[112] En 1993. Rong Yiren est devenu vice-président de la République populaire de Chine. Huang. Wei. « Rong Yiren ou "Monsieur CITIC" ». *Beijing Information*. n°36. 5 sept.1994. pp.24-26.

[113] Bergère. M-C., « Le retour des capitalistes ? », in Collectif. *Shanghai, rires et fantômes*. Autrement. n°spécial. n°26. sept.1987. 219 pages. pp.201-212. page 205.

[114] Vogel. Erza F., *One Steap Ahead in China. Guangdong under Reform*. Cambridge. Harvard University Press. 1989. 510 pages. pp.130-131.

[115] *Ibidem*. pp.77-91.

[116] Bergère. M-C., « Le retour des capitalistes ? ». *op.cit.*. page 209. Nous évoquerons les raisons économiques et politiques liées à la réunification dans le second paragraphe de ce chapitre. *Cf infra.*.

[117] Deng. Xiaoping. « A propos des zones économiques spéciales et de l'ouverture de nouvelles villes. 24 février 1984 ». in *Ibidem. Les questions fondamentales...*. *op.cit.*. pp.49-52. page 51.

[118] « Règlement sur les zones économiques spéciales de la province du Guangdong. (26 août 1980) ». in Collectif. *La politique d'ouverture de la Chine*. Beijing. Ed.Beijing Information. 1985. 385 pages. pp.317-323. page 317.

[119] « Regard sur la zone économique spéciale de Xiamen ». *Beijing Information*. n°2. janv.1986. page 24.

[120] Han. Baocheng. « Fuzhou, lieu d'origine des Chinois d'outre-mer le plus ouvert ». *Beijing Information*. n°52. 26 déc.1994. pp.17-22. page 17.

[121] Li. Ziliu. « Guangzhou se transforme en une métropole internationale ». *Beijing Information*. n°28. 11 juil.1994. pp.13-17. page 13.

[122] Les principales études ont été menées par les Américains. Soucieux de la concurrence économique de plus en plus rude que ces économies leur imposaient, ils se sont penchés sur leur organisation économique et sociale. Hofheinz. Roy. Kent. E., *The Eastasia Edge*. New York. Basic Books. 1982. Chen. Edward K.Y., *Hyper-Growth in Asian Economies : A comparative Study of Hong-Kong, Japan, Korea, Singapore and Taiwan*. Londres. Macmillan Press. 1979.

[123] Max Weber a rapporté au protestantisme les origines et la réussite du capitalisme. Par opposition, il liait le retard économique des pays asiatiques au confucianisme.

[124] Tai. Hung-chao. « L'alternative orientale : Une hypothèse concernant la culture et l'économie de l'Asie Orientale ». *Etudes et Documents*. juil.1989. pp.1-38.

[125] *Ibidem.* pp.14-15.

[126] *Ibidem.* page 17.

[127] Blanc. Monique. « La République de Corée : un nouveau pays industrialisé ». *in* Maurier. J-L.. Regnier. P.. (dir). *La nouvelle Asie industrielle. Enjeux, stratégies et perspectives.* Paris. P.U.F.. Institut Universitaire de Hautes Etudes Internationales (Genève). 197 pages. 1992. pp.7-28. page 8.

[128] Joly. D.. Chaponnière. J-R.. « Le "modèle" Taiwanais ». *in Ibidem.* pp.29-46. page 34.

[129] Gosling. L.A.. Lim. L.Y.C..(ed). *The Chinese in Southeast Asia,* Vol.1. « Ethnicity and Economic Activity ». Vol.2. « Identity. Culture and Politics ». Singapour. Maruzen Asia. Economic Research Center for South and Southeast Asian Studies. 1983. 335 pages+283 pages.

[130] La réapparition d'un secteur privé en Chine s'est d'abord manifesté par le développement des entreprises privées individuelles. appellée *Geti.* Ce type d'entreprise a été fortement encouragé par l'Etat. afin de répondre à une offre de main d'oeuvre excédentaire et à un manque de produits de consommation et de services. Ces petites unités s'apparentent, sur bien des points, aux entreprises du secteur informel des autres Etats du Tiers monde. Mais. à la différence des autres pays. elles ont fait l'objet de plusieurs réglementations. Ces textes. et particulièrement celui de 1988. contiennent des dispositions concernant le nombre d'employés requis. Les activités de ces entreprises s'exercent presque essentiellement en famille. Foreign Language Press. (ed). *Individual Economy.* Beijing. Foreign Language Press. 1989. 17 pages.

[131] Tai. Hung-chao. *L'alternative orientale...*, *op.cit.,* page 21.

[132] *Ibidem.*

[133] Boutillier. S.. Uzunidis. D.. *Chine. Questions sur l'ouverture aux multinationales.* Paris. L'Harmattan. 1989. 157 pages. page 102.

[134] Charbonnier. J.. *Confucianisme et modernité en Asie Orientale.* Dossier n° 2/85. Echange France-Asie. fév.1985. 35 pages.

[135] Comme le souligne J-F.. Huchet. « la transition des entreprises d'Etat. comme la poursuite du développement des acteurs hors secteur d'Etat. nécessitent la mise en place d'instruments de gestion indirecte de l'économie : [...] privatisation progressive du logement et développement d'un système de protection sociale à l'échelle nationale dans la perspective d'une privatisation des entreprises d'Etat ». Huchet. J-F.. « Le nouveau visage de l'industrie chinoise... ». *op.cit.,* page 84. Dans la présentation de l'agenda économique pour l'année 1995. le Premier ministre Li Peng déclarait que l'un des quatre impératifs des réformes pour cette année devait être « d'accélérer la réforme des subventions et des assurances retraites ». « Les grandes lignes de l'agenda économique de 1995 ». *Beijing Information.* n°50. 12 déc.1994. pp.4-5. page 5.

[136] Tai. Hung-chao. *L'alternative orientale...*, *op.cit.,* page 22.

[137] *Cf* note 161.

[138] Cité par Tan. Kong Yam. « Singapore's Role in the Economic Development of China ». *Singapore Economic Review.* Vol.36. n°23. oct.1991. pp.27-42. page 38.

[139] D'autres personnalités de la Cité-Etat seront sollicitées : en 1986. l'ancien ministre d'Etat de la culture. Fong Sip Chee. devient conseiller pour le développement industriel et économique de la ville de Tianjin: une autre personnalité du secteur privé de Singapour. Lau Ing Woon. occupe un poste similaire auprès du gouvernement provincial du

Guangdong. Chin. Kin Wah. « A New Phase in Singapore's Relations with China ». in Collectif. *ASEAN and China. An Evolving Relationship*. Californie. Univeristy of California. Insitute of East Asian Studies. 1988. 367 pages. pp.274-291.

[140] Cité par Tan. Kong Yam. *Singapore's Role ... op cit.* page 37.

[141] *Ibidem.* page 39.

[142] Charbonnier. J.. *Confucianisme et modernité... . op.cit..* page 14.

[143] Margolin. J-L.. « Singapour : Bureaucratie. confucianisme. libéralisme ». in Lew. R.. Thierry F.. (dir). *Bureaucraties chinoises*. Paris. L'Harmattan. Coll. : « Asie-Débat ». 1986. 185 pages. pp.151-180. pp.172-180.

[144] Charbonnier. J.. *Confucianisme et modernité...». op.cit..* page 16.

[145] Sur cette campagne. sa signification idélogique et ses conséquences. *Cf.* Guerassimoff. E.. *La campagne contre la 'Pollution Spirituelle' dans la Chine de Deng Xiaoping (Printemps 1983-Printemps 1984). Idéologie et politique en Chine depuis la fin de la Révolution culturelle*. Nice. I.D.P.D.. Mémoire pour l'obtention du D.E.A. de Droit et Economie du Développement. 1987. v+127 pages+CXX.

[146] La campagne s'est également justifiée par des problèmes idéologiques. A la suite de la 3ᵉ session plénière du XIᵉ Congrès. les dirigeants dénoncent une tendance politique erronée. celle du « libéralisme bourgeois ». Les membres du Parti expliquent l'apparition de cette tendance par une mauvaise compréhension de la politique prônée par Deng Xiaoping et son entourage dès la fin des années 1970. Il s'agissait en effet de combattre « l'idéologie gauchiste ». en fait de combattre les restrictions politiques imposées par la révolution culturelle et la "Bande des Quatre". Le « libéralisme bourgeois » se caractérise par « un comportement bourgeois orienté vers la recherche de profits. du mode de vie. des goûts vulgaires et des normes morales et artisitiques de la bourgeoisie ». Hu. Qiaomu. « Quelques remarques sur le Libéralisme Bourgeois ». *Beijing Information*. n°23. 7 jan.1982. pp.16-17. cité par Guerassimoff. E.. « La campagne contre la 'Pollution Spirituelle'... ». *op cit.* pp.34-36.

[147] Pang. Yongjie. Li. Shanquan. « Edification d'une civilisation spirituelle socialiste ». in Collectif. *La modernisation à la chinoise*. Beijing. Ed Beijing Information.. 1983. 187 pages. pp.131-140. page 132.

[148] *Ibidem.* page 140.

[149] Dans son ouvrage sur l'étude des fondements culturels du pouvoir politique en Asie. Lucian Pye écrit à propos de ces Etats. « Pendant un temps. leur idéal de prospérité et de pouvoir fut l'industrialisation occidentale. Aujourd'hui. cependant. les sociétés encore peu développées ont les exemples asiatiques du Japon et du "Gang des quatre" (Corée. Taiwan. Hong Kong. Singapour). Ces modèles offrent un rôle plus large à l'autorité étatique que les sociétés occidentales. et c'est pourquoi ils sont plus attractifs pour les autres asiatiques dont la culture révère l'autorité ». Pye. L.W.. *Asian Power and Politics. The Cultural Dimensions of Authority*. Cambridge. Harvard University Press. 1985. 414 pages. pp.338-339.

[150] *Cf.* Bibliographie.

[151] Tan. Kong Yam. *Singapore's Role...*. *op cit..* pp.40-41.

Chapitre 2

Les Chinois d'outre-mer et la réunification étatique

Le rattachement de Taiwan représente l'un des trois objectifs politiques que s'est fixé Deng Xiaoping dès son accession au pouvoir :
> « Les années 1980 sont les plus importantes pour le développement de notre parti et de notre nation. Les tâches primordiales pour notre peuple consistent à obtenir rapidement des progrès dans la modernisation socialiste, à réaliser la réunification de la patrie en incluant Taiwan et à renforcer la lutte anti-hégémoniste mondiale »[1].

A cette fin, les réformateurs adoptent une nouvelle stratégie à l'égard du gouvernement nationaliste (Section1). Les Chinois d'outre-mer tiennent une place particulière au sein du plan élaboré par Beijing pour la réunification, eu égard au rôle qu'ils ont parfois occupé à la demande des gouvernements chinois dans diverses évolutions politiques de la Chine (Section.2).

Section 1 : Une nouvelle politique à l'égard de Taiwan

Nationalistes et communistes ont toujours été d'accord sur un point : Taiwan appartient au continent. Les deux gouvernements ont eu comme objectif de rattacher ces deux éléments. Les divergences portent sur les modalités du retour. Aujourd'hui, les préoccupations de Beijing concernent l'intégration pacifique de l'île (§.1) et la lutte contre les tendances indépendantistes (§.2).

§.1 De la libération à la réintégration

A plusieurs reprises, les communistes ont essayé de « libérer » la province chinoise de Taiwan, occupée par les « bandits » nationalistes. Depuis 1979, ils proposent une solution pacifique, explicitée dans la politique dite « d'un Etat, deux systèmes ».

A / Le retour forcé

Pendant plus de trente années, les communistes eurent comme objectif de libérer militairement Taiwan, province chinoise occupée. Face à cette menace, le gouvernement nationaliste de l'île bénéficia, dès 1949, de l'appui des Etats-Unis. La question devint un nouvel enjeu de la guerre froide. Elle fut l'objet de vives tensions entre les deux rives du détroit de Taiwan. Crises et négociations se succédèrent entre les trois principaux protagonistes [2].

La première crise sérieuse se déroula au lendemain de la Guerre de Corée. Craignant que la R.P.C. ne renvoya les troupes mobilisées pour le conflit coréen sur le front fujienais, Taiwan renforça avec l'aide américaine son potentiel militaire, et le contrôle de certaines îles avoisinantes. Les premiers incidents éclatèrent au cours de l'été 1954. Les communistes lancèrent des offensives en direction de l'île de Jinmen (Quemoy). En décembre 1954, la tension se renforça lorsque Taiwan signa avec les Etats-Unis un traité de défense mutuelle. Beijing réagit en occupant militairement l'une des îles. Le climat conflictuel s'apaisa à l'approche de la Conférence de Bandoeng.

Conformément à la politique de coexistence pacifique, Zhou Enlai affirma que :

> « le gouvernement chinois [était] prêt à engager des négociations avec le gouvernement des Etats-Unis pour discuter des moyens d'amener un relâchement de la tension existant en Extrême-Orient, et particulièrement dans la région de Taiwan » [3].

Les discussions s'engagèrent entre les deux Etats. Mais, la diplomatie ne parvint pas à résoudre la question.

La situation allait connaître deux autres crises importantes, l'une en 1958 et l'autre en 1962. En août 1958, les bombardements du continent en direction de Jinmen s'intensifièrent. Les Etats-Unis renforcèrent la VIIe flotte et assurèrent le transport des troupes de Taiwan en direction des îles menacées. Face à la résistance des nationalistes et convaincue que l'U.R.S.S. ne la soutiendrait pas, la Chine proposa la reprise des négociations. A nouveau en 1962, les communistes massèrent des troupes sur la côte du Fujian. Ils accusaient Taipei de préparer une opération militaire massive. La menace fut écartée par une rencontre avec les représentants des Etats-Unis.

La détente sino-américaine et le conflit sino-soviétique marquaient un nouveau tournant pour le problème. La Chine continentale occupait aussi une place de plus en plus importante sur la scène internationale. Plusieurs Etats occidentaux, dont la France, se détournèrent de Taiwan au profit du continent. Le changement le plus important résulta de la modification de la politique américaine. La « doctrine Nixon » prônait le désengagement des Etats-Unis d'Extrême-Orient, et un rapprochement avec la Chine communiste. La détente sino-américaine aboutit à la visite du Président Nixon en 1972 en Chine. Le communiqué de Shanghai, publié à l'issue de la visite, marquait la fin de l'appui total des Américains aux nationalistes chinois.

> « Si les Etats-Unis maintenaient encore leurs relations diplomatiques avec Taipei, ils n'en prenaient pas moins l'engagement de retirer progressivement leurs forces militaires de l'île et d'aller progressivement vers une normalisation complète avec la R.P.C. » [4].

L'établissement de relations officielles eut lieu en décembre 1978. Les Etats-Unis reconnurent le gouvernement de Beijing comme l'unique gouvernement légal de la Chine. Ils dénoncèrent le traité de défense mutuelle signé avec Taiwan en 1954. Beijing acceptait de son côté que Washington continue à entretenir des relations non officielles avec l'île. Le gouvernement nationaliste résolut de maintenir les liens avec les Etats-Unis. Ils étaient vitaux pour l'île, notamment en matière commerciale. En 1979, la R.P.C. dut accepter la publication de la « Loi américaine sur les relations avec Taiwan » qui prévoyait, en autre, la fourniture d'armes de défense au gouvernement nationaliste. Le gouvernement de Deng Xiaoping comptait sur les Etats-Unis non seulement pour soutenir les réformes économiques, mais aussi pour contrebalancer la menace soviétique.

Les dirigeants du continent doivent alors concilier l'important programme de réformes économiques et la réunification chinoise. Deng Xiaoping et son entourage proposent aux nationalistes la solution d'un retour pacifique, selon la formule « d'un Etat, deux système ».

B / « Un Etat, deux systèmes »

Dès 1979, Beijing adopte une politique plus conciliante à l'égard de l'île. Le 1er janvier, le Comité permanent de l'Assemblée Populaire Nationale publie un « Message à nos concitoyens de Taiwan » [5]. La question de Taiwan est abordée en terme de réunification et non plus de libération. La partie continentale déclare attendre « avec impatience que Taiwan réintègre la patrie » [6]. Les dirigeants communistes annoncent l'arrêt des bombardements en direction de Jinmen et des autres îles car,

> « il doit être mis fin à cet état d'affrontement militaire par voie de négociations entre le gouvernement de la République populaire de Chine et les autorités de Taiwan, cela afin de créer les conditions préalables et un

climat de sécurité, indispensables aux échanges entre les deux parties dans un cadre quelconque » [7].

A travers le message, le continent exprime son voeu de développer des liaisons entre les deux rives, notamment maritimes, postales, familiales et commerciales. Il proposait une réunification par étape, basée sur la négociation.

Le gouvernement communiste renonce à la politique antérieure qui consistait à vouloir imposer purement et simplement à l'île le système politique et économique socialiste. Déjà, dans le message de 1979, les communistes déclarent que « le *statu quo* de Taiwan sera(it) respecté, de même que les opinions des personnalités des divers milieux de Taiwan » [8]. Le 30 septembre 1981, le président du Comité permanent de l'Assemblée Populaire Nationale propose un plan en neuf points pour la réalisation de la réunification pacifique [9]. Taiwan deviendra une « Région Administrative Spéciale », conservant une très grande autonomie politique, économique et militaire. L'île gardera son système économique capitaliste, ses institutions et ses hommes politiques [10]. Les propositions de Ye Yianjing constituaient les bases du projet « un Etat, deux systèmes ». En juin 1983, Deng Xiaoping reprend ces suggestions en six points. Il affirme que Beijing n'enverra pas d'armée ou de cadre du Parti occuper Taiwan ou s'immiscer dans la politique intérieure. L'île pourra délivrer des passeports et des visas. Elle jouira d'un droit de représentation approprié dans les organismes internationaux. Deng Xiaoping rappelle que Taiwan conservera son armée et son indépendance législative et judiciaire [11].

L'élaboration du statut particulier, envisagé par Beijing pour la réunification avec Taiwan, se concrétise de manière officielle par les accords signés en 1982 et 1984 avec la Grande-Bretagne pour la rétrocession de Hong-Kong. La question de la possession britannique a été réglée dans le cadre de la politique « un Etat, deux systèmes ». Il s'agit de maintenir le système capitaliste cinquante ans après 1997 et de laisser une large autonomie de décision à la nouvelle région administrative [12]. L'accord est présenté comme un modèle pour la réunification avec Taiwan. En 1984, Deng Xiaoping déclare qu'« après la réunification, Taiwan pourra continuer à pratiquer le capitalisme tandis que le continent maintiendrait le socialisme » [13].

Le président de la République de Chine, Jiang Jingguo, refusa les propositions des communistes par la formule des « trois non » : pas de contacts, pas de négociations, pas de compromis. Le gouvernement nationaliste posait comme conditions préalables à des pourparlers, le renoncement à la doctrine communiste, le développement économique et le système « Un Etat, deux gouvernements » [14]. Taiwan critiqua l'accord signé avec la Grande-Bretagne et refusa que les situations puissent être comparées. L'île avait un gouvernement autonome, une armée indépendante et des infrastructures économiques propres. Le rapport de force entre les deux rives était équilibré, contrairement à celui entre le continent et Hong-Kong [15].

L'hostilité des nationalistes au projet du continent n'a cependant pas empêché la naissance d'un dialogue entre les deux rives. Néanmoins, les modalités de la réunification ne constituent plus aujourd'hui les seuls obstacles.

§.2 Intégration et lutte contre l'indépendance de Taiwan

Malgré la politique des "trois non", les échanges entre les deux rives du détroit allaient se développer. Parallèlement, Beijing trouva une nouvelle opposition à son projet : des tendances politiques à Taiwan militaient pour la création de deux Chine.

A / La multiplication des échanges

Les contacts entre les deux rives se sont développés surtout après de 1987 [16]. Auparavant, les dirigeants nationalistes maintenaient strictement leur position des « trois non ». Cependant, en 1984, Taibei avait permis officiellement aux citoyens de l'île d'entrer en relation avec le continent à certaines occasions, et dans la mesure où il ne s'agissait pas de contacts politiques. Au mois de mars, la loi martiale, en vigueur dans l'île depuis 1949, est levée. Le 14 octobre 1987, Jiang Jingguo abolit globalement l'interdiction pour les citoyens de la République chinoise de rendre visite à leurs parents en R.P.C.

A partir de cette dernière date, les contacts politiques entre les deux rives du détroit augmentent. En 1988, à la suite de l'élection de Lee Teng Hui à la présidence de la République de Chine et à la tête du Guomindang, le 13e congrès du Parti nationaliste propose un plan de réunification de la Chine. Le projet se fonde sur la culture traditionnelle. La proposition est saluée par le Secrétaire général du P.C.C., Zhao Ziyang. Le 1er mai 1989, le ministre des finances de l'île, Shirley Kuo, accompagne officiellement une délégation à la réunion annuelle de la Banque Asiatique de Développement qui se tient à Beijing. Les visites des personnalités semi-officielles sont autorisées à titre privé par Taiwan.

Le 18 septembre 1990, des membres de la Croix Rouge des deux parties se rencontrent secrètement sur l'île de Jinmen. Ils déclarent qu'ils ont signé un accord concernant le rapatriement de Taiwan des immigrés illégaux. Le lendemain, des athlètes de la République de Chine arrivent à Beijing. Ils participent aux Jeux Asiatiques sous l'étiquette « Chinois-

Taipei ». En octobre, les Nationalistes créent au sein du département présidentiel un « Conseil National pour la Réunification » et pour le gouvernement un « Conseil des Affaires du Continent ». En décembre 1991, un an après la création à Taiwan d'une « Fondation pour les échanges entre les deux rives du détroits de Taiwan », Beijing établit à son tour « l'Association pour les relations entre les deux rives du détroit ». Bien qu'affirmant avoir un caractère non-officiel, les deux associations deviennent les portes paroles de leur gouvernement.

Elles se rencontrent une première fois en avril 1993 à Singapour. Ce contact historique donne lieu à la signature de quatre accords. Les textes concernent les modalités des échanges économiques, familiaux, épistolaires, et l'établissement de relations plus régulières entre les deux organisations [17]. Les deux groupements se sont régulièrement rencontrés au cours de l'année suivante. La dernière réunion date du 27 janvier 1995. Les deux associations sont parvenues à signer des accords sur les litiges de pêche et l'immigration illégale en provenance du continent. Le 30 janvier 1995, Jiang Zeming a proposé un plan en huit points pour la réunification avec Taiwan, auquel le président Lee Teng-Hui a opposé un projet en six points [18]. Ils reprennent les mêmes propositions qu'auparavant.

A partir de 1987, les échanges économiques entre les deux rives connaissent aussi un essor important. Dépassant difficilement le milliard de US $ auparavant, le commerce a atteint 2,6 milliards en 1988 et 3,7 milliards en 1989, pour culminer à 10 milliards de US $ en 1990 [19]. Le 1er juillet 1989, une délégation d'entrepreneurs taiwanais visita officiellement Dalian. L'événement était suivi, en décembre, par la signature, à Hong-Kong, d'un accord créant « l'Association pour la coordination du commerce et des échanges à travers le détroit » [20]. Au niveau gouvernemental, Taibei a graduellement relâché les interdictions qui pesaient sur les échanges. En janvier 1990, Chen Li-an, alors ministre de l'économie de Taiwan, annonçait que son ministère devait reconsidérer la politique consistant à interdire le commerce direct [21].

La province du Fujian est devenue depuis la région d'élection des investissements de l'île. Selon le 8ème plan quinquennal (1991-1995) pour Xiamen, les entreprises de Taiwan produiront 55 % du PNB en 1995.

> « L'ancienne Amoy [...] est devenue en cinq ans le quartier général de la présence taiwanaise en Chine : elle offre l'image d'une ville tourbillonnante où l'on échange le *New Taiwan dollar* et où l'immobilier grimpe à une vitesse vertigineuse » [22].

Malgré l'accroissement des échanges politiques, économiques, mais aussi sociaux et culturels, le projet de réunification voulu par les dirigeants communistes trouve aujourd'hui un nouvel obstacle dans les aspirations politiques indépendantistes.

B / Indépendance de Taiwan et menace de conflit

Depuis 1986-1987, les réformes politiques entreprises par Taiwan [23] inquiètent les dirigeants communistes. La levée de la loi martiale en juillet 1987 se traduisit par la légalisation du principal parti d'opposition, le Parti Démocratique Progressiste (P.D.P.). Le P.D.P. est devenu légalement le parti d'opposition avec la promulgation en janvier 1989 de la « loi civile sur les organisations » destinées à permettre la création d'autres partis politiques. Les membres du P.D.P. prônent l'indépendance, allant à l'encontre des thèses nationalistes et communistes. En octobre 1990, ce parti adoptait une résolution sur la souveraineté de l'île. Un an plus tard, il réclamait l'admission de Taiwan à l'Organisation des Nations Unies [24].

Le "détachement" du continent et la libéralisation du régime politique s'accentua avec l'arrivée en 1988 de Lee Teng-hui, taiwanais "de souche". Sous sa présidence, le Guomindang décida de réviser le régime représentatif. Amendant la Constitution, Taiwan mettait fin à plus de quarante années de fiction. Les députés représentants le continent étaient exclus de l'organe représentatif. Seuls les députés des circonscriptions de l'île seraient élus et siégeraient au parlement. La même année, le gouvernement de l'île proclamait la « fin de la période de rebellion communiste », séparant l'évolution politique des nationalistes et des communistes [25].

Depuis 1988, le Guomindang suit une politique extérieure que Beijing juge préjudiciable à la réunification. Le XIIIe Congrès du Guomindang décida de changer les modalités de la diplomatie [26]. A l'avenir, Taiwan ne prendra plus l'initiative de rompre les relations diplomatiques avec un Etat qui reconnaît la R.P.C., laissant cette décision à l'Etat concerné. Il s'agit à présent de développer le plus de représentations officieuses possibles, et de se faire admettre dans des organisations internationales ou régionales, même avec un statut mineur. Depuis 1993, l'admission de Taiwan aux Nations-Unies est devenue un objectif officiel du gouvernement. Les activités politiques extérieures de Taiwan ont culminé avec la visite officielle du Président Lee aux Etats-Unis en juin 1995 [27].

L'ensemble de la nouvelle politique taiwanaise est vivement dénoncée par les dirigeants communistes. Le 10 octobre 1991, le Président Yang Shangkun, déclare à propos des membres du P.D.P., que « ceux qui jouent avec le feu seront réduits en cendre » [28]. La position du gouvernement nationaliste consiste, selon Beijing, à maintenir "l'isolement de Taiwan" c'est à dire à prôner la non-réunification et la non-indépendance. Cette politique est jugée ambiguë car :

> « "l'isolement de Taiwan" et "l'indépendance de Taiwan" ont en commun la volonté du maintien de la situation actuelle, l'anticommunisme, le refus des négociations, la recherche de la "double reconnaissance" et de la "personnalité internationale indépendante" » [29].

La réaction des dirigeants communistes fut plus virulente lors de la visite aux Etats-Unis du Président Lee. Le 16 juin 1995, Beijing déclara que la réunion entre les deux organisations chargées depuis 1991 de discuter des relations entre les deux rives n'aurait pas lieu. Une vaste campagne de propagande était lancée au cours de l'été. Le Président de Taiwan était accusé de promouvoir l'indépendance de l'île et d'abandonner l'objectif de la réunification. Lorsque ce dernier déclara en août se présenter aux élections présidentielles de 1996, le continent appela « tous les Chinois » à « le balayer dans les poubelles de l'Histoire » [30].

Beijing a réagi militairement à la visite de Lee aux Etats-Unis. Le 18 juillet, la R.P.C. annonça qu'elle procédait à des essais de missiles à 150 kilomètres du nord de l'île. Les annonces de tels exercices eurent lieu tout au long du mois d'août [31]. Si depuis 1992, le Président Lee Teng-hui a renoncé officiellement à la reconquête militaire du continent, la Chine continentale n'a jamais fait de telles déclarations. La conquête militaire de Taiwan par le continent serait une consigne officielle du parti communiste si l'île proclamait son indépendance [32]. Depuis 1992, on assiste à une course aux armements de chaque côté du détroit. Taiwan s'est tourné vers d'autres Etats que les Etats-Unis pour obtenir de nouveaux matériels militaires. La France, la Grande-Bretagne et les Pays-Bas sont aujourd'hui les principaux fournisseurs d'armes de l'île [33]. La menace d'une action militaire communiste demeure présente pour les dirigeants nationalistes. Certains d'entre eux, comme le ministre des Affaires étrangères, pensent que l'attitude de Beijing, opposée à la nouvelle politique extérieure de l'île, favorise la position des indépendantistes. En agissant de la sorte, les dirigeants communistes « cherchent une excuse pour utiliser la force militaire afin de libérer Taiwan » [34].

Les divergences persistantes entre les deux rives, malgré l'amélioration des rapports, constituent des obstacles importants à la réunification. Pour Beijing, les Chinois d'outre-mer constituent peut-être un moyen supplémentaire de lever certains de ces obstacles.

Section 2 : Les Chinois d'outre-mer, de l'indépendance à la réunification étatique

Le problème de Taiwan pose à la Chine continentale la question de sa souveraineté. Dans ce domaine, l'association des Chinois d'outre-mer, par les gouvernements chinois, à la résolution des questions de souveraineté, impliquant leur pays d'origine, a connu d'importants précédents (§.1). Il semble logique aujourd'hui que les dirigeants du continent cherchent à inclure les Chinois d'outre-mer dans le processus de réunification étatique, dernier obstacle au recouvrement de la totale souveraineté de la R.P.C. (§.2).

§.1 Les Chinois d'outre-mer et la souveraineté de la Chine

De la seconde moitié du XIXe siècle à l'arrivée au pouvoir des communistes en 1949, l'émigration a représenté un enjeu pour la souveraineté de la Chine. Le gouvernement des Qing s'y est intéressé, plus particulièrement, à partir du moment où des Etats étrangers se sont immiscés dans les départs de Chinois. Les autorités politiques se sont servi des émigrés pour revendiquer l'indépendance et la reconnaissance de l'égalité juridique de la Chine face aux autres Etats (A). A partir de 1949, les Chinois d'outre-mer seront impliqués dans la lutte entre les deux gouvernements chinois (nationaliste et communiste) pour la reconnaissance internationale de l'un d'eux comme autorité légitime de la Chine (B).

A / Les revendications de la souveraineté chinoise

Les Chinois d'outre-mer ont été associés à des questions concernant le statut international de la Chine. De la fin du XIXe siècle au début du XXe siècle, ils ont constitué un argument supplémentaire dans la lutte pour la reconnaissance internationale de la Chine en tant qu'Etat souverain. La Chine a défendu, à travers son émigration, le respect de son indépendance ainsi que la reconnaissance de son égalité juridique face aux autres Etats.

1) La liberté d'émigrer des sujets chinois, une acceptation forcée

A partir des années 1850, les gouvernements anglais, français et américain s'impliquent directement dans l'émigration chinoise. Jusqu'en 1860, le but de ces Etats sera de faire légaliser l'émigration chinoise. La préoccupation des gouvernements occidentaux et américain était purement mercantile. La politique anglaise obéissait à deux inquiétudes contradictoires. Il s'agissait de procurer de la main d'oeuvre à bas prix pour certaines colonies que l'acte d'émancipation de 1833 avait privé de ses forces de travail et avait économiquement fragilisé [35]. Londres voulait aussi donner satisfaction à une opinion publique influente, opposée à toute forme d'esclavage. Les Français cherchaient à faciliter le commerce de leurs marchands avec l'Amérique du Sud et leurs propres colonies. Le gouvernement américain craignait que l'implication de ses ressortissants dans ce commerce illégal, mette en péril les relations commerciales avec la Chine [36]. Le trafic donnait une mauvaise image des étrangers et provoquait la colère des familles de Chinois enlevés. Les entreprises américaines avaient peur d'un amalgame entre elles et ces firmes; ainsi que des représailles physiques en Chine [37].

Les Anglais et les Français ont eu l'occasion de mettre en place un système « légal » de recrutement. En janvier 1858, ils s'emparent de la ville de Canton. C'est au cours de la période d'occupation de la ville (janvier 1858-octobre 1861) qu'ils imposent à la Chine une première expérience de réglementation de l'émigration. Ils mettent en place ce que l'on a appelé « le système de Canton ». L'émigration est déclarée libre. Les Chinois désirant partir travailler à l'étranger doivent se rendre auprès des agences anglaises et françaises pour signer un contrat. Cette tentative ne pouvait avoir qu'un impact limité. D'une part, elle ne concernait que la main d'oeuvre des Britanniques et des Français. Les autres Nations (l'Espagne et le Portugal) continuaient à se procurer les coolies par Macao. La possession portugaise accueillait toujours des coolies, recrutés de manière illégale. D'autre part, l'émigration chinoise organisée par les Anglais et les Français se déroulait toujours à l'encontre de la législation officielle [38]. L'action des consuls américains consista essentiellement à obtenir du Congrès américain une loi interdisant aux bateaux battant pavillon américain de transporter des coolies [39]. Ils collaboreront aussi avec les autorités chinoises pour l'arraisonnement et l'inspection des navires.

En 1860, à la suite du refus de la Cour de signer les traités de Tianjin (TienTsin), les alliés décident de mener une offensive militaire en direction du nord. Ils occupent très vite la capitale. Le gouvernement impérial négocie alors des traités de paix. Les puissances occidentales obtiennent le droit de légation permanente à Beijing, et l'ouverture de ports supplémentaires. Les Anglais et les Français imposent la liberté d'émigrer des sujets chinois. Le principe est libellé dans les deux conventions en fonction des motivations respectives des deux Etats. L'article V de la Convention sino-anglaise assure cette liberté afin de permettre aux Anglais de se procurer de la main d'oeuvre pour leurs propres colonies :

> « Dès que les ratifications du Traité de Tientsin de 1858
> auront été échangées, Sa Majesté Impériale l'Empereur

> de Chine ordonnera par décret aux autorités supérieures de toutes les provinces, de proclamer dans toute leur juridiction que les Chinois choisissant de travailler dans les colonies britanniques ou dans d'autres lieux au-delà des mers, seront entièrement libres de contracter un engagement avec des sujets britanniques dans ce but et de s'embarquer, eux et leurs familles, à bord de tous navires britanniques dans tous les ports ouverts de Chine; de plus, il est convenu que les autorités supérieures citées s'entendront avec les représentants de sa Majesté Britannique en Chine afin d'élaborer des règlements pour la protection des Chinois qui émigrent de cette manière et selon les situations des différents ports ouverts » [40].

Les représentants français cherchaient à obtenir la légalisation de l'émigration pour permettre à leurs ressortissants d'acheter librement de la main d'oeuvre afin de la revendre à d'autres Etats. L'article IX de la convention sino-française de 1860 formule le principe dans cette optique :

> « Il est convenu entre les Hautes Parties Contractantes que, dès que les ratifications du Traité de Tientsin auront été échangées, un édit impérial ordonnera aux autorités supérieures de toutes les provinces de l'Empire de permettre à tout Chinois qui voudrait aller dans les pays situés au delà des mers pour s'y établir ou y chercher fortune, de s'embarquer, lui et sa famille, s'il le veut, sur les bâtiments français qui se trouveront dans les ports de l'Empire, ouverts au commerce étranger.
>
> Il est convenu aussi que, dans l'intérêt de ces émigrés, pour assurer leur entière liberté d'action et sauvegarder leurs intérêts, les autorités chinoises compétentes s'entendront avec le Ministre de France en Chine pour faire les règlements qui devront assurer à ces engagements, toujours volontaires, les garanties de moralité et de sûreté qui doivent y présider » [41].

Quelle a été l'attitude des autorités chinoises face à cette immixtion ?

Au début des années 1850, les seules autorités provinciales étaient concernées par l'arrêt du trafic des coolies [42]. Elles essayèrent de prendre certaines mesures pour faire appliquer la législation chinoise. En 1855, le gouverneur du Guangdong Po Gui, (Po-Kuei), publia une proclamation interdisant l'enlèvement des personnes innocentes. Il ordonna que les ravisseurs soient arrêtés avec l'aide de milices locales organisées pour l'occasion [43]. Les autorités provinciales étaient conscientes que les difficultés rencontrées pour l'arrêt du trafic résidaient principalement dans la participation des étrangers. Elles n'osaient s'en prendre directement à ces derniers, craignant de déclencher un second conflit, ainsi que la colère de la cour.

Lorsque les Français et les Anglais imposèrent le « système de Canton », les autorités de la province furent contraintes de coopérer. Une proclamation du 6 avril 1859 autorisa les sujets chinois à émigrer. Elle fut signée par deux magistrats chinois et officiellement confirmée par le gouverneur général, Po Gui. Les fonctionnaires locaux estimaient que le « système de Canton » était le seul moyen de lutter contre les enlèvements [44]. Le successeur de Po Gui, Lao Suiguang (Lao Chung-kuang), décida de renforcer et d'étendre le système à l'ensemble de la région. Son objectif était « d'attaquer les bases du système en dehors de Guangzhou, et de forcer les étrangers, par l'intermédiaire de leurs gouvernements, à mener tous les recrutements à partir de la ville de Canton » [45]. Il décida d'envoyer des jonques armées patrouiller sur le fleuve Huangpu (Whampoa), où étaient ancrés les bateaux étrangers. Il s'agissait d'intercepter les embarcations chinoises transportant des coolies, de délivrer les personnes et d'exécuter sur place les kidnappeurs.

Le gouvernement impérial n'eut connaissance du « système de Canton » que lorsqu'il fut étendu à toute la région. Le mémoire envoyé à la Cour avait été rédigé par Yang Rongxu, (Yang Jung-hsu), censeur récemment nommé dans cette province. Ce texte était très critique à l'égard des fonctionnaires locaux. Il leur reprochait de ne pas avoir arrêté les enlèvements et d'avoir autorisé la population à accepter un travail à l'étranger. Yang expliquait les enlèvements massifs et l'ensemble du commerce par l'occupation de Guangzhou. Selon l'historien Yen Ching-Hwang, la présentation de censeur fut déformée [46]. Yang était obsédé par le fait que les étrangers, obtenant de plus en plus de main-d'oeuvre, se renforçaient au détriment des Chinois :

> « Votre Ministre a entendu que, depuis que les barbares se sont glissés furtivement dans la capitale du Guangdong, les habitants ne connaissent plus le sens du mot paix; et que récemment, un type de brigand enlève les bonnes gens et les vend aux étrangers. Une estimation de dix mille hommes et femmes a été réalisée. A Hsi-Kuan dans la capitale, à Whampoa dans le district de Fan-Yu, à Macao dans le district de Hsiang-Shan, et à Hong-Kong en dehors du Hu-Men, les étrangers ont établi des entrepôts afin d'y solliciter et d'y acheter (des coolies), nommés « recherche de travailleurs chinois ». Je ne sais réellement pas quoi faire pour les chasser. [...] Les bandits ont utilisé d'abord secrètement la tromperie,

récemment la force pour s'en emparer. [...] J'ai entendu dire que les fonctionnaires locaux n'ont pas interdit cela, et qu'ils ont promulgué des annonces autorisant les gens à se vendre. C'est pourquoi, les bandits sont de plus en plus téméraires dans leurs actions et recrutent publiquement la population, faisant de cela leur activité journalière. Si nous n'interdisons pas rigoureusement cette situation diabolique et si nous ne nous occupons pas sévèrement des bandits, cela empirera de jour en jour et nuira à la population.[...] Les barbares pourront obtenir encore plus de nos gens afin de les utiliser [...] et j'ai peur que dans le futur, cela ne se déroule pas à seulement à Canton » [47].

L'Empereur lut le mémoire le 22 avril 1860. Le même jour, il promulgua un édit interdisant l'enlèvement et demandant à ce qu'une enquête approfondie soit faite sur les mandarins provinciaux. Réalisant que son autorité n'était plus respectée dans cette région, son souci était de la rétablir :

« Comment ont-ils pu ne pas mettre en oeuvre les interdictions (à l'encontre des enlèvements), et promulguer un texte autorisant (les gens) à se vendre eux-mêmes ? Faite que (le Gouverneur de la province), Ch'i Ling enquête consciencieusement et ensuite établisse des interdictions strictes, contrôle sévèrement les bandits, en espérant que ces derniers abandonnent ces moyens diaboliques et que les bonnes gens ne seront pas capturées par les barbares. De plus, faites qu'il enquête sérieusement sur les fonctionnaires locaux qui ont fait cette proclamation afin de les accuser et les arrêter. Il ne doit plus y avoir aucune collaboration » [48].

L'enquête fut confiée au Gouverneur de la province du Guangdong, Qi Ling, (Ch'i-ling), et non à son supérieur le Gouverneur général des deux guang, Lao, qui était à l'origine de l'extension du « système de Canton ». Son rapport confirma la participation des étrangers à ce commerce et à l'augmentation des enlèvements [49]. Qi Ling ne fit aucune allusion dans son rapport à l'autorisation d'émigrer proclamée par le Gouverneur général. Il conclut en décrivant les mesures à envisager pour corriger la situation. Les milices et les soldats continueraient à poursuivre les kidnappeurs et les exécutions devraient être immédiates. Il serait interdit à la population locale de se rendre dans les agences. Finalement, le rapport soumis à l'Empereur ne restituait qu'une partie de la réalité. « Sans aucun doute, Ch'i-ling n'osa pas révéler l'étendue de l'implication des autorités chinoises dans les activités d'émigration car en tant que Gouverneur du Guangdong, il était responsable de ce qui se passait dans la province »[50]. A ce titre, il aurait à subir, comme les autres fonctionnaires, les sanctions de la Cour.

Le mémoire de Qi Ling ne fut lu par l'Empereur que le 29 août 1860 alors qu'il s'enfuyait pour Jehol après la prise de Beijing par les Alliés. Ces événements expliquent l'absence de réaction de la Cour. Cependant, le gouvernement impérial n'était nullement prêt à accepter que l'émigration soit autorisée avec ou sans son consentement. Le rapport de Qi Ling arriva trop tard. La Cour n'était plus en mesure de revendiquer sa souveraineté dans ce domaine.

Six années après la signature des traités de 1860, les autorités chinoises retrouvent les Français et les Anglais pour essayer de donner un cadre législatif à l'émigration contractuelle[51]. Ils négocient ensemble les « Règlements de Beijing ». Ce premier traité sur les conditions de l'émigration chinoise n'a jamais été ratifié par la France et la Grande-Bretagne[52]. En 1868, les deux pays proposent un second texte au *Zongli Yamen*. Le projet est un simple retour au « système de Canton ». Les autorités chinoises le refusent. Toutes les provinces reçoivent comme instructions d'interdire l'émigration qui se déroulerait dans des conditions non conformes aux Règlements de 1866.

Parallèlement, la Chine continue à lutter contre le commerce des coolies pratiqué par les Portugais et les Espagnols. La stratégie suivie par le gouverneur général de la province du Guangdong et du Guangsi, Rui Lin (Jui-lin) est exposée dans un rapport qu'il envoie au *Zongli Yamen*, le 9 juin 1873. Il s'agissait d'isoler le Portugal en s'alliant aux autres puissances étrangères. Rui Lin expose les mesures prises depuis un an : exécution sommaire des kidnappeurs, inspections systématiques de tous les bateaux étrangers mouillant dans le Huangpu, protestations régulières auprès des autorités portugaises de Macao. A partir de 1873, les contrôles s'intensifient. Trois bateaux portugais sont appréhendés. Le Consul américain, Robertson, est prié de ne plus émettre de passeports pour la région du Guangxi où des manoeuvres militaires sont en cours pour arrêter les kidnappeurs chinois. Le 6 septembre 1873, après avoir arraisonné sept bateaux péruviens, Rui Lin décrète la fermeture du Huangpu à tous navires appartenant à un Etat n'ayant aucun traité avec la Chine. Peu de temps avant, le Consul américain écrivait :

> « Les mesures sévères adoptées par les autorités de Canton pour prévenir tous coolies d'aboutir à Macao, ont, à ce que j'ai entendu dire, rendu ce commerce si dangereux et si peu rentable que la plupart des entrepôts sont vides »[53].

Durant l'été 1873, la situation devient si critique que seuls deux bateaux quittent Macao. Devant l'aggravation de la situation, le gouverneur portugais, Janueiro, veut régulariser le commerce en demandant l'ouverture d'agences à Guangzhou. Les autorités locales lui opposent un refus. Le Portugal n'a toujours pas conclu de traité avec la Chine. En septembre 1873, ces problèmes conduisent Lisbonne à ordonner la fermeture de tous les entrepôts de Macao. Il fallut attendre encore une année pour que toutes les activités liées à ce trafic cessent.

La liberté d'émigration contractuelle, imposée par les puissances, ainsi que le trafic de coolies ne sont que des exemples de la violation de la souveraineté territoriale de cet Etat par les puissances occidentales. Les départs outre-mer ont toujours existé malgré la législation impériale. Ce n'est qu'au moment où les gouvernements étrangers se sont immiscés dans ce commerce que la Chine a été amenée à réagir. Obligés de reconnaître que les sujets chinois puissent partir outre-mer, les gouvernements chinois s'engageront à travers l'émigration et ses conditions à faire respecter les traités signés dans le domaine.

2) L'égalité souveraine

De la fin du XIXe siècle jusqu'aux années 1930, au travers de l'émigration, les gouvernements chinois revendiqueront l'application du principe de l'égalité et de la réciprocité dans les rapports avec les Etats d'accueil.

Les autorités chinoises ont d'abord été confrontées à la nécessité de défendre le droit d'émigration et la protection des émigrés prévus dans les traités, particulièrement aux Etats-Unis. Le premier traité signé avec cet Etat prévoyant la liberté d'émigrer pour les sujets chinois était le traité de Burlinghame de 1868. Face aux contestations de plus en plus nombreuses de la population américaine, le gouvernement réussit à négocier un second traité avec la Chine en 1880. Ce texte ne comportait que quatre points. Le premier, le plus important, permettait aux Etats-Unis de restreindre l'immigration chinoise. Les trois autres spécifiaient le droit d'immigrer librement pour des raisons commerciales, religieuses et scientifiques, ainsi que la protection des Chinois sur le territoire américain [54]. Comme le note Tsai Shih-shan, ce traité a constitué la base légale qui a pu justifier les différents actes d'exclusion pris les années suivantes par l'administration américaine [55]. La première de ces législations date de 1882. Elle interdit l'immigration chinoise pour une période de 10 ans, et viole le précédent traité en instaurant une entrée contrôlée pour les commerçants et les étudiants [56]. L'entrée des deux catégories sera drastiquement limitée deux ans plus tard. En 1892, la législation dite de « Geary », interdit l'immigration de tous les Chinois à l'exception des diplomates [57].

L'action des représentants officiels chinois sur place consistera à essayer de faire respecter les clauses prévues dans les traités. Face à l'acte d'exclusion de 1882, le ministre chinois, Zheng Zaoru (Chen Tsao-ju), adressera un mémorandum au Département d'Etat américain en se plaignant de la violation du traité de 1880. Lors du tristement célèbre massacre de « Rock Spring »[58] en 1885, Zheng oeuvra pour que les coupables soient punis, mais aussi pour que les Etats-Unis versent des indemnités aux victimes et à la Chine. Zheng s'appuyait sur le fait que l'idée et la pratique des indemnités avaient été revendiquées en Chine par les étrangers. La Chine avait indemnisé les Etats-Unis dans de telles circonstances. Il insistait sur le fait que « la réciprocité en matière de justice n'était pas seulement un principe de droit international mais aussi un élément des codes moraux américains et chinois »[59]. Zheng laissait également entendre que la Chine pouvait dès lors exercer des mesures de rétorsion sur les ressortissants américains. Ces arguments seront pratiquement toujours repris par la Chine au cours des années suivantes. En 1888, lorsque le gouvernement chinois reçut la nouvelle de l'entrée en vigueur du « *Scott Act* », par lequel les Etats-Unis décidèrent, unilatéralement et en dépit des traités existant, d'interdire l'immigration chinoise pendant 20 ans, la cour protesta officiellement auprès des autorités américaines, en Chine et aux Etats-Unis. Conformément à la pratique internationale, la Chine déclarait pouvoir dénoncer tous les traités sino-américains et rompre l'ensemble des relations diplomatiques et commerciales [60]. Comme le soulignait l'un des représentants chinois, Wu Tingfang, dans ces domaines, c'était le pouvoir et l'influence de la nation qui comptaient réellement. Or, malheureusement, la Chine était une Nation faible, qui possédait peu de pouvoir pour exiger l'application des traités.

Les gouvernements chinois se sont également efforcés de faire appliquer les traités en matière de droit de légation afin de pouvoir protéger, mais aussi contrôler les émigrés. Ce fut le cas avec les négociations concernant l'établissement d'un consulat chinois aux Indes néerlandaises. Les discussions durèrent près de trente ans. La Chine se heurtait au refus des autorités néerlandaises qui craignaient que le consulat n'interfère dans leurs affaires intérieures. Elles prétextaient que les Chinois implantés dans la colonie étaient tous de nationalité néerlandaise et ne concernaient donc en rien les autorités chinoises [61]. Ces dernières tentèrent de faire céder les Pays-Bas en lui opposant, d'une part, le fait que la Hollande avait octroyé ce droit à d'autres Etats. D'autre part, la Chine accueillait, en vertu des traités signés, les représentants hollandais sur son territoire. « Il serait avisé de la part de la Hollande d'appliquer le principe de réciprocité »[62]. La Chine n'obtint gain de cause qu'en 1911. La convention, signée le 8 mai 1911, réduisait cependant la portée de l'ouverture du consulat. L'article 6 spécifia que le Consul ne serait pas considéré comme un diplomate mais comme un représentant commercial chargé des intérêts des ressortissants chinois. Les Néerlandais ne leur conféraient pas l'extraterritorialité, dont ils bénéficiaient eux-mêmes en Chine. Le statut des représentants chinois sur les territoires néerlandais restait inférieur à celui des Japonais et Occidentaux [63].

La revendication chinoise d'être considérée comme l'égal des autres Etats sera plus virulente après l'instauration de la République. Elle aboutira à la dénonciation unilatérale de tous les traités inégaux et à la renégociation de nouveaux accords avec les Occidentaux et les Japonais. En matière de représentation chinoise à l'étranger, la Convention signée avec la France en 1935 prévoit d'accorder à la Chine le droit d'installer des consulats en Indochine, en vertu du principe de réciprocité [64]. « Les Chinois tenaient beaucoup à l'installation de consuls, la France eut l'élégance de ne pas discuter ce point, dont le principe avait été accordé à la Chine en 1886 [...] » [65]. Le gouvernement chinois exigea aussi que les Chinois d'Indochine soient assimilés, en vertu de la clause de la nation la plus favorisée, aux ressortissants étrangers; ce que la France accepta [66].

A l'époque où la Chine s'opposait régulièrement aux puissances étrangères, les tentatives des gouvernements pour faire reconnaître internationalement le statut d'Etat souverain de la Chine et l'égalité juridique qui en découle, sont parfois restées vaines. L'émigration a constitué naturellement un domaine privilégié pour cette revendication. A partir de 1949, la question de souveraineté se pose avec Taiwan et non plus avec les autres Etats. L'émigration sera mêlée au problème de la souveraineté politique du continent, c'est à dire à la reconnaissance internationale, comme autorité légitime de la Chine, de l'un des deux gouvernements (nationaliste ou communiste).

B / Une reconnaissance négociée

Au cours des années 1950, les Chinois d'outre-mer ont représenté, pour la R.P.C. ainsi que pour Taiwan, un enjeu pour leur reconnaissance par des Etats tiers et notamment par les Etats asiatiques.

Peu de temps avant la Conférence de Bandoeng, le Premier ministre Zhou Enlai annonçait la volonté du gouvernement chinois de résoudre la question de la double nationalité des Chinois d'outre-mer. A l'occasion de son rapport sur les activités du Gouvernement en septembre 1954, il déclare devant l'A.P.N. :

> « Il faut souligner que dans le passé, les gouvernements réactionnaires n'ont jamais rien tenté pour résoudre le problème de la nationalité des Chinois d'outre-mer : ceci

> non seulement a placé les Chinois d'outre-mer dans une position difficile, mais a été souvent la cause de discorde entre la Chine et les pays de résidence. Dans le but d'améliorer cette situation, nous sommes prêts à résoudre ce problème en commençant par les pays d'Asie du Sud-Est avec lesquels nous avons des relations diplomatiques » [67].

La R.P.C. posait dès lors ses conditions à la résolution de ce problème : la reconnaissance et l'établissement de relations diplomatiques avec l'Etat concerné. Le 20 juillet 1950, la Chine avait établi des relations diplomatiques avec la République d'Indonésie. Le premier accord sur la question de la nationalité des Chinois émigrés est donc signé avec cet Etat. Les négociations, entamées en 1954, s'achèveront dès les premiers jours de la Conférence de Bandoeng. Le texte fut signé par les deux ministres des Affaires étrangères, Zhou Enlai et Sunario, le 22 avril 1955. D'après les dispositions de ce traité, tous les adultes ayant la double nationalité devaient obligatoirement choisir, devant les autorités officielles, entre l'une ou l'autre, dans une période de deux ans. Les personnes qui omettaient de faire leur choix, avaient automatiquement la nationalité de leurs parents [68]. Selon Donald Willmott et Fitzgerald, le traité sino-indonésien n'était que le reflet partiel de la position chinoise. Le gouvernement de la R.P.C. était prêt à ne plus considérer comme ses nationaux, automatiquement et de manière unilatérale, les Chinois de citoyenneté indonésienne ainsi que ceux qui n'auraient pas effectué les démarches officielles pour conserver la citoyenneté chinoise. Mais, le gouvernement indonésien, pour des raisons intérieures, préféra à ce système « passif », une acquisition « active » de la nationalité indonésienne [69].

Le degré de formalité de l'accord souhaité par Beijing pouvait évoluer en fonction de l'intérêt qu'elle portait à l'Etat concerné. En 1956, Singapour s'acheminait vers l'indépendance. L'île avait déjà obtenu des Anglais l'autonomie interne. Le Premier ministre de Singapour, David Marshall, rencontra Zhou Enlai, le 9 octobre 1956, à Beijing. Le compte rendu officiel rapporte les propos de Zhou sur la double nationalité des Chinois de Singapour :

> « Le gouvernement chinois aimerait voir les Chinois de Singapour obtenir volontairement la citoyenneté singapouréenne et être entièrement loyaux au pays de résidence. Tous les Chinois vivant à Singapour, obtenant volontairement la citoyenneté singapouréenne ne posséderaient plus la citoyenneté de la R.P.C. » [70].

Singapour représentait un intérêt non négligeable pour la R.P.C. L'île allait devenir un Etat indépendant qui pouvait la reconnaître de préférence à

Taiwan. En dépit de l'impossibilité de signer un accord avec Singapour, toujours sous la tutelle britannique, la R.P.C. ne pouvait que vouloir démontrer sa bonne volonté.

Face à l'activité diplomatique déployée par Beijing, les nationalistes de Taiwan adoptent la même position à l'égard de la double nationalité des Chinois d'outre-mer. En octobre 1954, l'Ambassadeur de la Chine nationaliste au Canada, Liu Chieh, déclare à la communauté internationale, que conformément au droit de son pays, les Chinois d'outre-mer ne seraient plus considérés comme des citoyens de la République de Chine s'ils obtenaient la citoyenneté d'un autre Etat [71].

Ni le traité sino-indonésien, ni les déclarations de Beijing ou de Taipei sur le refus « négocié » de la double nationalité n'auront d'impact significatif sur la question de la reconnaissance internationale de l'un ou l'autre des gouvernements. Les communistes essaient néanmoins de conserver la résolution de la question de la double nationalité comme un atout. En 1957, dans un discours prononcé à Rangoon, Zhou Enlai déclare que les Chinois d'outre-mer peuvent renoncer unilatéralement et automatiquement à la citoyenneté chinoise en acquérant une autre nationalité [72]. Le gouvernement Taiwanais suit une nouvelle fois la position du continent. Le point 4 de la déclaration de Mr. Chen Yin-fun, président de la Commission des Affaires outre-mer, sur le traité sino-indonésien de double nationalité, rappelle que la République :

« a toujours encouragé ses citoyens résidant outre-mer à respecter les lois et les coutumes des pays de résidence. Elle a permis à ses citoyens possédant une citoyenneté d'un autre pays de choisir sans restrictions » [73].

Devant le peu de succès de l'une ou de l'autre des démarches, la R.P.C. abandonne peu à peu l'importance qu'elle souhaitait accorder à cette question dans son rapprochement avec les Etats asiatiques. Il semble qu'à la fin des années 1950 sa politique de non reconnaissance de la double nationalité ne poursuive plus qu'un seul objectif : l'abandon par les Chinois de la diaspora de la nationalité de Taiwan.

Avec l'arrivée au pouvoir de Deng Xiaoping, les Chinois d'outre-mer se retrouvent à nouveau impliqués par les autorités chinoises du continent dans le problème de la division de l'Etat chinois et de sa souveraineté à l'égard de Taiwan. Les dirigeants communistes font directement appel à eux pour qu'ils favorisent la réunification de la Chine.

§.2 Les Chinois d'outre-mer et la réunification

Le changement de politique à l'égard de l'île prend en considération la possibilité de se servir des expatriés chinois afin de réaliser l'unité territoriale. Au nom du "patriotisme" des émigrés, de leur descendants (A), Beijing espère qu'ils puissent être un lien privilégié avec l'île (B).

A / L'appel au "patriotisme" des Chinois d'outre-mer

Les dirigeants actuels semblent faire appel aux Chinois d'outre-mer pour qu'ils participent au processus « pacifique » de la réunification, parce que dans le passé les Chinois émigrés ont participé à l'un des évènements majeurs de l'évolution politique de la Chine destiné à renverser une dynastie étrangère et à rendre à la Chine sa puissance et son unité : la révolution de 1911. Ce patriotisme doit aujourd'hui être mis au service de la « grandeur » de la Chine, dont l'un des éléments majeurs est le recouvrement de son intégrité territoriale.

1) Les Chinois d'outre-mer et la révolution de 1911

L'association des émigrés au renversement de la dynastie des Qing a fait l'objet de nombreuses études. Toutes s'accordent à écrire qu'elle a été le fruit d'un environnement particulier et qu'elle a été favorisée parce que l'un des principaux dirigeants de ce mouvement était lui-même un Chinois d'outre-mer [74]. Les Chinois d'outre-mer ont constitué pendant cette période un atout financier et politique important.

a) Un contexte favorable et un Chinois d'outre-mer d'envergure

Depuis la fin du XVIIe siècle, les communautés outre-mer constituent un foyer de contestation du régime mandchou. Les partisans des Ming, battus, s'étaient réfugiés dans les « mers du sud ». Ils essayèrent, comme Zheng Chenggong (Koxinga), d'y lever des armées pour renverser la dynastie étrangère. Leur contestation se manifesta aussi par des actions de piraterie [75]. Les réfugiés continuaient à vivre selon les pratiques en vigueur sous l'ancienne dynastie. Ils conservèrent le calendrier des Ming. Certains anciens tombeaux de Chinois d'outre-mer gardèrent, après l'avènement de la dynastie des Qing, une datation correspondant à l'ancien calendrier [76].

A partir de la fin du XIXe siècle, les Chinois d'outre-mer se retrouvent à nouveau en contact avec la vie politique du continent. Le phénomène s'explique par l'augmentation du nombre des migrants chinois dans les communautés déjà installées. « Les informations concernant la vie outre-mer s'échangeaient contre celles concernant la famille et la vie au village en Chine. Ces lignes de communication aidaient sans aucun doute à garder les Chinois émigrés informés de leur mère patrie, mais aussi à renforcer le fait de savoir que leur Etat d'origine était la Chine » [77]. Le développement de la presse chinoise outre-mer participe à la connaissance des événements de Chine. Le premier journal chinois de Singapour, le *Lat Bao*, paraît en 1881. Le *Hua Bao* et le *Min Bao* sont publiés à Manille en 1888 et 1889. La plupart des journalistes sont recrutés en Chine et à Hong-Kong. Leurs propos sont tournés presque exclusivement vers le pays d'origine [78].

L'intérêt du gouvernement des Qing pour les émigrés favorise les contacts avec la Chine. Mais, il sera aussi à l'origine du mécontentement des émigrés. Ils prendront conscience, comme leurs compatriotes, de la décadence de la dynastie. Elle se révèle, selon eux, de plus en plus incapable de protéger les intérêts des émigrés, tant aux Etats-Unis, en Asie qu'en Chine. La faiblesse de la dynastie participe pour eux à l'humiliation nationale que les puissances étrangères font subir à la Chine.

Les Chinois d'outre-mer ont été amenés à participer au développement politique de la Chine à cause de ces facteurs conjoncturels, mais aussi parce que l'un d'entre eux anime le mouvement révolutionnaire.

Le premier Président de la République chinoise était un Chinois d'outre-mer. « C'est dans cette Chine de la côte et de l'outre-mer, cette ·Chine bleue· de l'ouverture » écrit M.C. Bergère « [...] que se forme et grandit Sun-Yat-sen » [79]. Sun Xixian est né en 1866 à *Cuiheng* dans le delta des perles, non loin du port de Macao. Il y passera ses treize premières années, dans une famille paysanne pauvre. Cette enfance s'achève avec le retour de son frère des îles Hawaii où il a fait fortune. Ce frère l'amène avec lui et c'est en 1879 que Sun commence sa vie d'émigré. Pendant quatre ans, il s'initie aux connaissances occidentales dans des écoles religieuses anglo-américaines. En 1883, Sun est renvoyé en Chine par son frère, opposé à ses projets de conversion. Mais, il reprend des études de médecine à Hong-Kong et se convertit à la religion chrétienne. C'est dans la colonie britannique qu'il assiste à l'humiliante défaite de son pays face à la France (1884-1885) et qu'il prend connaissance des idées réformistes qui commencent à se développer sur le continent et outre-mer [80]. Après avoir essayé, sans succès, de se glisser au sein du mouvement réformiste [81], Sun repart pour Hawaii où il commence sa carrière de révolutionnaire.

En novembre 1894, il participe à la création du *Xin Zhong Hui*, (Association pour le renforcement de la Chine), « première d'une longue série d'associations qu'animera et que constituera tour à tour Sun Yat-sen sans se décourager de ses échecs successifs ». Le préambule de la Charte de l'organisation ne parle pas de renversement de la dynastie ou de régime républicain, mais de danger que court le pays face aux menaces des puissances étrangères et face à l'incompétence des mandchous. L'association prend un essor un peu plus important lorsqu'elle s'implante à Hong-Kong (1895). Cette année-là, la défaite de la Chine face au Japon semble présenter aux jeunes Chinois gagnés à la cause de Sun, une occasion favorable pour agir contre le gouvernement. Ils tentèrent de s'emparer du *Yamen* de la province du Guangdong, en plein coeur de la ville de Guangzhou. Le soulèvement est le premier échec de Sun, qui regagne les communautés outre-mer [82].

Jusqu'à la création du *Tongmeng Hui*, en collaboration avec des révolutionnaires en Chine, Sun Zhongshan cherchera principalement auprès des émigrés les appuis nécessaires au développement de son parti [83].

b) Un atout financier et théorique pour les révolutionnaires

L' « outre-mer » devient pour Sun Yat-sen le lieu principal de ses activités révolutionnaires. Il sillonne l'Europe, l'Asie et les Etats-Unis afin de recruter des partisans. Pour cela, il crée, dans les principaux Etats, des sections du *Xin Zhong Hui* puis du *Tongmeng Hui* : en 1906, à Cholon en Indochine française; en 1908 en Birmanie, en Thaïlande et aux Indes néerlandaises; enfin entre 1909 et 1911 à New-York et à San Fransisco. La communauté émigrée constitue le lieu privilégié du développement de la propagande révolutionnaire. C'est à Singapour et en Malaisie que l'on trouve le plus grand nombre de publications. Entre 1907 et 1911, six journaux paraissent à Singapour, Pinang et Kuala Lumpur. Mais, cette presse se développe aussi aux Etats-Unis, avec le « *Chinese Free Press* » et en Colombie britannique avec le *« Chinese Free Times »*. Sun Yat-sen parcourt les communautés chinoises en faisant des discours devant une population composée d'étudiants, de marchands et de coolies [84].

Sun Yat-sen tente avant tout, de collecter les fonds nécessaires pour organiser des insurrections en Chine. Il s'agit aussi de développer les activités révolutionnaires outre-mer et sur le continent. Sun prend ainsi contact à Singapour avec Lin Wenqing, (Lim Boom Keng), Chen Chunan (Tan Chor-nam), Zhang Yongfu (Teo Eng-hock), marchands, fils de marchands et intellectuels [85]. Ces personnes sont susceptibles, par le biais des réseaux qu'ils ont, de trouver des fonds pour le parti de Sun. La recherche de financement prend aussi la forme de collecte que Sun et ses partisans organisent à l'occasion des discours prononcés devant les Chinois émigrés.

La question se pose de savoir si Sun Yat-sen a cherché et trouvé auprès des émigrés chinois un soutien théorique à ses idées. L'aide financière octroyée par certains d'entre eux s'explique bien sûr par le fait qu'ils adhéraient aux idées de Sun. Mais ont-ils pu constituer un apport théorique spécifique aux idées politiques de Sun et des révolutionnaires ? Sun s'entoure de conseillers, tels que Wang Jingwei, Chen Shaobai et Hu Hanmin, issus comme lui de l'émigration. Il trouve ses partisans au sein de la communauté émigrée. Jusqu'en 1906, il est vrai qu'il n'aura lui-même que peu de reconnaissance de la part des intellectuels révolutionnaires du continent. Ces derniers ne voient en lui « qu'un hors la loi sans culture »[86].

La position et les caractéristiques propres des communautés émigrées ont pu être un fondement original pour les idées politiques de Sun. Les Chinois d'outre-mer étaient à mi-chemin entre le système politique chinois ancien et les systèmes politiques occidentaux. Ils étaient en contact avec les institutions étrangères, et parfois même ils y participaient. Le programme politique de Sun était fortement influencé par les idées et les systèmes politiques occidentaux. Il avait comme objectif de constituer en Chine une démocratie, exercée de manière directe, en conférant au peuple les droits de vote, de révocation et de référendum. Il désire importer, en l'adaptant à la Chine, un système de séparation des pouvoirs. Cette idée deviendra le second « principe du peuple »[87]. Les Révolutionnaires de Sun puisaient dans la position particulière des émigrés, un nouveau fondement politique pour la Chine.

Les émigrés souffraient également de la faiblesse de la dynastie mandchoue. Ils étaient les héritiers des luttes contre la dynastie étrangère. L'une des bases « chinoises » des idées révolutionnaires était la volonté de la renverser. Pour Sun, les difficultés que rencontraient son pays en cette fin de siècle avaient pour origine l'ordre ancien, mais plus encore la présence des mandchous usurpateurs. Le nationalisme développé par Sun, était avant tout un « nationalisme anti-mandchou ». « Né d'un ressentiment provoqué par l'agression étrangère, l'antimandchouisme s'est ainsi transformé au fil des années en instrument de lutte contre Liao Qichao, les réformistes et la politique réformatrice du gouvernement impérial »[88]. Jusqu'au début du XXᵉ siècle, l'anti-manchouisme était un trait plus particulier aux communautés émigrées. Le fait que Sun ait été mêlé tout au long de sa jeunesse aux expatriés et aux idées véhiculées sur ce thème expliquent peut-être aussi la présence de l'anti-manchouisme dans ses théories.

Le dernier élément qui pourrait constituer un apport théorique spécifique de l'outre-mer au mouvement politique de Sun réside dans une stratégie d'alliance avec les sociétés secrètes. Elles-mêmes héritières des mouvements anti-mandchou de la fin du XVIIᵉ siècle, elles constituaient pour Sun un terreau privilégié pour développer sa théorie anti-dynastique. Les moyens d'action des sociétés secrètes (soulèvements populaires), pouvaient aussi renforcer Sun Yat-sen dans sa stratégie révolutionnaire des mouvements insurrectionels[89].

Il serait erroné d'affirmer que les idées politiques et le mouvement révolutionnaire de Sun Zongshan sont essentiellement issus des spécificités des communautés d'outre-mer. Mais, certaines caractéristiques politiques des émigrés se retrouvent dans les idées de Sun. En ce sens, on peut écrire que les Chinois d'outre-mer ont été un soutien théorique pour le mouvement politique révolutionnaire.

La participation active des Chinois d'outre-mer au destin politique du continent, recherchée par les révolutionnaires de Sun Yat-sen semble avoir été un accident plutôt qu'un processus irréversible. Mais, elle fondera les revendications des gouvernements républicains pour recourir à eux lorsqu'ils ont rencontré des problèmes politiques.

La participation des Chinois d'outre-mer, voulue par les dirigeants, restera avant tout financière. Les révolutionnaires se tournent vers eux lorsqu'ils se rendront maîtres de certaines villes. Le 9 novembre 1911, ils contrôlent la province du Guangdong et Hu Hanmin est nommé gouverneur de la province. Le nouveau gouvernement de Canton rencontre d'énormes difficultés financières : trésor public vide et arrêt de la perception des impôts. Les dirigeants locaux lancent un appel en direction des Chinois de Singapour et de Malaisie pour qu'ils constituent un « Fond pour la sécurité et le soutien de la province du Guangdong » [90]. Hu Hanmin lance un second appel le 8 décembre 1911 en,

> « demandant aux Chinois d'outre-mer de donner tout ce qu'ils peuvent, en insistant sur le fait que sans leur aide, les troupes révolutionnaires ne pourraient pas être nourries et que les Mandchous ne pourraient pas être détrônés » [91].

Les Chinois d'outre-mer continueront à être sollicités pour le financement des partis politiques hérités du *Tong Meng Hui*, principalement le *Guomindang*. Dans leur étude sur les activités du *Guomindang* en Malaisie Britannique, C.F.Yong et R.B.McKenna montrent que de 1912 à 1927, les sections du Parti nationaliste chinois avaient pour but principal de collecter des fonds pour le Parti en Chine. En 1913, Zhan Yongfu (Teo Enghock), ancien membre du *Tong Meng Hui*, lance une campagne en Malaisie en vue de recruter des membres pour le nouveau parti, le *Kuomintang*. Les nouveaux militants doivent verser une contribution de 3$ dont 1$ est versé à la section de Beijing [92]. En 1927, Jiang Jieshi adressera la même demande à la communauté émigrée. Il y aura surtout recours pour la lutte contre les Japonais. Jiang fera plusieurs discours à destination des Chinois d'outre-mer dans lesquels il rappelle que :

> « les compatriotes outre-mer ont toujours aidé la Révolution. Depuis le début de la guerre de résistance, ils ont offert des biens, de l'argent et des forces. Ils ont beaucoup donné. Mais, aujourd'hui l'ennemi [les Japonais] entre et viole le lieu d'origine de la révolution, le Guangdong. Il faut à nouveau rassembler toutes les

forces afin d'accélérer l'épuisement de l'ennemi à l'intérieur du pays »[93].

Il renouvellera cet appel pour la reconstruction du pays et lors de la lutte contre les communistes. En 1947, les sections du *Guomindang* en Malaisie reçoivent l'ordre de Nanjing de collecter 200 000 $ afin d'augmenter les fonds du parti[94].

La participation des Chinois d'outre-mer dans cette évolution politique majeure de la Chine permet aujourd'hui aux dirigeants du continent de les appeler à agir en faveur de la réunification de deux territoires et de deux gouvernements, qui ont en commun l'héritage historique de la révolution de 1911.

2) L'utilisation de ce « patriotisme »

L'unification de la Chine est présentée par le continent comme la préoccupation de tous les Chinois, indépendamment de leur lieu de naissance et de leur nationalité.

« Depuis 1949, quand Taiwan et la patrie furent malheureusement séparés, nos communications sont [sic] interrompues et nos relations suspendues. Notre nation, notre pays et notre peuple ont grandement souffert. *Tous nos compatriotes, aussi bien que les étrangers d'origine chinoise, désirent ardemment que cette triste situation prenne fin* »[95].

Les arguments avancés par Beijing sont d'ordre historique et culturel. Taiwan fait partie de la Chine depuis l'antiquité « et la séparation qui dure depuis 30 ans est contraire aux intérêts de notre nation »[96]. La réunification est, selon les communistes, le devoir « moral » de tous les Chinois. Cette obligation est justifiée par l'héritage culturel chinois : le confucianisme. En l'absence de réunification, écrivent-ils, « comment pourrions-nous consoler nos ancêtres et nous justifier devant les générations futures ? »[97]. Les dirigeants du continent en appellent à tous les « descendants de Huang-di », c'est à dire aux descendants de l'Empereur qui unifia la Chine. Confucianisme et héritage historique commun sont les deux arguments clés dont les communistes se servent pour faire appel à l'ensemble des Chinois.

La constitution d'une « grande Chine », unie et puissante est le second argument, présenté par le continent pour convaincre les Chinois d'agir en faveur de l'unité[98].

« La nation chinoise est une grande nation qui représente presque le quart de la population chinoise. Elle a vécu une longue histoire, possède une brillante culture et sa contribution à la civilisation mondiale et au

> développement de l'humanité est connue de tous le monde.[...] Chaque Chinois est fier de la puissance et de la prospérité chaque jour croissante de sa patrie.[...] Plus tôt nous nous acquitterons de cette mission, plus tôt nous pourrons créer ensemble l'histoire la plus radieuse que notre pays ait connue et nous placer dans le peloton de tête des puissances d'avant-garde » [99].

Deux préoccupations expliquent cet appel. En premier lieu, au début des années 1980, l'argument patriotique était l'un des seuls points communs dont disposaient Beijing et le gouvernement nationaliste. Economiquement et militairement, la République chinoise était supérieure ou égale à la Chine communiste. Elle ne pouvait trouver aucun avantage à la réunification dans ces domaines. Par contre, en matière politique, le retour de Taiwan pouvait constituer un argument attrayant pour les dirigeants nationalistes. Jusqu'en 1988, l'élite politique taiwanaise, à commencer par Jiang Jingguo, était encore issue du continent.

> « Ces "continentaux" ne dirigent que parce que le gouvernement est censé être celui de toute la Chine, le continent devant être un jour "reconquis". Pour ces dirigeants, la Chine est une et indivisible, Taiwan n'en étant qu'une province, et ils n'ont jamais cessé d'élever très haut le patriotisme chinois et de développer le sentiment national. Il y a donc là, c'est incontestable, une référence commune aux dirigeants et de Pékin et de Taipei » [100].

D'autre part, il semble que Beijing redoute de ne plus pouvoir mobiliser, au nom du patriotisme, les seuls Chinois de Taiwan.

> « Cette vieille garde du Guomindang, naturellement très sensibilisée à ce que représente la Chine, son passé et son avenir », écrivent certains spécialistes, « vieillit et va peu à peu complètement disparaître. La génération suivante de dirigeants,[...] n'aura pas la même nostalgie du pays perdu » [101].

Cette évolution, nommée "taiwanisation", est illustrée par l'élection de Lee Teng-hui en 1988. Elle est la conséquence "naturelle" de la participation politique de plus en plus importante de personnalités taiwanaises. Elles sont, par leur naissance sur l'île ou leur origine purement insulaire, beaucoup moins attirées par la Chine. Par ailleurs, la "taiwanisation" naturelle de la population est relayée idéologiquement par les propos des *Taidu* (les indépendantistes). Ils prétendent que l'Empire chinois et la République ont « utilisé Taiwan exactement comme les Japonais ou les Etats-Unis l'ont utilisé à des fins économiques et militaires »[102]. Le principal argument politique des indépendantistes est d'affirmer que « l'avenir de Taiwan doit être déterminé par les Taiwanais eux-mêmes »[103].

Les dirigeants communistes ne sont pas les seuls à être préoccupés par les changements socio-politiques de l'île. Le gouvernement nationaliste, même dirigé par Lee Teng-hui, se rend compte que cette évolution peut-être préjudiciable au projet de réunification. Comme Beijing, ils essaient de promouvoir le patriotisme chinois. Les nationalistes font référence aux Chinois d'outre-mer pour parvenir à rassembler le plus grand nombre de forces en faveur de l'entreprise. En 1991, les Chinois d'outre-mer d'Asie du Sud-Est ont été interrogés sur la question de la réunification dans une étude menée par l'Institut des Relations Internationales de Taibei. Les résultats statistiques du sondage concluent que 54 % des Chinois interviewés, indépendamment de leurs idées politiques, serait pour la réunification [104].

Le recours au patriotisme chinois, puisé dans la participation des Chinois d'outre-mer à la révolution de 1911 et dans le patrimoine culturel, communs aux deux territoires, constitue aujourd'hui le principal argument en faveur de la réunification. Il semble, qu'au nom de ce patriotisme, les dirigeants communistes réservent aux Chinois d'outre-mer un rôle particulier.

B / Un lien privilégié entre les deux Chine

En 1979, lors de son « Discours d'ouverture à la deuxième session du comité national de la cinquième Assemblée Populaire Nationale », Deng Xiaoping assure que les Chinois d'outre-mer ont une tâche à remplir dans l'objectif de la réunification avec Taiwan.

> « Attachés à la mère patrie, nos compatriotes de Taiwan, de Hong-Kong et de Macao, et les Chinois résidant à l'étranger, dont le patriotisme est grandissant, jouent un rôle de plus en plus important et actif dans la réalisation de la grande cause qu'est la réunification de la patrie »[105].

Ye Jianying, président du Comité permanent de l'Assemblée Populaire Nationale, précise le contenu de cette mission dans le plan en neuf points qu'il présente en 1981 :

> « Nous espérons que nos compatriotes à Taiwan laisseront jouer pleinement leur patriotisme et qu'ils travailleront énergiquement pour la réalisation rapide de la grande unité de notre nation et qu'ils en porteront l'honneur. *Nous espérons que nos compatriotes à Xianggang (Hong-Kong) et Aomen (Macao), ainsi que*

les nationaux Chinois résidant outre-mer continueront à remplir leur rôle de passerelle et mettront tout leur honneur dans la réunification de la mère patrie » [106].

Le rôle de passerelle que les dirigeants chinois souhaitent voir endosser par les Chinois d'outre-mer revêt deux aspects. Ils espèrent en premier lieu que les Chinois d'outre-mer puissent influencer politiquement les gouvernements de leurs Etats d'accueil en faveur du rattachement de Taiwan au continent. Les Chinois d'outre-mer deviendraient alors un atout pour la politique extérieure chinoise dans ce domaine. En second lieu, les Chinois d'outre-mer doivent être un trait d'union économique entre les deux territoires.

1) Une influence politique extérieure

L'utilisation par les dirigeants communistes de la position géographique particulière des Chinois d'outre-mer à des fins de politiques extérieures n'est pas propre à la démarche des dirigeants actuels. L'implication par le gouvernement des Chinois d'outre-mer dans son projet d'étendre son influence politique lors de la révolution culturelle constitue l'exemple le plus significatif d'une telle association. La démarche qui consiste à vouloir bénéficier de la position stratégique des Chinois d'outre-mer se retrouve aujourd'hui pour les dirigeants chinois en ce qui concerne la question de la réunification avec Taiwan.

a) Les Chinois d'outre-mer, outil de l'hégémonie chinoise

Les bouleversements politiques qui éclatent en Chine à partir de 1966 atteignent la politique concernant les Chinois d'outre-mer. Au cours de cette période, ils apparaissent doublement comme pouvant servir à la propagation du « modèle chinois » : en tant que patriotes et membres des partis communistes.

L'un des intérêts de la Révolution culturelle dans le domaine des Chinois d'outre-mer a été la politique extérieure menée par la Chine à cette époque. En apparence, écrit Fitzgerald, elle consista en une nouvelle politique destinée à mobiliser tous les Chinois d'outre-mer pour la cause révolutionnaire [107].

En novembre 1967 est publié un fascicule intitulé « Bulletin de critique de la politique de Liao » [108]. Liao Chengzhi, président de la Commission des Chinois d'outre-mer, est accusé de mener une politique « réactionnaire », qui aurait « trahi les intérêts des Chinois d'outre-mer patriotes ». Sa politique est qualifiée de « politique de survie ». En prônant le respect des lois et des coutumes des Etats d'accueil et la recherche de l'harmonie avec les peuples locaux, Liao aurait compromis les activités patriotiques des Chinois émigrés. Le texte fait également référence à des organisations révolutionnaires outre-mer dont Liao, « sous prétexte de rectifier les dérivations gauchistes », aurait ordonné la dissolution. Or, sans l'appui de telles organisations, les Chinois d'outre-mer « ne pouvaient lancer de contre attaque à l'encontre de l'impérialisme et des réactionnaires ». Le Président de la Commission est également accusé d'avoir interdit toutes études et engagements politiques aux émigrés. Liao craignait non seulement que les gouvernements locaux soient « irrités » par de telles activités, mais encore que ces Etats puissent croire « que la Chine exporterait ainsi la révolution et des activités subversives ». D'après « la critique du combat de Liao », les positions de la Commission ont conduit à ne pas protéger les Chinois d'outre-mer. Le texte cite en exemple l'absence de réaction du gouvernement chinois à la politique de changement forcé de nationalité imposée aux ressortissants chinois par le Sud-vietnam en 1957. L'article conclut que la politique de Liao a conduit à l'abandon de la lutte de classe au profit de la « survie » et de la « subsistance ».

Durant l'année 1967, parallèlement à ce discours, un certain nombre d'événements, impliquant des Chinois d'outre-mer, se déroule en Asie du Sud-Est. En juin, les élèves de deux écoles chinoises à Rangoon (Birmanie), refusent d'enlever des insignes au portrait de Mao Zedong. Des techniciens chinois viennent se joindre à eux dans une manifestation. Cette agitation avait été précédée par l'arrivée à l'Ambassade chinoise de gardes rouges. Selon Jay Taylor, le personnel de l'Ambassade aurait promu parmi la population chinoise des campagnes politiques. La nouvelle provoque des émeutes entre la population chinoise et birmane [109]. En Indonésie, une manifestation réunit plus de 30 000 Chinois. Des heurts importants ont lieu à Hong-Kong, Macao et au Cambodge. Le Prince Sihanouk accuse alors Beijing de vouloir « exporter » la révolution culturelle [110].

Au cours de cette période, Beijing défend les intérêts des Chinois d'outre-mer de manière plus virulente. Les persécutions du gouvernement indonésien à l'égard des Chinois, à la suite du coup d'Etat avorté de 1965, sont systématiquement dénoncées. Le 8 octobre 1966, à l'occasion de l'arrivée des premiers rapatriés chinois d'Indonésie, le Renmin Ribao publie un éditorial dans lequel il est écrit que :

> « Depuis plus d'un an, les forces réactionnaires de la droite indonésienne ont honteusement et brutalement persécuté les ressortissants chinois en Indonésie. [...] A présent pour s'attirer les bonnes grâces de leurs maîtres, les impérialistes américains, les forces réactionnaires de droite se démènent pour porter à une échelle plus grande

> leur mouvement contre la Chine et contre ses ressortissants » [111].

Le 9 décembre, un autre éditorial paraît, intitulé « Chant d'outre-mer à la gloire de la pensée de Mao Tse-toung ». Quarante et un jeunes Chinois d'Indonésie, rapatriés en Chine, sont félicités pour avoir montrer envers l'ennemi « une haine implacable » et « un profond sentiment de classe » envers leurs camarades.

> « Les exploits héroïques de ces 41 jeunes ressortissants sont un glorieux exemple pour tous les Chinois d'outre-mer et pour tous le peuple. Nous devons prendre modèle sur ces héros de l'ère Mao tse-Tong » [112].

L'année suivante, la Chine tient un discours similaire à l'égard du gouvernement birman de Ne Win. Les premiers incidents anti-chinois du mois de juin 1967 ont conduit à l'assassinat d'un expert chinois. En juillet, le <u>Pékin Information</u> rapporte l'organisation d'une manifestation devant l'Ambassade birmane. Les manifestants « ont énergiquement condamné le gouvernement réactionnaire de Ne Win pour son acte sanglant et exprimé leur ferme soutien à la lutte armée menée par le peuple révolutionnaire birman sous la direction du Parti communiste birman » [113].

Il est difficile de dire si la Chine a réellement élaboré une politique destinée à faire des Chinois émigrés des instruments pour exporter la révolution. Au cours de cette période, l'ensemble de l'appareil politique et administratif est disloqué. Les décisions sont prises et changées selon le groupe qui prend le contrôle du département. En dépit de ces limites évidentes, la Révolution culturelle a contribué à créer l'image de Chinois d'outre-mer, agents (de renseignements) de l'hégémonie chinoise en Asie [114]. Aujourd'hui, les dirigeants chinois du continent semblent espérer qu'ils puissent être des porte parole auprès de leurs gouvernements respectifs pour défendre les intérêts de la R.P.C. dans la question de la réunification.

b) Les Chinois d'outre-mer, porte parole politique de la réunification

Depuis 1979, les dirigeants communistes souhaitent que les expatriés agissent comme des réprésentants « politiques ». L'attitude de Beijing à l'égard des relations que Singapour entretient avec l'île nationaliste est une illustration du souhait continental. La cité-Etat n'a jamais eu à subir les récriminations de Beijing lorsqu'elle échangeait des visites quasi-officielles avec les dirigeants de Taiwan [115]. En 1981, la R.P.C. protestait auprès de Djakarta au sujet de l'invitation adressée au Président Jiang Jingguo. En 1988, la Malaisie recevait de semblables reproches pour avoir envoyé son Premier ministre en visite à Taibei.

Jusqu'en 1990, Lee Kwan Yew a visité l'île plus de vingt fois, et récemment ses déplacements ont pris un caractère plus ostentatoire, malgré l'établissement de relations officielles avec la R.P.C. Deux premiers ministres nationalistes (Yu Guo-hua, en 1987, et Hau Pei-tsun en 1990) se sont rendus à Singapour. Le président Lee Teng-hui, lui-même, y a été accueilli en 1989. L'attitude communiste est-elle conciliante parce que Singapour accepte de jouer le rôle de "passerelle" politique entre les deux rives ? [116]. L'hypothèse semble se vérifier en 1993, lorsque les deux organisations chinoises instituées pour discuter des modalités des échanges entre les deux rives, se rencontrent pour la première fois dans la cité-Etat.

Les dirigeants du continent sont allés chercher auprès d'autres communautés outre-mer un soutien identique. Après les négociations d'avril 1993, Beijing envoya des délégations auprès des communautés chinoises des Etats-Unis et du Canada, connues pour abriter de puissants « lobbies » pro-taiwanais [117]. Selon, Cheyne Chiu, secrétaire général de l'association taiwanaise pour la réunification, les communistes ont poursuivi deux objectifs dans cette démarche. Le premier consisterait à vouloir convaincre les Chinois que les deux rives ont réellement entamé un processus pacifique de réunification. Le second serait de persuader les Chinois d'outre-mer de cette situation, afin que ceux-ci influencent le gouvernement américain dans le sens d'un retrait de l'aide à Taiwan, notamment militaire. Le gouvernement taiwanais a également envoyé des délégations auprès des Chinois des deux Etats pour leur exposer sa version de la situation [118].

Si les Chinois d'outre-mer peuvent, dans l'esprit des dirigeants communistes chinois, influencer politiquement leurs Etats d'accueil pour qu'ils favorisent la réunification, ou du moins qu'ils ne s'y opposent pas, le gouvernement chinois du continent attend d'eux qu'ils remplissent le rôle de passerelle économique entre les deux rives du détroit.

2) Une passerelle économique

Pour le gouvernement de la R.P.C. les Chinois expatriés sont un lien économique privilégié, susceptible d'assurer l'intégration économique des deux rives, et de faciliter ainsi à terme la réunification. Les Chinois d'outre-mer ont été parmi les investisseurs "étrangers" les plus nombreux et les plus importants dans l'île de Taiwan. Selon une étude menée en 1985, le tiers du total des investissements "étrangers" (soit un total de 5,1 milliards de US $), avait été réalisé par les Chinois de Hong-Kong et de la diaspora [119]. Inversement, c'est par l'intermédiaire de Hong-Kong et des entreprises de la diaspora que Taiwan a réalisé les échanges et les investissements les plus importants sur le continent [120]. L'intégration entre les trois entités (Taiwan, Zones côtières chinoises et Hong-Kong) s'est accélérée à partir de 1987.

Elle prend aujourd'hui de telles proportions que de nombreuses études sont menées sur « une zone économique chinoise », un « marché commun chinois »[121]. Randall, King et Klein prétendent même que la « ZEC est en passe de devenir la quatrième entité commerciale dans le monde »[122]. La constitution, même informelle, de liens économiques importants entre les trois territoires pourrait à terme engendrer des rapports de dépendance accrus. L'intégration serait ainsi réalisée de fait, avant de l'être de droit.

Dans cette optique, il semble que pour les dirigeants communistes, Singapour puisse à nouveau jouer un rôle déterminant[123]. En décembre 1993, lors du second Congrès Mondial des entrepreneurs chinois, le ministre de l'information de Singapour, Yeo George, s'exprimait aussi dans le sens d'une unité culturelle et linguisitique chinoise. Pour lui, les investissements sur le continent chinois s'accompagnent de nombreuses difficultés que seuls « ceux qui ont une connaissance des nuances culturelles peuvent réduire. [...] Les Chinois d'outre-mer comprennent la culture chinoise parce qu'ethniquement ils sont eux-mêmes chinois, mais ils comprennent aussi le monde extérieur. [...] Ils réduisent les risques grâce à de meilleures connaissances ». Beijing ménagerait ainsi les relations des deux îles car la "cité du Lion" serait un tremplin idéal pour les investissements taiwanais en Chine. L'idée est corroborée par les dirigeants nationalistes. Vincent Siew, ministre de l'Economie de Taiwan, soulignait que :

> « Singapour, qui possède des conventions sur les garanties des investissements avec Taipeh et Beijing, est une meilleure base pour les entreprises taiwanaises qui veulent investir sur le continent »[124].

L'attitude que la R.P.C. adopte à l'égard des investissements étrangers, notamment ceux des Chinois d'outre-mer et des « compatriotes » de Hong-Kong doit également servir de preuves de la bonne volonté de Beijing à l'égard de Taiwan. Elle est le garant de la viabilité de la formule « un Etat, deux systèmes ». Le choix des deux régions côtières, le Fujian et le Guangdong, s'explique aussi par la volonté d'encourager la réunification. Selon certains auteurs, il fallait rassurer les populations de Hong-Kong et de Taiwan en créant à proximité des zones de développement semblables.

> « Comme Hong-Kong et Macao sont peuplés de personnes originaires du Guangdong et Taiwan de personnes originaires du Fujian, que pouvait faire la Chine de mieux pour les gagner à sa cause que de permettre à leurs provinces natales une certaine flexibilité ? »[125].

Les Chinois de la diaspora représentent un nouvel intérêt politique pour leur Etat d'origine. L'optique d'un rattachement pacifique de Taiwan au continent oblige les dirigeants communistes à trouver des arguments politiques et économiques communs susceptibles de convaincre les dirigeants et la population de l'île. Beijing espère que les Chinois d'outre-mer peuvent, par leur action économique ou politique, être un relais pour ces arguments.

Depuis 1978, les dirigeants chinois ont renoué avec l'aspiration des gouvernements précédents. En recourant une nouvelle fois à une stratégie d'ouverture économique, comment ne pas penser à ces anciens pourvoyeurs de technologies et de capitaux ? Mais, contrairement à leurs prédecesseurs, les dirigeants actuels ajoutent une nouvelle dimension à cette association : importer en Chine le modèle de développement représenté par les Chinois émigrés et au-delà par certains Etats asiatiques. L'association des Chinois d'outre-mer à la réunification avec Taiwan n'est envisagée que dans la mesure où le développement économique auquel les émigrés participeront, constituera à terme un facteur de cette réunification. Dans les deux cas, les dirigeants désirent intégrer les émigrés à leur stratégie générale de développement.

La volonté de voir les Chinois d'outre-mer contribuer en tant qu'instrument et modèle, au renforcement de l'Etat chinois a amené le gouvernement actuel à afficher une nouvelle attitude à l'égard des Chinois d'outre-mer. Cette adaptation de l'Etat chinois se concrétise par la mise en oeuvre d'un ensemble de mesures , qui s'applique tant en Chine qu'à l'extérieur de ses frontières.

NOTES DU CHAPITRE 2

[1] Deng. Xiaoping. « Discours d'ouverture à la deuxième session du Comité National de la 5e C.C.P.P.C. ». *Beijing Information*. n°25. juin 1979. pp.14-16. page 14.

[2] De nombreux travaux ont décrit. de manière détaillée. les faits brièvement exposés ci-après: *Cf.* en langue française Joyaux. F.. *La Tentation Impériale....* op.cit.. Chapitre VIII. pp.153-178. *Ibidem. Géopolitique de l'Extrême Orient*. Tome I. « Espaces et politiques ». Tome II. « Frontières et stratégies ». Paris. Ed. Complexe. Coll. : « Questions du XXeme siècle ». 1991. 225 pages chacun.

[3] Cité par Joyaux. F.. *La Tentation Impériale...*, op.cit.. page 160.

[4] *Ibidem*. page 166.

[5] Comité permanent de l'Assemblée Populaire Nationale. « Message à nos concitoyens de Taiwan. 1er janvier 1979 ». *Beijing Information*. n°1. 8 janvier 1979. pp.16-17.

[6] *Ibidem*, page 17.

[7] *Ibidem*.

[8] *Ibidem*.

[9] Ye. Jianying. « Beijing's Terms for Unification with Taiwan. 30 september 1981 ». *in* Hinton. Harold C.. (ed) *The People's Republic of China. 1979-1984. A Documentary Survey*. Wilmington (Etats-Unis). Scholarly Resources Inc.. 1986. 2 tomes. 747 pages. Tome 2. pp.733-735.

[10] *Ibidem*. page 736.

[11] Interview de Deng Xiaoping. « Les six points de Deng Xiaoping ». *Bulletin de Sinologie*. Hong-Kong. n°9. sept.1983. page 22.

[12] « The Joint Declaration on Hong-Kong. 26 september 1982 ». *in* Hinton. Harold C.. (ed) *The People's Republic of China. 1979-1984...*, op.cit.. pp 735-743. « Déclaration sino-britannique sur Hong-Kong. 26 septembre 1984 ». *Documents d'Actualités Internationales*. n°22. 15 nov.1984. pp.23-27.

[13] Deng. Xiaoping. « On "One Country, Two System". october 1984 ». *in* Hinton. Harold C.. (ed) *The People's Republic of China, 1979-1984...*, op.cit.. pp.746-747. page 746.

[14] Wang. Sze-Cheng. *Pourquoi ne négocions-nous pas avec les communistes chinois*. Taibei. Ed. Kuang Lu. 1982. 163 pages.

[15] Joyaux. F.. *La Tentation Impériale...*, op.cit.. page 175.

[16] Lin. Chon-pin. « Beijing-Taipei : Dialectics in Post-Tiananmen Interactions ». *The China Quarterly*. n°136. n° spécial. « Greater China ». déc.1993. pp.770-804.

[17] Le Corre. Ph.. « Taiwan-Chine : les frères ennemis sont pragmatiques ». *Défense Nationale*. n°6. juin 1993. pp.133-143. page 133.

[18] Ching. F.. « Jiang Zemin Goes Fishing. Moderate ouverture is designed to lure Taiwan into a dialogue ». *Far Eastern Economic Review*. 2 mars 1995. page 40.

[19] Lin. Chon-pin. « Beijing-Taipei... ». *op.cit.*, page 779.

[20] Baum. J.. « Lee's Challenge ». *Far Eastern Economic Review*. 14 sept.1995. pp.20-22. page 22.

[21] Lin. Chon-pin. « Beijing-Taipei... ». *op.cit.*, page 785.

[22] Le Corre. Ph.. « Taiwan-Chine... ». *op.cit.*, page 136.

[23] Leng. Shao-chuan. Lin. Cheng-yi. « Political Change on Taiwan : Transition to Democracy ? ». *The China Quarterly*. n°136. *op.cit.*, pp.805-839.

[24] *Ibidem*. page 826.

[25] *Ibidem*. pp.818-826.

[26] Joyaux. F.. *La Tentation Impériale...*, *op.cit.*, page 177.

[27] Baum. J.. « Lee's Challenge ». *op.cit.* ; Ching. Franck. « Harry Wu : A possible resolution. But problems stemming from Lee visit to U.S. remain unresolved ». *Far Eastern Economic Review*. 3 août 1995. page 31.

[28] Cité par Leng. Shao-chuan. Lin. Cheng-yi. « Political Change on Taiwan... ». *op.cit.*, page 826.

[29] Li. Jiaquan. « Indépendance de Taiwan. isolement de Taiwan et réunification ». *Beijing Information*. n°32. 10 août 1992. pp.24-28. page 26.

[30] Baum. J.. « Lee's Challenge ». *op.cit.*, page 22.

[31] *Ibidem*. page 21.

[32] En 1989. Deng Xiaoping aurait affirmé à un haut dignitaire de l'Armée populaire de libération que « Le but de construire une armée est de faire la guerre. Aujourd'hui. l'une des guerres possible est celle avec Taiwan. Incorporez la dans vos stratégies : si Taiwan clame son indépendance. nous attaquerons [...] ». « Deng Xiaoping de shuo hen hua : Taiwan du qilai jiuyao da ». (Deng Xiaoping a tenu des propos hardis : si Taiwan clame son indépendance. nous attaquerons). *Zhongyang Ribao*. Taipei. 17 nov.1989. page 1.

[33] Le Corre. Ph.. « Taiwan-Chine... ». *op.cit.*, pp.139-142.

[34] Cité par Ching. F.. « China Tightens the Noose. But isolation of Taiwan may well backfire on Beijing ». *Far Eastern Economic Review*. 18 août 1994. page 31.

[35] L'émancipation des esclaves africains de la Guyane britannique. de Trinidad et de la Jamaique oblige les planteurs à rechercher une nouvelle main-d'oeuvre. En 1838. ils décidèrent de suivre la politique de l'île Maurice d'importation de main d'oeuvre indienne. Mais. le gouvernement anglais des Indes suspendit l'année suivante cette émigration à cause d'allégations de mauvais traitements. Campbell. P.C.. *Chinese Coolie Emigration to Countries within the British Empire* . Taibei. Chungwen Publishing Co.. reprint . 1923. 240 pages. pp.86-160.

[36] Des incidents liés à ce commerce impliquaient directement des ressortissants américains. comme. par exemple. la mutinerie qui eut lieu à bord du navire « Robert Bowne ». Coolidge. R.M.. *Chinese Immigration. American Problem* .*op.cit.*, pp.58-67.

[37] En 1854, des groupes de Chinois, parents de coolies, patrouillèrent la ville de Shanghai, accusant les étrangers d'enlever les leurs. La foule s'en prit à un bateau français, « le Gertrude », loué par des Espagnols pour transporter les Chinois. Un marin fut tué et le médecin de bord blessé. Plusieurs différends de ce type eurent lieu les jours suivants. Irick, Robert L., *Ch'ing Policy...* , *op.cit.*, pp.32-43.

[38] *Ibidem.* pp.97-101.

[39] Ils obtiennent gain de cause en 1862. Déjà, en 1856, le Consul Parker avait publié une note dans laquelle il décrétait que les citoyens américains en Chine, engagés dans ce commerce, ne bénéficieraient pas de la protection diplomatique s'ils étaient appréhendés. « An Act to prohibit the "coolie trade" by American citizens in American vessels » *in* Chen, Da. *Chinese Migrations with Special Reference to Labor Conditions*, Taibei, Chen Wen Publishing Co. reprint, 1967, 237 pages, pp.173-174; *Cf.* Tsai, Shih-Shan H., *Reaction to Exclusion: Ch'ing Attitudes Toward Overseas Chinese in the United States, 1848-1906*, Oregon, University of Oregon, Phd in History, juin 1970, 348 pages, pp.42-92.

[40] «Convention of Peace and Friendship between Great Britain and China, Signed in Peking, 24 th October, 1860» *in* Hertslet, Godfrey E.P., *Treaties and Co between Great Britain and China; and between China and Foreign Powers; and Orders in Council, Rules, Regulations, Acts of Parliament, Decrees, &c affecting British Interest in China*, Londres, Harrison and Sons, St Martin Lane, 1908, 2Vol., 623 pages, pp.48-53, page 50.

[41] « Convention de paix additionnelle au Traité de Tien-Tsin conclue à Pékin, le 25 octobre 1860 ». De Clercq, M., (dir). *Recueil des Traités de la France* , Paris, A.Durand et Pedone-Lauriel, 1880, 10 Tomes, Tome 8, 642 pages, pp.135-139, page 138.

[42] Comme nous l'avons exposé dans l'introduction, l'application des lois revenait en priorité aux autorités locales, tenues pour responsables par la cour en cas d'échec.

[43] « A Proclamation of Forbbiding the Abduction of People with the Intention of Obtaining Ransom for Them, or to transport Them beyong the Sea, Issued in the early part of 1855, re-issued in 1856 ». *Foreign Issued Records*, Londres, 17 séries, n°97/102A (1856), cité par Yen, Ching-Hwang, *Coolies and Mandarins* , *op.cit.*, page 78.

[44] Pour MacNair et Campbell, la participation des autorités chinoises au « système de Canton » n'aurait été que forcée. MacNair, Harley F., *The Chinese Abroad. Their Position and Protection. A study in International Law and Relations* , Shanghai, The Commercial Press, 1933, 340 pages, pp.13-16, Campbell, P.C., *Chinese Coolie Emigration...* , *op.cit.*, pp.121-123. La thèse inverse est défendue par Irick et Yen Ching-Hwang.

[45] Irick, Robert L., *Ch'ing Policy...*, *op.cit.*, page 102.

[46] Yen, Ching-Hwang, *Coolies and Mandarins* , *op.cit.*, pp.95-98.

[47] Cité par Irick, Robert L., *Ch'ing Policy...* , *op.cit.*, pp.141-142. Aucune des mesures qu'il proposa à l'Empereur ne visait les étrangers. L'émigration était présentée en terme passif et le sort des coolies n'était pas mentionné.

[48] *Ibidem*, page 143.

[49] *Ibidem*, page 144.

[50] Yen, Ching-Hwang, *Coolies and Mandarins* , *op.cit.*, page 98.

[51] Malgré la signature des traités de 1860, les anciennes pratiques liées au commerce des coolies perduraient. En 1861, le *Zongli Yamen* décida que seuls les Etats ayant signé un traité avec la Chine pourraient exercer des activités à l'intérieur des provinces. Les autorités locales se basèrent sur cette décision pour refuser au Pérou et à l'Espagne la permission

d'ouvrir des agences d'émigration. Leurs ressortissants ont donc continué à se procurer de la main-d'oeuvre illégalement. Irick. Robert L.. *Ch'ing Policy...*. *op.cit.*. pp.155-158.

⁵² Le désaccord avec les Anglais porta sur le paiement des frais de rapatriement des Chinois par les planteurs. Cela signifiait une augmentation du coût de la main d'oeuvre. Les planteurs craignaient aussi que l'application de la convention pour les nouveaux contingents de coolies. n'engendre des revendications parmi les anciens. L'objection de la France résidait dans la durée du contrat. prévue pour cinq ans. La grande majorité des coolies embarqués par des agents français étaient destinés aux colonies sud américaines où les contrats étaient signés pour huit ans. Campbell. P.C.. *Chinese Coolie Emigration....* *op.cit.*. pp.141-144.

⁵³ Cité par Irick. Robert L.. *Ch'ing Policy...*. *op.cit.*. page 262.

⁵⁴ « Treaty between the United States and China for the Regulation of Chinese Immigration into the United States. Signed in Peking. Nov.17th 1880 ». *in* Hertslet. Godfrey E.P.. *Treaties and Co between Great Britain and China: and between China and Foreign Powers...*. *op.cit.*. pp.558-560.

⁵⁵ Tsai. Shih-Shan H.. *Reaction to Exclusion....* *op.cit.*. page 170.

⁵⁶ Coolidge. R. Mary. *Chinese Immigration. American Problem...* .*op.cit.*. page 183.

⁵⁷ *Ibidem*. pp.213-214.

⁵⁸ Le 2 septembre 1885. un groupe de trente mineurs manifestent dans la ville de Rock Spring (Wyoming). Soutenus par une organisation syndicale anti-chinoise. ils décident de s'en prendre directement aux Chinois. Les manifestants sont rejoints par plus de 150 hommes et femmes. Armés. ils s'attaquent physiquement à des Chinois. Ils détruisent les boutiques et les habitations de plusieurs dizaines d'entre eux. Yen. Ching-hwang. *Coolies and Mandarins* . *op.cit.*. pp.224-225.

⁵⁹ « The Chinese Indemnity Claims by the United States » . *in* « Despatch from Chen Tsao-ju to T.F.Bayard dated 30 november 1885 ». cité par Yen. Ching-Hwang. *Coolies and Mandarins* . *op.cit.*. pp.229-234.

⁶⁰ *Ibidem*, page 241.

⁶¹ Willmott. D.E.. *The National Status of the Chinese in Indonesia, 1900-1958* . New York. Cornell University Press. Modern Indonesian Project. 1961. 139 pages. pp.102-145.

⁶² Yen. Ching-Hwang. *Coolies and Mandarins* . *op.cit.*. page 186.

⁶³ « La Convention consulaire entre les Pays-Bas et la Chine. signée à Pékin le 8 mai 1911 ». *Bulletin Economique de l'Indochine*. n°92. sept-oct.1911. pp.877-881.

⁶⁴ « Convention réglant les rapports entre la France et la Chine relativement à l'Indochine française et aux provinces chinoises limitrophes. Art.3 ». *L'Asie Française*. n°2. juin-juillet 1935. pp.173-175. page 173.

⁶⁵ Levasseur. G.. « Les répercussions des Accords de Nankin sur les problèmes de Droit International privé en Indochine ». *Revue Indochinoise Juridique et Economique*. Vol.I/II/III/IV. 1937. pp.57-99/83-118/96-149/42-134. Vol.I. page 66.

⁶⁶ « Convention réglant les rapports entre la France et la Chine... ». *op.cit.*. page 174.

⁶⁷ Zhou. Enlai. « Zhengfu gongzuo baogao ». (Rapport sur les activités du gouvernement. sept.1954-juin.1955). *in Zhonghua renmin gongheguo fagui huibian* . Beijing. Beijing Falu Chubanshe. 1956. 556 pages. pp.76-109. page 100.

⁶⁸ « Traité sino-indonésien sur la question de la double nationalité ».

[69] Fitzgerald. S.. *China and the Overseas Chinese...* . *op.cit.*. pp.107-115; Willmott. D.E.. *The National Status of the Chinese...* . *op.cit.*. page 62.

[70] « Text of Premier Minister Zhou Enlai's Talk with David Marshall on the Nationality of the Chinese in Singapore. October 9. 1956 », *in* Ministry of Communication and Information. *Speeches. A Bimonthly Selection of Ministerial Speeches* . Singapour. n°6. déc.1978. pp.1-2.

[71] Zhou. Enlai. « Dui miandian huaqiao de jianghua ». *Loc.cit.*.

[72] Cité par Fitzgerald. S.. *China and the Overseas Chinese...* . *op.cit.*. pp.112-114.

[73] « Statement by Mr.Chen Yin-Fun. Chairman of the Overseas Affairs Commission (Formosa) on the sino-indonesian Dual Nationality Treaty ». *in* Ambekkars. G.V.; Divekar. V.. (ed). *Documents on China's Relations with South and South East Asia* . Bombay. Allied Publishers Private Ltd. 1964. 491 pages. pp.238-240. pp.239-240.

[74] Pour ne citer que les travaux en langues occidentales. nous renvoyons à Yen. Ching-hwang. *The Overseas Chinese and the 1911 Revolution. With Special Reference to Singapore and Malaya* . Kuala Lumpur. Oxford University Press. 1976. 439 pages et Lee. Lai To. (ed). *The 1911 Revolution. The Chinese in British and Dutch Southeast Asia* . Singapour. Heinemann Asia. 1987. 140 pages.

[75] Les Qing se sont emparés de la Chine du Nord sans trop de difficultés. Ils ont rencontré une résistance plus rude dans le sud du pays. où se sont réfugiés. dans un premier temps. les derniers partisans des Ming. Les Ming du Sud entretiennent des liens plus ou moins secrets avec les pirates des côtes du sud-est du Guangdong. L'un d'eux. « Un métis de Chinois et d'une japonaise [...] règne en fait sur les côtes du Fujian. à partir des environs de 1650. Ce chef de pirates. du nom de Zheng Chenggong (1624-1662) devait rester jusqu'à nos jours à Taiwan une sorte de héros national ». Il mena une résistance importante à l'encontre de la dynastie des Qing. Puis. il chassa les Hollandais de l'île de Taiwan. Il maintenait des liens avec les différents pirates et les commerçants du Siam. des Philippines et du Vietnam. Gernet. J.. *Le Monde Chinois* . Paris. Armand Colin. Coll. : « Destins du Monde ». 1972. 699 pages. pp.408-410. Sur les relations entre les pirates en Asie. voir l'ouvrage de Murray. H.Dian. *Pirates of South China Coast*. Standford. Standford University Press. 1987. 243 pages.

[76] Ce sont les matériaux épigraphiques qui permettent de constater que les Chinois d'Asie du Sud-Est ont refusé d'adopter le nom et la datation de la dynastie des Qing. Yen. Ching-hwang. *A Social History of the Chinese in Singapore...* . *op.cit.*. page 110.

[77] Yen. Ching-hwang.. *The Overseas Chinese and the 1911 Revolution...* . *op.cit.*. page 48.

[78] *Ibidem.* page 49.

[79] Bergère. M-C.. *Sun Yat-Sen* . Paris. Fayard. 1994. 543 pages. pp.24-25.

[80] *Ibidem.* pp.13-47.

[81] En 1894. il adresse notamment une pétition au vice roi du Zhili. Li Hongzhang. dans laquelle il reprend les thèmes principaux des réformistes : liberté du commerce comme moyen d'accroître la puissance chinoise ainsi que l'utilisation des ressources humaines et naturelles. *Sun Yat-sen Early Revolutionary Programm* . *loc.cit.*

[82] Bergère. M-C.. *Sun Yat-Sen* . *op.cit.*. pp.63-65.

[83] Sun Yat-sen cherchera aussi un soutien auprès de révolutionnaires et des Etats étrangers. Au Japon. il reçoit l'appui d'un groupe d'intellectuels. dont le principal représentant est Myazaki Torazo. Ces derniers croient en un panasiatisme dont le Japon serait la tête de file.

Ils sont liés aux nationalistes vietnamiens qui. refusant de se rallier aux Français. ont rejoint le Japon. Chesnaux. J.. *Sun Yat-sen. op.cit..* pp.95-98. De 1903 à 1908. Sun essaiera de s'adjoindre l'aide des autorités françaises d'Indochine afin de constituer une république autonome dans le Sud de la Chine. En 1907. il obtient l'aide du Deuxième Bureau. qui accepte de fournir un entraînement militaire aux révolutionnaires chinois. Avertit du projet. le gouvernement chinois obtient de Paris la destitution des officiers instructeurs et l'expulsion de Sun d'Indochine. Barlow. G.Jeffrey. *Sun Yat-sen and the French* . Berkeley. University of California. Insitute of East Asian Studies. Chinese Research Monograph n°14. 1979. 93 pages. pp.77-86.

[84] Tsai. Shih-Shan H.. « The Revolution of 1911 and the Role of the Overseas Chinese ». *in* Lee Lai To (ed). *The 1911 Revolution.... op.cit.* pp.7-19. page 10.

[85] Chen Chuinan et Zhan Shuifu deviendront des dirigeants du *Tong Meng Hui* puis du *Guomindang* en Malaisie et à Singapour. Yong. C.F.. Mc Kenna. R.B.. *The Kuomintang Movement in British Malaya. 1912-1949* . Singapour. Singapore University Press. 1990. 289 pages. pp.1-20.

[86] Bastid. M.. Bergère. M-C. Chesnaux. J.. *La Chine. L'illusoire modernité...*. *op.cit..* page 111.

[87] Les Trois Principes du Peuple. (*San Min zhuyi*). sont la base de la théorie politique de Sun Yat-sen et formeront celle de la politique du *Guomindang* en Chine et à Taiwan. Le premier principe est celui du nationalisme. défini par Sun comme une communauté de sang. de vie. de langue. de religions et de coutumes. Le second est celui de la démocratie. Enfin. le dernier. celui du « socialisme » ou « bien-être du peuple » recouvre un ensemble de mesures économiques et sociales telles que la réforme agraire. Ce dernier point n'a jamais été totalement développé par Sun. Sun Yat-sen. *Souvenirs d'un révolutionnaire chinois.* Plan de la Tour (Var). Ed. d'Aujourd'hui. Coll. « Les Introuvables ». 1983. 221 pages. pp.193-221.

[88] Bergère. M-C.. *Sun Yat-Sen* . *op.cit..* page 182.

[89] Tous les spécialistes de la question semblent s'accorder pour écrire que Sun Yat-sen a été l'homme des sociétés secrètes. dont il a adopté la politique antidynastique ainsi que le style d'action. Borokh Liliane. « Les débuts du mouvement républicain de Sun Yat-sen et les sociétés secrètes ». *in* Chesnaux. J.. Davis. F.. Nguyen. Nguyet Ho (préparé par). *Mouvements populaires et sociétés secrètes en Chine au XIXe et XXe siècle* . Paris. Maspero. 1970. 492 pages. pp.344-359. Le rôle politique antidynastique des sociétés secrètes. particulièrement outre-mer. est aujourd'hui nuancé au profit de leur rôle économique. Ownby. D.. Somers. Heidues M.. *Secret Societies Reconsidered. Perspectives on the Social History of Modern South China and Southeast Asia* . Armonk. Etats-Unis. M.E.Sharpe. 1993. 259 pages.

[90] Yen. Ching-hwang. *The Overseas Chinese and the 1911 Revolution...* . *op.cit..* pp.313-317.

[91] *Ibidem.* page 315.

[92] Yong. C.F.. Mc Kenna. R.B.. *The Kuomintang Movement... . op.cit.,* page 27.

[93] Jiang. Jieshi. « Chucai chuli zu di peng gui. 1938 ». (Rassembler des forces et des richesses pour faire s'écrouler l'ennemi). *in Ibidem. Jiang Zongtong youguan huaqiao zhi yanlun xuanji*. (Recueil de propos choisis du Président Jiang sur les Chinois d'outre-mer). Taibei. Haiwai Shubanshe. 1975. 135 pages. pp.117-118. page 117.

[94] Yong. C.F.. Mc Kenna. R.B.. *The Kuomintang Movement..., op.cit.,* page 216.

[95] Comité permanent de l'Assemblée populaire national. *Message à nos concitoyens de Taiwan...*. *op.cit.*, page 16.

[96] *Ibidem*.

[97] *Ibidem*.

[98] Les émigrés ont été sensibles à la position internationale de leur pays d'origine. Cela s'est particulièrement manifesté à la fin du XIXe siècle et au cours de la première moitié du XXe siècle. L'intérêt que les Chinois expatriés portaient au statut de la Chine résultait du souci qu'ils avaient d'être protégés dans les pays d'accueil. Certains auteurs parlent également de fierté et d'honneur pour expliquer cette position. Wang. Gungwu. « Greater China and the Chinese Overseas ». *The China Quarterly*. n°136. *op.cit.*, pp.926-948. page 932.

[99] Comité permanent de l'Assemblée populaire nationale. « Message à nos concitoyens de Taiwan... ». *op.cit.*, pp.16-17.

[100] De Beauregard. P.. Cabestan. J-P.. Domenach. J-L., et alii. *La politique asiatique de la Chine*. Paris. F.E.D.N.. 1986. 357 pages. Chapitre II. « La Chine. Hong-Kong...Taiwan ». pp.61-79. page 77.

[101] *Ibidem*.

[102] Cité par Dupuy. I.. *La politique intérieure de la province de Taiwan, 1979-1986. Ebauche d'une analyse*. Nice. I.D.P.D.. Mémoire pour l'obtention du D.E.A. de Droit et Economie du Développement. 1987. 141 pages. pp.80-81.

[103] *Ibidem*.

[104] Chen. Hurng-yu. « China's Political Division and Chinese Communities in Southeast Asia ». *Issues and Studies*. n°9. Vol.21. 1991. pp.69-92.

[105] Deng. Xiaoping. « Discours d'ouverture... ». *op.cit.*, page 15.

[106] Ye. Jianying. « Beijing's Terms for Unification with Taiwan... ». *op.cit.*, page 733.

[107] Fitzgeral S.. « Overseas Chineses Affairs and the Cultural Revolution ». *The China Quarterly*. n°40. fév-déc.1969. pp.103-106. page 121.

[108] « Criticize Liao Combat Bulletin ». *South China Morning Post*. Hong-Kong. n°4013. 27 nov.1967. pp.5-11.

[109] Taylor. Jay. *China and Southeast Asia: Peking's Relations with Revolutionnary Movement*. Londres. Praeger. 1975. page 210.

[110] *Far Eastern Economic Review*. 28 septembre 1967. page 631.

[111] « Les ressortissants chinois persécutés en Indonésie regagnent leur patrie ». *Pékin Information*. n°42. 17 octobre 1966. pp.36-37.

[112] « Chant d'outre-mer à la gloire de la pensée de Mao Tse-toung ». *Pékin Information*. n°51. 19 déc.1966. page 24.

[113] « Toute la Chine condamne les violences antichinoises du gouvernement birman ». *Pékin Information*. 10 juil.1967. pp.19-20. page 20.

[114] *Cf* l'étude de Labin. Suzanne. *Menaces chinoises sur l'Asie*. Paris. La Table Ronde. Coll. : « L'ordre du jour ». 329 pages: Garth. A.. *Silent Invasion: the Chinese in Southeast Asia*. Londres. MacDonnald. 1973. XIII+24 pages.

[115] Jie. Chen. « The "Taiwan Problem" in Peking's ASEAN Policy ». *Issues and Studies*. av.1993. pp.95-124. page 117.

[116] D'autres facteurs expliquent l'attitude complaisante de Beijing à l'égard des relations de Singapour et Taiwan. D'une part, Singapour n'a jamais reconnu officiellement Taiwan. Elle a établi des relations diplomatiques avec la R.P.C. en 1990. Comme nous l'avons mentionné, Singapour joue un rôle particulier pour la R.P.C. dans les réformes économiques entreprises. Enfin, la cité-Etat a été à maintes reprises un allié stratégique du continent pour les relations avec l'Asean. Lors du conflit cambodgien, les dirigeants singapouréens ont toujours défendu l'idée d'une solution négociée avec les communistes chinois. Ils se sont d'ailleurs opposés sur cette question à leurs partenaires indonésiens et malaisiens. Schier, Peter, « The Indochina Conflict from the Perspective of Singapour », *Contemporary Southeast Asia*, n°2, Vol.4, sept.1982, pp.226-235.

[117] Chen, Jack, *The Chinese of America*, San Fransisco, Harper and Row, 1980, 286 pages.

[118] L'explication de la démarche des communistes est à prendre avec quelques précautions dans la mesure où elle est fournie par Taiwan. Ching, F., « China, Taiwan Vie for Support of Chinese in North America », *Far Eastern Economic Review*, 8 juillet 1993, page 28.

[119] Joly D., Chaponnière J-R., « Le "modèle" Taiwanais », *op.cit.*, pp.33-35.

[120] Les échanges, comme les investissements taiwanais en Chine, transitent encore majoritairement par Hong-Kong; les relations économiques directes étant encore interdites par le gouvernement nationaliste. Le « commerce triangulaire » qui en résulte a notamment pour conséquence de fausser les statistiques économiques. Ainsi, on estimait qu'entre 1979 et 1990, Hong-Kong avait investi plus de 2 milliards de dollars US sur le continent. Ce chiffre est surestimé car il englobe l'investissement des filiales étrangères dont les entreprises taiwanaises. Depuis la levée de l'interdiction des relations privées en 1987, les statistiques concernant l'investissement direct des firmes taiwanaises se sont quelque peu éclaircies. Au début de 1993, le gouvernement chinois (R.P.C.) estimait à 6 ou 7 000 le nombre de sociétés de Taiwan ayant investi en Chine. Mais, seulement 2 700 d'entre elles avaient fait une déclaration officielle concernant leurs investissements. Sueo, Kojima, « Les échanges commerciaux entre la Chine et Taiwan », *Problèmes Economiques*, n°2101, 30 nov.1988, pp.8-14; Jones, R.S., King, R.E., Klein, M., « L'intégration économique entre Hong-Kong, Taiwan et les provinces côtières de la Chine », *Revue Economique de l'OCDE*, n°20, 1993, pp.130-163.

[121] L'idée d'une aire économique chinoise comprenant la Chine, Hong-Kong, Taiwan et Macao, à laquelle peut s'ajouter Singapour, a été formulée dès le début des années 1980 par un universitaire de Hong-Kong, Huang Zhilian. Elle aurait pour fondement commun des affinités culturelles et linguistiques. Le lien économique résulterait de l'utilisation des avantages comparatifs de chacun des éléments. Derrière cette idée de marché commun chinois, on trouve celle d'une intégration économique basée essentiellement sur des éléments culturels et pouvant ainsi transcender les divergences politiques et économiques. Ash, R.F., Kueh, Y.Y., « Economic Integration within Greater China : Trade and Investment Flows Between China, Hong-Kong and Taiwan », *The China Quarterly*, n°136, *op.cit.*, pp.711-745.

[122] Jones, R.S., King, R.E., Klein, M., « L'intégration économique entre Hong-Kong... », *op.cit.*, page 156.

[123] Crovitz, G., « Dragon's Diaspora. Cultural links should bolster economic growth », *Far Eastern Economic Review*, 2 déc.1993, page 18.

[124] Cité par Jao, Mei-chao, « Asean-China Economic Relations : Roles of Overseas Chinese », *Hua-Ren*, n°4, 1992, page 23.

[125] Vogel, Erza F., *One Steap Ahead in China...*, op.cit., page 82.

DEUXIEME PARTIE

Les Chinois d'outre-mer et l'adaptation de l'Etat chinois

La politique chinoise à l'égard des Chinois d'outre-mer est d'autant plus complexe qu'il s'agit pour les gouvernements chinois à la fois d'une question de politique intérieure et de politique étrangère. Depuis 1978, les mesures prises par les dirigeants chinois s'adressent aussi bien aux Chinois d'outre-mer dispersés à l'étranger, qu'aux Chinois d'outre-mer rentrés en Chine, aux familles d'émigrés et aux descendants d'émigrés qui résident en Chine. L'ensemble de ces actions illustre l'obligation qui incombe à l'Etat chinois de s'adapter aux Chinois d'outre-mer et à leur environnement.

Nous examinerons dans le cadre du Chapitre 1 les modalités de l'adaptation de l'Etat à l'intérieur de son territoire, qui le conduisent à assurer aux Chinois d'outre-mer un cadre intérieur privilégié. Le Chapitre 2 nous permettra d'exposer et d'analyser le volet extérieur de l'action de l'Etat chinois, action qui tend à rompre avec la tendance « colonisatrice » des politiques précédentes.

Chapitre 1

Une politique intérieure valorisante

A partir de 1978, les dirigeants s'emploieront à rétablir un environnement intérieur favorable à l'ensemble des émigrés. Cette démarche consiste à leur montrer qu'ils font l'objet pour l'Etat d'une reconnaissance politique (Section 1). De ce fait, les autorités chinoises considèrent que les Chinois d'outre-mer peuvent occuper à nouveau en Chine une position particulière (Section 2).

Section 1 : La reconnaissance des Chinois d'outre-mer et de l'émigration

La reconnaissance accordée aux Chinois d'outre-mer s'est traduite par l'élaboration d'une définition politique et juridique les concernant (§ 1). Elle se manifeste aujourd'hui encore par l'intérêt que porte le gouvernement à l'émigration des ressortissants chinois (§ 2).

§.1 La définition politique et juridique des Chinois d'outre-mer

A la fin de l'année 1977, la réunion préparatoire de la Commission des Chinois d'outre-mer [1] rassemble les principaux dirigeants chinois. Elle enclenche un processus qui aboutira au renouvellement de l'image politique (A) et à la clarification du statut juridique des Chinois d'outre-mer (B).

A / Une réhabilitation politique

Les Chinois d'outre-mer ont fait l'objet d'une double réhabilitation politique : en tant que Chinois d'outre-mer et en tant que "bourgeoisie nationale patriote". Le processus s'est intégré à la critique générale de la politique menée pendant la Révolution culturelle. Il a abouti à donner une image politique positive de ces Chinois.

1) Chinois d'outre-mer et Bourgeoisie nationale

En novembre 1977, la Commission condamne officiellement l'attitude des dirigeants précédant à l'égard de ces personnes. Les "dérapages" politiques de la seconde moitié des années 1960, sont imputés à la « Bande des Quatre ». Jiang Qing, Yao Wenyuan sont donc jugés responsables des changements d'orientation de la politique du Parti dans le domaine des affaires d'outre-mer. L'un des objectifs de la réunion préparatoire de 1977 a été de : « dénoncer et critiquer les méfaits de la clique antiparti des Quatre et de réaffirmer les principes et mesures politiques du Parti concernant le travail à l'égard des Chinois d'outre-mer » [2].

Conformément à cette tâche, la Commission a affirmé qu'« elle ["la Bande des Quatre"] débitait des sophismes », tels que : « les relations à l'étranger » sont « des relations politiques réactionnaires » ou ceux qui ont « des relations à l'étranger » constituent « une base sociale réactionnaire ». Elle commettait également des erreurs en qualifiant la correspondance privée « d'intelligence avec l'étranger » et l'envoi d'argent par des ressortissants chinois pour subvenir aux besoins de leur famille de « rémunération d'agents secrets » [3].

Les persécutions, dont les descendants d'émigrés et leurs familles ont fait l'objet pendant ce mouvement en Chine, sont dénoncées :

> « Par de fausses accusations, elle [*i.e* la "Bande des Quatre"] condamnait les ressortissants chinois rapatriés, les membres de leurs familles habitant en Chine, les ressortissants chinois rapatriés et les cadres des services les concernant. Ces persécutions ont sérieusement refroidi [leur] patriotisme et [leur] enthousiasme socialiste. Elles ont entravé la révolution et la production du pays » [4].

Au cours de la réunion, les dirigeants ont désavoué les traitements inégaux appliqués aux Chinois d'outre-mer rapatriés et aux familles d'émigrés lors de la Révolution culturelle. Ils affirment que « les familles des ressortissants en Chine et les ressortissants rapatriés ont les mêmes droits et les mêmes obligations que les autres citoyens chinois » [5]. Les membres de la Commission ajoutent qu'il existe une distinction entre eux et les autres citoyens. « Ils ont cependant, leurs particularités principalement parce qu'ils ont des liens étroits avec leurs parents de l'extérieur » [6]. Cette distinction permettra au P.C.C. de justifier, au début des années 1980, l'application de politiques plus favorables à leur égard [7].

La prise en compte du lien existant entre les familles et les Chinois d'outre-mer fut l'un des fondements de la politique des communistes à l'égard des émigrés au cours des années 1950. L'éditorial du <u>Renmin Ribao</u> du 19 juin 1956, affirmait que :

> « Les familles des Chinois d'outre-mer sont divisées en deux parties : la plus grande partie de la force de travail, qui se trouve outre-mer, et leurs parents, qui sont en Chine. La grande majorité de ces dix millions de parents de Chinois d'outre-mer sont dépendants du travail des Chinois à l'extérieur; ils vivent dans des régions rurales, *ils entretiennent des relations étroites avec les Chinois à l'extérieur*, (s.n.p.) [...] »[8].

Après avoir reconnu et dénoncé les erreurs commises dans le passé, la Commission annonce que les injustices seront corrigées. Elle demande à tous les membres du Parti et de l'Etat de prendre acte de cette position à l'égard des Chinois d'outre-mer. Afin que le changement soit appliqué à tous les échelons de l'Etat, la Commission a requis des services administratifs et politiques, qu'ils coopèrent avec ceux chargés de ces questions. Enfin, elle a sollicité la coopération des familles de ressortissants, ainsi que des émigrés de retour, dans le but « d'améliorer le travail dans ce domaine ».

La réunion préparatoire de la Commission des Chinois d'outre-mer est à rapprocher de celle du Département de travail du Front Uni du Comité central du P.C.C.. Elle se tient au mois de janvier 1979. Il s'agissait de réhabiliter une catégorie sociale particulièrement dénoncée pendant la période précédente : "la bourgeoisie nationale", qui comprend les "personnalités patriotes". Les appellations de "bourgeoisie nationale" et de "personnalités patriotes" regroupent un ensemble d'éléments divers, dont font partie les Chinois d'outre-mer, ceux d'entre eux qui sont de retour sur le continent, ainsi que certaines familles liées à des émigrés.

Revenant sur la politique de la Révolution culturelle, les réformateurs intègrent les "anciens capitalistes" à la politique dite des quatre modernisations. Par "anciens capitalistes", les dirigeants chinois entendent les personnes qui lors de la prise du pouvoir par les communistes en 1949 et au début des années 1950, possédaient des biens immobiliers ou de production, ainsi que ceux qui occupaient des activités commerciales ou libérales. Depuis l'ouverture, les orientations économiques justifient à nouveau l'existence de cette catégorie sociale. Politiquement, la réhabilitation de la "bourgeoisie nationale" se concrétise par un retour à la politique du "Front Uni". Cette politique, élaborée au cours de la période dénommée "démocratie nouvelle" (1950-1953), permettait aux communistes d'intégrer la bourgeoisie nationale au processus de transformation socialiste de la société[9]. Le Préambule de la Constitution de 1978 réaffirme la validité du principe :

> « Nous devons consolider et développer le front uni révolutionnaire dirigé par la classe ouvrière, basé sur l'alliance des ouvriers et des paysans, et unissant dans

ses rangs la masse des intellectuels et les autres travailleurs, les partis démocratiques patriotiques, les personnalités patriotes, nos compatriotes de Taiwan, Hongkong et Macao, et ceux résidant à l'étranger » [10].

Du 22 au 24 janvier 1979, le Département du Travail du Front Uni du Comité Central critique la politique de "Lin Biao et de la Bande des Quatre". Le directeur du département, Ulanhu, déclare qu'il faut,
> « stigmatiser la ligne contre-révolutionnaire de Lin Biao et des Quatre, liquider ses influences néfastes, rejeter toutes les fausses accusations contre les patriotes et les éléments de la bourgeoisie nationale et réparer les injustices » [11].

En janvier 1979, les dirigeants justifient cette réhabilitation par la nécessité d'« aider (la bourgeoisie) à accepter graduellement la transformation socialiste des moyens de production et la rééducation politico-idéologique » [12]. Mais, elle obéissait, tout comme celle des Chinois d'outre-mer, à des fins économiques. En ce début des années 1980, il s'agit d'obtenir l'aide des anciens industriels ou commerçants pour les réformes. Comme nous l'avons exposé, lorsque les réformateurs ont lancé le programme des quatre modernisations, le pays manquait de capitaux et de main d'oeuvre qualifiée. A ce propos, le compte-rendu de la réunion note qu'Ulanhu,
> « a également proposé que les industriels et commerçants consacrent leurs fonds excédentaires à l'édification du pays, en adoptant une attitude favorable aux intérêts de l'Etat autant qu'à ceux de l'individu » [13].

Le président du Comité de Travail du Front Uni ajouta :
> « Un grand nombre d'entre eux sont des techniciens ou des gestionnaires qualifiés. Il n'est pas normal de ne pas utiliser leurs compétences et cet état de choses ne correspond pas aux exigences des quatre modernisations » [14].

Pour Hu Juewen, vice-président du Comité Central de l'Association pour la Construction Démocratique de la Chine (A.C.D.C.),
> « l'application de la politique du Parti nous permet de réfléchir aux manières de contribuer à la modernisation de notre pays, à laquelle nous, industriels et commerçants patriotes, nous devons consacrer tous nos efforts » [15].

Tout au long des années 1980-1990, les dirigeants chinois s'appliquent à rendre compte de la participation des anciens industriels aux réformes du système économique. En 1988, la presse rapporte que certains d'entre eux ont créé des sociétés de services consultatifs en gestion de la production, que d'autres servent d'intermédiaires dans le commerce extérieur, ou bien qu'ils ont fondé des instituts privés d'enseignement commercial [16]. Cette description reflète les besoins de l'économie chinoise dans l'avancée des réformes : la part croissante de l'économie de marché engendre des problèmes de gestion pour les entreprises publiques et nécessite un personnel formé aux techniques capitalistes de production et de vente [17].

> « Beaucoup de membres retraités de l'A.C.D.C., malgré leur âge et leur mauvaise santé, s'efforcent d'offrir des services de consultation technologique aux entreprises où ils ont travaillé ou bien à certaines entreprises rurales et de quartier qui manquent de personnel technique » [18].

Ainsi décrite, la contribution des "anciens capitalistes" aux réformes économiques paraît dérisoire. Mais, l'attention portée à ce sujet par la presse officielle reflète trois préoccupations des dirigeants. La première est d'ordre politique. En décrivant une participation conforme aux intérêts économiques de l'Etat, les autorités peuvent justifier de leur changement d'attitude à l'égard de la bourgeoisie. Les autres préoccupations sont d'ordre économique. On observe une volonté de mobiliser l'ensemble des ressources potentielles du pays pour obtenir un développement durable. Les dirigeants s'élèvent ainsi contre l'unique recherche de profits qui caractérise certains « nouveaux » capitalistes. Enfin, la réhabilitation de la bourgeoisie nationale et des anciens capitalistes est une caution politique et économique donnée aux investisseurs étrangers, et parmi eux, aux Chinois de la diaspora.

Il y a lieu de penser que la réhabilitation politique des Chinois d'outre-mer, était, peut-être aussi, un moyen de faciliter celle plus générale, de la bourgeoisie nationale. En réhabilitant les émigrés chinois et leur famille demeurant en Chine, les instances politiques cautionnaient un mode de vie particulier, dénoncé par la Révolution culturelle comme étant un mode de vie "bourgeois et capitaliste".

L'ensemble de ces considérations conduit à l'élaboration d'une définition politique des Chinois d'outre-mer et de leurs familles, dont le caractère positif n'a pas été démenti depuis 1978.

2) Une image positive

Pour que « tout le Parti et tout le peuple comprennent la politique du Parti » à l'égard des Chinois d'outre-mer, il était indispensable que les dirigeants élaborent une nouvelle analyse politique. La Commission proposa une définition politique qui s'opposait diamétralement à celle utilisée pendant la Révolution culturelle.

L'analyse sociale, proposée par la Commission en 1977, apparait plus nuancée. Elle s'attache à démontrer que la qualification précédente de « capitalistes bourgeois » est erronée. Le raisonnement de 1977 se fonde sur une analyse de classe qui prend en compte les perspectives historiques de l'émigration.

> « Ces populations souffraient de la misère, et beaucoup d'entre elles ont été contraintes de quitter le pays pour travailler comme coolies à l'étranger, d'autres de s'exiler à l'étranger à cause des persécutions politiques »[19].

Si les Chinois d'outre-mer ne méritent pas l'appellation de « capitalistes-bourgeois », le P.C.C. peut déclarer :

> « La majorité écrasante des ressortissants chinois d'aujourd'hui fait partie du peuple travailleur. [...] Les éléments bourgeois représentent moins de 10% des ressortissants et la grande majorité d'entre eux sont des capitalistes petits et moyens »[20].

L'analyse n'est pas entièrement nouvelle. Au début des années 1950, le P.C.C. affirmait qu'à l'origine, tous les Chinois émigrés étaient de pauvres paysans ou des petits artisans qui avaient fui « l'exploitation féodale et impérialiste »[21]. Officiellement, les Chinois d'outre-mer appartenaient à 90 % à la classe ouvrière. En 1952, le *Nanfang Ribao* expliquait que la population des Chinois d'outre-mer était composée de 65 % de paysans pauvres et exploités, de 25 % de paysans moyens, de 8 % de travailleurs et seulement de 2 % de riches propriétaires fonciers[22].

Le compte-rendu du 4 janvier 1978 conclut de manière identique :

> « Les ressortissants chinois aiment ardemment leur patrie et contribuent à soutenir l'édification socialiste de la patrie.[...] Les ressortissants rapatriés et leurs familles élèvent chaque jour davantage leur niveau de conscience socialiste et jouent un rôle positif dans les trois grandes révolutions : lutte de classe, lutte pour la production et expérimentation »[23].

Dans un premier temps, les réformateurs sont revenus à la définition politique proposée lors des premières années du régime. Peu à peu, la définition proposée par la Commission en 1977 subit des modifications. Après 1978, l'abandon du principe de la lutte des classes comme élément moteur de la société, au profit de celui de la modernisation économique contribue à effacer de la définition politique des Chinois émigrés toute connotation sociale. La définition politique des Chinois d'outre-mer repose aujourd'hui sur une analyse strictement socioprofessionnelle. Cette dernière se développe, comme nous l'avons écrit, autour de la notion d'entrepreneurs riches et prospères[24].

Le "patriotisme" paraît être le seul aspect politique conservé pour évoquer les "Huaqiao" et les "Huaren". En 1983, ces derniers étaient présentés comme possédant « un amour inébranlable » pour leur pays d'origine :

> « Ils désirent que leur patrie soit puissante, prospère et qu'elle occupe une place importante dans les affaires internationales. Ils se soucient beaucoup des réformes sociales, des guerres révolutionnaires et de l'édification socialiste au sein de la patrie; ils les soutiennent vivement et y prennent part » [25].

Mais, l'aspect politique du patriotisme tend à disparaître, excepté pour la question de la réunification. Les Chinois d'outre-mer sont toujours dépeints comme étant attachés au continent. Mais il s'agit de liens culturels, et non plus politiques :

> « Sous l'influence des idées confucianistes, les Chinois d'outre-mer ont gardé la tradition d'attacher un grand prix à la famille, à la parenté et aux relations entre compatriotes, et ils organisent dans les régions où ils habitent différentes associations pour nouer amitié, correspondre et s'entraider » [26].

Il semble, qu'aujourd'hui, les Chinois d'outre-mer et leurs parents résidant en Chine sont dépeints comme une catégorie politique et sociale neutre. Ils sont présentés comme des personnes méritantes, du fait de leur réussite économique. Les Chinois d'outre-mer sont également louables, à cause de leur attachement culturel et sentimental à la famille et à la terre de leurs ancêtres. On retrouve ici l'alliance des deux points qui font que, selon nous, aujourd'hui les Chinois d'outre-mer intéressent la R.P.C. : la prospérité économique et le maintien simultané des caractéristiques culturelles chinoises.

Au début des années 1980, la considération politique, dont font l'objet les Chinois d'outre-mer, a pu rappeler l'attitude des communistes au cours des années 1950. Cependant, l'impression de ressemblance fut dissipée par la volonté de clarifier de manière définitive le statut juridique des Chinois résidant à l'étranger.

B / Un statut juridique restrictif

L'apparition et le développement du droit de la nationalité chinoise a été conditionnée par l'émigration. L'élaboration de la dernière loi sur la nationalité en 1980 est l'illustration de la volonté chinoise de résoudre les principaux problèmes juridiques posés aux différents protagonistes de l'émigration (Etat d'origine, Etats d'accueil et émigrés).

1) Le droit de la nationalité, un droit lié à l'émigration et à l'ouverture

Le 10 juin 1899, le <u>Straits Chinese Magazine</u> de Singapour publiait un article au titre évocateur : « Est-ce que les Chinois des Straits Settlements sont des sujets britanniques ? ». L'auteur, Song Ong Siang, s'insurge contre la décision du gouvernement colonial des Straits Settlements de refuser l'octroi d'un passeport à un Chinois né dans la colonie, mais d'un père chinois. Les autorités britanniques invoquèrent le fait « que le gouvernement chinois ne permettrait pas que le fils d'un sujet chinois perde sa nationalité chinoise »[27]. Mais, quelle était la position du gouvernement impérial sur la question ?

La Chine impériale ne possédait alors aucun texte officiel relatif à la nationalité chinoise[28]. Elle considérait comme sujets chinois toutes personnes nées d'un père Chinois et vivant sur son territoire. Le désintérêt des autorités pour des personnes ayant transgressé les lois impériales sur les départs explique l'absence de définition de la nationalité[29]. La Chine fut confrontée à des questions de double nationalité avec le retour des émigrés. Ces derniers revendiquaient le statut d'étranger et avaient recours, en cas de besoin, à la protection des étrangers, alors que la Chine les considérait toujours comme des sujets chinois. Ce sont les traités sino-américains de 1868 et 1894, qui, pour la première fois, évoquent les questions de nationalité des émigrés. Tous deux excluent la possibilité pour les Chinois aux Etats-Unis de se faire naturaliser. Bien qu'elle s'intéressa aux émigrés à partir des années 1870 et qu'elle abolit l'ancienne législation sur l'émigration en 1893, la Chine n'élabora de droit de la nationalité qu'en 1909.

L'adoption de la loi de 1909 obéit à plusieurs facteurs, dont les principaux sont liés à l'émigration[30]. Comme nous l'avons décrit, pendant plusieurs années, la Chine impériale essaya de revendiquer la reconnaissance de son égalité face aux autres Nations, par le biais de l'ouverture de consulats. Les Hollandais s'opposaient à l'ouverture de consulats chinois dans leurs colonies asiatiques en affirmant que les Chinois étaient des sujets néerlandais et que la Chine n'avait aucune législation régissant la question de la nationalité. Les autorités ne réagirent pas jusqu'en 1907, date à laquelle les Indes Néerlandaises décidèrent d'adopter le principe du *jus solis*. La communauté chinoise adressa une pétition au gouvernement chinois pour qu'il s'oppose à ce principe. Le conflit ne pouvait être résolu en l'absence de législation chinoise sur la question[31].

Face à de tels arguments, le gouvernement des Qing pensa que :
« la promulgation immédiate d'une loi sur la nationalité était une nécessité dans la mesure où elle contrecarrerait l'argument si souvent répété selon lequel "la Chine

n'avait pas de code de la nationalité approprié pour justifier la revendication de l'allégeance de ses sujets outre-mer" » [32].

Les fonctionnaires impériaux estimèrent qu'avec une telle législation, la Chine pourrait mettre fin aux abus des Chinois qui, sur le territoire de l'Empire, opposaient leur nationalité étrangère pour échapper aux législations chinoises [33]. La loi de 1909 fut donc élaborée pour répondre à ces exigences. Elle comprenait 24 articles et une série de dispositions spéciales.

Afin d'« empêcher les Chinois de tomber sous la domination des étrangers » [34], l'article 1 posait le principe unique du *jus sanguinis*, comme critère de la possession naturelle de la nationalité chinoise. Ainsi, la Chine reconnaissait comme ses sujets « tous fils nés de père chinois, fils posthume d'un père chinois, fils d'une mère chinoise et de père inconnu ou mort » [35], et ceci indépendamment de leur lieu de naissance. L'article 7, inclus dans les dispositions spéciales, précise :

« Les Chinois, qui avant la mise en vigueur de la présente loi, seraient nés à l'étranger, y auraient grandi et séjourné longtemps, pourront être encore considérés comme sujets Chinois s'ils désirent conserver cette nationalité » [36].

La reconnaissance de la nationalité chinoise des émigrés était soumise à l'expression d'un simple désir. L'octroi d'une autre nationalité n'excluait pas celle de la nationalité chinoise. Néanmoins, la Chine refusait de prendre en considération sur son territoire le statut étranger d'un sujet chinois, sauf si les Chinois concernés demandaient officiellement à abandonner leur nationalité chinoise (Art.11). Voulant limiter la diminution du nombre de ses sujets, elle soumit la perte de la nationalité à certaines conditions, et l'accompagna d'une déchéance des droits intérieurs (notamment de propriété), (Art.8, dispositions spéciales). En 1909, le Consul français, A.Kammerer, commentait cette première loi pour la Revue de Droit International Privé et de Droit Pénal International. Selon lui, les dispositions du texte « ne sont que la reprise ou plutôt la continuation sous une modalité particulière de la politique de la "Chine aux Chinois" : elles marquent une étape du pouvoir qui se sent assez fort pour réimposer sa nationalité et l'opposer comme une barrière entre ses sujets et les étrangers » [37].

Les événements politiques ont montré que le gouvernement impérial ne put atteindre ces objectifs. Par contre, il avait inauguré avec le texte de 1909, une politique de la nationalité selon laquelle la Chine octroyait la nationalité chinoise à l'ensemble des Chinois émigrés, indépendamment du fait qu'ils aient eu une autre nationalité.

« Sous le régime de cette loi, beaucoup de Chinois d'outre-mer maintenaient leur nationalité chinoise, même s'ils avaient été naturalisés à l'étranger ou s'ils avaient acquis une nationalité étrangère par le *jus solis* ou tout autres principes prévus par les droits étrangers de la nationalité. En d'autres termes, beaucoup de Chinois d'outre-mer devenaient des "doubles nationaux" »[38].

Les gouvernements républicains ont repris presque intégralement le texte de 1909. La loi sur la nationalité de 1912 adoptée par l'Assemblée constituante, reprend le principe du *jus sanguinis*. La volonté d'abandonner les principes de la Chine ancienne conduit le législateur à faire bénéficier de la nationalité chinoise par filiation aussi bien les fils que les filles. Rappelant l'existence de l'article 7 et de l'ensemble des dispositions spéciales de la loi précédente, Baudez s'étonne que,

« Le législateur de 1912 n'a reproduit aucun de ces articles, mais il ne les a pas abrogés. Il n'y fait pas la moindre allusion. Nous ne pouvons croire que les rédacteurs de la loi du 18 novembre 1912 aient ignoré ou oublié celle de 1909 à laquelle certains d'entre eux avaient sans doute collaboré »[39].

La loi de 1912 reprend les mêmes objectifs juridiques que la loi précédente. Les dispositions concernant l'acquisition et la perte de la nationalité chinoise conduisent à considérer l'ensemble des Chinois émigrés comme des ressortissants chinois et ce, en dépit de l'octroi d'un statut étranger. La loi de 1912 fut révisée en 1914. Les changements ne concernaient que les différentes formalités administratives[40].

Il faut attendre le gouvernement de Jiang Jieshi pour qu'une "nouvelle" loi sur la nationalité soit élaborée. Elle a été promulguée le 5 février 1929. Elle fut en vigueur en Chine jusqu'en 1949, puis uniquement à Taiwan jusqu'à aujourd'hui. Par rapport aux législations précédentes, la loi de 1929 inaugure deux principes. Le premier est l'application de l'égalité entre la femme et l'homme. Cela a pour conséquence de rendre la nationalité de la femme indépendante, c'est à dire sans rapport avec son statut marital. La seconde nouveauté réside dans la volonté de parer à toutes situations conduisant à l'apatridie. Les législations précédentes prévoyaient qu'un enfant né d'une mère chinoise et de père inconnu ou apatride acquérait la nationalité chinoise à la seule condition qu'il soit né sur le sol chinois. La loi de 1929 met fin à cette condition[41].

La loi de 1929 reprend, en les accentuant, les grands principes de la nationalité chinoise, prévus dès 1909. Le *jus sanguinis* demeure le principal mode d'acquisition de la nationalité chinoise (Art.1)[42]. La perte de celle-ci est soumise à autorisation du Ministère de l'intérieur (Art.11), excepté pour l'enfant né d'un père étranger et reconnu par ce dernier; ou d'une mère étrangère et de père inconnu ou apatride[43]. La République chinoise accepte le principe de la double nationalité. Ainsi, le fait qu'un Chinois ait acquis une nationalité étrangère n'est ni un cas de non reconnaissance de la nationalité chinoise, ni un cas de perte de cette dernière. Par ailleurs, le Chinois qui a obtenu l'autorisation d'abandonner la nationalité chinoise afin d'acquérir celle d'un autre Etat, pourra par la suite, s'il le désire, être réintégré. Contrairement aux textes précédents, la loi de 1929 ne demande pas explicitement qu'un étranger renonce à sa nationalité du moment pour être naturalisé chinois [44]. A partir de 1946 seulement, une décision du Yuan judiciaire déclare qu'il est nécessaire que l'étranger perde sa nationalité pour pouvoir bénéficier de la nationalité chinoise [45].

L'adoption d'un droit de la nationalité chinoise, à l'image de celui des autres Etats, a été l'une des conséquences de la prise en considération de l'émigration. Par la suite, la nationalité, comme l'émigration, a été pour la Chine un instrument dans ses relations extérieures. Ce sont les Qing puis les gouvernements républicains qui ont rendu la situation juridique de nombreux Chinois d'outre-mer complexe. La double nationalité allait être un sujet de conflit entre la R.P.C. et les nouveaux Etats indépendants d'Asie du Sud-Est [46]. Jusqu'en 1980, les communistes n'ont jamais adopté de textes officiels concernant le statut de la nationalité chinoise [47]. Cependant, la position du gouvernement communiste était connue depuis les années 1950 : il refusait de reconnaître la double nationalité. La législation actuelle tend à se poser comme une solution définitive à ces questions.

2) La législation de 1980

L'article 1 déclare que ce code « s'applique à l'acquisition, la perte et la restauration de la nationalité de la République populaire de Chine » [48]. Le principe fondamental régissant cette législation est la non reconnaissance du statut de double nationalité (Art.3) [49]. Il se retrouve dans les différents domaines de la nationalité.

Les rédacteurs du texte ont décidé de combiner les principes du *jus solis* et du *jus sanguinis* pour l'octroi naturel de la nationalité chinoise. Les articles 4 et 5 (al.1) déclarent que celui qui est né en Chine ou à l'étranger, et dont les ou l'un des parents est citoyen (s) chinois [50] aura la nationalité chinoise. Celui qui est né sur le sol chinois de parents domiciliés en Chine et sans nationalité ou de nationalité indéterminée, se verra octroyer la nationalité chinoise, en application du principe du *jus solis*. Cependant, conformément à l'article 3, l'enfant né à l'étranger, dont le ou les parents sont (est) citoyen (s) chinois, mais domicilié (s) à l'étranger, n'aura pas la nationalité chinoise, si le pays d'accueil lui accorde la sienne à sa naissance [51].

Le code de 1980 ne fait aucune mention de la position de la R.P.C. sur les conséquences de l'adoption d'un enfant ou de la reconnaissance d'un enfant illégitime par des ou un parent (s) citoyen (s) chinois sur la nationalité du *de cujus*. Selon Ginsburg, l'enfant étranger ou sans nationalité, adopté par des parents citoyens chinois et domiciliés en Chine bénéficiera de la nationalité chinoise. Par contre, l'enfant adopté par des parents citoyens chinois, résidant de manière permanente à l'étranger, ne bénéficiera pas automatiquement de la nationalité chinoise, à l'exception du cas où il serait sans nationalité [52]. En dépit de l'absence de texte ou de jurisprudence, il y a lieu de penser qu'en matière de reconnaissance d'un enfant illégitime par des ou un parent(s) citoyen(s) chinois, la Chine acceptera de donner à cet enfant la nationalité chinoise.

Le code ne prévoit aucune disposition concernant l'acquisition de la nationalité chinoise par le mariage. Il faut avoir recours aux commentaires et à la pratique chinoise pour tenter d'établir quelle sera la position de l'administration. Selon Gong Qiuxiang, « le droit chinois sépare les deux questions. Il en découle que l'étranger(e) qui épouse un citoyen chinois n'acquière pas automatiquement la nationalité chinoise » [53]. Mais, si cette personne le désire, elle pourra demander à être naturalisée en invoquant le fait « d'être un proche parent d'un Chinois », cas prévu à l'article 7.

Le refus de prendre en considération la double nationalité se répercute aussi sur l'acquisition de la nationalité chinoise par la naturalisation. L'article 8, (al.2) précise que : « celui dont la demande de naturalisation chinoise est acceptée ne peut plus conserver sa nationalité étrangère » [54]. Ainsi, dans le cas prévu ci-dessus, la personne étrangère mariée à un citoyen chinois ne conservera plus sa nationalité étrangère en cas de naturalisation.

En matière de perte de la nationalité chinoise, le code prévoit deux cas. Comme auparavant, ceux qui désirent abandonner la nationalité chinoise pour acquérir une nationalité étrangère doivent en faire la demande officielle auprès du Ministère de la sécurité publique. La requête ne sera acceptée que sous certaines conditions (Art.10). Cette disposition a été jugée particulièrement nécessaire par les autorités chinoises. Elle est destinée en priorité aux Chinois résidant en Chine. Les commentateurs officiels de la loi l'expliquaient en raison d'un nouveau phénomène. Avec l'ouverture du pays, de nombreux Chinois ont réussi à se procurer de faux passeports étrangers. Ils demandaient alors à l'administration de les considérer comme tels. Afin d'éviter ce type de situation et conformément au principe de non reconnaissance de la double nationalité, l'administration chinoise demande à ce que cette renonciation soit subordonnée à une autorisation préalable [55].

Parmi les raisons invoquées pour justifier d'une demande de renonciation, l'article 10 prévoit la résidence à l'étranger. En 1980, il semble que cette disposition ne visait que les Chinois d'outre-mer. L'émigration de Chinois du continent, y compris le départ des étudiants, était encore trop faible. Néanmoins, l'augmentation, actuellement constante, de départs pour l'étranger pourra dans l'avenir remettre en question cette condition [56]. La raison de la domiciliation à l'étranger rejoint en fait le second type de procédé proposé pour la renonciation.

L'article 9 édicte que les citoyens chinois résidant à l'étranger et qui se sont fait volontairement naturalisés, ou bien qui ont acquis une nationalité étrangère, perdent automatiquement la nationalité chinoise. La R.P.C. officialise la position qui avait été la sienne à partir de 1954. En 1980, sa démarche semble encore plus complète dans la mesure où elle inclut les personnes naturalisées contre leur gré. Ce fut le cas de nombreux Chinois au Vietnam du sud en 1957 ou bien en Indonésie dans les années 1960. D'autre part, elle n'exige plus, comme au milieu des années 1950, de résoudre au préalable ces questions avec l'Etat d'immigration. Le gouvernement chinois facilite la situation des Chinois d'outre-mer en les dispensant de toutes formalités administratives. Comme le souligne Tsien Tche-hao, le citoyen chinois naturalisé contre son gré et "déchu" de sa nationalité chinoise en vertu de cet article, pourra toujours facilement la retrouver, soit par naturalisation ou bien conformément à la procédure de réintégration exposée avec l'article 13 [57].

> « Tout étranger ayant eu la nationalité chinoise et invoquant des raisons légitimes peut présenter une demande de réintégration dans la nationalité chinoise; celui dont la demande de réintégration dans la nationalité chinoise est acceptée ne conserve plus la nationalité étrangère » [58].

Aucune condition de domiciliation (temps et lieu), de revenus ou d'âge n'est exigée. Cependant, les conflits positifs sont écartés par le fait qu'en réintégrant la nationalité chinoise, la personne « perd la nationalité étrangère ».

La formule « perd la nationalité étrangère » appelle des précisions. La traduction officielle pourrait laisser croire que la Chine s'arroge le pouvoir d'imposer la perte d'une nationalité étrangère, démarche contraire aux textes et aux pratiques de droit international public. Selon les différentes analyses données [59], seuls des défauts de traduction peuvent expliquer une telle interprétation. La perte de la nationalité étrangère, telle qu'elle figure dans ces deux articles, doit être comprise, semble-t-il, comme une condition préalable ou simultanée à la réintégration ou à la naturalisation chinoise.

Cette interprétation nous semble être corroborée par les articles 9 et 10 du texte et par la pratique antérieure du gouvernement communiste. Comme nous l'avons écrit, l'acquisition d'une nationalité étrangère entraîne soit automatiquement, soit après autorisation, la perte de la nationalité chinoise. Il y a lieu de penser que la Chine attende d'un étranger la même démarche, lorsqu'il veut devenir citoyen chinois. Lorsque Zhou Enlai s'était entretenu en 1956 avec le Premier ministre de Singapour, David Marshall, il avait exprimé la volonté de la R.P.C. de voir Singapour laisser les Chinois d'outre-mer qui le désireraient, réintégrer la nationalité chinoise :

> « Il doit y avoir dans la future constitution de Singapour une disposition qui permette aux Chinois d'origine de retourner en Chine et d'y finir leur vie; s'ils veulent bénéficier de cela, il devra être possible pour eux *de renoncer à leur citoyenneté* et de retourner dans le pays de leurs ancêtres »[60].

Bien que le code de la nationalité comporte des lacunes, il a le mérite de mettre fin à l'absence de définition juridique des Chinois d'outre-mer. La R.P.C. abandonne définitivement la conception élargie de *Huaqiao* selon laquelle est Chinois d'outre-mer, toute personne née d'un parent chinois, quelque soit son lieu de naissance. La définition juridique adoptée par la R.P.C. a pour principale conséquence de limiter le nombre de personnes bénéficiant de la protection diplomatique. Elle a d'ailleurs été adoptée en partie pour rassurer les Etats d'accueil. Cette définition est également allée dans le sens de l'aspiration d'un grand nombre de Chinois d'outre-mer, émigrés de longue date ou descendants d'émigrés. Ces derniers n'ont, pour la plupart, plus aucun lien politique avec la R.P.C.

La diminution du nombre de ressortissants reconnus par la R.P.C. ne signifie pas que son intérêt ne soit dirigé que vers ces derniers. Il englobe l'ensemble des Chinois de la diaspora. Les textes qui concernent ces questions parlent, en les distinguant nominativement, de *Huaqiao* (Chinois d'outre-mer de nationalité chinoise) et de *Waiji Huaren* (Chinois de nationalité étrangère). Ils confirment ce que les dirigeants déclaraient dès 1978 : « En prenant une autre nationalité, un ressortissant n'est plus citoyen chinois, mais reste quand même notre parent et ami »[61].

La première démarche des dirigeants à l'égard des Chinois d'outre-mer a été de corriger, puis d'abandonner, la définition politique des gouvernements communistes précédents. Les Chinois d'outre-mer ont retrouvé la considération du pouvoir politique. Cette reconnaissance est basée uniquement sur leurs caractéristiques culturelles et leur réussite économique. Les autorités chinoises complètent cette définition en élaborant un statut juridique destiné à écarter de cette reconnaissance tout lien d'allégeance. Au-delà de la considération portée aux émigrés et à leurs descendants, l'Etat chinois s'intéresse aujourd'hui à l'émigration récente de citoyens de la R.P.C.

§.2 Emigration clandestine et officielle

La Chine est actuellement confrontée à un phénomène qu'elle avait pratiquement enrayé dans les années 1950 : celui des départs clandestins à l'étranger. Les mouvements incontrôlés de population annoncent peut-être la formulation d'une politique de l'émigration.

A / La croissance des départs illégaux

Au début des années 1990, les départs clandestins ont donné lieu à une série d'incidents impliquant des Etats d'accueil. A cette occasion, le gouvernement chinois a rappelé sa position officielle quant à l'émigration des ressortissants chinois.

1) De nouveaux immigrés clandestins : les Chinois du continent

Le 4 février 1993, les autorités côtières américaines reçoivent un appel de détresse lancé par un navire battant pavillon panaméen, le *East Wood*. Elles lui portent secours à 2400 km des côtes hawaiiennes et découvrent 525 émigrés chinois, en provenance du Fujian [62]. Au mois de juin de la même année, c'est une tragédie qui alerte les médias internationaux. Au large de la péninsule de Rockaway, près de New-York, une vaste opération de secours est organisée pour le *Golden River*. Le navire connaît des avaries importantes à cause d'une tempête. Ses passagers se jettent à l'eau. Il y a six morts. Trois cents autres passagers sont arrêtés. Parmi eux, vingt-sept femmes disent avoir subi des sévices sexuels pendant le voyage. Tous sont des Chinois en provenance du Fujian, partis clandestinement [63]. Enfin, en juillet, un bateau est appréhendé près des côtes mexicaines. Ils transportaient 167 passagers chinois clandestins. Après de longues tractations entre les autorités américaines, mexicaines et chinoises, une grande partie d'entre eux sont rapatriés [64].

Ces trois affaires illustrent un phénomène qui tend à prendre de l'ampleur géographiquement et numériquement. Les autorités japonaises estimaient qu'en 1989, 2 432 émigrés chinois avaient essayé de pénétrer illégalement sur le territoire. Ce nombre est passé à 5 227 en 1993, soit une augmentation de 51 % par rapport à 1992. Pour le service japonais de l'immigration, il y avait environ 36 300 clandestins chinois au Japon en 1994 [65]. Taiwan connaît des problèmes identiques. Comme nous l'avons mentionné dans la première partie, les autorités nationalistes ont signé, par l'intermédiaire de la Croix Rouge, un accord concernant ces problèmes avec la Chine continentale. En 1993, le Conseil pour les Affaires du travail de la République de Chine évaluait à 36 000, le nombre d'immigrés illégaux du continent travaillant sur l'île. De 1988 à 1993, 50 000 Chinois auraient traversé le détroit, et à peu près la moitié aurait réussi dans cette entreprise. La police côtière continue à appréhender plus de 500 personnes par mois [66]. Les autorités birmanes et thaïlandaises font également état d'une recrudescence de l'arrivée de Chinois clandestins sur leurs territoires. Mais, ces deux Etats constituent une première étape migratoire et non le lieu de destination. Des navires, comme le Gina III , appréhendé en 1992 dans la baie de Seng au sud de la Thaïlande, y attendent les clandestins pour les transporter aux Etats-Unis [67]. Le service américain de l'immigration rappelait que de 1991 à 1993, plus de 40 navires avaient traversé les eaux territoriales, transportant chacun une centaine de passagers [68].

Les conditions dans lesquelles ces personnes voyagent rappellent malheureusement celles des coolies chinois au XIXe siècle. L'insalubrité, le manque d'eau potable et de nourriture sont, semble-t-il, choses communes pour les passagers. Mais qui sont les émigrés, que la presse appelle les "nouveaux boat people" ?

Ils sont majoritairement originaires des provinces du Fujian et du Guangdong. N'ayant pu obtenir les autorisations officielles ou les visas étrangers, ils ont recours à des passeurs professionnels. Les "She tou" (tête de serpent), sont affiliés à la mafia chinoise, implantée à l'étranger. Quelquefois, les organisations criminelles locales, telle que la mafia japonaise, participent à l'organisation du trafic. L'attraction que les pays développés exercent sur les Chinois, devient un commerce très lucratif. Le prix du passage pour les Etats-Unis ou le Japon, évolue entre 25 000 et 38 000 dollars US. Il comprend parfois la fourniture de faux passeports et de faux visas. Les candidats à l'émigration n'hésitent pas à s'endetter auprès des passeurs. S'ils arrivent à destination, pour rembourser le prix de leur passage, ils seront employés par cette même "mafia", dans des activités illégales (racket, prostitution). D'autres seront "vendus" à des ateliers industriels.

Sur le territoire chinois, deux facteurs expliquent la renaissance du phénomène. Dans ce domaine comme dans d'autres, les autorités centrales ont perdu une grande partie du contrôle sur les provinces du Sud. La modernisation économique et la décentralisation administrative ont conduit le gouvernement à donner plus d'autonomie aux provinces. Le relâchement politique et administratif serait à l'origine du second facteur invoqué pour expliquer l'émigration clandestine : la corruption des fonctionnaires locaux.

> « [...] le laxisme généralisé et la recherche frénétique des bénéfices matériels dans la bureaucratie, constituent autant d'incitations, pour la police des frontières, à fermer les yeux sur les départs clandestins » [69].

Le directeur du service des Affaires étrangères de la province du Fujian expliquait que, même si les cadres n'étaient pas corrompus, ils se montraient favorables à l'égard de l'émigration clandestine.

> « Dans une province avec une surpopulation et un chômage important, les autorités peuvent se montrer bienveillantes à l'égard d'un certain nombre d'expatriations. Certains cadres appellent les recruteurs "les directeurs du planning familial et du bureau de l'emploi" » [70].

Paradoxalement, la croissance économique incite aussi un plus grand nombre de personnes à quitter le pays. Depuis 1978, les écarts de niveau de vie entre les différentes couches de la population se sont accrus. Les réformes introduites dans l'agriculture et dans les industries ont conduit à augmenter le nombre de chômeurs. Dans un premier temps, ces populations flottantes se sont dirigées massivement vers les villes côtières à la recherche d'un emploi ou d'une augmentation substantielle de revenus. Elles n'ont trouvé, généralement, qu'un emploi précaire et peu rémunéré [71]. Un chauffeur de taxi de Fuzhou, capitale du Fujian, interrogé sur les motivations des émigrés, expliquait : « Ici, si vous n'avez aucune aptitude particulière, vous n'aurez aucune occasion de faire de l'argent » [72]. L'explication semble confirmée par les émigrants illégaux arrêtés à Taiwan.

« "Je fais plus d'argent ici en un jour que dans un mois entier en Chine" expliquait un Chinois, tout juste âgé de 20 ans lors de son arrestation. Il se vantait d'avoir gagné 1 800 dollars de Taiwan (67 US$) en un jour, comme vendeur ambulant » [73].

Les Chinois les plus pauvres ne sont pas les candidats les plus nombreux au départ pour l'étranger. Le prix du passage n'est d'ailleurs abordable, sans endettement auprès des passeurs, que pour un nombre restreint de candidats. Certains commerçants de la province du Fujian, dont le niveau de vie se trouve au-dessus de la moyenne, n'ont pas hésité à tout quitter pour essayer d'émigrer aux Etats-Unis, afin de gagner encore plus d'argent [74]. L'attrait matériel reste la principale raison des départs clandestins. Dans le Fujian et le Guangdong, il est attisé par les échos, et parfois la preuve matérielle, de la réussite économique des Chinois d'outre-mer et de ceux qui se sont installés plus récemment à l'étranger. Un ancien résident de *Houyu* (village du Fujian) est cité en exemple pour avoir fait construire une maison en marbre dans son village, après avoir ouvert un restaurant aux Etats-Unis. Une autre personne reçoit de 100 à 200 US$ par mois de son gendre, émigré à New-York. Interrogé sur les passeurs, il déclare :

« Ce sont des hommes d'affaires, qui fournissent un service aux gens afin que ces derniers puissent renvoyer de l'argent au village » [75].

Les Fujienais renouent avec les traditions d'émigration, et ce, malgré l'opposition du gouvernement central. Les déclarations des dirigeants et les mesures prises par le gouvernement à l'encontre du phénomène ne semblent cependant pas totalement convaincantes.

2) L'émigration illégale : un problème international

Au cours de l'année 1993, les Etats confrontés à l'immigration clandestine chinoise ont émis des reproches à l'égard de la Chine et de son gouvernement. Certaines personnes, à Taiwan et aux Etats-Unis, laissaient même entendre qu'elles soupçonnaient le gouvernement chinois de mener une politique de laisser-faire [76]. Face à ces propos et, confronté à des problèmes de rapatriement, le gouvernement chinois a plusieurs fois rappelé sa position officielle.

> « Le gouvernement chinois a toujours été contre l'émigration clandestine, et comme chacun le sait, cette position est extrêmement claire et déterminée. En ce qui concerne les demandes de départs des citoyens pour un autre pays, la procédure est strictement définie par la "loi de la République populaire de Chine sur les sorties et les entrées des citoyens". Ces derniers doivent suivre entièrement cette procédure » [77].

Le porte parole du Ministère des Affaires étrangères, Ri Jinshan, annonça qu'une série de mesures serait prise à l'encontre des émigrés clandestins, mais aussi des passeurs. Il s'agissait de renforcer les contrôles des passeports, ainsi que les patrouilles policières maritimes [78]. En juillet 1993, la police locale du Fujian offrit des récompenses à ceux qui dénonceraient les passeurs. Le 11 août, le président de la Cour suprême, Ren Jianxin, proposa d'appliquer la peine de mort aux "She tou" [79]. Enfin, des campagnes de propagande furent organisées dans les provinces du Fujian et du Guangdong. Au mois de juillet 1993, 280 000 livrets décrivant les dangers de l'émigration clandestine auraient été distribués au Fujian. Des émissions de télévision régionale diffusèrent des reportages sur les conditions difficiles du passage et sur celles de la vie qui attendait les émigrés aux Etats-Unis [80].

Le gouvernement chinois refusa de porter l'entière responsabilité du phénomène.

> « L'émigration illégale est un problème international, la Chine n'est pas le seul pays à le connaître, d'autres Etats y sont confrontés. [...] De ce fait, le gouvernement chinois espère obtenir la coopération des autres Etats et territoires (terme utilisé pour désigné Taiwan), afin que le problème soit rapidement résolu » [81].

Cette phrase a été interprétée par les Etats confrontés, ou susceptibles d'être confrontés à l'immigration chinoise, comme un chantage exercé par la Chine. Selon eux, le gouvernement chinois essaierait d'obtenir des contreparties lors de négociations avec les gouvernements étrangers concernés [82]. Pour le gouvernement chinois, plusieurs arguments justifieraient le qualificatif d'international.

Beijing tend à replacer le phénomène de l'émigration illégale dans un contexte des rapports Nord-Sud, pays développés-pays en développement. Les dirigeants se fondent sur le fait que les motivations essentielles des émigrés sont matérielles. Ils sont tentés par les niveaux de vie existant dans les pays développés, et que la Chine n'a pas pu encore atteindre. L'explication est identique pour tous les immigrés des Etats en développement [83]. Ce premier argument laisse penser que la Chine acceptera de prendre des mesures plus strictes, si les Etats développés concernés l'aident à supprimer la principale cause des départs : le sous-développement.

La Chine met aussi en avant le caractère international du phénomène en incriminant doublement les législations des Etats étrangers. D'une part, les dirigeants chinois estiment que « des organisations criminelles *occidentales*, à la recherche de profits exorbitants et en collusion avec des criminels chinois, font passer des Chinois illégalement à l'étranger » [84].

Selon le gouvernement chinois, les législations pénales et les politiques de sécurité publique des Etats occidentaux n'empêchent en aucune manière le développement de ces activités criminelles et mafieuses. Ces législations (particulièrement celles des Etats-Unis), sont ainsi jugées responsables du développement de l'émigration clandestine. Le fait ne peut être démenti par les autorités américaines, mais aussi par les Japonais ou par les Britanniques de l'île de Hong-Kong [85]. Lors des événements du printemps 1993, les enquêtes menées par les autorités américaines révélèrent que les bateaux impliqués appartenaient tous à un seul gang chinois, le *Fuk Ching* [86], implanté aux Etats-Unis.

En dernier lieu, la Chine dénonce les législations et les politiques étrangères en matière d'accueil des étrangers. Les Etats-Unis sont ici spécialement visés par Beijing. Selon les autorités chinoises, les émigrés seraient moins nombreux si les rapatriements étaient systématiques, et si l'octroi de l'asile politique n'était pas aussi facile [87].

> « Le gouvernement communiste accuse en particulier l'Occident d'"encourager" l'émigration clandestine de sa population en octroyant le statut de réfugiés politiques à des dissidents cherchant à fuir la répression » [88].

Les arrivées de clandestins chinois aux Etats-Unis ont connu une croissance importante de 1989 à 1994 [89]. A la suite des "événements de Tian'an men", à l'initiative du Président Bush, les Etats-Unis décidèrent de mettre fin aux renvois des Chinois vivant illégalement sur le territoire après refus d'un autre visa. La mesure s'appliquait aussi à ceux entrés illégalement sur le territoire. Elle a été valable jusqu'à la fin de l'année 1994 [90].

Aujourd'hui, les Etats-Unis, comme le Canada, acceptent de considérer les politiques de l'enfant unique et les moyens de stérilisation "imposés" comme une raison d'octroyer le statut de réfugié. Si cette mesure concerne en priorité les femmes, elle s'applique également au couple. Au mois d'août 1994, lorsque le Congrès s'apprêtait à entériner cette décision, les autorités de l'immigration estimaient qu'il y aurait rapidement un flot d'immigrés chinois [91].

Les arguments visant à qualifier d'international le problème de l'émigration illégale, ne sont pas dénués de tout fondement. Cependant, il semblerait que l'émigration clandestine ne soit pas considérée par la Chine comme un problème majeur. Elle accompagne une émigration légale, favorisée depuis l'ouverture économique.

B / La constitution de nouveaux Chinois d'outre-mer

Sans être considérablement facilités, les départs de Chine sont de plus en plus admis. Les autorités semblent même s'acheminer vers une organisation et une sélection des candidats à l'émigration.

1) Les prémisses d'une législation sur l'émigration

Les premiers départs relativement importants de ressortissants chinois se sont produits à la fin des années 1970 et au début des années 1980. Il s'agissait, comme dans les années 1950, d'étudiants boursiers du gouvernement. Avec la politique d'ouverture et de modernisation, les dirigeants estimaient qu'il fallait envoyer plus d'étudiants se former aux techniques étrangères. En 1978, le ministre de l'éducation décida d'envoyer 1 750 étudiants boursiers dans 32 pays différents. Ce chiffre augmenta régulièrement les années suivantes. Il était de 2 124 en 1980 et de 2 922 en 1981. Finalement, de 1982 à 1985, le gouvernement aurait envoyé plus de 15 000 étudiants dans 63 pays différents [92].

Les départs d'étudiants augmentent à partir de 1984. Le Conseil des Affaires d'Etat élabore une nouvelle législation autorisant les ressortissants chinois à étudier à l'étranger à leurs propres frais.

> « Tout individu, qui au regard des procédures appropriées et légales, obtient les devises nécessaires ou une bourse étrangère, et les permis d'entrées étrangers pourra demander à aller étudier à l'étranger sans aucune limitation concernant les études précédentes, l'âge ou les résultats dans le travail » [93].

En 1989, les services de l'éducation estimaient qu'il y avait plus de 18 000 étudiants à leurs frais (*zifei*) à l'étranger. Yu Fuzheng précisait également :

> « Il est certain que dans l'avenir le nombre d'étudiants autofinancés augmentera, et le nombre de boursiers dépendra largement des besoins et des ressources, notamment financières, du pays »[94].

Le système des études autofinancées devient le principal moyen pour les ressortissants chinois d'aller à l'étranger. Au Japon, cela s'est traduit par la floraison de fausses écoles de langues, qui en échange de l'envoi de lettres prouvant l'inscription, encaissaient des sommes d'argent importantes[95].

La législation concernant les départs à l'étranger s'étoffe en 1986. Le Comité permanent de l'Assemblée Populaire Nationale adopta une loi cadre concernant les entrées et les sorties du territoire chinois[96]. Elle s'applique à tous les ressortissants qui désirent formuler une demande de sortie à titre public, mais aussi privé. L'article 2 précise que la condition requise pour sortir du territoire est la possession d'un passeport ou d'un autre certificat équivalent. L'obtention d'un visa chinois n'est plus nécessaire. L'article 5 de la loi décrit les modalités générales à suivre pour demander les certificats d'autorisation ou les passeports.

> « Les citoyens chinois qui désirent quitter le pays pour des raisons privées doivent en faire la demande auprès des organes de la sécurité publique de la ville ou la province dans laquelle ils résident. L'approbation sera garantie, exceptée pour les cas prévus dans l'article 8 de la loi. L'organe de la sécurité publique devra décider, dans un temps imparti, s'il autorise ou refuse la demande des citoyens de quitter le pays pour raisons privées, et devra les informer de sa décision »[97].

La loi de 1986 ne donne aucune information concernant les conditions et les formalités à remplir pour obtenir l'autorisation ou le passeport. Ces renseignements font l'objet de règlements internes des organes de sécurité publique. Depuis le début des années 1990, ils sont publiés par les journaux.

Les raisons privées que les ressortissants peuvent invoquer pour demander à sortir du territoire sont, principalement, les études autofinancées, mais aussi les visites à des parents ou à des amis. Il semble que la législation chinoise acceptera bientôt, comme cause de départ, le fait d'obtenir un travail à l'étranger. Dans les deux cas cités, les personnes doivent obtenir un "passeport ordinaire pour affaires privées"[98].

Lors du dépôt de la demande, les étudiants autofinancés doivent fournir à l'organisme, un avis de leur unité de travail (privé ou publique) ou du bureau qui les envoie à l'étranger[99]. De plus, l'administration demande de fournir une invitation officielle de l'université étrangère. L'invitation peut être remplacée par une facture prouvant que les droits d'inscription ont été réglés, ou que la prise en charge économique, logement compris, sera possible sur place. Le service de vérification de la province devra examiner le *curriculum vitae*, l'âge ainsi que le niveau de langue du postulant [100].

Les ressortissants chinois désirant se rendre à l'étranger pour voir un parent ou un ami doivent remplir des conditions supplémentaires [101]. Il faut que leur unité de travail fournisse un document attestant du lien de parenté avec la personne résidant à l'étranger ou expliquant quelle est la situation familiale ou amicale. Le document sera remis à l'organe de sécurité publique. Une lettre d'invitation du parent ou de l'ami est également nécessaire. Pour celui qui veut rendre visite à un parent proche, l'administration chinoise exige la constitution, en Chine, d'un dépôt de garantie en devises étrangères. Par ailleurs, la personne à l'étranger doit donner une preuve de sa situation économique, montrant qu'il peut accueillir son parent du continent [102].

Les conditions décrites peuvent paraître draconiennes, et en fait, constituer un frein volontaire aux départs. Certes, elles sont imposées pour empêcher un trop grand nombre de sorties. Mais, elles sont aujourd'hui calquées sur les conditions requises pour l'octroi d'un visa par les Etats étrangers, les Etats-Unis et le Canada principalement. La demande du visa étranger constitue la seconde étape importante pour quitter le territoire. Pour l'obtention d'un visa à titre privé, les Etats-Unis et le Canada, comme l'ensemble des autres pays développés, requièrent, certains des documents, comme par exemple l'attestation d'inscription dans une université du pays [103]. Elles sont même parfois plus exigeantes. Ainsi, pour étudier à titre privé aux Etats-Unis ou au Canada, les Ambassades exigent des ressortissants chinois qu'une personne résidant sur le territoire de destination se porte caution pour les futurs étudiants [104].

Dans les années 1980, l'administration chinoise s'est montrée plutôt conciliante en accordant un grand nombre de passeports. De 1979 à 1991, 940 704 citoyens chinois auraient obtenu des passeports et des visas pour l'étranger [105]. En 1992, la Chine a assoupli la législation sur les passeports. Le 20 juin 1992, le directeur du Bureau administratif des entrées et des sorties du Ministère de la sécurité publique annonçait que les procédures pour obtenir une autorisation de séjour à l'étranger serait simplifiée pour les personnes ayant déjà séjourné à l'étranger.

> « Les personnes concernées sont seulement priées de montrer un passeport valide provenant du gouvernement chinois et un visa d'entrée ou une autre preuve de permis d'entrée provenant du pays concerné. [...] Les citoyens chinois peuvent acquérir de telles permissions de ré-entrée du pays concerné avant leur retour en Chine ou en Chine après leur retour auprès des ambassades et consulats » [106].

Les départs de la R.P.C. restent encore soumis à des conditions difficiles à remplir. Mais, la législation chinoise sur les sorties du territoire se développe, preuve que les départs prennent de nouvelles proportions. Le cadre légal chinois s'accorde avec celui des Etats d'immigration. A côté de la structure juridique, on assiste au développement d'un environnement politique, qui semble vouloir structurer les nouveaux départs.

2) Une émigration préparée

Depuis la fin des années 1980, et parallèlement à l'accroissement de départs illégaux, les autorités informent plus systématiquement les ressortissants sur les divers aspects de l'émigration. Les informations sont principalement diffusées par le biais des organes de presse, et dans les régions du Sud, le Guangdong et le Fujian [107].

Les ressortissants chinois sont ainsi informés des législations d'immigration des principaux pays d'accueil, ainsi que de l'évolution des politiques d'immigration des gouvernements de ces Etats. Les renseignements donnés portent sur les conditions à remplir pour obtenir un visa, mais aussi sur les quotas d'immigrés accepté par l'Etat d'accueil [108]. Les données concernent aussi bien les étudiants, que les commerçants ou les touristes [109]. Certes, les nouvelles apportées tendent à vouloir dissuader l'émigration clandestine. Dans un article du 14 août 1994, le <u>Fujian Qiaobao</u> rapporte que le Canada avait décidé de limiter l'immigration et de rapatrier plus de 4 000 Chinois entrés clandestinement sur le territoire ou dont le visa était arrivé à expiration [110]. Inversement, des articles paraissent concernant des Etats qui octroient plus facilement des visas. En août 1994, la rubrique sur l'émigration de l'hebdomadaire fujianais rapporte que les Philippines avaient décidé d'augmenter les quotas d'entrées de Chinois sur son territoire [111].

On trouve assez systématiquement la description par Etat des conditions (titres, niveau de langue, caution) requises pour aller y étudier. Les articles s'intéressent en priorité au Canada, aux Etats-Unis et au Japon. De nouvelles destinations apparaissent actuellement, telles que Singapour [112], la Suède et la Grande-Bretagne. Les informations portent aussi sur les moyens financiers (bourses) offerts par les universités étrangères et les modalités à accomplir pour en faire la demande. D'autres articles donnent des indications sur la vie quotidienne dans le pays d'accueil, comme par exemple le fonctionnement du système de santé aux Etats-Unis [113]. Les services apportés par les ambassades et les consulats chinois dans les Etats d'accueil sont également portés à la connaissance du public. Ils se rapportent surtout aux modalités à accomplir auprès des représentations officielles lorsque les visas étrangers arrivent à expiration, mais aussi à celles concernant l'inscription auprès de ces services. La Chine entend par là, agir comme les autres Etats en contrôlant ses ressortissants à l'étranger [114].

La publication de rubriques concernant la préparation en Chine des départs devient plus systématique. Outre les législations chinoises, les journaux font paraître des articles sur les moyens de bien réussir un entretien avec les autorités étrangères pour l'obtention de visas, mais aussi sur les causes recensées de refus des visas [115]. Les dates et les centres d'examens pour les niveaux de langues requis par les Etats étrangers (TOEFL, Cambridge) sont aussi publiés par la presse [116]. Enfin, les ambassades et consulats étrangers ont également la possibilité de faire publier diverses informations, comme par exemple les heures d'ouvertures du service des visas.

Une dernière série d'articles concerne le travail à l'étranger. Il n'y pas encore, comme nous l'avons écrit plus haut, de législation sur ce point, du moins qui fasse l'objet de publication officielle. Néanmoins, les autorités chinoises semblent s'intéresser de plus en plus à la question. Le 25 juillet 1993, un article paraît dans le Fujian Qiaobao, (repris du Guangdong Qiaobao), sur les moyens et les conditions d'obtention d'un visa de travail temporaire aux Etats-Unis [117]. Quelques mois plus tard, ce sont les formalités à accomplir afin d'obtenir une autorisation de travail pour les étudiants chinois au Japon qui font l'objet de la rubrique du journal [118]. D'autres articles s'attachent à définir les législations d'immigration pour les commerçants, allant même jusqu'à dénoncer les limitations d'entrées concernant les hommes d'affaires du continent [119].

Le 6 février 1994, la rubrique sur l'émigration fait paraître une annonce selon laquelle la Malaysia chercherait à employer dix ouvriers qualifiés, pour aller travailler sur place [120]. A côté des offres d'emplois, encore rares, on trouve la publicité pour une société, la *Hong Ludeng*. Cette entreprise, basée dans le Fujian, se présente comme une société de service, spécialisée dans les emplois à l'étranger. Il semble qu'elle soit identique à la *Xiamen Jinglong Gongsi*. Société appartenant au secteur public, elle a signé en 1995, avec une entreprise israélienne de placement d'ouvriers étrangers, un contrat pour l'importation de plus de 2 000 ouvriers chinois. L'accord fit suite à la signature, en avril de la même année, d'un accord d'importation de main d'oeuvre chinoise entre le gouvernement chinois et le ministre israélien du trésor [121].

La Chine renoue avec certaines pratiques des gouvernements impériaux et républicains, dont l'origine fut le commerce privé des coolies. Après la signature des traités de 1860 avec la Grande-Bretagne et la France, la Chine signa d'autres accords d'exportation de main d'oeuvre chinoise, avec l'Espagne, le Portugal et le Pérou. Le dernier traité de ce type négocié par les Qing, a été signé avec la Grande-Bretagne en 1904. Il portait sur l'importation de travailleurs chinois dans le Transvaal en Afrique du

Sud [122]. Sous les gouvernements républicains, l'Etat dut se préoccuper de l'émigration sous contrat pendant la première guerre mondiale. La Chine accepta d'envoyer, par l'intermédiaire de sociétés privées, des ouvriers chinois en France et en Angleterre pour pallier au déficit de main d'oeuvre que connaissaient les deux Etats à cause de la guerre. A la suite d'un contrat signé en mai 1916 entre le lieutenant colonel français, Truptil et le gouvernement chinois du nord, 140 000 Chinois allèrent travailler en France [123]. Le gouvernement du *Guomindang* avait également publié des règlements concernant la possibilité des ressortissants chinois d'émigrer pour occuper un emploi salarié à l'étranger. Une loi cadre du 21 octobre 1935 précise les modalités à remplir pour entrer dans la catégorie des travailleurs émigrés. Le 6 novembre de l'année suivante, ce sont les contrats des salariés émigrés qui font l'objet d'un texte réglementaire. Enfin, le gouvernement décide de réglementer la constitution des agences de recrutement [124].

L'ouverture de la Chine a conduit les dirigeants à rompre avec les politiques d'interdiction d'émigrer, menées précédemment par les communistes. Sans octroyer une liberté totale, les autorités actuelles acceptent que les ressortissants chinois partent pour l'outre-mer, et cela, même dans un but économique. Selon nous, les restrictions apportées aux départs répondent plus aux demandes des pays d'accueil, qu'à une volonté délibérée du gouvernement chinois de mettre un frein à ces sorties. Par ailleurs, comme nous l'avons décrit ci-dessus, les interdictions sont de plus en plus contournées, ce qui donne lieu à une émigration clandestine importante. La politique actuelle tend à devenir une réelle politique d'émigration, dans la mesure où elle essaie d'organiser et de préparer l'émigration. La Chine républicaine, particulièrement sous le gouvernement de Nanjing, avait essayé de structurer l'émigration [125]. On pouvait d'ailleurs comparer, sur certains points, la législation chinoise de l'époque à celle de l'Italie fasciste [126].

Dans ces deux cas, il faut noter que les tentatives d'élaboration d'une politique d'émigration sont révélatrices d'une certaine faiblesse de l'Etat face à ce phénomène. Les départs ne pouvaient être empêchés. La Chine actuelle serait-elle dans une situation similaire, comme tendent à l'illustrer la croissance de l'émigration clandestine et certaines réactions de responsables officiels ? Interrogé sur les départs, pour la majorité clandestins, des Chinois de la ville de Wenzhou (Zhejiang) en direction de la France, le responsable de l'Union des Chinois d'outre-mer avouait qu'ils étaient débordés par les événements :

> « Autrefois, on savait tout sur ceux qui partaient. Mais les *Niu-Pei* (les passeurs) sont passés par là, et aujourd'hui nous ne savons plus rien sur nos concitoyens en France » [127].

Cependant, les orientations récentes de l'attitude de la R.P.C. à l'égard de l'émigration laissent à penser qu'elle cherche à constituer une nouvelle génération de Chinois d'outre-mer, plus attachés que leurs lointains prédécesseurs à leur pays d'origine. Les propos tenus par le directeur de la commission de l'éducation du Bureau des Affaires étrangères, confirment une telle hypothèse. Parlant des étudiants qui ne reviennent pas après la fin de leurs études, Yu Fuzeng expliquait :

> « Seul un faible pourcentage, environ 10 %, des étudiants boursiers du gouvernement, ne sont pas revenus après leur complément d'études. [...] En général, du fait que les diplômés cherchent à obtenir d'autres titres académiques, ils ont besoin de rester outre-mer pendant une longue période. Beaucoup d'entre eux continuent d'étudier après l'obtention du doctorat. Ce n'est pas facile de dire quand ils reviendront. Certains resteront à l'étranger de cinq à six ans, d'autres huit ou neuf ans, ou plus.
> [...] En ce qui concerne les 18 000 étudiants autofinancés, seul une centaine d'entre eux est rentrée. Le gouvernement a clairement déclaré *que ces personnes n'ont pas l'obligation de revenir* et de travailler pour leur pays, mais ils sont les bienvenus s'ils rentrent. [...] J'aurai à dire les choses suivantes par rapport à ce petit nombre d'étudiants qui ont refusé de rentrer après leur formation :
> 1. Depuis que la Chine a introduit sa politique d'ouverture, c'est normal que le nombre d'étudiants à l'étranger ait augmenté.
> 2. En tant que pays en développement, la Chine a un grand besoin de personnes qualifiées. le gouvernement espère qu'après avoir acquis les techniques de gestion et des sciences avancées, les étudiants reviendront pour servir leur pays. [...]
> 3. Il est inévitable qu'un nombre considérable d'étudiants de pays en développement envoyés à l'étranger pour étudier ne rentrent pas. Tous les pays en développement souffrent de ce problème, dans une mesure ou dans une autre. Lorsque l'on regarde les étudiants qui ne veulent pas rentrer pour servir leur pays, particulièrement ceux qui étaient boursiers du gouvernement, quelque soient leurs raisons, ce n'est pas ce que nous attendons d'eux. *Néanmoins, même après qu'ils aient décidé de rester à l'étranger, notre politique consiste à rester en contact*

> *avec eux, et à espérer qu'ils reviendront dans le futur.* [...] »[128].

Les retombées économiques que la Chine attend actuellement de l'émigration, officielle ou clandestine, sont identiques à celles demandées aux anciens émigrés : rapatriement de devises, investissements économiques, emploi de personnes formées aux techniques étrangères et constitution de réseaux extérieurs pour le commerce. Pour des raisons de politiques étrangères évidentes, la Chine ne peut se prononcer ouvertement sur ces questions, ni autoriser de manière directe les départs pour l'étranger.

Sous le couvert de l'ouverture et des préoccupations économiques, la Chine fait l'éloge de l'ensemble des Chinois émigrés et tend à accepter les départs, dans l'espoir que ces derniers puissent être à l'origine de nouveaux Chinois d'outre-mer. Cette reconnaissance politique particulière des Chinois d'outre-mer et de l'émigration a amené les dirigeants à singulariser sur le territoire les émigrés et les populations qui leur sont liées.

Section 2 : *Une singularisation des Chinois d'outre-mer*

Le nouvel intérêt pour les Chinois d'outre-mer a conduit les dirigeants à renouer avec certaines pratiques des gouvernements précédents, mais en adaptant ses actions. Il s'agit de donner aux Chinois d'outre-mer, le privilège d'être représenté, politiquement et institutionnellement, en Chine, comme une catégorie particulière (§.1); et celui de bénéficier au plan économique de dispositions spéciales (§.2).

§.1 La représentation politique des Chinois d'outre-mer

En 1978, la réhabilitation politique des Chinois d'outre-mer est suivie d'effets au plan institutionnel. Dans ce domaine, les dirigeants ont choisi de modifier les modalités d'application des principes qui prédominent depuis l'instauration de la République chinoise en 1911. Après cette dernière date, les émigrés bénéficièrent d'une considération politique spécifique. Cette singularité s'observa doublement. En premier lieu, les émigrés devinrent des acteurs politiques à part entière (A). En second lieu, les gouvernements créèrent des institutions spéciales, chargées d'administrer au sein de l'appareil d'Etat ou à côté de celui-ci, les Affaires de l'outre-mer (B).

A / Une participation politique réduite

Depuis 1911, les communautés chinoises de la diaspora ont élu des membres au sein des institutions représentatives. Aujourd'hui, ce privilège n'est plus octroyé qu'aux seuls Chinois d'outre-mer de retour en R.P.C. et aux membres de certaines familles d'émigrés.

1) L'idée de la participation politique des Chinois d'outre-mer

C'est avec la République chinoise qu'est née l'idée de représenter politiquement les émigrés. L'Assemblée provisoire, constituée au mois de novembre 1911, promulgua le 10 août 1912, la première loi organique relative au parlement et à l'élection de ses membres [129]. La loi remplaça l'Assemblée législative unique, prévue dans le Pacte du 11 mars 1912 [130], par un parlement bicaméral, comprenant un Sénat et une chambre des députés. L'organisation du Sénat était fondée sur la représentation des provinces et de leurs dépendances, combinée cependant, avec une représentation des intérêts. La Chambre des députés, élue par le suffrage restreint, représentait la Nation toute entière. La représentation des Chinois d'outre-mer était prévue dans le cadre du Sénat.

> « Ils représentent les intérêts particuliers. Cela s'explique par ce fait que, parmi ces Chinois résidant à l'étranger, beaucoup sont très riches et très patriotes. Ce sont eux qui avaient fourni aux révolutionnaires réfugiés à l'étranger les ressources nécessaires. Dès lors il était naturel que, après le triomphe de la révolution, on leur accorda une représentation spéciale pour récompenser leur zèle patriotique et en même temps pour les encourager à apporter leur concours financier au développement de l'industrie et du commerce en Chine » [131].

Les six sénateurs d'outre-mer étaient élus par un collège électoral spécifique, celui des colonies chinoises. Il était composé de délégués envoyés par les Chambres de commerce chinoises à l'étranger.

Le 10 janvier 1914, Yuan Shikai dissout l'Assemblée et la remplace par un Conseil de la République dont les membres sont nommés par le Président de la République. Le conseil vota une loi le 26 janvier 1914 pour constituer une nouvelle Assemblée. Sa composition ne prévoyait pas d'inclure directement les Chinois d'outre-mer. Cependant, sur les vingt-deux députés élus, quatre devaient être des membres à élire par l'Association nationale des Chambres de commerce, et concernaient les Chinois d'outre-mer [132]. Après la mort de Yuan en juin 1916, l'ancien parlement dissout fut convoqué. Mais la loi organique et électorale de 1912 subit à nouveau des transformations en février 1918. Les modifications les plus importantes ont porté sur le Sénat, afin de faire de cette institution « un corps conservateur et en quelque sorte aristocratique ». Les élections furent basées sur un régime censitaire et capacitaire rigoureux. Les sénateurs étaient élus par deux "collèges sénatoriaux" : les collèges électoraux locaux et centraux. Les sénateurs d'outre-mer étaient élus dans le cadre des seconds. Un collège spécifique était composé des Chinois d'outre-mer résidant à l'étranger, possédant des propriétés d'une valeurs de 1 000 000 de dollars, vérifiés par les consulats à l'étranger. Il devait élire quatre sénateurs [133]. Les événements politiques (guerre entre les provinces puis guerre civile entre les gouvernements du nord et du sud) empêcha par la suite la réalisation et l'application de réformes politiques majeures.

Conformément à la doctrine politique de Sun-Yat sen, la première période du gouvernement du *Guomindang* se caractérisa par l'absence de représentation populaire. La loi organique adoptée le 1er juin 1931, sous le nom de « Pacte provisoire de l'époque d'instruction politique », divisa les institutions gouvernementales selon la théorie des cinq pouvoirs. Cinq conseils (exécutif, législatif, judiciaire, examen, contrôle) siégèrent au côté d'un Conseil des Affaires d'Etat et d'un Président de la République. L'ensemble de ces institutions fut placé sous la direction du Congrès national du Parti nationaliste, investi de tous les pouvoirs d'une Assemblée Nationale. C'est au sein du Conseil législatif que les Chinois d'outre-mer auraient du être représentés au cours de cette première période. La loi organique du 26 décembre 1931 prévoyait que la moitié des conseillers législatifs devait être élue par le peuple. La disposition ne fut jamais mise à exécution. Il faut attendre 1947 pour retrouver une mention formelle d'une représentation des Chinois d'outre-mer au sein des institutions parlementaires [134]. Le 15 novembre 1946, l'Assemblée Nationale se réunit à Nanjing pour adopter le texte constitutionnel définitif. Ce dernier est promulgué le 1er janvier 1947, et demeure en vigueur à Taiwan.

L'Assemblée constituante qui se réunit en 1945 accueillit une délégation des Chinois d'outre-mer forte de quarante et une personnes [135]. Ils participèrent ainsi à l'élaboration du texte de la Constitution. La participation politique des émigrés fut inscrite dans les articles 26, 64 et 91 [136]. Les Chinois d'outre-mer devaient élire des représentants à l'Assemblée Nationale (40) [137], au Conseil législatif (entre 10 et 16) et enfin au Conseil du contrôle (8). La première session de l'Assemblée Nationale se réunit l'année suivante pour élire Jiang Jieshi à la présidence de la République. Le Conseil législatif disposait, quant à lui, de toutes les prérogatives d'une chambre législative occidentale. Il votait notamment le budget. Enfin, le Conseil de contrôle exerçait un rôle politique non négligeable, puisqu'il possédait un droit de réprimande, sous la forme de recommandations, auxquelles le gouvernement devait se conformer dans un délai de deux mois après sa réception [138].

Dès 1949, les communistes décident aussi d'accorder une représentation politique aux Chinois émigrés. Le Programme Commun de la Conférence consultative politique du peuple chinois (C.C.P.P.C.) déclare dans son préambule que ce texte a été adopté « par les représentants des Chinois d'outre-mer aussi bien que par ceux d'autres groupes à l'intérieur de la Chine » [139]. L'article 13 du Programme prévoit que les Chinois résidant à l'étranger seront représentés, comme les autres groupes, au sein de la C.C.P.P.C., institution représentant le Front uni démocratique populaire. La conférence occupa le rôle d'une assemblée législative intérimaire jusqu'à 1954 et mit en place les institutions de la R.P.C.

La première constitution de la R.P.C. fut adoptée lors du premier Congrès de l'Assemblée Populaire Nationale chinoise en 1954. L'article 23 précisait que les Chinois résidant à l'étranger seraient représentés au sein de l'Assemblée Nationale Populaire par trente députés [140]. L'élection de ces derniers se faisait lors des sessions élargies du Comité permanent de la Commission des Chinois d'outre-mer. Les trente parlementaires se répartissaient selon les différentes zones géographiques [141]. Leur désignation par les résidents outre-mer devait se faire par le biais "d'une consultation". Rendue difficile par les Etats d'accueil, la consultation des émigrés se réduisit rapidement à celle d'une Conférence élargie de la Commission des Chinois d'outre-mer, à laquelle pouvaient assister des délégués de l'outre-mer [142].

A partir du début des années 1960, la représentation politique des Chinois d'outre-mer devint pratiquement symbolique, comme le démontre la provenance des députés d'outre-mer de la troisième Assemblée Nationale Populaire. Sur les trente députés, dix-neuf étaient des membres nommés, siégeant à la Commission des Chinois d'outre-mer. Parmi les onze restant, la plupart était des Chinois d'outre-mer revenus en Chine [143].

L'évolution dans le sens d'un abandon progressif de l'idée républicaine allait se poursuivre après la Révolution culturelle.

2) La représentation des Chinois d'outre-mer de l'intérieur

A la différence des premières années du régime communiste, les Chinois d'outre-mer ne participent plus actuellement à la vie politique de la Chine. Les textes constitutifs (Constitution et loi organique) de l'Assemblée Populaire Nationale et la Conférence Consultative Politique du Peuple Chinois (C.C.P.P.C) ne prévoient plus la représentation des Chinois expatriés.

Les prémisses de ces modifications datent de 1975. La Constitution chinoise adoptée cette année-là écarte les dispositions de la Constitution de 1954, en ne mentionnant plus les Chinois d'outre-mer comme membres élus à l'Assemblée Populaire Nationale. Cependant, l'article 16, al.1 limita la restriction, en précisant que « s'il y a nécessité, des personnalités patriotiques peuvent y être spécialement invitées à titre de députés » [144].

L'abandon de la représentation politique des émigrés à l'Assemblée Populaire Nationale apparaît définitif après l'adoption des Constitutions de 1978 et de 1982. Aucune disposition n'est prévue pour permettre aux Chinois d'outre-mer d'être représentés en tant que membres élus, ou bien en tant qu'invités [145].

En 1978, on pouvait encore penser qu'ils puissent participer à la vie politique chinoise, en tant que citoyens de la République populaire de Chine [146]. Mais, en 1982, l'article 34 de la Constitution écarte cette possibilité. L'exercice des droits politiques (être élu et élire) est subordonné à la condition de résidence en Chine.

> « Tous les citoyens de la République populaire de Chine qui ont atteint l'âge de 18 ans ont le droit de voter et de se présenter à des élections, et ceci indépendamment de leur appartenance ethnique, de leur race, du sexe, de l'occupation, du passé familial, des croyances religieuses, de l'éducation, du statut de propriétaire ou bien *de la durée de résidence en Chine*, à l'exception des personnes qui ont été privées, au regard de la loi, de leurs droits politiques » [147].

En février 1978, la 1ère session de la Vᵉ Assemblée Populaire Nationale se réunit à Beijing. Parmi les députés élus, on dénombre trente cinq Chinois d'outre-mer dits de "l'intérieur". Ce sont essentiellement des Chinois d'outre-mer rapatriés ou rentrés en Chine [148]. La présence de ces personnes, en tant que catégorie politique particulière, est légalisée *a posteriori* par la nouvelle loi électorale. Adoptée le 1ᵉʳ juillet 1979, par la 2ⁿᵈ session plénière l'Assemblée Populaire Nationale, et modifiée en 1982, elle prévoit que les Chinois d'outre-mer « rapatriés, de retour en Chine » seront présents à l'Assemblée dans les mêmes proportions que les minorités nationales, soit 1 % du total des députés [149]. Le 7 juin 1983, lors d'un rapport sur les travaux de la Vᵉ Assemblée Populaire Nationale, Yang Shangkun présentait les fondements de la composition des députés pour la 6ᵉ session, en ces termes :

> « [...] Les députés élus présentent les caractéristiques suivantes :
> 1. Ils sont les représentants de divers courants. Parmi eux, il y a tous les partis démocratiques, les personnes sans partis, les représentants de toutes les organisations de masse, ainsi que les milieux scientifiques, technologiques, littéraires, artistiques, éducatifs, sportifs, médicaux, de la presse, des publications et les représentants des Chinois d'outre-mer de retour en Chine. Les députés incluent également des notabilités des

> milieux industriels, commerciaux, financiers et culturels de Hong-Kong et Macao. [...] »[150].

La restriction de la participation et de la représentation aux seuls Chinois d'outre-mer de retour s'applique aussi au sein de la Conférence Consultative Politique du Peuple Chinois. Elle demeure, aujourd'hui encore, l'institution traduisant la politique de Front Uni. Comme nous l'avons écrit précédemment, le Front Uni est toujours défini comme :

> « L'alliance des ouvriers et des paysans, et unissant dans ses rangs la masse des intellectuels et les autres travailleurs, les partis démocratiques patriotiques, les personnalités de Taiwan, de Hong-Kong et de Macao et ceux résidant à l'étranger »[151].

Cependant, la dernière catégorie n'est plus représentée au sein de cette institution. L'article 1 du Chapitre 1 des règlements de la C.C.P.P.C., adoptés le 8 mars 1978, définit sa composition comme suit :

> « La Conférence consultative politique du peuple chinois est composée de représentants du Parti communiste chinois, des divers partis démocratiques patriotiques, des diverses organisations populaires et des divers milieux »[152].

L'article 12, chapitre 3 précise la définition, en énumérant les membres appelés à siéger au sein du Comité National de la Conférence.

> « Le Comité National est composé de représentants du Parti communiste chinois, des partis démocratiques patriotiques, des patriotes sans partis, des organisations populaires et des divers milieux, ainsi que des personnes spécialement invitées. Un nombre approprié de candidats est réservé aux minorités nationales, à nos compatriotes de Hong-Kong et Macao et *aux Chinois d'outre-mer rapatriés* »[153].

La disposition prévoyant d'inviter certaines personnes au Comité National laisse la possibilité aux dirigeants de faire participer, occasionnellement, des Chinois d'outre-mer à la C.C.P.P.C.. Néanmoins, comme pour l'Assemblée Populaire Nationale, les ressortissants chinois résidant à l'étranger ne pourront plus bénéficier d'une représentation politique au sein de cette institution.

A partir de la fin des années 1970, les dirigeants n'ont plus considéré l'ensemble des expatriés comme une catégorie politique spécifique. A la différence des gouvernements précédents, les dirigeants actuels ne semblent plus partager l'idée de la nécessité d'accorder aux Chinois d'outre-mer des droits politiques particuliers, comme contrepartie à leur aide économique. Il y a lieu de penser que l'abandon d'une telle conception s'explique par des raisons identiques à celles qui sont à l'origine du droit de la nationalité de

1982. D'une part, cet abandon reflète une certaine prise en compte de l'évolution politique des Chinois d'outre-mer et de leur descendance. Les émigrés chinois sont à présent politiquement intégrés, particulièrement en Asie du Sud-Est. D'autre part, des limites ont été érigées par les Etats d'accueil [154]. Comme l'écrit Léo Suryadinata, « les gouvernements de l'ASEAN ne tolèrent aucune campagne orientée vers Beijing ou Taipei » [155]. En renonçant à la participation politique des Chinois d'outre-mer, Beijing poursuit le double objectif de rassurer les Etats de résidence, mais aussi les émigrés. Elle efface tous les soupçons sur l'utilisation politique potentielle des Chinois d'outre-mer. Néanmoins, la représentation politique particulière des Chinois d'outre-mer de retour ou rapatriés tend à montrer à la diaspora que le pays maintient le principe d'une distinction entre cette population et les autres citoyens. Cette dernière semble vouloir montrer que la Chine, sur son territoire, prendra en considération les intérêts et les voeux des Chinois d'outre-mer, transmis par le biais de la population avec laquelle ils sont liés.

Si les Chinois d'outre-mer ne sont plus considérés directement comme des acteurs politiques, il semble qu'ils nécessitent encore, pour les dirigeants, la création d'institutions spécifiques.

B / Des institutions spécifiques

L'administration des Chinois d'outre-mer a, semble-t-il, toujours fait l'objet de deux types d'institutions. Les premières étaient créées au sein de l'appareil d'Etat et les secondes en marge de l'administration. Le schéma a été repris et accentué dans les premières années du régime communiste. A la fin des années 1970, les différentes institutions, dissoutes ou abandonnées pendant la Révolution culturelle, ont été restructurées.

1) Des organes au sein de l'exécutif, du législatif et du politique

Les principales institutions étatiques possèdent des sections chargées des questions relatives aux Chinois d'outre-mer. Au sein du pouvoir exécutif, représenté par le Conseil des Affaires d'Etat (*Guowu Yuan*), les dirigeants ont institué le Bureau des Affaires d'outre-mer (*Qiaowu bangonshi*). Crée en janvier 1978, il coexiste puis il remplace, un an plus tard, la Commission des Chinois d'outre-mer (*Qiaowu weiyuan hui*). A la différence de la Commission, le nouveau Bureau des Affaires d'outre-mer n'a pas le rang ministériel.

Les dirigeants communistes instituèrent la Commission des Chinois d'outre-mer en octobre 1949. Ils n'avaient fait que reprendre le corps d'une institution fondée pendant la période républicaine [156]. La Commission des Chinois d'outre-mer créée par le gouvernement communiste regroupait deux organes : un comité permanent et un comité nommé. Le second comité était composé de personnes spécialisées dans les affaires des Chinois d'outre-mer, de membres du Parti communiste provenant d'autres Ministères ayant un rapport avec les affaires d'outre-mer, de fonctionnaires du comité permanent et de quelques personnalités d'outre-mer. Le comité nommé était dirigé par un président et un vice-président. Le Conseil des Affaires d'Etat nomma trois comités : en octobre 1949, en mars 1957 et en septembre 1959. Le troisième remaniement aboutit à privilégier la représentation d'autres Ministères (travail, culture, commerce) au dépend des personnalités d'outre-mer. Le comité permanent regroupait quatre sections : le bureau général, celui de la propagande, de la culture et de l'éducation, le département pour la gestion de l'envoi de fonds, et le département de liaison et de la correspondance [157].

Le comité permanent de la Commission avait deux missions principales. La première consistait à élire les députés représentant les Chinois d'outre-mer à l'Assemblée Populaire Nationale. Il se chargeait de l'administration des affaires des Chinois d'outre-mer. Les questions faisaient l'objet de conférences de travail. Elles concernaient des domaines variés, comme par exemple l'attitude politique à adopter à l'égard des Chinois d'outre-mer résidant en Chine, ou bien l'emploi de ces personnes dans les fermes d'Etat [158].

L'actuel Bureau des Affaires de l'outre-mer occupe les fonctions administratives de l'ancienne Commission. Intégré à la structure gouvernementale et non plus indépendant, le Bureau agit en fonction des directives du Conseil des Affaires de l'Etat et du Comité central du Parti. Il élabore et met en application les plans généraux de travail et les politiques concernant les Chinois d'outre-mer. C'est également lui qui traite de la protection en Chine des droits et des intérêts des Chinois d'outre-mer de retour ou des familles des émigrés [159].

Le Bureau est responsable de l'éducation des Chinois d'outre-mer en Chine. Les universités pour expatriés (*Jinan Daxue* et la *Huaqiao Daxue*) relèvent de son autorité de tutelle. Il en va de même pour l'enseignement par correspondance destiné principalement aux émigrés, institué dans les provinces du Guangdong et du Fujian. Le Bureau contrôle encore l'agence de tourisme chinoise (*Zhongguo luxing she*), dont les activités principales sont dirigées vers les Chinois d'outre-mer. Des organes de presse, tel que le journal "la voix des Chinois d'outre-mer" (*Huasheng bao*), sont placés sous sa direction. Le Bureau administre l'école de formation des fonctionnaires destinés à travailler dans ces domaines. Vingt-neuf provinces possèdent une représentation du Bureau. Il est présent à l'échelon des districts et des municipalités autonomes [160].

Le 7 juin 1983, l'Assemblée Populaire Nationale créa un Comité des Chinois d'outre-mer (*Quanguo renmin daibiaodahui huaqiao weiyuanhui*).

Il s'agit d'un organe de travail rattaché à la sous-direction du Comité permanent de l'Assemblée. Les participants sont élus parmi les députés pour une période de cinq ans. Lors de la 4ᵉ session de la Vᵉ Assemblée Populaire Nationale, neuf personnes avaient été élues pour le comité. Elles sont aujourd'hui au nombre de douze. Le comité de l'Assemblée Populaire Nationale est chargé des questions juridiques, telles que la protection intérieure des droits des Chinois d'outre-mer. Il a notamment participé à l'élaboration de la loi de 1986 sur les entrées et sorties des ressortissants chinois [161].

Les nouveaux dirigeants ont conservé le Comité des Chinois d'outre-mer de la C.C.P.P.C (*Quangguo zhengxie huaqiao weiyuanhui*), créé en 1949. Il est l'un des quatorze comités de travail de la Conférence. Sa composition n'est pas connue. Il traite plus spécifiquement des questions politiques concernant les Chinois d'outre-mer. Il s'occupe des relations à établir avec eux, ainsi que des problèmes touchant la représentation politique des Chinois de retour [162].

L'organisation des institutions chargées des affaires de l'outre-mer suit en substance celle des années précédentes, et plus particulièrement celle existant au début du régime communiste. Comme l'ouvrage de Fitzgerald le décrit, l'appareil administratif et politique des premières années du régime communiste était avant tout préoccupé par des questions idéologiques et politiques. Aujourd'hui, il est essentiellement tourné vers une gestion administrative de ce domaine [163]. Le travail des institutions officielles est soutenu par des organisations créées pour les Chinois d'outre-mer en dehors de l'appareil d'Etat.

2) Des institutions non-officielles

En décembre 1979, la Fédération nationale des Chinois d'outre-mer de retour, (*Zhongguo quangguo guiguo huaqiao lianhehui*), est rétablie, avec à sa direction son ancien président, Zhuang Xiquan. L'association avait été fondée en 1950 dans les seules provinces du Fujian et du Guangdong. Ce n'est qu'en octobre 1956 qu'un Comité National de l'organisation a été créé. L'objectif était de regrouper l'ensemble des associations, régionales ou claniques. A cette époque, la Fédération possédait quatre-vingt représentations pour l'ensemble des districts et des municipalités. Selon les associations, le nombre des membres variait de deux cent à quatre milles inscrits. En 1989, elle avait des sections dans vingt-neuf provinces et plus de deux mille bureaux à l'échelon des districts [164].

La plus ancienne Fédération date de 1912. La Fédération des Chinois d'outre-mer (*Huaqiao lianhehui*) avait été fondée à Shanghai avec le soutien du président Sun Yat-sen, par les membres les plus anciens du *Tongmenghui*. Selon les statuts, celle-ci avait pour but :

> « D'associer les Chinois d'outre-mer à la politique d'unification du pays entreprise par le gouvernement. Il fallait aussi qu'elle se charge d'unir l'ensemble des associations des Chinois d'outre-mer pour maintenir une action concertée et concentrée vers la Chine. Elle devait enfin encourager le développement de la prospérité des Chinois d'outre-mer » [165].

A la différence de la Fédération fondée en 1912, les dirigeants communistes chargèrent celle de 1956 de s'occuper exclusivement des Chinois d'outre-mer de l'intérieur, ainsi que des familles d'émigrés. Sa mission fut d'établir des liens entre cette population et le Parti communiste. La Fédération créée par les communistes occupait une fonction de propagande et de contrôle. Au cours des années 1950, elle travailla en relation étroite avec la Commission des Chinois d'outre-mer et la C.C.P.P.C. D'ailleurs, les membres les plus éminents de la Fédération appartenaient aux institutions de l'Etat [166].

Les relations de la Fédération et des organisations étatiques sont à l'heure actuelle encore très étroites. Depuis 1978, des dirigeants tels que Hu Yaobang, Zhao Ziyang, Li Peng ou Deng Xiaoping ont assisté aux réunions nationales de la Fédération. La fonction de cette dernière reste principalement d'assurer la bonne application des politiques gouvernementales. Il s'agit « d'aider les départements concernés à concrétiser les mesures politiques adoptées à l'égard des Chinois d'outre-mer » [167].

L'intérêt économique, manifesté par les nouveaux dirigeants à l'égard des Chinois d'outre-mer, se reflète dans les tâches assignées à la Fédération. Elle a comme objectif :

> « de développer des activités économiques à l'extérieur en coopération avec les départements concernés, introduire de l'étranger des capitaux, des ressources intellectuelles, des équipements, des sciences et des techniques et créer un grand nombre d'entreprises mixtes sous diverses formes avec des Chinois d'outre-mer et des compatriotes de Hong-Kong et de Macao » [168].

La Fédération est chargée d'écouter les doléances des investisseurs d'outre-mer, de proposer à l'Assemblée Populaire Nationale et aux organismes administratifs concernés, l'adoption de mesures légales. Lien particulier entre les Chinois d'outre-mer résidant à l'étranger et l'administration chinoise, elle se consacre à l'accueil des « Chinois d'outre-mer qui sont venus en Chine soit pour y faire du tourisme, soit pour rendre visite à des parents et à des amis, soit pour perfectionner leurs études ou effectuer des échanges scientifiques et des activités sociales » [169].

Afin de mener à bien ces diverses attributions, la Fédération contrôle deux autres organisations : l'Association des Chinois d'outre-mer pour la Diffusion de la Culture Internationale (*Zhonguo huaqiao guoji wenhua liaoliuhui*) [170] ; et une maison d'édition, la *Huaqiao chuban gongsi* [171]. Le 18 août 1988, elle a fondé avec la Compagnie chinoise d'aviation, (la CAAC), la *China Commercial Services International*. La société est destinée essentiellement aux entrepreneurs Chinois d'outre-mer, « compatriotes » de Taiwan, Hong-Kong et Macao, auxquels elle fournit des services divers, tels que l'organisation de négociations commerciales ou la réservation de billets de transport [172].

La Fédération nationale des Chinois d'outre-mer de retour occupe une place privilégiée au sein des différentes institutions chargées des émigrés. A son côté, on retrouve en 1978, une organisation moins importante, le *Zhi Gong Dang*. Il s'agit du parti politique des Chinois d'outre-mer de l'intérieur.

Crée en 1925, à San Francisco par des Chinois résidant aux Etats-Unis, son bureau central fut transféré à Hong-Kong en 1931. Après la prise du pouvoir par les communistes, il a été incorporé aux institutions des personnes "patriotes et démocratiques". A ce titre, il a participé dès 1949, à la C.C.P.P.C. Aujourd'hui, c'est parmi ses membres, « les Chinois d'outre-mer rentrés dans le pays et leurs parents issus des couches moyennes et aisées » [173], que sont élus les députés représentant les Chinois de retour à l'Assemblée Populaire Nationale.

Dans les premières années du régime communiste, le *Zhi Gong Dang* devait :

> « conformément à la politique extérieure chinoise et à la politique à l'égard des Chinois d'outre-mer, assister et coopérer avec les organisations des Chinois d'outre-mer, pour la propagande et l'éducation des Chinois à l'étranger, et aussi unir, éduquer, et réformer les Chinois d'outre-mer de l'intérieur, les assister dans leur remodelage idéologique, les servir, les guider pour leur contribution à l'édification socialiste et à la libération de Taiwan » [174].

Le *Zhi Gong Dang* remplissait donc des fonctions identiques à la Fédération Nationale. Son activité s'exerçait en étroite relation avec les institutions gouvernementales. A partir de 1978, l'évolution des attributions de ce parti a suivi les nouvelles orientations de la politique du gouvernement et du Parti communiste.

> « Depuis quelques années, le *Zhi Gong Dang* attache de l'importance au développement économique, à la réforme et à l'ouverture. En 1990 et 1991, il a accueilli trois millions de Chinois d'outre-mer et de compatriotes

de Macao de passage sur le continent pour le tourisme, les affaires ou les congrès scientifiques. Il a également aidé à introduire quelques centaines de millions de dollars américains [...] »[175].

Le parti des Chinois d'outre-mer de retour en Chine s'intéresse plus particulièrement à tous les aspects législatifs. Ses membres siégeant à l'Assemblée Populaire Nationale, ainsi qu'à la C.C.P.P.C, il se consacre à la proposition de loi concernant les droits de cette catégorie de citoyens chinois, ainsi qu'à l'application des lois adoptées. Tout comme les autres institutions chargées de ces questions, il dispose de comités dans les provinces (quinze en 1992) et dans les municipalités autonomes, telle que Shanghai [176].

A l'image des institutions officielles chargées des Chinois d'outre-mer, la Fédération nationale des Chinois d'outre-mer de retour et le *Zhi Gong dang* ne se préoccupent plus de questions politiques ou idéologiques. Représentantes des intérêts des Chinois d'outre-mer de retour et des familles d'émigrés, elles demeurent un intermédiaire privilégié entre cette catégorie et l'administration, et au-delà, entre l'ensemble des émigrés chinois et le gouvernement.

L'attitude actuelle du gouvernement consiste à traiter politiquement et institutionnellement les Chinois d'outre-mer de manière particulière. La démarche cherche néanmoins à être plus adaptée à l'évolution des communautés émigrées dans leurs Etats d'accueil, tout en servant les espérances de la Chine (développement économique interne et réunification). Pour cela, les dirigeants utilisent les Chinois du continent liés à l'émigration qui deviennent les acteurs et les objets principaux de la représentation politique intérieure. Cette population semble tenir également une place importante dans la politique économique élaborée par les autorités pour l'ensemble des Chinois émigrés.

§.2 Un cadre économique intérieur privilégié

Lorsque les gouvernements souhaitèrent attirer les capitaux et le savoir faire des émigrés, leur action se concentra sur deux plans : le retour et les investissements. Les deux axes sont repris et adaptés dans la politique actuelle, puisque les dirigeants insistent sur l'action spontanée des émigrés (A) et s'efforcent d'attirer des investissements plus importants (B).

A / L'action économique spontanée favorisée

Les politiques menées en la matière touchent d'une part les relations personnelles entre le continent et les émigrés, et d'autre part l'objet de ces relations. Depuis l'ouverture économique, le gouvernement a choisi de libéraliser les contacts familiaux et culturels des populations liées à l'émigration. Les remises et les dons, qui font l'objet des contacts, sont privilégiés et honorés.

1) Libéraliser les contacts des familles du continent avec les Chinois d'outre-mer

Afin de faire renaître un flux économique important entre la Chine et les émigrés, les dirigeants ont choisi, à l'inverse de leurs prédécesseurs, de favoriser les contacts du continent et des émigrés. Cette stratégie rappelle celle des communistes au début des années 1950. La différence résulte de l'absence de volonté de modifier ces relations à long terme. Aujourd'hui, les dirigeants ne souhaitent qu'accroître ces liens. Cette politique se fonde sur la libéralisation des relations familiales, et des pratiques culturelles.

Condamnée pendant les "dix années noires" de la Révolution culturelle, les contacts épistolaires et les visites sur le continent, (ou bien en dehors), sont considérés comme un droit des Chinois d'outre-mer de retour et des familles d'émigrés. Autorisés depuis 1979, ils sont protégés par la Constitution adoptée en 1982 [177]. La loi cadre de 1993 reprend spécifiquement ce point dans l'article 20 :

> « L'Etat protège, conformément à la loi, les relations et les visites des Chinois d'outre-mer de retour, des familles de Chinois d'outre-mer avec des parents résidant à l'étranger. Aucune organisation, ni aucune personne ne peut limiter ou s'immiscer dans ces relations.
> La loi protège le secret et la liberté de correspondance des Chinois d'outre-mer de retour et des familles de Chinois d'outre-mer. Aucune organisation, ni aucune personne ne peut décacheter, dissimuler, détruire le courrier de ces personnes.
> L'administration des postes devra, conformément à la loi, dédommager et prendre des mesures de réparation, pour le courrier manquant, perdu, des Chinois d'outre-mer de retour ou des familles de Chinois d'outre-mer » [178].

La poste est l'un des moyens par lequel les émigrés choisissent d'envoyer à leurs familles de l'argent (mandat) ou, des biens de consommation, voire même de production. La protection de ce mode de relation permet ainsi d'en augmenter le volume.

Les dispositions prises concernant les contacts personnels, que ce soit à l'étranger ou bien en Chine, poursuivent un objectif similaire. Les articles 21 et 22 sont consacrés aux visites à l'extérieur des familles et des Chinois d'outre-mer de retour. Les formalités à remplir pour sortir du pays sont identiques à celles définies par la loi de 1986. Quelques situations particulières sont néanmoins prévues. Ainsi, l'article 21, al.3, précise que s'il s'agit d'une sortie lors d'un décès ou bien d'une maladie grave, le service de sécurité devra régler en priorité le dossier du demandeur [179].

La loi de 1993 entérine des formalités entrées en vigueur dès le début des années 1980. Le 9 avril 1982, le Bureau des Chinois d'outre-mer publiait un règlement sur la sortie du territoire de ces personnes. Les modalités de départ étaient facilitées. La durée du séjour à l'étranger était également plus longue que pour les autres citoyens. Ainsi, un émigré de retour ou un membre d'une famille d'émigrés pouvait bénéficier d'un semestre de vacances à l'étranger au sein de sa famille après quatre années de travail en Chine. Si le temps de travail était inférieur à quatre années, la période de vacances était ramenée à un mois tous les ans [180]. Cette décision constitue, encore aujourd'hui, un privilège particulier au regard des conditions requises pour sortir du territoire à des fins privées.

Les contacts entre les émigrés et leurs familles du continent ont été promus dans le sens inverse. Depuis l'ouverture, Beijing n'a cessé de stimuler le tourisme des Chinois d'outre-mer. La *Zhongguo Luxinshe*, l'agence de voyage pour les Chinois d'outre-mer, se charge de la création d'infrastructures d'accueil particulières, tels que des restaurants, des hôtels ou des agences de change [181]. Ces réalisations répondent à une importante demande des émigrés et de leur descendance. En une dizaine d'années (1978-1987), 106 562 Chinois d'outre-mer ont visité la terre de leurs ancêtres [182]. « De plus en plus, les descendants des émigrés, de la deuxième ou de la troisième génération », écrivait Brigitte de Beer-Luong, « sont curieux de faire connaissance avec le pays d'où sont partis leurs parents » [183].

Les transformations des modalités d'obtention des passeports, introduites en 1992, figurent parmi les actes destinés à faciliter l'accès de la R.P.C aux émigrés les plus récents. Le tourisme des Chinois d'outre-mer, des « compatriotes » de Hong-Kong ou de Taiwan permet à la Chine de réaliser directement d'importants gains en devises [184]. Les avantages amenés à la Chine par ce moyen sont aussi indirects. Le tourisme est devenu pour les Chinois de la diaspora, le principal moyen de convoyer de l'argent ou des biens qu'ils désirent faire parvenir à leurs familles ou parents demeurés en Chine. Lors d'un voyage dans la province du Guangdong en 1979, Elena Yu rencontra des Chinois de l'étranger qui n'hésitaient pas à dépenser jusqu'à 2 000 dollars US pour leur famille, pendant la durée de leur séjour [185].

Afin de créer de "nouveaux" liens familiaux, le gouvernement chinois permet aux Chinois de la diapora de renouer avec une ancienne pratique : le mariage avec un Chinois ou une Chinoise du continent [186]. Depuis le 10 mars 1983, les émigrés ou les descendants d'émigrés, ainsi que les Chinois de Hong-Kong et Taiwan, qu'ils soient ou non de nationalité chinoise, peuvent se marier avec un ou une ressortissante chinoise. Le règlement simplifie les démarches administratives relatives aux autorisations, ainsi que celles concernant le départ pour l'étranger du conjoint ou de la conjointe chinoise [187]. Les dispositions légales, concernant le mariage de ressortissants de la R.P.C. avec des Chinois d'outre-mer, répondent en fait à une demande de la population des provinces du sud. Les petites annonces matrimoniales, à destination des communautés émigrées, apparaissent de manière plus régulière dans les journaux chinois [188].

La démarche des autorités chinoises consiste à développer et à pérenniser les liens traditionnels, généralement familiaux. Elle est complétée par l'acceptation de la renaissance en R.P.C. des pratiques culturelles confucéennes.

Depuis la 3ᵉ session du XIᵉ Congrès du Parti communiste en décembre 1978, le gouvernement a adopté une politique plus souple à l'égard des manifestations culturelles et des pratiques religieuses traditionnelles. Aujourd'hui, elles ne font l'objet d'aucune restriction. Une telle mesure a permis à l'ensemble des Chinois et des minorités nationales de retrouver la liberté de conserver leurs coutumes. Elle a surtout favorisé l'essor des pratiques confucéennes populaires (culte des ancêtres, relations claniques) qui ont pu ainsi sortir de la clandestinité [189].

Le mouvement a été rapidement relayé par les Chinois émigrés. Les clans les plus importants ont exercé des pressions sur les gouvernements locaux pour accélérer la libéralisation des pratiques. Ainsi, en 1979, l'Association mondiale du Clan Guan et l'Association mondiale de Longgan, représentantes de familles originaires du Guangdong, ont demandé au gouvernement local, la permission de réinstaller sur le territoire chinois des institutions propres à leur clan. La requête fut acceptée en 1984. Les deux familles purent réouvrir le lieu de conservation des archives du clan, la "Bibliothèque", et organiser des commémorations officielles. A l'époque, l'administration imposait encore des limites. Les cérémonies devaient être considérées comme des fêtes de village et non pas comme des rites d'allégeance aux ancêtres [190]. Depuis, les rencontres et les cérémonies ont été encouragées par les autorités centrales. En juin 1986, à l'initiative et sur l'invitation de Beijing, le clan Rong, dont est issu Rong Yiren, a été réuni, dans la capitale. La délégation familiale regroupa deux cents membres de la famille et fut accueilli par Deng Xiaoping lui-même [191].

Deux années auparavant, la pratique du culte des ancêtres fit l'objet de nouveaux règlements. L'un d'eux aborde la question de la remise en état des anciens tombeaux familiaux. Afin de permettre aux descendants d'émigrés de venir honorer en Chine leurs ancêtres, l'administration a simplifié les entrées sur le territoire et les formalités administratives. Le règlement prévoit que les administrations doivent aider ces personnes, par exemple par la fourniture de matériaux de construction [192]. Le même mois, le Bureau des Chinois d'outre-mer publie un texte autorisant les Chinois de la diaspora à se faire inhummer en Chine. Une telle mesure apparaît assez exceptionnelle dans la mesure où depuis les années 1950, en raison de la rareté des parcelles cultivables, particulièrement dans les zones côtières, la crémation avait officiellement remplacé les enterrements traditionnels [193].

Le regain du culte des ancêtres apparaît comme un moyen d'attirer les Chinois émigrés, même pour un bref séjour, sur le territoire chinois. Le renouveau des pratiques confucéennes s'intègre dans un vaste mouvement qui a conduit à la réhabilitation de Confucius en R.P.C. Ses écrits et ses pensées ont fait l'objet d'une nouvelle étude. Nous verrons, dans le cadre du dernier chapitre, que ce mouvement est la principale manifestation d'une action culturelle à destination des émigrés.

La libéralisation des relations familiales doit permettre d'augmenter quantitativement le flux économique spontané. Dès la fin des années 1970, à côté de ce premier contingent de mesures, les autorités ont octroyé directement des encouragements à l'envoi d'argent, de biens et aux dons.

2) *Des mesures favorables aux remises et aux dons*

Les gouvernements ont toujours pris en considération les remises et les dons. Argents et projets "philantropiques" ont été l'objet de dispositions spéciales. Si cette action a été relativement constante, elle prend aujourd'hui une nouvelle envergure.

a) Avantages fiscaux et liberté d'utilisation des remises

La politique des autorités chinoises dans le domaine des remises est résumée dans les articles 18 et 19 de la loi de 1993. La réception d'argent par les familles et les Chinois d'outre-mer rentrés en Chine constitue la caractéristique économique principale de cette catégorie. Elle doit être protégée par la loi comme l'un des droits et des intérêts de ces personnes. L'article 19 de la loi de 1993 confirme cette position :

> « Les remises des Chinois d'outre-mer sont *un revenu légal* des Chinois d'outre-mer de retour et des familles d'émigrés; et ce droit de possession est protégé par la loi. [...] Aucune organisation, aucune personne, ne pourra s'approprier, détourner, différer le paiement, forcer à emprunter, bloquer ou confisquer illégalement cet argent » [194].

Les remises ne sont pas soumises à l'impôt sur le revenu. Cette exonération a été prévue officiellement dès le mois d'octobre 1980. Elle concerne les remises envoyées pour subvenir aux besoins des membres des familles, mais aussi l'argent provenant d'un héritage, ou bien l'argent rapatrié par, ou pour, un Chinois demeurant sur le continent [195].

Les sommes d'argent sont généralement envoyées en devises. Dès le début des années 1980, le gouvernement chinois avait « fixé un cours raisonnable des changes et établi des règlements favorisant le dépôt de devises et de yuans »[196]. Conformément au règlement sur le contrôle des changes de 1981 (Art.2), les devises devaient être vendues à la Banque de Chine, contre des yuans renminbi. Dès cette date, les Chinois d'outre-mer de retour et les familles d'émigrés bénéficiaient d'avantages. Ils pouvaient garder 10 % des devises, à compter de 3 000 yuans déposés [197]. Aujourd'hui une telle restriction n'existe plus, puisqu'il est permis à tous les Chinois justifiant de la perception de devises d'ouvrir un compte en monnaie étrangère.

L'utilisation des remises en Chine a fait l'objet de nombreux encouragements. Au début des années 1980, les faveurs accordées ne concernaient que l'achat de biens de consommation importés. Dès la fin des années 1970, les autorités locales des provinces côtières avaient réouvert des magasins spéciaux (Magasins de l'amitié), où le paiement était requis en devises ou en monnaie chinoise convertible (Foreign Exchange Certificate, F.E.C.). Seuls les touristes ou les étrangers pouvaient y avoir accès. Par contre, les Chinois d'outre-mer, dit "de l'intérieur", pouvaient y faire leurs achats [198]. Depuis le milieu des années 1980, les restrictions économiques ont remplacé les interdictions légales. Les biens importés peuvent être achetés par n'importe quel citoyen chinois, à condition qu'il ait des revenus suffisants.

Depuis l'ouverture, les administrations centrales ou provinciales se sont efforcées de répondre à une demande particulière des Chinois recevant des remises : l'acquisition de biens immobiliers. Les terrains, les maisons constituent un attrait important pour les Chinois d'outre-mer et leurs familles [199].

L'une des premières mesures prises par le gouvernement a été de restituer les maisons et les terrains confisqués pendant les années 1960. Au cours de l'année 1980, le Bureau des Affaires de l'outre-mer créa un service juridique spécifique. Il ordonna aux différents tribunaux de punir sévèrement ceux qui refusaient de rendre les propriétés de ces personnes. Dans son étude sur une communauté du Guangdong, Yuen Fong Woon note qu'entre 1981 et 1986, le gouvernement du Guangdong versa 100 millions de yuans aux personnes obligées de rendre les logements et les terrains [200].

Le 5 mars 1980, le Bureau des Affaires d'outre-mer élabora, en collaboration avec le Conseil des Affaires d'Etat et la Commission nationale pour le logement, un règlement sur l'utilisation des remises pour l'achat ou la construction de maisons. L'article 1 pose le principe de la protection légale du droit de propriété et du droit d'utilisation des biens immobiliers acquis par ce moyen. Les Chinois recevant des remises pourront acquérir des terrains, propriétés de l'Etat ou des communes, et les utiliser pour la célébration des cérémonies. S'il s'agit de la construction d'une maison, les administrations exempteront les futurs propriétaires des taxes sur les matériaux. Ils ne paieront pas d'impôts locaux et fonciers pendant une durée de cinq ans. Le règlement s'adressa aux familles des émigrés, mais aussi à « tous les compatriotes de Hong-Kong, Taiwan, Macao et à tous les étrangers de sang chinois » [201].

L'article 19 de la loi de 1993 affirme que :
> « Le droit de propriété et d'utilisation des Chinois d'outre-mer de retour, des familles qui utilisent leurs remises pour acheter ou faire construire un logement est garanti par la loi. Les gouvernements locaux et les administrations pourront accorder des encouragements particuliers aux Chinois d'outre-mer et aux familles qui construisent un logement, en ce qui concerne notamment, le lieu, les matériaux de construction ou la mise en chantier » [202].

Le problème de la libre disposition des biens immobiliers se posa assez rapidement. Du fait de leur place privilégiée dans la mise en oeuvre des réformes économiques et administratives, les municipalités de la province du Fujian et du Guangdong ont pu imaginer des mesures d'application dans ce domaine. En 1980, les autorités de la ville de Xiamen (Fujian) élaborèrent un règlement sur l'achat et la vente de propriétés privées dans le district. Les Chinois d'outre-mer, ainsi que ceux résidant sur le continent, pouvaient acquérir des biens immobiliers pour eux-même ou pour des tiers. Ils avaient la possibilité de louer, de vendre ou d'échanger les habitations à des personnes demeurant dans la même localité. Enfin, les propriétés pouvaient être incluses dans un héritage ou faire l'objet d'un don [203].

La question n'a cependant pas encore fait l'objet d'un règlement national spécifique [204]. Seule la loi générale de 1983 sur « la location privée des logements dans les villes et municipalités » posait quelques règles sur les rapports des locataires et du bailleur. Mais ce droit est encore embryonnaire. De plus, il concerne des bâtiments appartenant à des organismes publics [205]. La question de la location d'un logement entre particuliers, appartenant à la catégorie des Chinois d'outre-mer, a été soumise par la délégation des Chinois d'outre-mer de retour de la province du Guangdong à la Commission des Chinois de retour de l'Assemblée Populaire Nationale en avril 1994.

> « On a rendu le droit de propriété, mais il n'existe aucun droit sur l'utilisation. Beaucoup de propriétaires Chinois d'outre-mer ont reçu un titre de propriété pour des

maisons vides, et eux-mêmes n'ont pas besoin des logements. Le loyer atteint seulement quelque yuan au mètre carré, et cela depuis maintenant cinquante ans. Ainsi, la restitution du droit de propriété n'a pas résolu tous les problèmes » [206].

Bien que de nombreux problèmes se posent encore sur le droit d'utilisation des propriétés privées immobilières, il n'en demeure pas moins vrai que le gouvernement a accepté de leur octroyer ce droit. Les retombées attendues ont presque été immédiates, puisque dès les années 1980, de nombreuses maisons privées se sont construites dans les provinces côtières.

Outre l'achat de biens immobiliers, les remises peuvent être utilisées pour des activités économiques privées. L'article 9 de la loi de 1993 déclare que les droits et les intérêts de ces commerces ou de ces industries seront protégés par la loi [207]. Par ce moyen, les autorités espèrent pouvoir favoriser une coopération économique informelle entre Chinois du continent et Chinois de la diaspora. Elles accordent des avantages si les remises sont investies dans des domaines qu'elles jugent importants, tel que l'exploitation des fôrets, l'élevage et la pêche, (Art.9 al.2) [208].

Accentuant les pratiques existantes dans les années 1950, le gouvernement actuel encourage la réception de cet argent par des mesures fiscales plus avantageuses. Mais, il rompt avec la politique des années 1950 pour se rapprocher de celle des gouvernements républicains en laissant une entière liberté d'utilisation des remises. Sa volonté d'en augmenter le flux et les conséquences, le conduise à accéder aux requêtes des Chinois qui les perçoivent, notamment en ce qui concerne le choix des secteurs d'investissements de ces remises. Il semble que la politique menée par les dirigeants pour favoriser les dons des Chinois émigrés tende à suivre la même évolution.

b) Des dons honorés

L'action économique spontanée des émigrés a toujours pris la forme de dons destinés au clan, au village mais aussi à la province. Les dons sont le plus souvent définis comme des investissements dans les infrastructures (routes, ponts), mais aussi dans des oeuvres sociales (hôpitaux, temples), et éducatives. De nombreux auteurs se sont attachés à démontrer que l'origine des actions les plus importantes était essentiellement patriotique ou philanthropique. Il s'agirait pour les émigrés, une fois leur fortune faite, d'« acquérir prestige social et "face confucéenne" » [209]. Des études récentes s'efforcent de montrer que si l'esprit patriotique n'est pas inexistant dans ce type d'action, le contexte économique et social des Etats d'accueil joue un rôle déterminant [210].

Depuis la découverte du potentiel économique des émigrés au XIXe siècle, les gouvernements se sont en priorité intéressés à ces dons. Ils ont cherché à en amplifier le nombre et à les orienter. Les précurseurs de telles actions ont été les consuls de Singapour. Ils ont d'abord organisé des collectes auprès des émigrés pour des causes ponctuelles, telles que les catastrophes naturelles [211]. A partir de 1880, le drainage de fonds prend une nouvelle forme : la vente de titre impériaux. Cette pratique avait débuté en Chine dans les années 1840. Elle permit aux Qing de renflouer le trésor. Elle devint systématique outre-mer à partir de 1887. Cette année-là, le gouverneur général du Hunan et Hubei, Zhang Zidong, proposa au trône d'offrir des titres nobiliaires aux Chinois d'outre-mer en contrepartie du paiement des frais de fonctionnement des consulats et de la création d'une flotte de guerre pour les protéger. En octobre 1887, le *Lat Pao* publie la nouvelle législation chinoise, concernant les ventes de titres. Jusqu'en 1889, les transactions se firent de manière indirecte. Le paiement prit la forme de donations à des fonds de soutien. Par la suite, la liste des titres fut publiée dans les quotidiens chinois et des marchands chinois furent recrutés comme intermédiaires entre les acheteurs et l'administration chinoise [212]. « L'extension des "grâces impériales" était bienvenue des Chinois de Singapour et de Malaisie, traditionnellement discriminés par le gouvernement impérial » [213].

Les gouvernements républicains ont maintenu une politique de distinctions. Au cours des années 1930, le gouvernement de Jiang Jieshi publie quatre textes concernant les dons et les encouragements à octroyer. Ils prirent le plus souvent la forme d'octroi de siège dans diverses assemblées ou commissions, mais aussi de cérémonies commémoratives à l'égard des Chinois d'outre-mer ayant eu des gestes particulièrement généreux à l'égard du pays [214].

Le premier texte officiel sur les dons des émigrés publié par le Conseil des Affaires de l'Etat date du 14 septembre 1979. Il consiste essentiellement à interdire les pratiques instituées pendant les années 1960. Ainsi l'article 1 rappelle qu'aucune organisation ou aucune personne ne pourra, de manière directe ou indirecte, contraindre les émigrés à faire des dons. Les communes et les districts ne peuvent pas accepter des véhicules. Par contre, les biens entrant dans le domaine de la santé peuvent être reçus directement par les administrations des districts, des villages et des communes [215].

Tous les dons effectués sont reconnus publiquement. Les autorités locales ou centrales accordent des facilités pour les réalisations, telles que des autorisations spéciales ou la fourniture de matériel de construction. En 1989, dans un village du delta des perles (province du Guangdong), il ressort, d'après l'étude menée par Yuen Fong Woon, que sur dix installations d'eau courante, 20 % ont été financé par les autorités locales et

80 % par les Chinois émigrés. Ils ont contribué pour 80 % dans la construction de maison de retraite et pour 40 % dans celle d'écoles primaires, de collèges et de lycées [216].

La contribution des Chinois d'outre-mer au développement des établissements scolaires sur le territoire n'a jamais fait l'objet d'une attention particulière des autorités gouvernementales, [217] alors que leurs actions dans ce domaine a été assez importante. Plusieurs écoles ou universités ont été financées en partie, ou en totalité par des émigrés. Depuis 1978, le gouvernement encourage ce type d'action. Lors d'un discours prononcé en 1984, Deng Xiaoping affirmait, en se référant à la zone économique spéciale de Shenzhen :

> « Actuellement, on peut entreprendre au moins deux choses à Shenzhen : [...] et *la création d'une université grâce à l'utilisation des fonds amassés par les ressortissants chinois à l'étranger. Il appartient à ces ressortissants chinois de fonder une université, d'engager des professeurs étrangers hautement qualifiés et d'importer des installations d'enseignement, cette initiative permettra de former à notre intention un certain nombre de talents* » [218].

Les écoles et les universités créées par les Chinois d'outre-mer obtiennent le même statut que les écoles et universités du continent. Les fondateurs des écoles bénéficient d'une très grande liberté de gestion.

> « Le Conseil d'administration des écoles fondées par les ressortissants chinois a le droit d'engager ou de renvoyer les directeurs et les enseignants et de fixer leurs salaires » [219].

L'un des plus grands projets [220], réalisé depuis 1978, en matière d'éducation a été la création de l'université de Ningbo, dans le Zhejiang. Elle fut principalement financée par un armateur chinois de Hong-Kong, Bao Yugang, qui versa pour sa création 20 millions de dollars US. La municipalité a fourni gratuitement le terrain. En 1993, une étude souligne que malgré le décès de Bao, l'université reste financée par des Chinois d'outre-mer. Les enseignements sont orientés principalement vers les sciences appliquées. Les étudiants, 2 500 en 1993, sont relativement peu nombreux par rapport aux autres établissements [221].

L'université de Ningbo, construite comme celle de Shenzhen à côté des zones économiques spéciales, ou existante déjà sur un cite choisi à *posteriori* pour les réformes économiques comme l'université de Xiamen, devient le réservoir d'une main d'oeuvre formée spécifiquement pour travailler au sein des entreprises de l'outre-mer, ou en relation avec elles. Installées dans les régions d'origine des grands industriels philantropes, elles pratiquent généralement un recrutement local. Cette sélection permet d'avoir au sein des entreprises un personnel issu de la même région, et possédant parfois même entre lui des liens familiaux. C'est aussi le recrutement local qui est à l'origine de la constitution de réseaux. Il y a lieu de penser que les entreprises de l'outre-mer arrivent ainsi à reproduire, avec la main d'oeuvre du continent, le schéma de fonctionnement, et peut-être de réussite, de l'entreprise d'outre-mer, schéma fondé sur les liens familiaux ou régionaux.

Financées par les industriels, les universités sont également contrôlées par ces derniers, avec l'assentiment des administrations officielles. Une telle situation est à l'origine d'un contrôle social des étudiants par les entreprises. Il semble que cette évolution touche aussi les universités publiques. Lors des évènements de Tian'anmen en 1989, les manifestations étudiantes au sein de l'Université de Xiamen ont été interdites. Les étudiants nous ont appris que cette réaction se produisait à la demande des entreprises taiwanaises, fortement implantées dans la zone économique spéciale de la municipalité autonome. Ces mêmes entreprises avaient financé la création d'une section de Droit et d'Economie internationaux au sein de l'université au milieu des années 1980.

La politique actuelle en matière de dons consiste finalement à laisser une liberté importante dans le choix et la gestion des projets réalisés. Le principal encouragement est de montrer que les Chinois d'outre-mer pourront en tirer un bénéfice direct. Outre l'octroi d'une reconnaissance publique, ce gain est aujourd'hui économique. Les dons dans les infrastructures, [222] les oeuvres sociales et éducatives, tout comme l'envoi de remises, permettent une amélioration de l'environnement économique et social des principales zones de développement économique dans lesquelles ces mêmes Chinois d'outre-mer sont appelés à investir. Il s'agit pour les autorités de marier l'action traditionnelle des émigrés à un engagement financier et technologique plus important.

B / Une participation durable au développement

Depuis 1978, l'une des aspirations de la R.P.C. semble être de convaincre certains Chinois d'outre-mer, ressortissants ou non de la R.P.C., de rentrer de manière plus définitive sur le continent, afin de pouvoir utiliser leurs compétences et leurs capitaux. A cette fin, le gouvernement essaie d'élaborer une « politique de retour », à laquelle il associe un traitement particulier pour les investissements.

1) Une politique de retour des émigrés

L'appel de la R.P.C. a d'abord concerné uniquement les Chinois émigrés de longue date. Puis, ce sont les Chinois, généralement partis outre-mer avec un statut d'étudiant, qui ont fait l'objet des encouragements au retour en Chine. Les avantages proposés comprennent bien sûr les mesures décrites ci-dessus, destinées à favoriser l'action économique spontanée des émigrés à l'égard de leurs familles et de leur région. La « politique de retour » inclut néanmoins des points spécifiques. Ils concernent la situation matérielle en Chine des personnes qui désirent s'installer « plus définitivement », ainsi que l'éducation des enfants de Chinois d'outre-mer.

Les conditions de vie en Chine sont souvent plus difficiles que celles dans les Etats d'accueil [223]. Pour convaincre les émigrés ou leurs descendants de s'installer sur le continent, les autorités devaient essayer d'améliorer le cadre de vie intérieur des Chinois de retour et des familles d'émigrés. Ce fut l'une des premières revendications émises par certains d'entre eux, rentrés en Chine à la fin des années 1970 :

> « Il semble qu'au sein des Chinois d'outre-mer de retour, ce soit les Chinois d'outre-mer rentrés plus récemment, malgré un niveau de vie plus élevé, qui deviennent très vite mécontents de leur situation économique. C'est pour cela que malgré la nouvelle politique, le mécontentement au sein de ce groupe persiste et que les intellectuels appartenant à cette catégorie continuent à demander des visas pour quitter le pays » [224].

Les autorités chinoises ont accordé certains "privilèges" à ces personnes. Des mesures diverses ont d'abord été prises pour corriger les abus de la Révolution culturelle. Dans ce cadre, elles peuvent être assimilées aux dispositions prises pour l'ensemble de la population chinoise. Au début des années 1980, elles ont consisté principalement à lever les discriminations, en matière d'emploi, de logement ou d'éducation, pratiquées en fonction de l'appartenance sociale des individus [225]. Mais, d'autres encouragements ont été maintenus pour les Chinois d'outre-mer de retour et leurs familles, dans le but d'attirer d'autres personnes en R.P.C.

En matière d'emploi, l'une des faveurs accordées a été une majoration de salaire, pouvant aller de 10 à 100 yuans par mois. Au début des années 1981, les augmentations n'avaient pas d'autres justifications que celle du statut de Chinois d'outre-mer [226]. Elles sont aujourd'hui justifiées par la réintroduction des notions de compétence et de productivité. En 1983, le Bureau des Affaires de l'outre-mer publie un règlement, prévoyant que les Chinois de retour seraient embauchés de manière prioritaire avec des salaires correspondant à leurs capacités. La clause est reprise par l'article 15 de la loi de 1993, qui compte les étudiants, devenus par un séjour prolongé à l'étranger des "Chinois d'outre-mer", parmi les bénéficiaires des mesures.

> « Les organismes publics, les associations et les entreprises, sociétés publiques devront au moment de recruter des employés engager en priorité et à des

> conditions égales, les étudiants de retour au pays, les enfants des Chinois d'outre-mer de retour et ceux des familles d'émigrés. Les autorités compétentes devront leur assurer leur aide s'ils cherchent à occuper un emploi en Chine » [227].

L'article 4 étend ces clauses à tous les émigrés qui voudraient rentrer en Chine :

> « Les gouvernements locaux et les services compétents doivent fournir un emploi, selon les législations appropriées, aux Chinois d'outre-mer réinstallés en Chine » [228].

Depuis la fin des années 1980, le retour des étudiants chinois à l'étranger fait également l'objet d'attentions.

> « Comme beaucoup de post diplômés ont résidé longtemps à l'étranger, ils rencontrent souvent des difficultés dans leur vie de tous les jours, s'ils rentrent en Chine. A cause de cela, de nombreux instituts et unités de recherche essaient de faire leur possible pour les aider, en leur offrant, par exemple, des logements. L'Etat essaie aussi de les aider » [229].

Il propose de leur laisser plus de liberté dans le choix de leur emploi en Chine et de faire coïncider l'emploi avec le niveau de formation. Les chercheurs spécialisés dans un domaine technique qui ne peut, faute de moyen en Chine, être approfondi, auront la liberté de partager leur temps de travail entre la Chine et l'étranger. Enfin, des services particuliers de recherche d'emploi pour ces étudiants ont été récemment ouverts dans les grandes villes chinoises [230].

Dès 1983, le Bureau des Affaires de l'outre-mer prévoit que les Chinois de retour devront recevoir de manière prioritaire un logement. Ils ont été parmi les premiers "étrangers" à pouvoir loger au sein de la population. Ils bénéficient aussi, s'ils le désirent, des appartements et des résidences prévues pour les autres étrangers, étudiants, professeurs ou hommes d'affaires [231]. Nous avons ainsi rencontré en 1989 à l'université de Xiamen, un enseignant Chinois d'outre-mer, logé dans la même résidence que les professeurs "étrangers". Les politiques suivies en matière de propriété immobilière, et en particulier la concession du droit de propriété, complètent ces actions en leur permettant de bénéficier de conditions de vie meilleures que les autres citoyens.

La vie sociale des émigrés de retour est également améliorée, afin qu'ils puissent bénéficier d'un environnement similaire à leurs Etats d'accueil. C'est le cas, par exemple, de la vie familiale. Le 20 juin 1983, les autorités centrales publient un règlement sur la politique de contrôle des naissances appliquée aux Chinois de retour. Il prévoit à leur égard un assouplissement. Ainsi, si ces personnes n'ont eu outre-mer qu'un seul enfant, ils pourront donner naissance à un second enfant sur le territoire chinois. Ceux qui sont rentrés en Chine récemment, sans avoir eu d'enfants, pourront donner naissance à deux enfants [232].

L'activité associative des Chinois de retour est favorisée et garantie par la loi.

> « Les Chinois d'outre-mer de retour ainsi que les familles d'émigrés pourront créer des associations selon les modalités prévues par les lois en vigueur. Ils pourront entreprendre toutes activités légales, dont ils auront besoin pour s'adapter » [233].

La politique d'attraction menée par les autorités chinoises dans le domaine des conditions matérielles et sociales est étendue à l'éducation des descendants des Chinois d'outre-mer. Les enfants des Chinois d'outre-mer de retour disposent des mêmes facilités d'accès dans les écoles et les universités chinoises que les minorités nationales. Ces enfants sont admis aux examens d'entrée avec un minimum de dix points en deçà du total requis pour les autres enfants. Les droits d'inscription dans les universités sont identiques à ceux des autres Chinois (et non plus élevés), comme c'est le cas pour l'ensemble des autres étrangers [234].

Si la R.P.C. maintient aujourd'hui une « politique de retour » des émigrés, elle s'adresse de plus en plus aux seuls émigrés partis récemment du pays. Les dirigeants sont conscients que cet appel ne peut convaincre les plus anciens émigrés, intégrés de manière presque totale à leur Etat d'accueil. Par contre, elle essaie toujours de persuader certains d'entre eux, parmi les plus riches, d'apporter un soutien plus durable au développement de la Chine.

2) Les Chinois d'outre-mer, des investisseurs étrangers privilégiés

Les émigrés ont toujours demandé à ce que la Chine considère leurs investissements comme étrangers. Depuis 1978, les dirigeants ont accédé à cette requête répétée, tout en persistant à leur offrir des avantages complémentaires.

a) Une requête des Chinois d'outre-mer

Les riches marchands émigrés, sollicités par les gouvernements chinois, ont constamment demandé à la Chine de les considérer économiquement comme des étrangers. Cette requête touchait deux domaines. Le premier concernait directement le statut juridique des investissements. Le second était lié aux avantages attachés à ce statut. En qualifiant leurs investissements d'étrangers, les Chinois d'outre-mer entendaient bénéficier des mêmes privilèges économiques que ceux qui étaient accordés aux Occidentaux.

Dès 1903, le riche marchand chinois de Malaisie, Zhang Bishi, expliquait que les marchands chinois de l'outre-mer seraient plus favorables aux investissements en Chine, s'ils « pouvaient maintenir la nationalité ou le statut étranger qu'ils avaient acquis ». Ils seraient ainsi encouragés à « ramener leurs capitaux et leur savoir faire dans leur pays natal, en maintenant temporairement leur base légale d'opération et leur source première de capital dans les mers du Sud » [235]. A travers les propos de Zhang Bishi, on comprend que les marchands cherchaient à protéger leurs capitaux.

Ils voulaient sauvegarder leurs activités économiques en Chine des lourdeurs et des exactions de la bureaucratie. Selon Zhang Bishi, les marchands pourraient investir dans des projets élaborés par l'Etat, à la condition que l'administration n'exerce aucune exaction à leur encontre.

> « Les Chinois d'outre-mer ne développeront pas un intérêt profond pour la modernisation de leur mère patrie aussi longtemps qu'ils craindront les fonctionnaires peu scrupuleux. Il est absolument nécessaire pour le gouvernement chinois de mettre en oeuvre la protection qu'il a promis et de renforcer ces statuts » [236].

Outre des législations particulières, la protection et l'attraction des marchands nécessitaient la mise en place d'un environnement législatif structuré, à l'image de celui des Etats ou des colonies d'accueil. Le porte parole de ces riches négociants expliqua à la Cour qu'il fallait que les transactions et les investissements de l'outre-mer en Chine soient rentables. Pour cela, la Chine devait octroyer des avantages fiscaux. Les entrepreneurs émigrés voulaient être compétitifs par rapport aux autres étrangers et accroître ainsi leurs bénéfices.

Au début des années 1980, la position des Chinois d'outre-mer, des « compatriotes » de Hong-Kong, Macao et Taiwan apparaît identique. D'une part, leurs entreprises, surtout au sein des Etats d'Asie du Sud-Est se sont développées dans un environnement de libre échange et selon une logique capitaliste exacerbée. Beaucoup d'entre eux ont attendu le milieu des années 1980 et le début des années 1990 pour investir en Chine. Au début des années 1980, ils ont considéré que les investissements en R.P.C. ne présentaient pas de garanties suffisantes et ne fourniraient pas de bénéfices élevés [237].

D'autre part, les émigrés chinois et leurs descendants clament leur totale appartenance juridique à l'Etat d'accueil. Les Chinois d'outre-mer s'insurgent régulièrement contre ceux, et particulièrement les médias, qui parlent d'eux comme des Chinois et non comme des citoyens des pays

d'accueil d'origine chinoise. Lie Tek Tjeng, chercheur à l'Institut des Sciences de Djakarta, déclarait à propos des investissements en Chine :
> « Les médias parlent des investissements des Chinois d'outre-mer en Chine, mais ce n'est pas juste. Ce sont des nationaux indonésiens. Il est faux de parler de Chinois d'outre-mer, car cela sous-entend la nationalité chinoise » [238].

Les gouvernements chinois n'ont que très peu accédé à cette demande. Du début du XXe siècle aux années 1950, les privilèges accordés aux investissements des Chinois d'outre-mer prirent généralement la forme d'exemptions fiscales ou d'aides matérielles et administratives diverses. Les lois et les règlements sur la question prévoyèrent de faciliter les démarches administratives, d'accélérer l'octroi des autorisations nécessaires [239]. Les dirigeants ne pouvaient concevoir de traiter ces capitaux, parfois encore détenus par des ressortissants chinois, comme des investissements étrangers. Une telle conception allait à l'encontre de la volonté des gouvernements d'utiliser les capitaux et le savoir faire des Chinois émigrés pour des projets qu'ils avaient conçus ou qu'ils jugeaient stratégiques. En les considérant comme des étrangers, il était impossible de faire des émigrés des agents du développement économique au service de l'Etat. Avec l'instauration du régime communiste, la requête des investisseurs de l'outre-mer n'était plus concevable, ni dans la forme, ni dans le fond [240].

Depuis 1978, cette demande ne semble plus constituer un obstacle pour l'Etat. Les autorités acceptent non seulement de les considérer comme des investisseurs étrangers, mais aussi de leur conférer des avantages en raison de leur caractère chinois.

b) Investisseurs étrangers et chinois

Les modalités des investissements des Chinois d'outre-mer et des « compatriotes » de Hong-Kong, Macao et Taiwan font l'objet depuis le 18 août 1990 d'une législation particulière. Le règlement n°64 du Conseil des Affaires d'Etat a rassemblé dans un texte cadre, les mesures adoptées pour ces investissements depuis l'ouverture. Dans sa quatrième disposition, le texte rappelle le principe majeur sur lequel repose la politique de la R.P.C. en la matière :
> « Les investissements des Chinois d'outre-mer, des compatriotes de Hong-Kong, Macao, et Taiwan bénéficient entièrement du statut d'investissement étranger. Ce statut se rapporte notamment aux bénéfices dégagés, aux actions émises, aux loyers et aux autres revenus tirés des investissements » [241].

Depuis 1978, la plupart des législations concernant les investissements des Chinois d'outre-mer ont été insérées dans celles qui concernent l'ensemble des investissements étrangers. Si cette mesure est d'autant plus explicable aujourd'hui parce que de nombreuses entreprises appartenant à des personnes de descendance chinoise ont une nationalité étrangère, elle concerne aussi les Taiwanais et les Hongkongais et, semble-t-il, les ressortissants émigrés de la R.P.C. L'application de ce traitement concerne les zones géographiques des investissements, les modalités et la durée de création des entreprises (mixtes, coopération, étrangères), les secteurs, les exemptions fiscales. L'État s'engage auprès d'eux, comme auprès des autres étrangers, à ne pas nationaliser les investissements [242].

Outre l'octroi du statut d'étranger, les entrepreneurs chinois ou d'origine chinoise bénéficient d'encouragements particuliers qui s'ajoutent à ceux du statut précédent.

A l'intérieur des zones économiques spéciales, notamment celles des provinces du Fujian et du Guangdong, des emplacements sont spécialement prévus pour ces entreprises. Ainsi, les zones de Gushan, de Haicang et Xinglin dans le Fujian sont réservées aux Taiwanais, tandis que celle de Longqiao accueille les entreprises des Indonésiens. Dans le Guangdong, la totalité de la partie occidentale de la zone économique de Zuhai est occupée par les investisseurs d'origine cantonaise [243]. Depuis la fin des années 1980, les investisseurs de Singapour bâtissent pour leurs investissements une technopole à côté de Suzhou [244].

En février 1985, le Bureau des Chinois d'outre-mer adopte un règlement sur les préférences tarifaires. Les entreprises appartenant à des Chinois d'outre-mer, à des « compatriotes » de Hong-Kong, Macao et Taiwan bénéficient d'exemptions supplémentaires pour les impôts sur le revenu des sociétés. Elles ne paieront pas d'impôts pendant trois ans, après avoir commencer à faire des bénéfices. Ils seront redevables de 50 % des impôts lors de la quatrième année [245]. Les entreprises mixtes sino-étrangères sont exonérées totalement pendant une année, puis la déduction est de 50 % la deuxième et la troisième année [246]. Les investissements des Chinois de la diaspora ont donc une année supplémentaire d'exonération.

Les sociétés des Chinois d'outre-mer qui choisissent d'investir dans des zones sous développées, ou dans des domaines jugés stratégiques par le gouvernement, auront une déduction de 15 % à 30 % sur les impôts à payer [247]. Le décompte s'ajoute à celui prévu pour l'ensemble des sociétés étrangères qui investissent dans les conditions prévues. Ce dernier varie également entre 15 % et 30 % de la somme due [248]. Au total, les sociétés des Chinois d'outre-mer bénéficient d'une remise pouvant aller jusqu'à 60 % des impôts dus. Les autorités chinoises ont prévu de ne faire payer aucune taxe sur les bénéfices rapatriés à l'étranger par les sociétés des Chinois d'outre-mer, tandis que l'article 3 de la loi générale sur les impôts et taxes perçues auprès des entreprises mixtes sino-étrangères précise que toutes les sociétés étrangères devront verser une taxe de 10 % sur les bénéfices rapatriés [249].

Les réglementations centrales sont généralement complétées par des législations ou des mesures prises par les autorités locales. Les investissements des Chinois d'outre-mer se voient ainsi octroyer de nouveaux traitements de faveur. A la suite de la publication de la loi de 1986 autorisant les investissements totalement étrangers, le gouvernement de la province du Fujian a étendu les mesures préférentielles prévues. Certains des avantages sont destinés à tous les investissements étrangers, tel que l'autorisation donnée en 1988 d'implanter des usines rurales d'assemblage de produits pour l'exportation [250]. D'autres visent les seuls investissements des Chinois d'outre-mer. On peut citer, par exemple, l'exemption pour les Taiwanais du paiement des taxes durant quatre années, au lieu de deux années. Les entreprises de la République de Chine jouissent d'une réduction d'impôts pendant cinq ans, soit trois années de plus que pour les investissements étrangers. Enfin, les produits qu'elles fabriquent peuvent être vendus sur le marché chinois à concurrence de 30 % de la production au lieu de 10 % pour les autres entreprises [251].

L'une des dernières lois adoptées par l'Assemblée Populaire Nationale du Fujian concerna la protection donnée aux investissements taiwanais, malgré l'absence de relations officielles entre les deux rives [252]. Le texte de 1994 leur garantit la même protection que pour les autres entreprises chinoises et étrangères. Le gouvernement du Fujian accordent aux Taiwanais le droit d'utiliser le système juridique du continent pour se plaindre du non respect de ce texte ou de toutes autres malversations. L'article 10 prévoit que les bénéfices des sociétés pourront être rapatriés à Taiwan ou à l'étranger. De telles législations confirment le statut d'étranger des entreprises de l'île nationaliste.

L'évolution des réformes économiques vers une plus grande libéralisation a constitué, dans son ensemble, l'attrait principal pour les investisseurs d'origine chinoise. Le phénomène peut être illustré par le choix des domaines d'investissement. L'appel initial pour les industries à haute technologie a connu un succès plus que mitigé [253]. Les Chinois d'outre-mer ont choisi des investissements rentables à court terme.

La Chine de Deng Xiaoping a peu à peu accepté de transformer les zones économiques spéciales en ateliers de production pour ces entreprises. Le renforcement de l'orientation extérieure de la production de ces enclaves à la fin des années 1980 correspond à une augmentation des investissements productifs à forte intensité de main d'oeuvre. En 1990, les investissements directs des Chinois d'outre-mer dans le Guangdong concernant l'industrie comptaient pour 86 % de l'ensemble. Mais, ces industries utilisent peu de technologies. Le delta de la rivière des Perles est décrit comme un ensemble de petits ateliers de production de biens de consommation divers.

> « C'est à la base, un mouvement massif de *délocalisation* de la première génération industrielle, à forte intensité de main-d'oeuvre (textiles, jouets, appareil ménager) dont Hong-Kong et Taiwan se débarrassent vers un Continent où la main d'oeuvre reste une des moins chères du monde » [254].

Dans le même temps, les Chinois d'outre-mer, ceux de Hong-Kong et Taiwan particulièrement, ont orienté leurs capitaux vers des projets immobiliers, tels que la construction d'hôtels, de résidences et d'équipements touristiques [255]. En 1992, plus de la moitié des chantiers réalisés par les Chinois d'outre-mer se cantonnait dans ces domaines. Les autorités chinoises tendent aujourd'hui à modifier les législations concernant les biens immobiliers, afin d'augmenter l'arrivée des capitaux de l'outre-mer. Les étrangers, et les Chinois d'outre-mer ont aujourd'hui la possibilité d'acheter le droit d'utilisation des terrains.

> « Au début de 1988, imitant ce qui avait été fait à Hong-Kong au sujet de la location des terrains, la municipalité de Fuzhou a pris l'initiative de vendre publiquement aux enchères le droit d'utilisation des terrains. [...] A la fin 1993, on comptait 310 sociétés de biens fonciers et immobiliers à capitaux étrangers, avec des investissements d'ensemble de 2,2 milliards de dollars US » [256].

L'évolution de la législation immobilière chinoise amène certains auteurs à faire des parallèles avec les anciennes concessions étrangères. Si la majorité des transactions immobilières avec les étrangers se résume à la vente du droit d'utilisation, certaines concerneraient directement la propriété du sol. En février 1994, Beijing aurait signé avec Singapour un contrat concernant la cession d'un terrain de 70 m^2 pour une durée de soixante ans. La cité du Lion prévoit d'y bâtir des immeubles et d'y implanter des entreprises. Les projets de construction font l'objet d'une société mixte sino-singapouréenne [257].

L'attitude de ces investisseurs, d'origine culturelle semblable, s'apparente à celle de tous les investisseurs étrangers. Ils cherchent avant tout à rentabiliser les capitaux investis dans un projet. Leur logique économique est celle qu'ils ont hérité de leur environnement d'accueil. Pour pouvoir attacher les émigrés et leurs descendants au développement de la Chine, les dirigeants leur ont donné un meilleur statut que celui qu'ils accordent aux étrangers. Ils tendent également à accepter plus facilement leurs conditions.

Les « politiques de retour » et d'attraction des investissements suivent une démarche similaire. Pour pouvoir bénéficier en Chine du potentiel économique des émigrés, les dirigeants doivent leur offrir le même cadre d'exploitation que celui dans lequel ils l'ont acquis. Beijing se doit de leur faire miroiter des perspectives de gains supérieurs. L'octroi d'une reconnaissance politique et d'une singularité économique est devenue aujourd'hui, non plus seulement le symbole de l'acceptation par les dirigeants communistes de l'existence en Chine d'une catégorie sociale privilégiée, mais le moyen d'importer en Chine le modèle de développement existant au sein des communautés émigrées et des Etats d'accueil.

La prise en considération particulière dont les Chinois d'outre-mer et leur entourage font l'objet en R.P.C. est complétée par un ensemble de mesures et de décisions de politique extérieure, destinées plus particulièrement aux Chinois d'outre-mer dans leurs Etats d'accueil et aux gouvernements de ces derniers.

NOTES DU CHAPITRE 1

[1] La Commission des Chinois d'outre-mer a été créée en 1949. Pour un historique plus détaillé. *Cf.* §.2.

[2] Renmin Ribao (ed). « Quanguo qiaowu huiyi yubei hui zai jing juxin ». (Une réunion préparatoire de la Commission des Chinois d'outre-mer de tout le pays s'est tenue à Beijing). *Renmin Ribao*. 4 janvier 1978. pp.1 et 4. page 1.

[3] *Ibidem*. page 1.

[4] *Ibidem*. Ces agissements sont à présent reconnus par tous les dirigeants. Le 18 décembre 1989, lors de la IVe Conférence Nationale des Chinois d'outre-mer revenus de l'étranger, le secrétaire général du parti, Jiang Zemin reconnaissait « que la Chine avait autrefois commis quelques erreurs en réglant les questions concernant les Chinois d'outre-mer, en particulier pendant la révolution culturelle (1966-1976), époque à laquelle un grand nombre de ceux qui avaient des parents à l'étranger ont été persécutés ». *Cf.* « Importance accordée aux affaires des Chinois d'outre-mer ». *Beijing Information*. 25 déc.1989, page 7.

[5] Renmin Ribao (éd). *Quanguo qiaowu huiyi...*. op.cit., page 4.

[6] *Ibidem*.

[7] *Cf.infra*. Chapitre 2. Section 2.

[8] Cité par Fitzgerald. S., *China and the Overseas Chinese...*. op.cit., page 52.

[9] Département de philosophie de l'Université Zhongshan, Canton, *Démocratie nouvelle et socialisme*. Paris, Editions du Centenaire, 1980. 103 pages.

[10] République Populaire de Chine. *Constitution de la République Populaire de Chine*. Beijing. Ed. en Langues Etrangères. 1978. 51 pages. page 6.

[11] « La politique à l'égard de la bourgeoisie nationale. Extrait d'un discours d'Ulanhu. Janvier 1979 ». *Beijing Information*. n°7. 19 fév.1979. pp.11-16 et 23. page 13.

[12] *Ibidem*.

[13] « Commentaires d'industriels et de commerçants » *in La politique à l'égard de la bourgeoisie nationale...*. op.cit., pp.14-15. page 15.

[14] *La politique à l'égard de la bourgeoisie nationale...*. op.cit. page 16.

[15] «Commentaires d'industriels et de commerçants ». op.cit. page 14.

[16] Lu. Yun. «Que sont devenus les anciens capitalistes ? ». *Bejing Information*. n°40. 3 oct.1988. pp.25-27.

[17] *Cf. supra*, Première partie. Chapitre 1. Section 1.

[18] Wu. Natiao, « L'Association pour la Construction Démocratique de Chine oeuvre à promouvoir le développement économique ». *Beijing Information*. n°52. 28 déc.1992. pp.24-27. page 26.

[19] *Quanguo qiaowu huiyi...*, *op.cit.*, page 4.

[20] *Ibidem.*

[21] Cité par Fitzgerald. S., *China and the Overseas Chinese...* , *op.cit.*, page 90.

[22] *Ibidem*, page 4, note 20.

[23] *Quanguo qiaowu huiyi...*, *op.cit.*, page 4.

[24] *Les ressortissants chinois et les politiques...*, *op.cit.*, page 1.

[25] *Ibidem*, page 3.

[26] Han. Baocheng. « Fuzhou, lieu d'origine des Chinois d'outre-mer...», *op.cit.*, page 17.

[27] Song. Ong Siang. « Are The Straits Chinese British Subjects ? », *The Strait Chinese Magazine*, Singapour, Vol.III, n°10, juin 1899, pp. 61-67, page 64.

[28] Les seules références que l'on puisse trouver dans la législation de la dynastie Qing en matière de nationalité concerne le mariage des "filles des Bannières", c'est à dire les femmes appartenant à certaines classes nobles de race mandchoue. Les mariages contractés avec des Chinois (Han), avaient pour conséquence d'exclure la femme de la classe des Bannières. Chang. Chu Kuing. *Essai sur la nationalité chinoise* , Paris, Thèse pour le Doctorat en Droit, 1941, 149 pages, page 49.

[29] Hungdah. Chiu. « Nationality and International Law in Chinese Perspectives ». *Chinese Yearbook of International Law and Affairs*, Vol.9, 1990, pp.29-65, page 30.

[30] Tsai Chutung explique que la première loi sur la nationalité fut également adoptée pour des raisons de politiques intérieures. Dans les perspectives des réformes constitutionnelles (institution d'une monarchie constitutionnelle) en cours à cette date, la détermination du statut de la nationalité devait servir à désigner les futurs électeurs de l'assemblée. Mais, il est vrai que ce sont essentiellement les problèmes liés à l'émigration qui ont conduit le gouvernement mandchou, hostile aux réformes politiques demandées, à adopter cette loi. Tsai. Chutung. « The Chinese Nationality Law, 1909 », *The American Journal of International Law*, Vol.4, 1910, pp.404-411.

[31] Hungdah. Chiu. « Nationality and International Law... », *op.cit.*, page 31.

[32] Tsai. Chutung. « The Chinese Nationality Law, 1909 », *op.cit.*, page 407.

[33] Kammerer. A.. « La nouvelle loi sur la nationalité », *Revue de Droit International Privé et de Droit Pénal International*, Vol.5, 1909, pp.720-736, page 724.

[34] Propos du Ministre des Affaires étrangères chinois, cité par Tsai. Chutung. « The Chinese Nationality Law, 1909 », *op.cit.*, page 407.

[35] « Loi sur la Nationalité, 1909 », *Revue Indochinoise*, Tome XI, n°8, août 1909, pp. 812-818, pp.813-814.

[36] *Ibidem*, page 817.

[37] Kammerer. A.. « La nouvelle loi sur la nationalité », *op.cit.*, pp.731-732.

[38] Hungdah. Chiu.« Nationality and International Law... », *op.cit.*, page 34.

[39] Baudez. Marcel. « La nouvelle loi chinoise sur la nationalité du 18 novembre 1912 », *Revue de Droit International Privé et de Droit Pénal International*, Vol.10, 1914, pp.238-247, page 238.

[40] *Revised Law of Nationality*, Pékin, Publié par la Commission sur l'extraterritorialité, 1925, 21 pages, pp.1-2.

[41] Hungdah. Chiu. « Nationality and International Law... », *op.cit.*, page 35.

[42] « Loi du 5 février 1929 ». *Répertoire de Droit International.* Tome IX. 1931. pp.588-589. page 588.

[43] *Ibibem.*

[44] *Ibidem.* page 589.

[45] Décision du Yuan judiciaire. citée par Hungdah. Chiu. « Nationality and International Law... ». *op.cit..* page 41.

[46] Nous étudierons. plus en détail. dans le cadre du Chapitre 2. les problèmes de double nationalité et d'apatridie. rencontrés par la R.P.C. et les Etats asiatiques: ainsi que les modalités de leur résolution.

[47] Au début des années 1950. la question s'est posée de savoir si les communistes maintenaient la législation de 1929 sur le nationalité. L'article 17 du programme commun adopté en 1949. et qui fit office de constitution jusqu'en 1954. déclarait que la R.P.C. « abolissait toutes les lois. les decrêts. et le système judiciaire du gouvernement réactionnaire du Guomindang qui oppressent le peuple ». Il fit supposer que la Chine allait peut-être conserver la loi de 1929. puisqu'elle ne présentait aucun caractère oppressif. Mais. la pratique postérieure de la R.P.C. effaça cette possibilité. L'article 17 fut interprété de manière autoritaire. abolissant l'ensemble des textes antérieurs. Chen. J.A.. Hungdah. Chiu. *People's China and International law. A Documentary Study*, Princeton. Princeton University Press. 1974. 2 Vol.. 1790 pages. page 749.

[48] « Zhongguo renmin gongheguo guojifa ». (Loi de la République populaire de Chine sur la nationalité. 10 sept.1980) *in* Jin. Mousheng. *Zhonghua renmin gonheguo guojifa jianghua.* (A propos de la loi sur la nationalité de la République populaire de Chine). Beijing. Qunzhong chubanshe. 1981. 50 pages. pp.48-50.

[49] Le 2 septembre 1980. Peng Zhen rappelle dans son rapport de travail devant l'Assemblée Populaire Nationale. que la non reconnaissance de la double nationalité est : « [...] une politique constamment et clairement répétée par (le) gouvernement. Un nombre de ressortissants chinois résidant à l'étranger espère maintenir leur nationalité chinoise. Ce sentiment est compréhensible. Mais. dans l'intérêt à long terme des Chinois d'outre-mer. pour la réussite de leurs activités et leur vie quotidienne: ainsi que pour faciliter les relations sur ces questions entre la Chine et les autres Etats. nous croyons qu'il est préférable de stipuler la non reconnaissance de la double nationalité ». Peng. Zhen. « Rapport de travail devant le Comité permanent de Assemblée Populaire Nationale. 2 sept.1980 ». *Beijing Information.* n°39. 29 sept.1980. page 32.

[50] Le texte emploie l'expression « posséder la nationalité chinoise » et non pas « est chinois ». La langue chinoise possède plusieurs expressions qui se traduisent en français par "nationalité". La nationalité (min zu). utilisée pour former l'expression "nationalisme" (minzu zhuyi) désigne l'appartenance à une ethnie. Les "nationalités" de l'Etat "multinational" (duo minzu de guojia) sont les différentes ethnies. Han et les minorités. La nationalité (guo ji) qui est utilisée pour la loi sur la nationalité est l'appartenance juridique à un Etat. Ainsi. un citoyen chinois (gong min) possède la nationalité (guo ji) chinoise tout en étant de nationalité (min zu) han. hui ou autres. L'article 2 se traduit ainsi : « La République populaire de Chine est un pays multinational uni: quiconque appartient à l'une de ses nationalités (min zu) possède la nationalité (guo ji) chinoise ».

[51] *Ibidem.* pp.48-49.

[52] Ginzburg. George. « The 1980 Nationality Law of the People's Republic of China ». *The American Journal of Comparative Law.* Vol.30. n°3. été 1982. pp.459-498. pp.476-478.

[53] Gong. Qiuxiang. « Quelques problèmes sur le code de la nationalité ». *Beijing Information*. n°45. 10 nov.1980. pp.25-26. page 25.

[54] *Zhongguo renmin gongheguo guojifa*. op.cit., page 49.

[55] Tsien. Tche Hao. « Le droit de la nationalité... ». op.cit., page 589.

[56] *Cf supra* § 2.

[57] Tsien. Tche Hao. « Le droit de la nationalité... ». op.cit., page 591.

[58] *Zhongguo renmin gongheguo guojifa*. op.cit., pp.49-50.

[59] « République populaire de Chine-Loi sur la nationalité ». *Revue de Droit International et de Droit Comparé*. Tome LVIII. n°81. pp.312-320. pp.318-319.

[60] Cité in Silverstein. J.. Silverstein L.. « David Marshall and Jewish Emigration from China ». *The China Quarterly*. n°75. 1978. pp.647-654. page 652.

[61] Hua. Guofeng. « Rapport sur les activités du gouvernement... ». op.cit., page 118.

[62] Mooney. P.. Zyla M.. « Breaving the Seas and More. Smuggling Chinese into the US means big money ». *Far Eastern Economic Review*. 8 av.1993. pp.17-21. page 18.

[63] Collectif. « New Trade in Human Slaves ». *Newsweek*. 21 juin 1993. pp.20. 22-24. Au mois de février 1993. ce journal publie un article sur un cargo. appréhendé au large de la baie de San Francisco en décembre 1992. transportant à son bord 180 Chinois sans papiers. Collectif. « The New Boat People ». *Newsweek*. 8 fév.1993. page 26.

[64] Deron. F.. « Pékin tente de tirer profit de la nouvelle vague d'émigration clandestine et de la recrudescence de la piraterie ». *Le Monde*. juil.1993. ? page. Tout au long de l'été et de l'automne 1993. les médias internationaux s'emparent du problème. En France. l'hebdomadaire *Courrier International*. 23 sept. 1993. page 18. publie une traduction d'un article japonais. « Passeurs et clandestins en mer de Chine ». Mais ce sont également les médias taiwanais. chinois et américains qui s'intéressent à la question.

[65] Friedland. J.. « Traffic Problem. Rising tide of Chinese illegal immigrants worries Japan ». *Far Eastern Economic Review*. 4 août 1994. page 20.

[66] Baum. J.. « Human Wave. Rise in illegal immigrants from China alarms Taipei ». *Far Eastern Economic Review*. 5 août 1993. page 24.

[67] Lintner. B.. « Rocks and a Hard Place. Forgotten China immigrant ship rusts off Thailand ». *Far Eastern Economic Review*. 9 sept.1993. pages 26 et 28.

[68] Collectif. « New Trade in Human Slaves ». *Newsweek*. op.cit., page 22.

[69] Deron. F.. « Pékin tente de tirer profit de la nouvelle vague d'émigration... ». op.cit.

[70] Cité par Huus. K.. « Plant a Tree in America. An anti-emigration-drive seems to fail ». *Newsweek*. 16 août 1993. page 35.

[71] Les migrations internes se caractérisent par des mouvements massifs et spontanés de population rurale. « A Shanghai. Guangzhou. dans les villes du delta des perles. dans la zone économique spéciale de Shenzhen. dans le sud du Jiangsu. dans les villes côtières du Shandong. les paysans employés à titre temporaire se comptent par milliers ». Feng. Lanrui. « Comparaison entre les deux grandes vagues de chômage en Chine pendant la dernière décennie ». *Revue Internationale de Science Sociale*. fév.91. pp.201-218. page 207. Elles obligent parfois les autorités locales à prendre des mesures d'expulsion. comme ce fut plusieurs fois le cas dans le Guangdong et le Fujian. à la fin des années 1980. « Population itinérante difficile à contrôler ». *Beijing Information*. n°4. janv.88. pp.10-11.

[72] Cité par Mooney. P.. Zyla M.. « Breaving the Seas and More... ». op.cit., page 19.

[73] Baum. J.. « Human Wave... ». *op.cit.*. page 24.

[74] L'un des Chinois rescapé du naufrage de juin 1993 a été interrogé par l'hebdomadaire Newsweek après son rapatriement en Chine. « En comparant avec le niveau de vie chinois. Zhang Yi est un nanti. L'entrepreneur de vingt ans dirige un établissement de bain public qui rapporte bien. Sa maison. en brique. spacieuse possède une télévision couleur. un réfrigérateur et un téléphone ». Huus. K.. « Plant a Tree in America... ». *op.cit.*. page 35.

[75] *Ibidem*.

[76] La police maritime de Taiwan fait régulièrement part de sa perplexité face à la facilité qu'ont les clandestins pour quitter la Chine. Elle pense que cette aisance est en contradiction avec le système de défense militaire côtier existant en Chine. « Alors. déclarent-ils. si les Chinois surveillaient mieux les environs de Pintang (principal foyer des départs). qui est devenu la "bouche du serpent". il ne serait pas aussi facile de quitter le pays ». Tanaka. K.. « Passeurs et clandestins en mer de Chine », *op.cit.*, page 18.

[77] Ri. Jinshan. « Zhongguo zhengfu yiguan fandui feifa yiming ». (Le gouvernement chinois est strictement opposé à l'émigration illégale). *Fujian Qiaobao*. 20 juin 1993. page 3.

[78] *Ibidem*.

[79] Huus. K.. « Plant a Tree in America... ». *op.cit.*. page 35. En 1994. les autorités locales des provinces côtières ont accepté. à la demande pressante des autorités japonaises. de prendre de nouvelles mesures à l'encontre des clandestins. Elles ont décidé. principalement. d'augmenter de 3 000 à 30 000 yuans (30 000 FF) l'amende à payer par l'émigré clandestin rapatrié. Les émigrés clandestins ramenés en Chine sont détenus par la sécurité publique et ne peuvent sortir de prison qu'à la suite du paiement de l'amende. Le système donne lieu à des abus. notamment dans les sommes d'argent demandées par les autorités. Friedland. J.. « Traffic Problem... ». *op.cit.*.page 20.

[80] Huus. K.. « Plant a Tree in America... ». *op.cit.*. page 35. Depuis le début des années 1990. les campagnes contre l'émigration se développent au plan national. On assiste en Chine. à l'apparition. assez intéressante. d'un courant littéraire de l'émigration. Les écrivains. parfois anciens émigrés eux-mêmes. décrivent l'ensemble du processus de l'émigration. les rêves et la vie dans le pays d'accueil. qui n'a rien d'idyllique. Ces romans sont traduits en langues étrangères. Il nous est difficile de dire si cette littérature a un impact particulier sur la population. *Cf*. entre autre. Cao. Guilin. *Pour le meilleur et pour le pire*. Beijing. Ed. Littérature Chinoise. Coll. : « Panda ». 1994. 367 pages.

[81] « Feifa yiming shi guoji wenti ». (L'émigration illégale est un problème international). *Fujian Qiaobao*. 4 juil.1993. page 3.

[82] Selon Deron. cette phrase. fréquemment utilisée par Beijing. illustre la volonté des dirigeants communistes d'obtenir des contreparties dans des négociations. Le journaliste rapporte les propos d'un confrère taiwanais. qui parlait alors de "chantage". Deron. F.. « Pékin tente de tirer profit de la nouvelle vague d'émigration... ». *op.cit.*.

[83] « Feifa yiming shi guoji wenti ». *op.cit.*.

[84] « Lutte contre l'émigration illégale ». *Beijing Information*. n°26. 28 juin 1993. pp.5-6. page 6.

[85] Depuis 1992. deux législations ont conduit la mafia japonaise à s'intéresser au commerce des entrées clandestines. La loi anti-gang limite l'activité des *yakuzas* dans les trafics traditionnels. tels que la drogue ou la prostitution: parallèment une nouvelle loi facilite l'accès aux marchés financiers. La mafia japonaise a donc du diversifier ses activités. Friedland. J.. « Traffic Problem... ». *op.cit.*.page 20.

[86] Lintner. B.. « Rocks and a Hard Place... ». *op.cit.*,page 27.

[87] En février 1993. les autorités chinoises avaient déjà déclaré qu'elles étaient prêtes à prendre des mesures plus strictes envers les passeurs et les émigrés. Mais. selon les autorités chinoises. ces mesures n'auraient eu que très peu d'impact, car les Etats-Unis s'obstinaient à refuser de déporter les clandestins vers la Chine. Collectif. « New Trade in Human Slaves ». *op.cit..* page 26.

[88] Deron. F.. « Pékin tente de tirer profit de la nouvelle vague d'émigration... ». *op.cit..*

[89] En 1992. les autorités américaines estimaient que sur les 100 000 citoyens chinois présents sur le territoire. 85 % d'entre eux seraient arrivés illégalement. Par ailleurs. chaque année. il y aurait environ 50 000 Chinois qui pénètreraient sur le sol américain de manière clandestine. Selon ces chiffres. en 1994. il y avait plus de 200 000 Chinois clandestins aux Etats-Unis.

[90] Collectif. « New Trade in Human Slaves ». *op.cit.*, page 26.

[91] Wu. I.. « Grounds for Refuge. Women benefit as U.S.. Canada ease asylum policy ». *Far Eastern Economic Review.* 11 août 1994. page 24.

[92] Wang. Qisheng. « High and Low Tides in Studying Abroad ». *in* Collectif. *China's Policy Towards Overseas Students*. Beijing. Beijing Review Press. Coll. : « Issues and ideas ». n°11. 1989. 40 pages. pp.17-28. page 27.

[93] *Ibidem.*

[94] Interview de Yu. Fuzeng. « Overseas Students : the World of Education ». *in* Collectif. *China's Policy Towards Overseas Students*. *op.cit.,* pp.8-16. page 12.

[95] Friedland. J.. « Traffic Problem... ». *op.cit.*,page 20.

[96] « Law of the People's Republic of China on the Control of the Exit and Entry of Citizens. 1st Feb.1986 ». *in* Legislative Affairs Commission of the Standing Committee of the National People's Congress of the People's Republic of China. (compiled). *The Laws of the People's Republic of China. 1983-1986*. Beijing. Foreign Language Press. 1987. 360 pages. pp.197-200.

[97] *Ibidem.* page 198.

[98] Il existe en Chine trois types de passeports : celui des Affaires étrangères. celui des Affaires générales et enfin le passeport ordinaire. Il existe également deux catégories de passeports ordinaires : celui délivré pour affaires publiques et celui relatif aux affaires privées. En 1993. ce dernier passeport a fait l'objet d'une nouvelle présentation. afin de lutter contre la circulation de faux passeports. Tous ceux qui détenaient des passeports privés ont du se rendre aux organes de sécurité publique pour les changer. Cette mesure s'est en priorité appliquée dans les provinces du Fujian et du Guangdong. « Wo sheng qiyong yin sifa xinban huzhao ». (Notre province met en circulation les nouveaux passeports pour affaires privées). *Fujian Qiaobao.* 4 av.1993. page 1.

[99] « Chuguo liuxue. huzhao. qianzheng de shenban chengxu ». (Procédures de demande d'un visa et d'un passeport pour aller étudier en dehors du pays). *Fujian Qiaobao.* 11 av.1993. page 2.

[100] *Ibidem.*

[101] « Fu haiwai tanqin fangyou zhinan ». (Guide pour se rendre à l'étranger afin de rendre visite à un parent ou à un ami. I et II). *Fujian Qiaobao.* 4 av.1993. page 3. 11 av.1993. page 3.

[102] *Ibidem.* I. page 3.

[103] « Chi Jianada xuesheng qianzheng ». (Formalité de demande d'un visa pour aller étudier au Canada). *Fujian Qiaobao.* 6 mars 1994. page 3. « Fu Mei liuxue wenda ». (Questions-réponses pour aller étudier aux Etats-Unis). *Fujian Qiaobao.* 4 sept.1994. page 3.

[104] *Ibidem.*

[105] « Des facilités pour les passeports chinois ». *Beijing Information.* n°29. 20 juil.1992. pp.7-8.

[106] *Ibidem.*

[107] La presse écrite a été notre principale source d'information : nous avons porté une attention particulière aux journaux spécialisés des provinces traditionnellement pourvoyeuse de la diaspora, tel que le *Fujian Qiaobao.* (le Journal des Chinois d'outre-mer du Fujian). Assez souvent, les informations données sont reproduites dans d'autres journaux, nationaux tel que le *Renmin Ribao,* ou régionaux, tel que le *Guangdong Ribao.*

[108] Les articles concernent les Etats-Unis et le Canada, mais aussi la Nouvelle-Zélande: « Xinxilan jifen yiming ». (Les quotas d'immigrés prévus par la Nouvelle Zélande). *Fujian Qiaobao.* 9 jan.1994. page 3; et l'Australie: « Aozhou zhengfu youli yiming xinli ». (A propos d'un nouveau règlement du gouvernement australien sur l'immigration). *Ibid.* 13 mars 1994. page 3.

[109] Le 4 sept. 1994. l'hebdomadaire fait paraître un article concernant les nouveaux règlements publiés par le gouvernement indonésien. Les autorités de l'archipel ont décidé de réduire les limitations d'entrées touristiques des Chinois du continent. Comme nous le verrons dans le chapitre 4, ces mesures sont intervenues après la reprise des relations diplomatiques entre les deux Etats en 1990. Elles illustrent un profond changement d'attitude du gouvernement indonésien à l'égard de la communauté chinoise et à l'égard de la Chine. « Zhongguo youke ruying yindu fangkuan xiangzhi ». (Règlement indonésien concernant l'élargissement des entrées de visiteurs chinois en Indonésie). *Ibid.* 4 sept.1994. page 3.

[110] « Jianada ni gaibian yimin zhengce. Yue 4 000 ming zhonguoren jiangbei qiansong huiguo ». (Le Canada réorganise sa politique d'immigration. Environ 4000 Chinois incités au rapatriement). *Ibid.* 14 août 1994. page 3.

[111] « Feilubin fagei zhonguoren duozhong rujing qianzheng ». (Les Philippines offrent un plus grand nombre de visas d'entrée aux Chinois) *Ibid.* 14 août 1994. page 3.

[112] Une série de trois articles est parue en 1994 sur les moyens d'aller étudier à Singapour. « Xinjiapo liuxue qianzheng zuixin guiding ». (Une toute nouvelle législation sur les visas d'études à Singapour). *Ibid.* 5 juin 1994. page 3; « Shenqing fu xinjiapo liuxue dadu zhewen ». (Questions et réponses sur les demandes pour aller étudier à Singapour). *Ibid.* 19 juin 1994. page 3; « Fu xinjiapo guoli daxue liuxue dayi ». (Réponses sur les études à l'Université nationale de Singapour). *Ibid.* 17 juil.1994 page 3.

[113] « Huaren di meihou zenyang kanbing ? ». (Comment faire si un Chinois est malade aux Etats-Unis ?). *Ibid.* 7 août 1994. page 3. L'article dépeint le système de santé des Etats-Unis, en insistant sur son coût. La volonté de montrer une image moins idyllique des Etats-Unis est, bien sûr, sous-jacente. L'article insiste sur le fait que les émigrés enregistrés auprès des consulats et ambassades peuvent bénéficier plus facilement de soins médicaux.

[114] En 1993, un article est paru dans le *Fujian Qiaobao* sur l'obligation pour les étudiants chinois aux Etats-Unis d'aller retirer auprès de l'ambassade un certificat jusitifiant de leurs activités sur le territoire américain. Cette mesure visait, en collaboration avec les autorités américaines, à recenser les émigrants chinois clandestins, mais aussi à rassurer les autres

ressortissants sur les contrôles plus systématiques des services américains de l'immigration. « Mei liuxue qianzheng cai liao ». *Ibid*. 27 fév.1994. page 3.

[115] « Fumei liuxue keneng juqian de yuanyi ». (Causes des refus de visas pour aller étudier aux Etats-Unis). *Ibid*. 22 jan.1995. page 3.

[116] Les examens sont organisés dans différents centres ou administrations publiques de la région. Chaque examen est payant. Par exemple, pour s'inscrire et passer le TOEFL, il faut verser 100 yuans (100 FF). Aucune autre condition (d'âge notamment) ne semble être requise pour passer ces examens linguistiques. *Ibid*. 8 mai 1994. page 3.

[117] L'article ne décrit que les conditions demandées par l'ambassade des Etats-Unis. Nous n'avons pas pu trouver, comme dans le cas des étudiants autofinancés ou des visites familiales, de règlements officiellement publiés. Sans doute, ce moyen d'émigration est-il trop récent et encore soumis à de trop fortes restrictions pour faire l'objet d'une information publique complète. « Ruhe shenqing fumei duanqi gongzuo qianzheng ». (Comment faire pour demander un visa de courte période pour aller travailler aux Etats-Unis). *Ibid*. 25 juil.1993. page 2. En janvier 1994, le journal publie à nouveau un article sur cette question. Il s'agit là encore d'un texte décrivant les procédures américaines. « Fumei gongzuo yimin leibie de shenqing shouxu ». (Classification des demandes de visas pour aller travailler aux Etats-Unis). *Ibid*. 16 jan.1994. page 3.

[118] Les étudiants chinois, et spécialement les étudiants autofinancés, doivent se rendre au consulat chinois ou à l'ambassade pour demander une autorisation afin d'occuper un emploi sur le territoire japonais. Ils doivent pour cela justifier d'une inscription dans une école ou dans une université. La nouvelle mesure prend en compte le fait que la majorité de ces étudiants essaient de trouver sur place un emploi, pour vivre et rembourser les frais de scolarité. Certains abandonnent même leurs études au profit d'un emploi. D'autres ont utilisé le prétexte des études pour pouvoir travailler à l'étranger. La règlementation chinoise vise à recenser, avec l'aide des autorités locales, les émigrés clandestins au Japon. ainsi que ceux qui occupent clandestinement un travail. Il semble que la procédure imposée par la R.P.C. ne puisse pas avoir de réel impact. En effet, il est difficile d'imaginer qu'un étudiant occupant déjà un travail clandestin, ou bien encore un immigré clandestin, se rendent auprès des autorités officielles pour demander le document. « Liuri dagong xuzhi ». (Ce qu'il faut savoir pour occuper un emploi au Japon en tant qu'étudiant). *ibid*. 25 déc.1994. page 3.

[119] « Zhonguo dalu ren shenqing yiyi reng biyi ». (Les demandes des Chinois du Continent pour aller résider (au Canada) ne sont pas encore facilitées). *Ibid*. 4 av.1994. page 3.

[120] « Malaixiya jipin shizhong jigong ». *Ibid*. 2 fév.1994. page 3.

[121] Trofimov, Y., « No Promised Land. Chinese workers find little joy in Israel ». *Far Eastern Economic Review*. 3 août 1995. page 28.

[122] Li, Koue-tsai. *Règlementation internationale de l'émigration* , Lyon. Thèse pour le Doctorat de l'Université. 1928. 221 pages. pp.66-75.

[123] Le gouvernement chinois institua en 1917 un "Bureau des travailleurs chinois à l'étranger" (*Qiaogong shiwuju*). Il fut remplacé en 1922, par le "Bureau des affaires de l'outre-mer" (*Qiaowu ju*) dont les attributions étaient élargies à l'ensemble des questions liées aux émigrés. *Beiyang zhengfu shiqi* . (La période du gouvernement du Nord). Beijing, pp. 160-165. On est mieux informé sur les conditions d'embauche des ouvriers en Chine que ne le laisse suggérer les propos de Live Yu-Sion. Live, Yu-sion. *La diaspora chinoise en France: immigration, activités socio-économiques, pratiques socio-culturelles* , Paris. Thèse de Doctorat en Sociologie. 1991. 824 pages. pp.81-135. page 81. L'organisation du recrutement et la question de la réinsertion en Chine des ouvriers firent l'objet d'une

règlementation. Les deux premiers datent du 21 avril 1918. Ils concernent les modalités générales de l'émigration sous contrat (*Qiaogong chuyang tiaolie*) et la constitution des agences de recrutement (*Mugong chenglan ren qudi guize*). Le troisième est un décrêt ministériel du 3 mai 1918 traitant des clauses à inclure dans le contrat que devaient signer les ouvriers (*Qiaogong hetong gangyao*). Ces trois textes sont reproduits *in* Chen. Hangsheng. *Huagong chu guo ziliao...* . Vol.1. Tome 2. *op.cit.*, pp. 1815-1820. Enfin. en 1919. le gouvernement promulgua un règlement sur les questions de l'octroi d'un travail en Chine pour les ouvriers revenant de France et d'Angleterre (*Anzhi huiguo huagong zhangcheng*). « Anzhi huiguo huagong zhangcheng » (Règlement concernant l'octroi d'un emploi aux travailleurs chinois émigrés de retour en Chine). *in* Collectif. *Huaqiao shijie...* . *op.cit.*, page 326.

[124] «Gongren chuguo tiaolie. 21/10/1935». (Loi concernant les travailleurs émigrés). *in*. Zhonghua Minguo Zhengfu. Qiaowu Weiyuanhui. *Qiaowu fagui. op.cit.*, pp.22-23: «Chuguo gongren guyong shiye gangyao. 6/11/1936». (Grandes lignes concernant les contrats des salariés émigrés). *in Ibidem.* page 25: «Mugong chenlanren qudai guize. 6/11/1936». (Règlement sur les entreprises de recrutement). *in Ibidem.* page 26.

[125] La sélection des émigrés se faisait surtout pour les départs à destination de pays qui limitaient l'immigration chinoise. La démarche est similaire aujourd'hui. La différence réside dans le nombre plus importants des Etats restreignant l'immigration sur leur territoire. Sous le gouvernement de Nanjing. deux législations importantes avaient été élaborées concernant les conditions de départs des Chinois: l'une pour l'Australie et l'autre pour les Etats-Unis. « Zhongguo fu Ao renmin zhengming ji xuke banfa. 17/03/1948 ». (Mesures concernant les permis et les autorisations d'émigrer en Australie). *in* Zhonghua minguo zhengfu. Qiaowu Weiyuanhui *Qiaowu fagui. op.cit.*. page 18; « Fu mei yimin shencha guize ». (Règlement pour l'examen de l'émigration en direction des Etats-Unis). *in Ibidem.* page 17.

[126] Percevant les départs de ses ressortissants comme une perte pour la Nation. les autorités italiennes espéraient en tirer certains avantages en sélectionnant les candidats. La préparation des émigrés devait leur permettre une meilleure adaptation dans le pays d'accueil et garantir à l'Italie une retombée. politique ou économique. positive. Mais. la comparaison avec les autorités chinoises résidait surtout dans les tentatives de contrôle des communautés émigrées dans leurs pays d'accueil. Nous reviendrons sur ce domaine de la législation chinoise dans le dernier chapitre.

[127] Cité par Bijard. Laurent. « Wenzhou-Belleville... et retour ». *Le Nouvel Observateur*. n°1535. 7 au 13 av.1994. pp.70 et 71. L'article décrit l'histoire d'un de ces Chinois. parti en France dans les années 1980. A Paris. il dirigeait un atelier de confection « où transpiraient une vingtaine d'ouvriers. Tous des ''Wenzhou''. clandestins. payés au noir et à la pièce ». Après avoir ''fait fortune '', il est rentré en Chine où il a ouvert un restaurant-discothèque dans sa ville natale. Sur la communauté chinoise en France. *Cf.* l'excellente étude de Live Yu-Siong. « La diaspora chinoise en France... ». *op.cit.*.

[128] Interview de Yu. Fuzeng. « Overseas Students... ». *op.cit.*, pp.10-12.

[129] « Zhonghua minguo guohui zuzhi fa ». (Loi organique de l'Assemblée nationale de la République de Chine. 10 août 1912). *op.cit.*, note 80. page 45.

[130] « The Nanking Provisional Constitution. March. 11. 1912 ». (Art.16-28). *in* Tyau. T.Z.. *China's New Constitution and International Problems*. Shanghai. Commercial Press Ltd. 1920. 298 pages. pp.287-291.

[131] Chen. Wan Li. *Les développements des institutions politiques de la Chine depuis l'établissement de la République (1912) jusqu'à nos jours (1925)*. Paris. Thèse de Doctorat en Sciences Politique et Economique. 1926. 182 pages + tables, page 74.

[132] Cheng. Cheng Yen. *Les principaux mouvements constitutionnels en Chine de 1897 à 1935*. Lyon. Imprimerie P.Féréol. 1936. 156 pages. pp.48-49.

[133] Après une deuxième dissolution du parlement en 1917. un Conseil provisoire. constitué par le gouvernement, a apporté des modifications à la loi organique du parlement. Chen. Wan Li. *Les développements des institutions politiques...*. op.cit.. pp.76-79.

[134] Les travaux pour l'élaboration et l'adoption d'un texte constitutionnel formel ont débuté en 1934. Cette année-là. le Conseil législatif est chargé d'élaborer une constitution. Le texte provisoire est publié le 16 octobre 1934. Il précisait que les émigrés devaient élire des représentants au sein du Congrès national. l'équivalent d'une assemblée parlementaire. Ils étaient également présents au Conseil législatif. Cheng. Cheng Yen. *Les principaux mouvements constitutionnels...*. op.cit.. pp.65-88. Le texte n'a pas été adopté. Ce n'est que le 5 mai 1936. que le gouvernement chinois promulgue une sorte de "constitution cadre". qui reprend les dispositions de 1934. Le texte de 1936 devait être discuté et adopté par une assemblée nationale constituante. L'éclatement de la guerre sino-japonaise et de la seconde guerre mondiale a reporté l'échéance jusqu'en 1946.

[135] Gao. Xin. *Zhonghua minguo zhi huaqiao yu qiaowu*. Taibei. Zhengzhong shusuo. 1989. 106 pages. page 33.

[136] « The Constitution of the Republic of China. 25 dec.1949 ». in. *A Compilation of the Laws of the Republic of China*. Taibei. Yingyu zhonghuaminguo liufa quanshu. 2 Vol.. 1967. 886 + 728 pages. Vol.1. pp. 3-41. pp.7-8. pp.16-17. pp.21-22.

[137] Le nombre de représentants des Chinois d'outre-mer à l'Assemblée Nationale et au Conseil législatif devait être prévu par des lois particulières. Pour le Conseil de contrôle. il est inscrit dans l'article 91 de la Constitution. Nous nous sommes reportés aux ouvrages de Gao Xin. Gao. Xin. « Zhonghua minguo zhi huaqiao yu qiaowu ». op.cit.. ainsi qu'à celui de M.M. Demeer. Y. et Gamblin. A.. *Taiwan (Formose) République de Chine*. Paris. P.U.F.. Coll. « Que Sais-Je ? ». 1979. 127 pages. pour trouver le nombre réels de délégués des Chinois d'outre-mer élus pour les deux institutions. jusqu'en 1949.

[138] Nous employons ici la forme passée pour décrire l'existence et les attributions de ces institutions en vigueur en Chine à la fin des années 1949. Mais. elles existent encore aujourd'hui à Taiwan. *Ibidem*. pp.52-64.

[139] Cité par Hungdah. Chiu. Cohen. Jérôme. A.. *People's China and International Law...*. op.cit.. page 749.

[140] « Zhonghua renmin gonheguo xianfa. 20/09/1954 ». (Constitution de la République populaire de Chine) Art.23. al.1. in *Zhonghua renmingonheguo fagui huibian, 1954-1955*. (Receuil de lois de la République populaire de Chine). Falu chubanshe. 556 pages. pp.4-31. page 11.

[141] Les délégués étaient répartis comme suit : cinq pour la Malaysia. cinq pour l'Indonésie. quatre pour la Thailande. deux pour l'Indo-Chine. deux pour les Etats-Unis et un pour la Birmanie. les Philippines. Nord Bornéo. la Mongolie. la Corée. le Japon. le Pakistan. l'Europe. l'Afrique et l'Océanie. Fitzgerald S.. *China and the Overseas Chinese...*. op.cit.. page 19.

[142] *Ibidem*, page 20.

[143] *Ibidem*.

[144] *Constitution de la République populaire de Chine, 1975*, Beijing, Ed.en Langues Etrangères, 1975, 54 pages, page 22.

[145] L'article 21 de la Constitution de 1978 est ainsi libellé : « L'Assemblée Populaire Nationale est composée de députés élus par les assemblées populaires des provinces, des régions autonomes et des municipalités relevant directement de l'autorité centrale, et par l'Armée populaire de Libération.[...] ». *Constitution de la République Populaire de Chine, 1978*, Beijing, Ed.en Langues Etrangères, 1978, 51 pages+tables, pp.21-22. La composition actuelle de l'Assemblée est prévue par l'article 59 de la Constitution de 1982. « L'Assemblée Populaire Nationale est composée de députés élus par les provinces, les régions autonomes et les municipalités relevant directement de l'autorité centrale, ainsi que par les forces armées. [...] ». « Constitution de la République Populaire de Chine, 1982 », in Tsien, Tche hao, « La Chine. Constitution de 1982 et institutions », *Notes et Etudes Documentaires*, La Documentation Française, n°s 4741-4742, 143 pages, pp.107-130, page 117.

[146] L'article 44 de la Constitution de 1978 prévoyait que « tous les citoyens ayant dix-huit ans révolus (avaient) le droit d'élire et d'être élus, à l'exception des personnes privées de ce droit ».

[147] « Constitution de la République Populaire de Chine, 1982 », *op.cit.*, page 114.

[148] « Les organes du pouvoir d'Etat en Chine ». *Beijing Information*, n°20, mai 1979, pp.18-27, page 19.

[149] Tsien, Tche-hao, « La nouvelle législation et les réformes institutionnelles en République populaire de Chine », *Revue Internationale de Droit Comparé*, 1980, n°3, pp.602-606, page 604.

[150] Yang, Shangkun, « On the Work of the Standing Committee of the National People's Congress, 7 june 1983 », in Hinton, C.Harold, *The People's Republic of China...*, *op.cit.*, Vol.1, pp.301-318, page 302.

[151] « Constitution de la République Populaire de Chine, 1978 », *op.cit.*, page 6.

[152] « Règlements de la Conférence consultative politique du peuple chinois, 8 mars 1978 ». *Beijing Information*, n°12, 27 mars 1978, pp.33-37, page 35.

[153] *Ibidem*, page 36.

[154] Les principales analyses sur l'intégration politique des Chinois d'outre-mer au sein des Etats d'Asie du Sud-Est sont menées par le professeur Wang Gungwu. *Cf.* notamment l'une des dernières publications de Wang, Gungwu sur la question, « Greater China... », *op.cit.*, pp.939-947.

[155] Suryadinata, Léo, *China and the ASEAN States: the Ethnic Dimension*, Singapour, Singapore University Press, 1985, 230 pages, page 97.

[156] La première Commission des Chinois d'outre-mer date de 1926. Elle avait été créée par le gouvernement républicain de Guangzhou, lors de la seconde assemblée nationale du parti *Guomindang*. Elle relevait directement du gouvernement. Elle disparut un an plus tard. Après avoir pris le pouvoir, le *Guomindang*, sous la direction de Jiang Jieshi, rétablit l'institution lors de la 4e session du Comité central exécutif du Parti, en la rattachant directement au gouvernement. En 1929, elle fut placée sous la direction du comité central du parti. Elle retrouve son rattachement au gouvernement en 1932. « Qiaowu weiyuanhui », (La Commission des Chinois d'outre-mer) in Collectif, *Shijie huaqiao...*, *op.cit.*, pp.507-508. La première loi organique, instituant les attributions et les modalités de fonctionnement de la Commission a été élaborée le 7 décembre 1931. Elle subit trois amendements, en août 1932, puis en janvier 1936 et enfin en octobre 1947. La

Commission était composée de trois organes principaux, un comité permanent, une assemblée plénière ainsi qu'un secrétariat. Elle avait pour vocation de s'occuper de tous les domaines concernant les émigrés et l'émigration. Ses attributions concernaient aussi bien l'élaboration de règlements sur l'enregistrement administratifs des émigrés que la constitution de programmes et d'écoles pour l'éducation des Chinois d'outre-mer. Elle travaillait en relation avec d'autres Ministères (Affaires étrangères ou de l'industrie) pour élaborer les textes. La Commission des Chinois d'outre-mer a été maintenue par les dirigeants nationalistes de Taiwan. Elle a aujourd'hui encore les mêmes attributions. Guomin Zhengfu. « Qiaowu weiyuanhui zuzhifa, 1931/02/07 ». (Loi organique de la Commission des Chinois d'outre-mer. 2 juil.1931) in Zhongguo minguo. Lifa yuan. (République de Chine. Conseil Législatif). *Zhonghuaminguo fagui huibian*. (Recueil législatif de la République Chinoise). Shanghai, Hua Shusuo. 1934. 8 Vol. + table, ca 8000 pages. vol.2, pp.124-125. Guomin. Qiaowu Weiyuanhui. (République de Chine. Commission des Chinois d'outre-mer). « Qiaowu weiyuanhui zuzhifa, 1947/09/27 ». (Loi organique de la Commission des Chinois d'outre-mer. 27 sept.1947), in Zhonghua Minguo Zhengfu. Qiaowu Weiyuanhui. *Qiaowu fagui*. *op.cit.*, pp.1-4.

[157] Fitzgerald, S., *China and the Overseas Chinese...*, *op.cit.*, pp.16-21.

[158] Lu, Yu Sun. *Programs of Communist...*, *op.cit.*, pp.13-14.

[159] « Guowuyuan Qiaowu bangong shi » (Bureau des Chinois d'outre-mer du Conseil des Affaires d'Etat), *in* Collectif. *Shijie huaqiao...*, *op.cit.*, page 500.

[160] *Ibidem*.

[161] « Quanguo renmin daibiaodahui huaqiao weiyuanhui ». (Le Comité des Chinois d'outre-mer de l'Assemblée Populaire Nationale), *in* Collectif. *Shijie huaqiao...*, *op.cit.*, page 303.

[162] « Quanguo zhengxie huaqiao weiyuanhui ». (Le Comité des Chinois d'outre-mer de la Conférence consultative politique du peuple chinois) *in Ibidem*, page 304.

[163] Ces institutions ont subi la même évolution que l'ensemble de l'appareil administratif et politique chinois depuis le début des années 1980. Les dirigeants cherchent à séparer les activités de l'appareil étatique de celle du Parti communiste. Parallèlement, comme nous l'avons souligné à plusieurs reprises, les préoccupations économiques dominent les questions politiques et idéologiques.

[164] « Zhonguo quanguo guiguo huaqiao lianhehui ». (La Fédération Nationale chinoise des Chinois d'outre-mer de retour), *in* Collectif. *Shijie huaqiao...*, *op.cit.*, page 92. La 1ere session de la Fédération s'est tenue le 5 octobre 1956 à Beijing, la seconde en 1978, la troisième en 1984 et la dernière en 1989.

[165] « Huaqiao lianhehui ». *in Ibidem*, page 292.

[166] Wang Youding était directeur-député de la Commission des Chinois d'outre-mer et Secrétaire général de la Fédération. Le président de la Fédération, Liao Chengzhi, occupait les mêmes fonctions à la tête de la Commission des Chinois d'outre-mer. Fitzgerald, S., *China and the Overseas Chinese...*, *op.cit.*, page 31.

[167] « Le Congrès national des Chinois d'outre-mer rapatriés ». *op.cit.*, page 5.

[168] *Ibidem*.

[169] *Ibidem*.

[170] « Zhonguo huaqiao guoji wenhualiao liuhui ». (L'association des Chinois d'outre-mer pour la diffusion internationale de la culture). *in* Collectif. *Shijie huaqiao...*, *op.cit.*, page 105.

[171] « Huaqiao chuban gongsi ». *in Ibidem*, page 104.

[172] « La Maison des Chinois d'outre-mer. China Commercial Services International ». *Beijing Information*. n°33. 16 août 1993. page 34.

[173] « Le Zhi Gong Dang représente les Chinois d'outre-mer ». *Beijing Information*. n°50. 14 déc.1992. pp.20-22. page 20.

[174] Fitzgerald. S.. *China and the Overseas Chinese...* , *op.cit.*, page 32.

[175] « Le Zhi Gong Dang... ». *op.cit.*. page 20.

[176] *Ibidem*. page 21.

[177] Art. 50. « La République populaire de Chine protège les droits et les intérêts légitimes des ressortissants chinois à l'étranger. des membres de leurs familles résidant en Chine et des Chinois d'outre-mer de retour dans leur partrie ». « Constitution de la République Populaire de Chine. 1982 ». *in* Tsien. Tche hao. « La Chine... ». *op.cit.*. page 116.

[178] Quanguo renmin daibiaodahui changwu weiyuanhui (Comité permanent de l'Assemblée Populaire Nationale). « Zhonghua renmin gongheguo guiqiao qiaojuan quanyi baohu fa shishi banfa. 19 juil.1993 ». (Loi pour l'application de la protection des droits et des intérêts des Chinois d'outre-mer de retour et des familles d'émigrés). *Qiaoguo*. n°5. vol.12. 1993. pp.44-45. page 44. La loi de 1993 a été précédée en 1991. d'un texte législatif plus général dont le but principal était de rappeler officiellement le principe de protection des droits et des intérêts de cette catégorie de personne en Chine. *Ibidem*. « Guiguo. qiaojuan quanyi bahu fa. 7/9/1990 ». (Loi sur la protection des droits et des intérêts des familles d'émigrés et des Chinois d'outre-mer de retour). *in* Collectif. *Shijie huaqiao...*. *op.cit.*, page 174.

[179] Quanguo renmin daibiaodahui changwu weiyuanhui (Comité permanent de l'Assemblée Populaire Nationale). « Zhonghua renmin gongheguo guiqiao qiaojuan... ». *op.cit.*. page 45.

[180] Qiaowu bangongshi. (Bureau des Affaires de l'outre-mer). « Guiqiao. qiaojuan chujing tanqin taiyu. 9/4/1982 ». *in* Collectif. *Shijie huaqiao...*. *op.cit.*, page 174.

[181] En dépit de leur appellation et peut-être de leur vocation première. ces infrastructures servent également aux autres touristes étrangers.

[182] « Le tourisme en Chine ». *Beijing Information*. n°42. oct.1988. page 30.

[183] De Beer-Luong. B.. « Un "Commonwealth chinois" ». *in* Gentelle P.. (ss.dir). *L'Etat de la Chine* . Paris. Ed. La découverte. 1989. 454 pages. pp.381-384. page 384.

[184] En 1994. l'administration du voyage et du tourisme prévoyait de recevoir l'année suivante plus de 8 millions de touristes étrangers (Chinois d'outre-mer compris) en voyages organisés. Pour la même année. les revenus touristiques étaient estimés à 60 milliards de dollars US. « Le tourisme en 1995 ». *Beijing Information*. n°47. déc.1994. page 26.

[185] Yu. S.H.. Helena. « Reports from China. Overseas Remittances in South-Eastern China ». *The China Quarterly*. juin 1978. n°78. pp.339-359. page 346.

[186] Ces mariages sont nés avec l'émigration massive des Chinois au début du XIXe siècle. Les émigrés revenaient souvent pour contracter un mariage. préparé par la famille. L'épouse devait rester en Chine. pour garantir un retour de l'émigré. Comme la polygamie était acceptée. il n'était pas rare qu'un Chinois ait eu une épouse dans son pays de résidence et une épouse en Chine. Cheng. Ta. *Emigrant Communities in South China, A Study of Overseas Migration and its Influence on Standards of Living and Social Change* . New-York. Institute of Pacific Relations. 1940. 287 pages. pp.118-148. et particulièrement pp.134-142.

[187] Minzheng bu (Département des Affaires civiles). « Huaqiao yu guonei gongmin jiehun de guiding. 10/3/1983 ». (Règlement sur le mariage d'un (e) Chinois (e) d'outre-mer et d'un (e) citoyen (e) chinois (e)). in Collectif. *Shijie huaqiao...*, *op.cit.*, page 278.

[188] C'est le cas notamment dans le *Fujian Qiaobao* depuis le début des années 1990.

[189] Goldman. Merle. « Religion in Post-Mao China ». *The Annals of The American Academy of Political and Social Science*. n°483. jan.1986. pp.146-156.

[190] Yuen. Fong Woon. « Social Change and Continuity in South-China : Overseas Chinese and the Guan Lineage of Kaiping Country. 1949-1987 ». *The China Quarterly*. n°118. juin 1989. pp.300-344.

[191] Bergère. M.C. « Réforme du communisme et capitalisme chinois d'outre-mer ». *Nouveaux Mondes*. Génève. n°2. été 1993. pp.87-110. page 93.

[192] Qiaowu bangonshi. Mingzheng bu. (Bureau des Affaires de l'outre-mer. Département des Affaires civiles). « Guanyu huaqiao xiufu zumu wenti de tongzhi. 23/7/1983 ». (Informations concernant la remise en état de tombeaux des ancêtres). in *Shijie huaqiao...*. *op.cit.*, page 328.

[193] *Ibidem.* « Guanyu huaqiao qushi hou huiguo anzhang wenti de tongzhi. 23/7/1983 ». (Informations concernant l'inhumation en Chine des Chinois d'outre-mer). in *Ibidem.* pp.327-328.

[194] Quanguo renmin daibiaodahui changwu weiyuanhui (Comité permanent de l'Assemblée Populaire Nationale). « Zhonghua renmin gongheguo guiqiao qiaojuan... ». *op.cit.*, page 44.

[195] Guowuyuan. (Conseil des Affaires d'Etat). « Qiaohui mianshui guiding ». (Règlement concernant l'exonération d'impôts des remises envoyées par les Chinois d'outre-mer). in *Shijie huaqiao..., op.cit.*, page 509.

[196] « Les ressortissants chinois... ». *op.cit.*. page 5.

[197] « Rules for the Implementation of the Control of Foreign Exchange Relating to Individuals ». in Foreign Trade Ministery. *Collection of Laws and Regulations of the People's Republic of China* . Beijing. zhonguo zhantang chubanshe. 1986. 3 Vol.. ca 400 pages. Vol.3. 112 pages. pp.83-86. page 83.

[198] Yu. S.H.. Helena. « Reports from China... ». *op.cit.*, page 354.

[199] Les gouvernements provinciaux ont été les premiers à faire pression sur Beijing afin que la législation immobilière soit modifiée. L'acquisition de biens immobiliers représentaient pour eux une garantie d'augmenter le flux de devises étrangères. mais aussi d'attirer des investissements plus importants des Chinois d'outre-mer. En 1986. une étude sur le développement économique de la province du Fujian insistait sur ce fait. en déclarant que : « Pour attirer les Chinois d'outre-mer. il faut d'abord attirer leur coeur. ce qui signifie. qu'en premier lieu. il faut achever la politique concernant les biens immobiliers ». Collectif. « Minnan sanjiao diqu jingji yanjiu ». (Etudes sur le développement économique du Triangle du Minnan). Fuzhou. Fujian kexue jishu chubanshe. 1986. 299 pages. page 282.

[200] Yuen. Fong Woon. « International Links and the Socioeconomic Development in Rural China : An Emigrant Community in Guangdong ». *Modern China*. n°2. Vol.16. avr.1990. pp.139-179. page 144.

[201] Qiaowu bangongshi. Guojia chengzheng jianshi zongju. (Bureau des Affaires de l'outre-mer. Commission nationale pour le logement). « Qiaohui guofang jiangfang zhengci ».

(Dispositions concernant l'utilisation des remises pour l'achat et la construction de maisons), in *Shijie huaqiao...*, *op.cit.*, page 508.

[202] Quanguo renmin daibiaodahui changwu weiyuanhui (Comité permanent de l'Assemblée Populaire Nationale). « Zhonghua renmin gongheguo guiqiao qiaojuan... ». *op.cit.*, page 44.

[203] Ces principes ont été repris au plan national en terme de politique. « Les ressortissants chinois... ». *op.cit.*, page 3.

[204] L'utilisation des propriétés des Chinois d'outre-mer a néanmoins fait l'objet de plusieurs propositions de loi de la part de la Commission des Chinois d'outre-mer de l'Assemblée Populaire Nationale au Conseil des Affaires d'Etat. Wang, Feng, «Qiaowu lifa xiang juti peitao fangxiang fazhan ». (L'édification d'un système légal dans le domaine des affaires des Chinois d'outre-mer se développe par une série de mesures concrètes). *Fujian Qiaobao*, 17 avr.1994, page 2.

[205] Xu. Lixin. « Qiaowu gongzuo qushang fazhi guidao de zhongyao juicuo ». (Le Travail dans le domaine des affaires des Chinois d'outre-mer prend une bonne voie vers l'édification d'un système légal). *Hainei yu Haiwai*, n°9. 1993, pp.14-15. page 15.

[206] Cité *in* « Qiaowu lifa xiang ... ». *op.cit.*. La Commission des Chinois d'outre-mer de l'Assemblée Populaire Nationale répondit qu'un projet de loi sur la location des biens immobiliers des Chinois d'outre-mer de l'intérieur était en préparation.

[207] Quanguo renmin daibiao dahui changwu weiyuanhui. (Comité permanent de l'Assemblée Populaire Nationale). « Zhonghua renmin gongheguo guiqiao qiaojuan... ». *op.cit.*, page 44.

[208] *Ibidem*.

[209] Bergère. M.C. « Réforme du communisme... », *op.cit.*, page 96.

[210] Afin d'étudier l'impact économique et social de l'environnement d'accueil sur les actions philantropiques de certains émigrés, il conviendrait de multiplier les études monographiques. Pour une première tentative. *Cf.* l'analyse de l'action éducative de Chen Jiageng en Chine. Guerassimoff. E.. *Les racines de l'œuvre éducative de Chen Jiageng. Les Chinois d'outre-mer et le développement de l'éducation en Chine au début du XXe siècle* . Paris. Université de Paris VIII. Thèse de doctorat d'Histoire. 3 tomes., janvier 1997. 1076 pages.

[211] Le second consul chinois. Zuo Binglong (Tso Pin Lun) continua, en l'amplifiant, l'action de Whampoa en matière de collecte de fonds à destination de la Chine. A la fin des années 1870. Whampoa avait réunit une somme importante pour les victimes d'une famine au Shansi. En 1884-1885. pendant la guerre sino-française. Zuo Binglong participa à la collecte de fonds destinés à « soutenir les familles des soldats, des officiers et de la population tués dans le Fujian par les Français ». Mais les autorités anglaises se sont élevées contre cette action politique. Le gouverneur de Singapour. Sir Cecil C.Smith. demanda au chargé d'affaire anglais à Pékin de se plaindre auprès du *Zongli Yamen* de l'action du consul chinois. Ces protestations produirent l'effet désiré, et les collectes postérieures ne concernèrent que les oeuvres charitables. Wen. Chung-chi. *The Nineteenth-Century Imperial Chinese Consulate...* . *op.cit.*, pp.240-245.

[212] Yen. Ching-hwang. « Ch'ing's Sale of Honours and the Chinese Leadership in Singapore and Malaya. (1877-1912) ». *Journal of Southeast Asian Studies*. vol.1. n°2. sept.1970. pp.30-32.

[213] *Ibidem*, page 32.

[214] « Huaqiao aiguo yiyuan zongshou kuanchu zuzhi tiaolie. 16/03/1933 ». (Règlement concernant l'octroi de dons en argent des Chinois d'outre-mer patriotes). in Zhonghua minguo. Lifa yuan. (République de Chine. Conseil Législatif). *Zhonghuaminguo fagui huibian*. op.cit.. Vol.4. page 282. « Huaqiao geming yiyuan jiangli zhancheng. 25/09/1930». (Règlement concernant les encouragements aux dons des Chinois d'outre-mer pour la cause révolutionnaire). in *Ibidem*. pp.282-283. « Huaqiao geming yiyuan zhijiang tiaolie. 25/09/1930 ». (Règlement sur les projets d'encouragements aux dons des Chinois d'outre-mer pour la cause révolutionnaire). in *Ibidem*. pp.283-284. « Huaqiao geming yiyuan dengji guize. 25/09/1930 ». (Règlement d'application concernant l'enregistrement des dons des Chinois d'outre-mer pour la cause révolutionnaire). in *Ibidem*, pp.284-285.

[215] « Shouli huaqiao juanxian de ruogan guiding. 14/09/1979 ». (Quelques règles concernant l'admission de dons faits par les Chinois d'outre-mer). in *Shijie huaqiao*.... op.cit., page 516.

[216] Yuen. Fong Woon. « International Links... ». op.cit., page 149.

[217] En matière d'éducation, les textes officiels les plus nombreux concernent l'éducation des enfants d'émigrés. L'éducation a représenté pour le gouvernement des Qing et les gouvernements républicains, le moyen principal de maintenir une attache entre les descendants d'émigrés et la Chine.

[218] Deng. Xiaoping. « A propos des zones économiques spéciales... ». op.cit., page 50.

[219] Li. Yongzeng. « Education : des Chinois d'outre-mer souscrivent à la création de certaines écoles ». *Beijing Information*. n°10. mars 1984. pp.17-20. pp.19-20. C'est la province du Fujian qui la première prend l'initiative de formuler une législation pour inciter les Chinois d'outre-mer à créer des écoles. « Fujian gudong huaqiao banxue guiding. 15/10/1983 ». (Règlement du Fujian pour inciter les Chinois d'outre-mer à créer et diriger des écoles). in *Shijie huaqiao*.... op.cit., page 846.

[220] En réalité, depuis l'ouverture de la Chine, une dizaine d'universités ont été créées par des riches Chinois d'outre-mer. Parmi elles, on peut citer l'université de Shantou dans la province du Guangdong, celle de Xinghua et l'université de Jimei, toutes deux dans la province du Fujian. Bien souvent, elles ne regroupent qu'une ou deux facultés, et constituent plus des instituts (*xueyuan*) que de réelles universités. *Cf. Fujian Qiaobao*.

[221] You. Sheng. Shen. Ming. « Une université moderne au service de l'ouverture ». *Beijing Information*. n°38. 20 sept.1993. pp.23-26.

[222] Les capitaux d'outre-mer semblent aujourd'hui s'orienter plus massivement vers les projets d'infrastructures souhaités par le gouvernement. Cette tendance est principalement le fait de quelques grands groupes de l'île britannique qui « [...] considèrent ces infrastructures comme indispensables à la prospérité continue de cette Chine du Sud dont dépendra, de plus en plus étroitement, celle de Hong-Kong ». En 1992. Li Kashing, président de la société hongkongaise. *Hutchinson Whampoa*, a accepté de financer à hauteur de 1.1 milliard de dollars la construction d'un port de containers à Putong (nouvelle zone économique de Shanghai). Il projette de s'associer à l'extension du port de Shenzhen et à la construction de celui de Yanpu sur l'île Hainan. Bergère. M.C. « Réforme du communisme... ». op.cit.. pp. 98-100.

[223] A la fin des années 1970. le Premier ministre de Singapour. Lee Kuan Yew. déclarait que : « ses compatriotes ne souhaitaient nullement s'établir en Chine, le seul spectacle de leurs parents y résidant et dénués de tout suffisait à les dissuader ». Cité in Goldfiem. J.. *Sous l'oeil du dragon*... . op.cit.. page 194.

[224] Suryadinata. Léo. *China and ASEAN states...* . *op.cit.*. page 90.

[225] Il s'agissait aussi de lever les interdictions faites à ces personnes d'adhérer au Parti communiste. La suppression de l'ensemble des discriminations s'est heurtée aux réticences de certains fonctionnaires locaux. En 1981. dans un article publié dans le *Jin bao*. l'écrivain Mu Chang dénonçait le fait que les Chinois d'outre-mer de retour et les familles d'émigrés étaient encore exclus du Parti. et que certaines administrations pratiquaient encore des discriminations en matière d'emploi. malgré les instructions centrales. Cité par Godley. M.. « The Sojourners : Returned Overseas Chinese in the People's Republic of China ». *Pacific Affairs*. Vol.62. n°3. 1989. pp.330-352. page 351.

[226] Suryadinata. Léo. *China and ASEAN states...* . *op.cit.*. page 88.

[227] Quanguo renmin daibiaodahui changwu weiyuanhui. (Comité permanent de l'Assemblée Populaire Nationale). « Zhonghua renmin gongheguo guiqiao qiaojuan... ». *op.cit.*. page 44.

[228] *Ibidem*.

[229] Interview de Yu. Fuzeng. « Overseas Students... ». *op.cit.*, page 15.

[230] *Ibidem*.

[231] Qiaowubangonshi. (Bureau des Affaires de l'outre-mer). « Zhaogu guiqiao. qiaojuan zinu zhufang guiding. 21/03/83 ». (Règlement concernant le logement des Chinois d'outre-mer de retour et des familles d'émigrés). *in Shijie huaqiao...*. *op.cit.*, page 819.

[232] Qiaowu bangonshi. Guojia jihua shengyu weiyuanhui. (Bureau des Affaires de l'Outre-mer. Commission nationale de planning familial). « Guanyu guiqiao. qiaojuan jihua shengyu gongzuo de jidian yijian. 20/06/1983 ». (Quelques directives sur le travail concernant le contrôle des naissances des Chinois d'outre-mer de retour et des familles d'émigrés). *in Shijie huaqiao...*. *op.cit.*, page 327. Les personnes âgées pourront rentrer en Chine et bénéficier de pensions. En 1986. l'hospice du "Bien-être" de la ville de Xiamen. accueillait deux Chinois d'outre-mer auxquels été versée une allocation de 44 yuans par mois. « Regard sur la zone économique spéciale de Xiamen ». *Beijing Information*. n°2. janv.1986. page 24.

[233] Quanguo renmin daibiaodahui changwu weiyuanhui. (Comité permanent de l'Assemblé Populaire Nationale). « Zhonghua renmin gongheguo guiqiao qiaojuan...(Art.5. al.2) ». *op.cit.*. page 44.

[234] Yuen. Fong Woon. « International Links... ». *op.cit.*, page 144.

[235] Cité par Godley. M.. *The Mandarin-Capitalist from Nanyang...* . *op.cit.*. pp.98-114. page 109.

[236] *Ibidem*, page 107.

[237] L'attitude des entrepreneurs de Singapour semble exemplaire. A la différence de ces voisins malaisien et indonésien. le gouvernement de l'île n'avait émis aucune restriction à l'égard des investissements de Chinois en R.P.C. En dépit de cette liberté. les investissements n'ont réellement été importants qu'à partir de 1990. Si l'établissement de relations diplomatiques cette année-là explique pour partie le nouvel engouement des Singapouréens pour la R.P.C. le facteur économique a été également déterminant. Tan. Kong Yam. *Singapore's Role in the Economic...* . *op.cit.*. pp.28-35.

[238] Ching. F.. « Indonesia's Harsh Measures on Chinese are Bearing Fruits ». *Far Eastern Economic Review*. 20 mai 1993. page 33.

[239] Sous le gouvernement impérial. les encouragements octroyés aux investissements des Chinois d'outre-mer ne faisaient pas toujours l'objet de règlement. Ainsi. la Cour avait

accepté d'exonérer de taxes l'entreprise vinicole créée par Zhang Bishi. Fang. Xiongpu. « Wanqing shiqi xishou huaqiao ziben de cuoshi ». (Mesures instituées à la fin des Qing pour attirer les investissements des Chinois d'outre-mer). *in* Zheng, Min. Liang. Chuhong. (ed.). *Huaqiao Huaren shi yanjiu ji* . (Recueil sur l'histoire des Chinois d'outre-mer et des descendants de Chinois). Vol.1. pp.105-118. pp.112-115. Pour le gouvernement de Jiang Jieshi. *Cf.* les textes rassemblés dans le recueil. Zhonghua Minguo Zhengfu. Qiaowu Weiyuanhui. *Qiaowu fagui* . *op.cit.*, pp.67-73.

[240] Fitzgerald. S.. *China and the Overseas Chinese...* . *op.cit.*, pp. 117-118.

[241] Guowuyuan. (Conseil des Affaires d'Etat). « Guli huaqiao he xiang'ao tongbao touzi de guiding. 18/08/1994 ». (Règlement pour encourager les Chinois d'outre-mer, les compatriotes de Hong-Kong et Macao à investir). *in Shijie huaqiao...*. *op.cit.*, pp.815-816. page 815.

[242] *Ibidem*, page 516.

[243] Bergère. M.C. « Réforme du communisme... ». *op.cit.*, page 95.

[244] Bijard. L.. « Le bon exemple de Monsieur propre ». *Le Nouvel Observateur. op.cit.*, page 72.

[245] Guowuyuan. (Conseil des Affaires d'Etat). « Huaqiao tuozi youhui de zanxing guiding. 02/04/1985 ». (Règlement provisoire concernant les préférences accordées aux investissements des Chinois d'outre-mer). *in Shijie huaqiao...*. *op.cit.*, page 500.

[246] « Income Taxe Law of the People's Republic of China Concerning Joint Ventures With Chinese and Foreign Investment. 10/09/1980. Art.5 ». *in* Hinton. C.Harold. *The People's Republic of China...* . *op.cit.*, Vol.2. pp.583-584. page 583.

[247] Guowuyuan. (Conseil des Affaires d'Etat). *Huaqiao tuozi...* . *op.cit.*, page 500.

[248] « Income Taxe Law of the People's Republic of China... ». *op.cit.*, page 583.

[249] *Ibidem*, page 584.

[250] An. « La province du Fujian ». *Bulletin de Sinologie*. pp.9-14. page 11.

[251] *Ibidem*.

[252] Fujian sheng renmin dabiaodahui changwu weiyuanhui (Comité permanent de l'Assemblée Populaire Nationale de la province du Fujian). « Zhonghua renmingongheguo taibei tongbao tuozi baohu fa ». (Loi de la République populaire de Chine sur la protection des investissements des compatriotes de Taiwan). *Fujian Qiaobao*. 23 oct.1994. page 2.

[253] Du XIXe siècle à nos jours. les gouvernements ont remporté peu de succès auprès des émigrés pour le financement de leurs projets économiques. Sous les Qing, les usines d'armements n'ont attiré pratiquement aucun capital d'outre-mer. A partir du moment où le gouvernement impérial s'est intéressé à des domaines, tels que les chemins de fer ou les mines. quelque uns de ces capitaux ont été investis en Chine. Mais, l'importance des capitaux nécessaires et leur immobilisation ont finalement effrayé les marchands. Les principales lignes de chemins de fer. et même celles des provinces d'origine des Chinois d'outre-mer. ont été construites par le gouvernement et les étrangers. Godley. M.. *The Mandarin-Capitalist from Nanyang...* . *op.cit.*, Chap.7. pp.149-172. Par contre. les émigrés soutiennent, le plus souvent par l'intermédiaire des réseaux et des familles. les investissements dans le secteur commercial. les industries de biens de consommation. les filatures de coton, et parfois ... les loisirs. En 1924, un cantonnais. Ceng Huantang. fonde de cette manière. à Shanghai la première compagnie chinoise de cinéma. Bergère. M-C.. *L'âge d'or...* . *op.cit.*, page 152.

[254] Wang. Dao Nan. « Les investissements directs des Chinois d'outre-mer en Chine ». *Economie Prospective Internationale*. n°30. 2nd trimestre 1987. pp.81-89. page 85.

[255] Il existe quelques exceptions. Le groupe sino-thaïlandais. *Charoen Pokphand*. réalisa dès 1979 des investissements dans le secteur agro-alimentaire. Il a diversifié sa production et créé des entreprises conjointes dans des industries de transformation (motocyclette). En s'associant avec l'entreprise chinoise *China North Industrie Group* pour fonder la *Luoyang Ek Chor*. il est devenu l'un des principaux conglomérats militaro-industriel de Chine. Boutellier. E.. « Attirer un oiseau sur la branche ». *Economie Prospective Internationale*. n° spécial : L'Asie : Pacifique ou Asiatique. n°57. 1er trimestre 1994. pp.32-45.

[256] Han. Baocheng. « Fuzhou. lieu d'origine des Chinois d'outre-mer...». *op.cit.*. page 20.

[257] Bijard. L.. « Le bon exemple... ». *op.cit*. page 72.

Chapitre 2

Une politique extérieure apaisante

Depuis que l'Etat chinois s'est intéressé à l'émigration et aux émigrés, l'action traditionnelle des gouvernements a consisté à vouloir exercer un contrôle et une gestion des Chinois d'outre-mer au sein de leurs Etats ou des colonies d'accueil. Allant à l'encontre des autorités de ces pays, leurs actions ont souvent pu être assimilées à de l'ingérence. Fitzgerald a qualifié cette politique, menée aussi bien par les gouvernements républicains que par les dirigeants communistes à certaines périodes, de politique coloniale. A partir de 1978, les dirigeants chinois choisissent d'abandonner une telle politique (Section 1). C'est au travers de l'amélioration des relations de gouvernement à gouvernement qu'ils semblent avoir décidé de créer des liens particuliers avec les Chinois d'outre-mer (Section 2).

Section 1 : L'abandon total d'une politique coloniale

Dès la fin des années 1970, la politique extérieure en matière de Chinois d'outre-mer subira des changements importants. Les autorités chinoises s'emploieront à prôner l'intégration des Chinois émigrés et de leur descendance au sein des Etats de résidence (§.1). Elles devront s'appliquer aussi à convaincre les gouvernements d'accueil que la R.P.C. a renoncé à toute action d'ingérence dans leurs affaires intérieures (§.2).

§.1 L'intégration des Chinois d'outre-mer

Afin de ne plus laisser aucun doute sur la réelle volonté des dirigeants chinois concernant leur acceptation de l'intégration des Chinois d'outre-mer, les autorités de la R.P.C. ont dû résoudre les problèmes juridiques qui pouvaient encore y faire obstacle (A). Ce projet supposait aussi qu'ils clarifient leur attitude à l'égard de l'intégration culturelle, sociale et politique des Chinois d'outre-mer (B).

A / La résolution des problèmes juridiques

Bien que depuis le début des années 1950, la R.P.C. prétend ne pas reconnaître le principe de la double nationalité [1], à la fin des années 1970, la question devient une nouvelle fois une source de tension avec certains Etats d'accueil, notamment en Asie du Sud-Est. Au côté de ce problème, les autorités chinoises se sont heurtées à la question de Chinois émigrés « apatrides ».

1) La question de la double nationalité

La position de la Chine en matière de nationalité est exposée dans le texte du <u>Renmin Ribao</u> du 4 janvier 1978 :

> «La politique du Président Mao quant à la double nationalité sera appliquée de manière conséquente. Nous devons encourager les Chinois d'outre-mer à choisir de leur plein gré la nationalité du pays d'accueil où ils résident» [2].

En exigeant un libre choix dans le changement de nationalité, les dirigeants chinois reprenaient la position qu'ils affichaient au début des années 1950. Ils entendaient ainsi se poser en protecteur des droits et des intérêts des émigrés. Les autorités chinoises mettaient une limite au refus unilatéral de reconnaissance de la double nationalité. Ce principe, posé en 1957 par le Premier ministre Zhou Enlai, devait être le moyen unique de résoudre les questions de double nationalité avec les Etats d'accueil, et ce quelque fut la cause du changement de nationalité. Après la Révolution culturelle, la R.P.C. avait à nouveau choisi de suivre une telle conduite afin de résoudre les problèmes de nationalité des Chinois de Malaysia [3]. En 1974, lors de l'établissement de relations diplomatiques entre les deux Etats, le Mémorandum précisait dans son paragraphe 5 :

> « Le Gouvernement de la R.P.C. prend note du fait que la Malaysia est un pays multiracial, composé de Malais, de Chinois, et autres origines ethniques. Les deux Gouvernements déclarent ne pas reconnaître la double nationalité. Conformément à ce principe, le Gouvernement chinois, *considère que toute personne d'origine chinoise, <u>ayant opté par son propre consentement ou acquis la citoyenneté malaisienne</u>* a automatiquement renoncé à la nationalité chinoise » [4].

L'année suivante, lors de l'établissement de relations diplomatiques avec les Philippines (9 juin 1975) et la Thaïlande (1er juillet 1975), les autorités chinoises réaffirmèrent le même refus de la double nationalité. En revenant sur la nécessité d'un libre choix dans le changement de nationalité des Chinois émigrés, les autorités chinoises remettaient en question les accords signés précédemment, ainsi que l'ensemble de la politique antérieure. En 1978, cette première déclaration sur la question de la nationalité ne pouvait satisfaire ni les gouvernements de certains Etats d'accueil, ni les Chinois émigrés. Ce principe sous-entendait un droit de regard de la R.P.C. sur la situation juridique de ces derniers.

Une telle politique gênait certains Etats d'accueil, où la situation juridique des Chinois n'était pas encore clairement établie. C'était le cas de l'archipel indonésien. Le traité sino-indonésien de 1955, dénoncé en 1965, n'avait pu établir clairement le statut juridique de l'ensemble des Chinois. Les dispositions du texte de 1955 ne concernaient en fait qu'une seule catégorie de Chinois d'Indonésie. Il s'agissait de ceux qui avaient obtenu la citoyenneté indonésienne lors de l'entrée en vigueur de « l'Acte sur la Citoyenneté indonésienne » de 1946 et des « Accords sur la question de la citoyenneté indonésienne » issus des négociations entre Indonésiens et Néerlandais en 1949-1950 [5]. Comme le souligne Donald Willmott, une grande part de mystère entourait alors la question de savoir combien de Chinois avait abandonné leur citoyenneté indonésienne dans le cadre des périodes optionnelles de 1946 et 1950. Selon Charles Coppel :

> «Le résultat de l'option proposée en 1949-1951 a dû diviser la population chinoise en deux groupes équivalents. L'un d'environ 1 100 000 de citoyenneté indonésienne et chinoise et l'autre de 1 000 000 de nationalité chinoise» [6].

Le Traité sino-indonésien ne concernait donc que la première catégorie. Or l'application de ce texte posa des problèmes intérieurs qui contribuèrent à renforcer une situation complexe. Les dispositions d'application du Traité réintroduisaient un système « actif » d'acquisition de la citoyenneté indonésienne en obligeant ces Chinois à effectuer un choix :

> «...Les sentiments de ceux qui ont déjà clairement choisi la citoyenneté indonésienne et ont montré leur empressement à servir le pays et le peuple Indonésien, ne doivent pas être offensés ou injuriés.[...] Pour appliquer le Traité sino-indonésien, selon nous, un moyen simple peut encore être trouvé pour ôter l'impression que le Gouvernement a intentionnellement rendu la position des citoyens indonésiens de descendance chinoise encore plus difficile» [7].

A la fin des années 1970, le statut juridique de nombreux Chinois d'Indonésie demeurait encore obscur. Si la R.P.C. revendiquait sa souveraineté sur les émigrés de nationalité chinoise, combien ces derniers étaient-ils encore en Indonésie ? Interrogé en avril 1978 sur un possible rapprochement sino-indonésien, le ministre indonésien de la défense et de la sécurité déclara que la question du statut juridique des Chinois résidant dans l'archipel devait être préalablement résolu avant toute reprise de contacts.

Les Etats d'accueil et les émigrés avaient une seconde raison de ne pas accepter la politique chinoise de la nationalité, telle qu'elle avait été énoncée en 1978. Cette dernière laissait supposer une ingérence possible des autorités chinoises dans le mode d'acquisition de la nationalité, et donc au sein des politiques générales des gouvernements à l'égard des Chinois. Quels étaient les critères du libre choix désiré dans l'option d'une autre nationalité ? La politique d'assimilation des populations chinoises menée depuis 1965 par le gouvernement indonésien contraignait indirectement certains ressortissants à adopter la citoyenneté indonésienne. Par ailleurs, de nombreux Etats asiatiques, tel que la Malaysia ou les Philippines, confrontés à la présence importante de Chinois ou de descendants de Chinois, pratiquaient une politique qui consistait à réserver certains droits économiques aux seuls citoyens. Ils "obligeaient" ainsi les Chinois à modifier clairement leur statut juridique. De telles politiques et de telles mesures constituaient-elles des moyens "forcés" de changement de nationalité ?

Enfin, la politique énoncée en 1978 ne mentionnait pas le cas des Chinois qui avaient acquis de manière "forcée" une autre nationalité dans le passé. La R.P.C. les considérait-elle toujours comme ses ressortissants ? En 1978, les dirigeants chinois donnèrent, semble-t-il, un début de réponse par le biais de leur politique à l'égard de la nationalité des Chinois du Vietnam. Lorsqu'au début de l'année 1978, la République populaire du Vietnam commença à « expulser » des résidents chinois en direction de la R.P.C., une polémique s'engagea entre les deux Etats sur le statut juridique de ces personnes.

Cette année-là, le Vietnam intensifia les discriminations envers la population chinoise dans le but d'accélérer « la transformation socialiste » du pays. Expropriation, interdiction du commerce privé, déplacements de populations urbaines vers les campagnes touchèrent en priorité ces personnes d'origine chinoise et les amenèrent à fuir le pays en direction de Hong-Kong et du territoire de la R.P.C.[8]. En mai 1978, devant le flot grandissant de réfugiés, le gouvernement chinois adressa les premières protestations contre ces mesures. Le Vietnam écarta les arguments chinois et refusa à la R.P.C. le droit d'exercer une protection sur ces populations, car « elles étaient toutes de nationalité vietnamienne »[9].

La R.P.C. réfuta ces propos en détachant la situation juridique des Chinois du Nord Vietnam de celle du Sud Vietnam. Le statut juridique des premiers aurait été selon elle, réglé par un accord entre les deux Partis communistes en 1955.

> « Les deux parties étaient d'accord pour que les résidents chinois du nord Vietnam, à la condition qu'ils aient les mêmes droits que les Vietnamiens et après avoir été convaincus patiemment et avoir subi une éducation idéologique, deviennent graduellement des citoyens du Vietnam sur une base volontaire. Quant à la situation des Chinois du Sud Vietnam, elle devait être réglée par des consultations entre les deux parties après la libération du sud » [10].

Les autorités chinoises continuaient de considérer les Chinois naturalisés du Sud Vietnam comme leurs ressortissants. Le décret de 1957 qui avait servi de base légale aux naturalisations forcées n'avait aucune valeur, car émis par un gouvernement qu'elles ne reconnaissaient pas [11]. Elles demandèrent à exercer une action de protection sur les Chinois de cette partie du pays à la République populaire du Vietnam. Celle-ci accepta que la R.P.C. envoie des bateaux pour récupérer des résidents d'origine chinoise. La République populaire du Vietnam refusa néanmoins d'admettre que ces Chinois n'étaient pas de nationalité vietnamienne. Elle parla en effet de « Hoa », définis comme étant des Vietnamiens d'origine chinoise, ou des Chinois, devenus citoyens vietnamiens [12].

Dans le différend qui l'opposa au Vietnam, et qui aboutit à une intervention militaire de la R.P.C., cette dernière revendiquait la nécessité d'un accord sur la question de la nationalité. Elle affirma clairement que le statut juridique des Chinois du Sud Vietnam, changé trente ans auparavant, ne l'empêchait pas de continuer à considérer ces Chinois comme des ressortissants [13].

Peu après, les dirigeants abandonnent cette politique revendicative à l'égard de la nationalité des émigrés. Avec la promulgation de la loi sur la nationalité en 1980, la R.P.C. reprend le principe de 1957. Comme nous l'avons exposé, elle refuse de reconnaître la double nationalité, et ce quelque soit le mode d'acquisition de cette autre nationalité. La perte de la nationalité chinoise devient automatique dans le cas d'une double nationalité, écartant par là tous contacts nécessaires avec les autorités de la R.P.C. Par cette démarche, elle tente de montrer sa volonté de lever cet obstacle dans ses relations avec les pays d'accueil, mais aussi avec les Chinois d'outre-mer.

Depuis 1980, sa position à l'égard du problème a été similaire. Elle fit à nouveau l'objet d'une déclaration officielle lorsqu'en 1990, l'Indonésie décida de renouer ses relations avec la Chine. Dans le Mémorandum, une large place a été laissée à la question de la nationalité des Chinois d'outremer de l'archipel indonésien.

> «Les deux Gouvernements réitèrent leur position de non reconnaissance de la double nationalité pour leurs nationaux. Tous les Chinois résidant en Indonésie et qui ont obtenu la nationalité indonésienne sont privés de la nationalité chinoise» [14].

Aujourd'hui, le problème de la double nationalité des Chinois d'outremer semble être définitivement réglé. Les autorités de la R.P.C. ont abandonné très rapidement une politique revendicative à l'égard du statut juridique des populations chinoises. L'intégration qu'elle prône dès 1978 demandait en effet le rejet d'une politique « coloniale » au plan juridique. Elle est d'une part conforme à la réalité, puisqu'aujourd'hui un grand nombre de personnes d'origine chinoise ont adopté une autre nationalité. Elle permet d'autre part d'écarter la méfiance des Etats d'accueil. Cette méfiance pouvait être en effet un obstacle aux relations, essentiellement économiques, que la R.P.C. tentait de renouer avec les Chinois d'outre-mer. Enfin, elle est une manifestation supplémentaire de la volonté de la R.P.C. de montrer à ces personnes d'origine chinoise qu'elle les considère à l'intérieur de la Chine, mais aussi dans leur Etat d'accueil comme des étrangers. Afin d'écarter tout problème juridique susceptible de mettre un frein à l'intégration des communautés chinoises outre-mer, la R.P.C. s'est également penché sur la question des apatrides d'origine chinoise.

2) Les apatrides d'origine chinoise

Depuis 1978, le problème des personnes, d'origine chinoise et apatride, ne s'est posé qu'avec un seul Etat, l'Indonésie. Après la Révolution culturelle, la R.P.C. l'avait rencontré avec la Malaysia.

La détermination des individus, qualifiés d'apatride d'origine chinoise, fut dans l'un et l'autre Etat difficile. Il existait environ 300 000 apatrides d'origine chinoise en Indonésie. De l'avis de tous les auteurs, les personnes qualifiées de la sorte par le Gouvernement indonésien étaient difficilement identifiables. Cette difficulté tenait tout d'abord à l'ambiguïté de la notion telle qu'elle apparaissait dans les sources officielles indonésiennes.

En juillet 1969, un règlement du Département de la Justice indonésien définissait les apatrides comme étant : « - Ceux qui ne sont citoyens d'aucun Etat; Ceux qui ont une nationalité d'un Etat non reconnu par l'Indonésie» [15]. La première catégorie pouvait difficilement concerner les Chinois d'Indonésie. La R.P.C. reconnaissait en effet comme ses ressortissants ceux qui ne possédaient pas d'autre nationalité. On pouvait alors penser que les personnes détenant un passeport de Taiwan faisaient partie de cette catégorie puisque l'Indonésie ne reconnaissait pas cet Etat.

Cependant, lorsque le Département de l'Immigration indonésien publie les statistiques de la population chinoise, il les repartit en quatre catégories : les citoyens indonésiens, les citoyens de la R.P.C., les apatrides et les citoyens de Taiwan ! Selon nous, ces dernières personnes proviennent directement de Taiwan dont ils détiennent un passeport officiel. La définition donnée dans le règlement de 1969 était excessive par rapport au droit international. Selon la Doctrine du Droit International, un Etat n'a pas besoin d'être reconnu pour exister. De même les nationaux d'un Etat non reconnu ne peuvent pas être considérés comme des apatrides au sens de la Convention de New York de 1954, puisqu'ils sont considérés par un Etat comme ses ressortissants [16]. La seule restriction possible pour l'Etat ne reconnaissant pas un autre Etat est de ne pas accepter que ce dernier exerce sa juridiction à l'égard de ses nationaux sur son territoire. Les ressortissants de l'Etat non reconnu ne sont pas pour autant des apatrides. L'Indonésie a en fait, évolué vers une conception plus conforme au droit international, ce qui explique l'apparition d'une catégorie de citoyens Taiwanais, alors qu'il n'y a pas de reconnaissance de cet Etat.

La catégorie « d'apatride » comprenait en majorité des personnes d'origine chinoise dont la citoyenneté n'avait pu être clarifiée. Elle concernait aussi des Chinois qui ne disposaient d'aucun papier officiel, attestant de leur nationalité. Ils n'étaient rattachés ni à la R.P.C., alors qu'elle les considérait comme ses ressortissants, ni à la République d'Indonésie. Ce groupe était composé de Chinois qui ne se considéraient pas comme des ressortissants de la R.P.C., pas plus que comme des ressortissants de Taiwan. En outre, elle rassemblait des Chinois non majeurs lors de l'entrée en vigueur du Traité sino-indonésien. Ces derniers n'avaient pas pu effectuer leur choix à leur majorité à cause de l'abrogation du traité. Si leurs parents étaient des citoyens chinois, ils furent déclarés comme tel. Parmi eux, ceux qui voulaient conserver la nationalité chinoise ne pouvaient plus se procurer de papiers officiels de la R.P.C., en l'absence de contacts diplomatiques entre les deux Etats. L'absence de papiers officiels déterminant la citoyenneté d'un individu d'origine chinoise semble être le critère des autorités indonésiennes pour les qualifier d'apatride.

Il semble que ce fut également le critère retenu par la Malaysia. Lors de l'établissement des relations diplomatiques entre les deux Etats en 1974, la Malaysia affirmait avoir 200 000 apatrides d'origine chinoise. Contrairement à l'Indonésie, elle a toujours donné la même définition de cette catégorie : tous Chinois n'ayant pu obtenir la citoyenneté malaisienne étaient considérés par les autorités comme apatrides. D'une part, il s'agissait de Chinois qui n'avaient pas pu acquérir la citoyenneté malaisienne, octroyée par l'Acte de 1957. Généralement, ces Chinois ne remplissaient pas la condition exigée pour en bénéficier, c'est à dire qu'ils n'étaient pas nés en Malaysia avant ou après la date d'entrée en vigueur de cette législation.

D'autre part, un certain nombre de Chinois n'avaient pu devenir des citoyens malaisiens pour des raisons techniques [17]. Ils ne pouvaient pas fournir les documents requis, tels que l'acte d'état civil, ou bien la date d'entrée sur le territoire de la Malaysia, réclamés par les autorités. Ces Chinois pouvaient encore avoir la nationalité de la République de Chine, mais ils n'avaient pu, ou ne voulaient pas, la modifier pour celle de Taiwan ou pour celle de la R.P.C. En effet, jusqu'en 1974, ils leur étaient impossible de régulariser leur situation en l'absence d'une représentation de la R.P.C. sur le sol malaisien. Quant aux citoyens de Taiwan, même si la Malaysia ne reconnaît pas l'Etat, ils ne sont pas inclus dans la catégorie des apatrides.

En 1974, le gouvernement chinois et le gouvernement malaisien sont parvenus à un accord. Beijing a accepté de donner des passeports à ceux qui le voulaient, tandis que Kuala Lumpur a octroyé le statut de résident permanent à ceux qui le demandaient. Il y eut cependant quelques désaccords entre les deux Etats. Kuala Lumpur ne voulait pas garder les apatrides d'origine chinoise sur son sol. Elle espérait que Beijing accepterait de rapatrier ceux qui le désiraient. Mais le gouvernement chinois émettait des réserves. Il ne voulait pas se retrouver avec des « éléments indésirables » politiquement ou socialement sur son territoire. Les autorités chinoises préféraient qu'ils optent pour le statut de résident permanent malaisien. Certains auteurs estiment qu'une majorité de Chinois dans cette situation ont choisi de rester en Malaysia. Ils étaient assurés avec ce nouveau statut que leurs enfants pourraient obtenir la citoyenneté malaisienne.

La question des apatrides se posa à nouveau avec l'Indonésie lors du rétablissement des relations diplomatiques. En 1990, un accord fut signé pour résoudre la question des 300 000 apatrides. Le gouvernement chinois proposa la même solution qu'en 1974 :

> « Concernant les apatrides d'origine chinoise, le Premier ministre Li Peng a fermement déclaré qu'ils devaient faire leur choix entre devenir citoyen chinois ou citoyen indonésien dans un intervalle de temps, et Beijing respectera leur choix. Si un apatride d'origine chinoise choisit d'être un citoyen chinois, Beijing lui accordera le statut de citoyen chinois résidant en Indonésie » [18].

Le gouvernement indonésien s'est engagé à offrir à ceux qui le réclamaient le statut de résident permanent. Cette année-là, aucune autre précision ne fut apportée quant aux modalités d'application de cet accord. Il y a deux ans, les deux Etats ont résolu le problème selon les termes de l'accord de 1990. Les chiffres concernant les choix n'ont pas encore fait l'objet de publications officielles. On peut raisonnablement envisager que la majorité des Chinois concernés ont opté pour le statut de résident permanent.

La résolution des problèmes de nationalité entre la Chine et les Etats d'accueil ne peut que favoriser l'intégration des Chinois d'outre-mer. L'abandon de toute attitude « coloniale » de la R.P.C. ne peut être total, sans qu'elle accepte une intégration complète, c'est à dire culturelle, économique et politique des communautés.

B / L'assimilation culturelle, économique et politique des Chinois d'outre-mer au sein de leurs Etats d'accueil

L'adaptation des Chinois émigrés à leur environnement d'accueil est un phénomène ancien. Cette évolution des communautés émigrées n'a pas toujours été appréciée par les gouvernements chinois.

1) Une réalité ancienne

On constate que l'assimilation de traits culturels locaux, ainsi que la poursuite d'activités politiques et économiques liées à l'environnement d'accueil sont très anciennes chez les Chinois d'outre-mer [19]. Ceci ne signifie pas bien sûr qu'elle fut générale, ni qu'elle concerna l'ensemble de la population émigrée. Les facteurs que nous avons choisis de décrire ci-dessous ne sont pas exhaustifs, ni complets dans leur analyse. Certains nous semblent constituer des origines communes à l'ensemble des Etats d'accueil. D'autres ne sont caractéristiques que pour quelques Etats.

L'évolution des mouvements migratoires constitue l'un des facteurs explicatifs de l'intégration des émigrés. Les premiers immigrants chinois, surtout en Asie du Sud-Est, étaient en grande majorité des hommes. La durée du séjour s'accroissait et les immigrants se marièrent de plus en plus avec des femmes allogènes, donnant naissance à une population mixte particulière, nommée *Babas* dans la péninsule malaise ou *Peranankas* en Indonésie [20]. L'intégration se ralentit dans la seconde moitié du XIXe siècle, avec l'augmentation du flux des émigrés chinois. Parmi cette population, les femmes, plus nombreuses, permirent des mariages sino-chinois outre-mer. Cette situation eut comme principal résultat la constitution d'une communauté chinoise stable, conservant son identité biologique et culturelle [21]. Interdite ou fortement limitée aux Etats-Unis et dans les dominions britanniques à partir de la fin du XIXe siècle, l'immigration chinoise commença à se tarir en Asie du Sud-Est au début du XXe siècle. L'émigration chinoise connut une nouvelle baisse importante après la Seconde Guerre Mondiale. Les principaux mouvements migratoires chinois dans la région ou en Europe proviendront de Taiwan, de Hong-Kong et des anciens Etats d'accueil [22]. La chute de l'immigration chinoise favorisa la pratique des mariages mixtes. Elle contribua à éroder l'ensemble des pratiques culturelles, sociales ou politiques, au profit de l'intégration au sein de l'environnement d'accueil.

L'intégration des Chinois d'outre-mer évolua également en fonction de la nature et du degré de réussite de l'activité économique poursuivie. L'insertion au sein de l'environnement d'accueil a été particulièrement importante pour la catégorie des marchands, puis des industriels, et enfin aujourd'hui des professions libérales [23]. Les analyses historiques ou contemporaines [24] de la situation des Chinois dans leurs Etats d'accueil tendent à démontrer que les entreprises industrielles et commerciales des émigrés se sont développées en relations étroites avec leur environnement économique et politique.

Ce lien s'expliqua par la position d'intermédiaire du marchand chinois. Au sein des colonies européennes d'Asie, ils avaient été choisis par les Européens pour être le relais commercial avec les populations locales [25]. Les Chinois achetaient aux indigènes, ou produisaient eux-mêmes des denrées, qu'ils revendaient aux maisons de commerce ouvertes par les Européens [26]. Tsai Maw-kuey décrit, pour le Sud-vietnam, une position d'intermédiaire similaire.

> « Les Chinois ne sont pas cultivateurs. Ils ne ne produisent pas de denrées agricoles. Mais, ils occupent toutes les places de la longue chaîne qui relie le paysan vietnamien aux consommateurs locaux et aux importateurs étrangers. Ils détiennent ainsi le monopole de fait de la collecte des produits bruts (paddy, maïs, arachide, etc.), de leur transformation en denrées consommables, de leurs transports vers les centres commerciaux et de leur distribution sur le marché intérieur, voire de l'exportation vers l'étranger » [27].

Les Chinois s'inséraient ainsi au sein des systèmes indigènes [28], mais aussi des milieux coloniaux dont ils parlaient la langue et fréquentaient parfois les écoles [29]. Dans les colonies d'Asie du Sud-Est, où les marchands chinois prospères étaient les plus nombreux, la « soumission » économique était doublée d'une « soumission » politique. La réussite économique de Zhang Bishi aux Indes néerlandaises [30] résidait en grande partie dans sa capacité à cultiver les bonnes relations avec les autorités.

> « En étant ainsi [des intermédiaires], leur succès ne dépendait pas seulement de leur propre perspicacité et de leur capacité commerciale ou de leur gestion. Il était lié

> également, d'une manière vitale, aux faveurs du gouvernement colonial » [31].

Il semble que les grandes entreprises des Chinois d'outre-mer, constituées à partir des années 1950-1960 jusqu'à aujourd'hui, maintiennent ce double lien. Non seulement leurs activités économiques sont le corollaire de l'économie nationale [32], mais elles dépendent toujours de la qualité des relations établies avec les autorités. En Indonésie, les relations entre les deux sphères se sont muées en association directe. Le système, appelé *Cukong* [33], permet aux hommes d'affaires d'origine chinoise de bénéficier de diverses protections et facilités. L'un des hommes d'affaire chinois les plus importants, Liem, est ainsi attaché directement à la famille du Président Suharto. Il a fait de deux des enfants du Président ses associés directs [34].

La réussite économique des Chinois d'outre-mer, et donc l'intégration qui peut s'en suivre de manière naturelle, n'est pas un phénomène que l'on peut généraliser. Au XIXe siècle, l'ensemble de la population chinoise outre-mer était constituée de coolies. Ils travaillaient sur les plantations ou dans les mines, et la construction de chemins de fer. Bien souvent, le pécule que cette partie de la communauté gagnait, était englouti par le remboursement de la dette contractée pour partir de Chine. Leurs conditions de vie, particulièrement difficiles, les conduisaient à jouer ou à consommer l'opium.

> « Beaucoup d'entre eux s'adonnaient à l'opium, au jeu et à la prostitution; leur espoir de retourner en Chine couvert d'honneur allait en diminuant. En fait, bon nombre d'entre eux préférèrent rester et continuer leur vie ainsi, plutôt que de perdre la face devant leurs familles et leurs amis dans leurs villages d'origine » [35].

Les plus chanceux devenaient planteurs, artisans ou petits commerçants. Leurs revenus dépassaient celui des coolies, mais leurs conditions de travail et de vie restaient difficiles. Bien souvent, ils n'étaient pas propriétaires de leurs échoppes, qui appartenaient à quelques marchands fortunés. De condition modeste, ces émigrés restaient le plus souvent entre eux, certains ne voyant pratiquement aucun Européen [36]. L'intégration à l'environnement d'accueil (local ou colonial) de ces deux catégories a été plus difficile et donc plus lente. Elle a été accélérée dans certains Etats asiatiques à partir des années 1950, date des indépendances.

> « Tous les Etats de l'Asie du Sud affrontent le redoutable problème que pose l'établissement sur un même territoire, aux côtés d'une nation homogène, de minorités ethniques. La situation se complique lorsqu'il s'agit de définir le statut juridique ou politique des Chinois d'outre-mer » [37].

Les nouveaux dirigeants de ces Etats ont dû gérer la présence des communautés chinoises en fonction de trois problèmes : la construction d'un Etat nation, la position dominante des Chinois dans le secteur commercial soulevant les protestations des populations autochtones, et enfin l'établissement de relations avec un Etat d'origine devenu communiste. Ces considérations ont amené les autorités politiques à mener des politiques, qui ont parfois différé quant aux moyens [38], mais qui ont toutes eu pour ambition de mieux intégrer les Chinois à leur environnement d'accueil. Ces actions se sont parfois déroulées contre la volonté des Chinois. Ainsi, en Indonésie, depuis les années 1950, le gouvernement a mené une politique volontaire d'assimilation. Les autorités ont tenté de faire disparaître les Chinois en tant que groupe ethnique particulier. Elles ont notamment interdit toutes manifestations et tout maintien de traits culturels chinois [39]. Au Sud-Vietnam, le gouvernement Ngô-dinh-Diêm aura également comme objectif à partir de 1956 de faire disparaître, à plus ou moins longue échéance l'enseignement autonome de la minorité chinoise sur le sol national vietnamien [40].

Bien souvent, en raison des oppositions politiques et idéologiques, mais aussi pour favoriser l'intégration des Chinois, les autorités locales n'avaient plus de contacts avec la R.P.C. Elles interdisaient à la population chinoise d'en maintenir. Cette rupture avec le continent chinois favorisa l'osmose de la population chinoise avec l'environnement d'accueil. Une telle rupture a généralement été mal acceptée par l'Etat chinois.

2) Du rejet au constat

A partir du moment où les gouvernements chinois établirent le projet d'utiliser les ressources économiques des émigrés, surtout celles des plus prospères, pour le renforcement de l'Etat chinois, l'intégration des émigrés fut perçue comme un obstacle.

La première manifestation de l'intégration, la plus visible, à laquelle s'attaqua le gouvernement des Qing fut l'aspect culturel. Au XIXe siècle, les diplomates chinois étaient persuadés que le maintien de l'identité chinoise représentait le moyen de gagner les émigrés à la cause de la modernisation. L'action des représentants chinois, surtout à Singapour et dans la péninsule malaise [41], consista à favoriser ou à faire renaître les traits culturels chinois. Cette action débuta réellement avec la nomination du successeur du premier consul, Zuo Binglong.

> « Pour cet aspect des choses, Whampoa apparaissait totalement inefficace. Il n'était rien d'autre qu'une étape pour les officiels chinois et les diplomates européens en route vers la Chine. A contrario, Tso Ping Lun a été plus

> actif et ingénieux dans l'extension de l'influence du consulat. Par expérience, il a été capable d'étendre cette influence culturelle, sociale à toutes les catégories de Chinois. Il a utilisé la presse chinoise pour influencer l'opinion publique, (il a) organisé des activités culturelles et autres, s'est rendu populaire et respecté par la population chinoise [...] » [42].

La naissance du premier quotidien chinois à Singapour, le *Lat Pao*, est généralement attribuée à Zuo. En 1882, le Consul créa un club littéraire anglo-chinois, *le Celestial Reasoning Society*, ainsi qu'une société culturelle, *Hui Hsien*, destinée aux Chinois pratiquant leur seule langue d'origine. Son action s'est également étendue aux couches moins aisées de la population chinoise [43]. Ses successeurs poursuivirent son oeuvre. En utilisant quelques riches marchands, et certains intellectuels, ils développèrent des écoles chinoises, des associations pour l'étude et le maintien du confucianisme. En 1903, le gouvernement impérial créa, sur le territoire de l'Empire, l'université de Jinan destinée à la formation des seuls enfants des Chinois d'outre-mer.

Il ne semble pas, à l'inverse des gouvernements républicains, que les Qing, aient entrepris de s'attaquer aux aspects politiques et économiques de l'intégration des émigrés. Si certains auteurs estiment que la vente de titres nobiliaires poursuivait le but d'attacher politiquement les émigrés à la Chine [44], il nous semble que cette démarche visait essentiellement à lutter contre les autres mouvements politiques chinois (réformistes et révolutionnaires) et non contre certaines relations ou certaines fonctions que les émigrés possédaient au sein des institutions locales.

Ce sont les gouvernements républicains, et particulièrement le gouvernement de Jiang Jieshi, qui ont entrepris des actions virulentes contre l'intégration des émigrés. En 1940, le Comité central du *Guomindang* publia un document sur la situation des Chinois d'outre-mer, intitulé les « six crises ». Le texte dénonçait l'adaptation croissante des émigrés.

> « Il est très difficile pour les femmes [chinoises] d'entrer dans les pays de résidence. Les Chinois d'outre-mer épousent des femmes locales et les naissances d'enfants [de mariages mixtes] augmentent tous les jours. Leur sang devient mixte, leur langue, leur littérature, leurs coutumes et leurs habitudes sont transformées par les influences locales et étrangères, rendant difficile d'empêcher la perte de leurs caractéristiques nationales » [45].

Les gouvernements républicains reprennent l'objectif de maintenir les traits culturels chinois au sein de la population de l'outre-mer. L'éducation des Chinois d'outre-mer est développée. Lors de la troisième session du Comité central du *Guomindang* en juin 1929, il est décidé de multiplier le nombre des écoles outre-mer, et d'augmenter l'aide financière et matérielle aux institutions et aux associations culturelles [46]. Les consuls en poste à l'étranger sont chargés d'enregistrer les écoles, de superviser leurs créations et de contrôler leur bon fonctionnement [47]. Pendant cette période, les instituteurs et les professeurs sont souvent recrutés en Chine et payés par le gouvernement [48]. Ce fut notamment le cas pour les écoles chinoises du Sud-Vietnam, où les maîtres arrivaient directement de Chine. Leur nombre était cependant insuffisant notamment à cause des barrières légales à l'immigration chinoises instituées à partir de 1949 [49]. Un document daté de 1933, intitulé « Programme pour l'éducation des Chinois d'outre-mer » mentionne expressément dans son article 3, alinéa 1 qu'il faut enseigner le mandarin dans toutes ces écoles. Il nous renseigne également sur les autres actions que le gouvernement pensait mettre en oeuvre pour soutenir cette éducation chinoise.

> « Il faut organiser dans tous ces lieux des bibliothèques, ouvrir des maisons d'édition, populariser des centres de conférence, des musées [chinois]. [...] Il est nécessaire de promouvoir activement les revues, hebdomadaires, mensuelles ou annuelles, ainsi que la diffusion de livres. Il faut diffuser au-delà des mers les films, les chansons et toutes les publications chinoises » [50].

La vie associative des communautés émigrées devient pour le gouvernement républicain un moyen d'action dans sa lutte contre l'intégration. Dès 1929, il décide que toutes les associations devront être enregistrées auprès des organismes officiels. A défaut, elles ne bénéficieront d'aucune aide pécuniaire, ni d'aucune reconnaissance publique [51]. En essayant de contrôler les associations, les autorités pensaient pouvoir renforcer l'action de ces dernières contre toute tendance à l'acculturation.

L'encadrement culturel et social des communautés outre-mer est soutenu par le développement important de structures politiques, et particulièrement des sections du Parti *Guomindang*. Ces dernières existent au sein de chaque communauté outre-mer les plus importantes. Ses membres, comme à Singapour et dans la péninsule malaise, se chargent d'organiser de nouveaux recrutements. Ils s'implantent au sein des principales structures des émigrés, comme par exemple les Chambres de commerce chinoises. Les Chinois d'outre-mer, membres du Parti républicain, sont en quelque sorte les relais des institutions officielles dans les tâches de maintien de l'attachement des émigrés à la Chine [52]. Dans certains Etats, comme au Sud-Vietnam, les subdivisions du Parti nationaliste ont perduré jusque dans les années 1960, où elles continuaient d'animer les cellules provinciales dont les membres encadraient la population chinoise locale [53].

Après une période d'adaptation pendant laquelle ils maintiendront en théorie une politique de lutte contre l'intégration, les dirigeants communistes rompent avec cette tendance. C'est à partir de 1954 que les communistes prôneront l'intégration des Chinois d'outre-mer. Cette politique est inaugurée avec le discours prononcé par le Premier ministre, Zhou Enlai, devant l'Assemblée Populaire Nationale.

> « La Chine a approximativement douze millions de nationaux résidant à l'étranger. Ils ont vécu depuis beaucoup d'années en amitié avec les peuples des Etats de résidence, et ils ont contribué de manière positive au développement et à la prospérité des économies locales. La plupart d'entre eux ne participent pas à des activités politiques dans les pays de résidence. [...] Quant à nous, nous demandons instamment aux Chinois d'outre-mer de respecter les lois des gouvernements locaux, ainsi que les coutumes sociales locales » [54].

La politique en faveur de l'intégration est développée à nouveau, par le même Premier ministre, à Rangoon, en 1957. Selon lui, l'intégration des émigrés et de leurs descendants passait par l'acquisition de la citoyenneté locale, mais aussi par la pratique des mariages mixtes. Il taxa le refus d'apprendre la langue locale d'attitude « conservatrice », « paresseuse » et « chauvine ». Zhou Enlai exhorta les émigrés à bannir « cette vanité excessive ». Il demanda à tous les ressortissants chinois résidant à l'étranger d'être honnêtes, d'obéir aux lois et aux coutumes locales afin de se montrer des « immigrés modèles ». Les hommes d'affaires chinois furent appelés à réinvestir leur capital dans l'industrie locale, afin de participer au développement du pays d'accueil [55].

Les dirigeants communistes ont donc été les premiers à mentionner l'aspect économique de l'intégration. Cette préoccupation deviendra le point central d'autres discours. Aux mois de janvier et de février 1958, la présidente de la Commission des Chinois d'outre-mer, He Xiangning, réitère l'appel de 1957 pour une intégration plus poussée, ainsi que pour une plus grande participation économique des Chinois émigrés au sein de leurs Etats d'accueil.

> « Nous savons que la grande majorité des Chinois d'outre-mer se sont assimilés économiquement, culturellement et dans leurs manières de vivre, avec les populations locales, qu'ils espèrent rester de manière permanente dans les pays d'accueil et qu'ils espèrent

devenir des citoyens locaux. Notre gouvernement comprend et sympathise entièrement à ces aspirations ».

« Nous incitons les commerçants chinois à investir dans l'industrie locale ou à participer à la construction nationale par des entreprises conjointes avec le capital local; cela bénéficiera à l'indépendance nationale de l'Etat de résidence. Les enfants des Chinois d'outre-mer doivent apprendre la langue locale, la géographie et l'histoire de ces Etats, ainsi que les techniques, afin qu'ils puissent être éduquer et bâtir un avenir dans les pays d'accueil » [56].

Les autorités chinoises vont même jusqu'à qualifier l'intégration des Chinois d'outre-mer de patriotisme à l'égard de la R.P.C.! Fang Fang déclara en 1960 que « C'est une manifestation de patriotisme que de prendre la nationalité de l'Etat d'accueil, d'étudier la langue locale, ainsi que sa culture, d'aimer son Etat de résidence, et d'être uni avec sa population » [57].

Plusieurs facteurs sont à l'origine de cette politique. Cette période correspond à une volonté de « coexistence pacifique » avec les autres Etats, notamment asiatiques. Depuis la Conférence de Bandoeng, les autorités du continent cherchent à se rapprocher des autres Etats, dont elles espèrent qu'ils reconnaîtront la R.P.C. au plan diplomatique. Ainsi, l'objet de ces diverses recommandations visaient plus les Etats d'accueil que les Chinois d'outre-mer. L'aspect culturel de l'intégration intéressait peu les dirigeants communistes. Ils étaient occupés à l'intérieur du pays à gommer toutes manifestations d'une culture qu'ils jugeaient néfaste au développement d'une nouvelle société [58]. Seuls demeuraient les aspects économiques et politiques de l'intégration. Il s'agissait d'écarter la crainte de ces Etats de voir la R.P.C. essayer d'utiliser les émigrés pour étendre son influence économique et être ainsi la seule à bénéficier de leur réussite économique.

Comme nous l'avons déjà mentionné, les dirigeants communistes espéraient toujours attirer les capitaux et le savoir faire des émigrés pour la construction socialiste de la Chine. Contrairement aux gouvernements chinois précédents, la R.P.C. entrait en concurrence directe avec d'autres Etats, particulièrement les nouveaux Etats asiatiques. Ces derniers avaient, comme elle, des économies en développement. Leurs aspirations étaient d'utiliser l'ensemble du potentiel économique national, dont faisait partie les activités économiques des Chinois, pour assurer leur propre développement.

Ces mêmes Etats sont à l'origine de la politique actuelle du gouvernement chinois à l'égard de la question de l'intégration. Lorsqu'en 1978, Deng Xiaoping reprenait le projet de se servir de la puissance économique des Chinois d'outre-mer et de leurs descendants pour le renforcement politique et économique du continent, les autorités des Etats d'accueil, dont les économies étaient encore en développement, ont réagi vivement. En 1978, le ministre des Affaires étrangères indonésien, Mochtar Kusumaatmadja, déclarait que cet appel visait « aussi le maintien de liens sociaux et économiques avec la Chine », et était de fait « des plus ambigus ». La presse de Singapour reflétait, quant à elle, les craintes des Etats de la péninsule malaise.

> « Pour la Malaisie, le problème est que l'appel de Beijing pourrait faire revivre des tendances pro-chinoises que les autorités de la Malaysia se sont efforcées d'éradiquer depuis l'indépendance en 1957. De même, au regard du fragile équilibre racial de la Malaysia, la poursuite d'une telle politique favorable aux Chinois renforcerait le communalisme, fléau de l'intégration et de l'unité nationale »[59].

L'ensemble de ces réactions, ainsi que la volonté de la R.P.C. de maintenir de bonnes relations avec ces Etats, contraignent les dirigeants à réaffirmer officiellement leur position sur la question de l'intégration. Les autorités chinoises reprennent les fondements des discours du milieu des années 1950. Mais, elles leurs donnent une nouvelle dimension. L'intégration des Chinois d'outre-mer n'est plus requise, mais simplement constatée comme un état de fait auquel la R.P.C. ne peut, ni ne veut rien changer.

La participation des Chinois d'outre-mer au développement des Etats d'accueil est systématiquement mis en valeur, parfois de manière excessive.

> « Du XVe au XIXe siècle, première période où ils se sont rendus dans les pays de l'Asie du Sud-Est, les ressortissants chinois y ont introduit les outils et la technique de production qui étaient avancés à l'époque en Chine. [...]. Tout ceci a promu le développement économique de ces pays »[60].

Les dirigeants dépeignent les Chinois d'outre-mer comme des personnes qui se sont toujours investies, politiquement, dans les luttes pour l'indépendance politique des pays d'accueil :

> « Les Chinois d'outre-mer ont toujours pris le parti des peuples des pays où ils résidaient, dans la lutte pour la conquête de l'indépendance nationale. Nombre d'entre eux y ont laissé leur vie. Les ressortissants chinois en Indonésie, par exemple, aux côtés du peuple, ont opposé une résistance ferme à la domination coloniale hollandaise »[61].

Quant aux ressortissants chinois, résidant à l'étranger, le gouvernement leur demande « d'observer les lois des pays concernés, d'avoir des relations amicales avec les peuples, de respecter leurs us et leurs coutumes; et de ne pas se mêler des affaires politiques du pays » [62]. Le seul rôle que la R.P.C. leur attribue, ne peut en rien compromettre leur intégration et les politiques nationales allant en ce sens.

> « Les ressortissants chinois sont très nombreux, et la plupart d'entre eux vivent dans les pays du Tiers Monde.
> Ils font partie du peuple chinois et constituent des liens favorisant l'amitié entre la Nation chinoise et les peuples des divers pays » [63].

Après le début des années 1980, aucun discours ne parle de l'intégration politique, économique ou sociale des Chinois d'outre-mer. Comme nous le verrons dans la seconde section de ce chapitre, si l'aspect culturel chinois demeure, il ne fait l'objet de la part de la Chine d'aucune requête de maintien obligatoire.

Accentuant la position prise par les dirigeants communistes dans les années 1954-1957, les autorités chinoises ne considèrent plus l'intégration des émigrés et de leurs descendants comme un obstacle à leurs relations avec eux. Elles abandonnent ainsi un aspect important de la politique « coloniale » de leurs prédécesseurs. Elles ont dû se prononcer sur les risques d'ingérence dans les affaires intérieures des Etats étrangers du fait de la présence de communautés chinoises.

§.2 La non ingérence

Afin de montrer leur intention de modifier la politique antérieure dans ce domaine, les dirigeants chinois ont clarifié leur position sur deux points : la protection diplomatique (A), et l'utilisation potentielle des Chinois émigrés à des fins politiques contraires aux intérêts des gouvernements des Etats de résidence (B).

A / La question de la protection diplomatique

« L'action d'un gouvernement auprès d'un gouvernement étranger pour réclamer à l'égard de ses nationaux, ou exceptionnellement de certaines autres personnes, le respect du droit international ou pour obtenir certains avantages à leur profit » [64] est un principe auquel la R.P.C. semble tenir. Sa mise en oeuvre suscite néanmoins certaines controverses.

1) La réaffirmation du principe

Lorsqu'à la fin des années 1970, le gouvernement chinois reprend l'idée d'associer les Chinois d'outre-mer au développement économique et politique de la R.P.C., il se doit de rehausser envers eux une image extérieure que la Révolution culturelle a largement dégradée. Au début de l'année 1978, lors de son voyage officiel en Asie du Sud-Est, Deng Xiaoping se plaint au Premier ministre malaisien, Hussein Onn, de ce que les Chinois soient traités comme des « citoyens de seconde zone »[65]. La R.P.C. entendait ainsi redonner d'elle-même une image protectrice des intérêts et des droits des Chinois d'outre-mer.

Les dirigeants communistes suivent une démarche similaire à celles de leurs prédécesseurs en 1949. Lors de la prise du pouvoir par les communistes, ces derniers affirment leur projet de respecter et de mettre en oeuvre, si besoin est, le principe de la protection diplomatique. L'article 58 du Programme Commun de la République populaire de Chine affirme :

> « Le gouvernement central de la République populaire de Chine fera tout son possible pour protéger les droits et les intérêts légitimes des Chinois résidant à l'extérieur »[66].

Afin de gagner à leur cause les émigrés et leurs descendants, les autorités communistes se déclarèrent plus aptes que le gouvernement nationaliste à faire cesser l'ensemble des persécutions dont les Chinois d'outre-mer faisaient l'objet dans leurs Etats de résidence. Le 28 janvier 1950, un article du <u>Da Gongbao</u> commençait ainsi :

> « Maintenant que la République populaire de Chine a été établie et que des relations diplomatiques ont été ouvertes entre le gouvernement central populaire et un certain nombre de pays, les 10 000 000 Chinois d'outre-mer ne seront plus et ne devront plus être les sujets d'autres abus. [...] »[67].

Une année plus tard, le Premier ministre, Zhou Enlai, confirma la position du gouvernement :

> « Les droits et les intérêts légitimes de ces personnes [les Chinois d'outre-mer], ont été sérieusement bafoués à cause de discriminations et même de persécutions de la part de certains Etats. Ceci ne peut qu'accroître l'attention et l'intérêt du peuple chinois »[68].

Le principe de la protection diplomatique accordée aux Chinois résidant à l'extérieur sera traduit constitutionnellement. L'article 23 de la Constitution de 1954 déclare que la République populaire de Chine « protège les droits et les intérêts légitimes des Chinois résidant à l'extérieur »⁶⁹. La formulation était plus vague que celle employée par la Constitution de la République de Chine (Taiwan). L'article 141 parlait de la protection « des droits et des intérêts des citoyens chinois résidant à l'extérieur »⁷⁰. Comme nous l'avons exposé, la détermination d'un droit de la nationalité n'avait pas encore fait l'objet de principes clairs en R.P.C., alors que la République de Chine appliquait toujours le principe du *jus sanguinis*⁷¹. Les Constitutions de 1975, 1978, et 1982 reprennent une formule identique. Aujourd'hui, la protection diplomatique accordée par la R.P.C. ne concerne que les ressortissants chinois, qui en vertu de la loi sur la nationalité, ont acquis la nationalité chinoise.

L'affirmation actuelle du principe par la République populaire de Chine a perdu le caractère contradictoire qu'elle possédait au début des années 1950. Si les dirigeants communistes affirmaient vouloir accorder cette protection aux Chinois d'outre-mer, ils taxaient le même principe de moyen déguisé utilisé par les « Impérialistes » pour cacher leurs actions d'intervention et d'agression. Comme exemple de leur théorie, ils citaient fréquemment le bombardement de Nanjing en 1927 par les Britanniques et les Américains et le massacre de 3 000 Chinois par les Japonais dans le Shandong perpétré la même année⁷². Depuis 1978, la R.P.C., comme nous le verrons ci-après, s'efforce de poursuivre une nouvelle politique étrangère et tente de montrer son adhésion aux principes généraux de droit international.

En réaffirmant officiellement sa volonté de protéger les Chinois d'outre-mer au sein des Etats d'accueil, les dirigeants chinois firent naître la crainte d'une ingérence dans les affaires intérieures des Etats concernés. L'application du principe par la R.P.C. ne semble confirmer que partiellement de telles appréhensions.

2) La réalité de l'application

Au début de l'année 1979, après une année de négociations infructueuses entre Beijing et Hanoi sur la question des Chinois du Vietnam, la R.P.C. lance une offensive militaire en territoire vietnamien. Les troupes chinoises pénètrent au Vietnam le 17 février 1979. Lorsqu'elle commence son action militaire, la R.P.C. ne mentionne pas les mauvais traitements infligés aux Chinois, ni la politique d'expulsion des autorités vietnamiennes⁷³. Mais, plusieurs facteurs ont orienté l'explication de l'intervention en ce sens. Le flot d'expatriés vietnamiens d'origine chinoise continuait à se déverser en R.P.C. malgré toutes les protestations et les actions (envoi de bateaux) entreprises par Beijing. Les autorités chinoises locales commencèrent à connaître de graves difficultés dans l'installation de ces personnes. Mais, surtout, comme le décrit Chang Pao-min, l'attitude de

Hanoi à l'égard des Chinois fut un défi au principe de la protection diplomatique, réaffirmé par les autorités chinoises.

> « L'escalade constante des mauvais traitements infligés aux Chinois du Vietnam, en dépit des plaintes et des protestations faites par Beijing, avait déjà été une moquerie faite à la politique officielle de la Chine à l'égard des Chinois d'outre-mer. Le rejet systématique de toutes solutions cruciales pendant les négociations, le défi flagrant aux mesures de contrôle des frontières et, peut-être, l'utilisation illégale de la force contre les réfugiés, ont constitué certainement des injures, ajoutées aux insultes. A la fin de 1978, il était clair que si aucune action nouvelle et plus efficace était prise contre le Vietnam, le poids économique et social que la Chine avait supporté depuis que la crise des réfugiés avait commencé, connaîtrait une nouvelle augmentation; et cela s'ajoutait à toute l'humiliation publique que la Chine avait dû déjà subir en tant que protecteur affirmé des Chinois d'outre-mer »[74].

La thèse de la mise en oeuvre de la protection diplomatique à l'égard des Chinois d'outre-mer dans le cadre de l'intervention au Vietnam fut renforcée par la réaction des autres Etats asiatiques concernés par la présence d'émigrés et de descendants d'émigrés chinois. En août 1978, un journal malaisien écrit :

> « L'intérêt sérieux que la R.P.C. porte aux Chinois du Vietnam doit entraîner de notre part une sérieuse réflexion quant à la réelle attitude de la R.P.C. Une attention particulière doit être portée à cette affaire. Parce que ce qui s'est déroulé au Vietnam peut aussi se passer pour les autres Etats où il y a une communauté chinoise importante »[75].

Néanmoins, à la suite de cette intervention les différents auteurs, qui avaient étudié la question de la protection diplomatique accordée aux Chinois dans les années 1950, posèrent à nouveau la question de la réalité de son application.

Auparavant, la R.P.C. était intervenue directement en 1959 et en 1965 en Indonésie. En 1959-1960, le gouvernement indonésien avait promulgué deux règlements visant à restreindre la position économique des Chinois de l'archipel[76]. Un premier décret interdit à tous les étrangers, Chinois y compris, de s'engager dans le commerce de détail dans les zones rurales à partir du 1er janvier 1960. Le second, publié par une autorité militaire régionale, décida de l'expulsion des Chinois résidant dans l'est de Java. Ces deux textes portèrent un grave préjudice à l'activité économique d'un grand nombre de Chinois [77]. Beijing réagit en accusant le gouvernement de Jakarta de violer le «Traité de Double Nationalité», par lequel il s'était engagé à protéger les intérêts des Chinois. Dans un premier temps, les dirigeants chinois protestèrent contre ces mesures par la voie diplomatique. Ils n'obtinrent pas l'annulation des règlements. Ces mesures entraînèrent des heurts violents dans le pays, entre la communauté chinoise expulsée, les forces de l'ordre et les Indonésiens eux-mêmes [78]. Finalement, Beijing envoya des bateaux pour rapatrier les Chinois expulsés. Selon des sources indonésiennes, 102 000 Chinois furent rapatriés par le gouvernement de la R.P.C.

En 1965, à la suite du coup d'Etat avorté et de la prise de pouvoir par Suharto, la répression s'abattit sur la communauté chinoise. La R.P.C. protesta contre la politique et les attaques physiques, que subissaient les Chinois. Elle décida d'envoyer de nouveaux bateaux pour évacuer les Chinois d'Indonésie. Bien que les intérêts des Chinois furent mis à mal, au moment des deux interventions, les relations bilatérales entre la Chine et l'Indonésie s'étaient déjà largement dégradées pour d'autres raisons. En 1960-1965, les dirigeants indonésiens semblèrent se rapprocher beaucoup plus de l'Union Soviétique. Les autorités chinoises estimèrent néanmoins que les relations avec l'Indonésie pouvaient encore se rétablir [79]. Elles décidèrent alors d'arrêter les rapatriements et de ne plus réagir en faveur des Chinois. David Mozingo expliqua :

> « Le fait d'accepter les discriminations de Jakarta était désagréable, mais en agissant ainsi Beijing montrait une fois encore l'étendue de sa bonne volonté à accorder des concessions afin de garder la possibilité d'entraîner l'Indonésie dans sa coalition anti- impérialiste» [80].

L'analyse de l'intervention militaire chinoise au Vietnam semble montrer également que derrière la question des « Hoa », se profilaient d'autres intérêts. Les heurts militaires entre le Vietnam et la R.P.C. furent l'aboutissement d'une crise qui débuta au milieu des années 1960. Il semblerait que la Chine se soit opposée à deux objectifs jugés fondamentaux pour les communistes nord-vietnamiens : l'unification de l'Etat Vietnamien, séparé à deux reprises (1954, 1973), et l'établissement de « relations privilégiées » avec le Cambodge et le Laos [81].

L'attitude de la Chine envers l'unification du Vietnam s'explique par son aversion traditionnelle à voir se constituer à ses frontières un Etat puissant. Les dirigeants de la R.P.C. voyait dans cette réunification le premier pas vers un projet plus vaste des communistes vietnamiens : la constitution d'une « Indochine Vietnamisée », selon l'expression de F. Joyaux.

> «Aussi la chute de la République du Cambodge et l'entrée des "Khmers rouges" à Phnom Penh, en avril 1975, furent-elles considérées par la R.P.C., comme des succès alors que dans le même temps, l'entrée des troupes nord-vietnamiennes à Saigon marquait l'aboutissement d'un processus auquel elle n'avait jamais été favorable. La mise en place au Laos entre avril et décembre 1975, d'un régime communiste puissamment aidé par le Vietnam du Nord et bientôt aligné sur les thèses d'Hanoi, coupait la Chine du Cambodge et avivait encore les divergences sino-vietnamiennes» [82].

Cette situation contraignit les dirigeants chinois à soutenir totalement les Khmers rouges de Pol Pot [83], alors que ces derniers perpétraient un véritable génocide. Ces derniers étaient également opposés aux thèses d'Hanoi sur les « relations privilégiées » entre les trois Etats indochinois. Fort du soutien chinois, ils provoquèrent une série de heurts frontaliers. Les Vietnamiens apportèrent leur soutien à l'établissement d'un Front Uni des Forces Kamputchéennes, dirigé par Heng Samrin, décidé à renverser les forces khmers de Pol Pot. En 1978, la crise sino-vietnamienne s'accentua avec l'entrée du Vietnam au sein du COMECOM et la signature la même année du traité de coopération et d'amitié avec l'U.R.S.S., alors toujours en conflit avec la R.P.C. Enfin, l'invasion par les troupes vietnamiennes du Cambodge à la fin de l'année 1978 et au début de l'année 1979, finirent de dégrader les relations entre les deux Etats [84].

> « Apparemment le cas vietnamien montre une fois encore que la Chine ne proteste publiquement en faveur des Chinois d'outre-mer que lorsque les relations diplomatiques avec le pays concerné sont détériorées à cause d'autres facteurs» [85].

Cette conclusion est confirmée, *a contrario* par la non intervention de la R.P.C. en faveur des communautés chinoises résidant au sein des Etats avec lesquelles elle entretient de bonnes relations. Ce fut le cas pour les Chinois d'outre-mer du Cambodge, après la prise du pouvoir par Pol Pot en 1975. Appliquant une politique stricte de socialisation de l'économie, les Khmers rouges forcèrent les populations des villes à travailler dans les campagnes. En majorité urbanisés, les Chinois furent touchés directement par ses mesures. Leurs biens furent confisqués et beaucoup d'entre eux furent massacrés [86]. D'après certains témoignages de réfugiés cambodgiens d'origine chinoise, ou de nationalité chinoise, le gouvernement khmer interdit la pratique de leurs coutumes. Les Chinois du Cambodge essayèrent d'obtenir l'aide de l'Ambassade chinoise à Phnom Penh. Les diplomates se contentèrent de transmettre leurs doléances à Beijing, en précisant que le problème devait être résolu lentement. Pour ne pas intervenir, les autorités chinoises prétextèrent que les cas des Chinois du Vietnam et du Cambodge étaient différents. Selon eux, les mesures prises par le gouvernement khmer auraient affecté toute la population cambodgienne, alors que les dirigeants vietnamiens visaient essentiellement la communauté chinoise.

Comme le souligne Nayan Chanda, il n'était pas évident que les mesures prises par le gouvernement vietnamien étaient destinées aux seuls Chinois [87]. La R.P.C. avait décidé de supporter les Khmers rouges du Cambodge contre le Vietnam. Elle avait besoin de cet Etat afin de limiter l'encerclement vietnamo-soviétique. Ce fut la principale raison qui expliqua sa non intervention en faveur des Chinois du Cambodge.

Le cas des Chinois du Cambodge est une illustration de l'attitude de la Chine envers les Chinois d'outre-mer. L'intérêt des relations gouvernementales domine celui des Chinois d'outre-mer. Au cours des années 1980 et au début des années 1990, la R.P.C. n'a pas modifié ce fondement de l'application du principe de la protection diplomatique. La « protection » accordée par Beijing aux Chinois d'outre-mer reste subordonnée aux intérêts nationaux du pays. Les problèmes que peuvent connaître certains Chinois dans ces Etats d'accueil ne semblent pas devoir entraîner l'application du principe de la protection diplomatique, au détriment des relations bilatérales.

L'absence de réaction officielle de la R.P.C. aux événements qui se sont déroulés en Indonésie au mois d'avril 1994 corrobore cette interprétation de la politique de la Chine en matière de protection diplomatique. A Médan, des manifestations pour des problèmes d'emploi, ont rapidement dégénéré en émeutes anti-chinoises. Un commerçant d'origine chinoise a trouvé la mort et plus de cent cinquante boutiques appartenant à des personnes d'origine chinoise ont été détruites. Les autorités chinoises n'ont pas mentionné ces faits qui se sont déroulés dans un Etat avec lequel elles ont rétabli des relations diplomatiques depuis 1990 [88].

Si la R.P.C. a réaffirmé le principe de la protection diplomatique dans un souci d'améliorer son image auprès des Chinois d'outre-mer, elle ne l'applique aujourd'hui que d'une manière limitée. Dans le même souci de montrer sa volonté d'appliquer une politique stricte de non ingérence dans les affaires intérieures des Etats d'accueil, les autorités de Beijing ont été confrontées à la nécessité d'éclaircir leur position sur la question de l'utilisation des Chinois d'outre-mer à des fins politiques.

B / Le rejet de l'utilisation politique des Chinois d'outre-mer

Dès la fin des années 1970, la politique étrangère menée pendant la Révolution culturelle à l'égard des communautés chinoises et de leur pays d'accueil fut dénoncée par Beijing. Par contre, l'abandon du soutien aux Partis communistes sous-entendu par cette question, sera plus progressif.

1) Critique de la politique étrangère menée pendant la Révolution culturelle à l'égard des Chinois d'outre-mer et des Etats d'accueil

A la fin des années 1970, deux textes particulièrement importants dénoncèrent les positions prises pendant cette période : « Une critique de la théorie réactionnaire des liens avec l'étranger de la Bande des Quatre » de Liao Chengzhi et « La nature réactionnaire des "six relations étrangères"» de Yue Qiao. Ils furent tous deux publiés dans les quotidiens chinois en 1978 [89]. Ces deux articles attaquent en particulier les positions prises en matière de politique étrangère de 1966 à 1968.

L'article de Yue Qiao affirme que les dirigeants des « factions rebelles » (Bande des Quatre) avaient entamé dès l'automne 1966, une campagne pour répudier la politique de conciliation prônée à l'égard des Chinois d'outre-mer et de leurs Etats d'accueil au cours des années 1950. Une telle attitude, déclare-t-il, a causé de sérieux dommages au travail de Front Uni au sein des Chinois d'outre-mer, et « a ainsi handicapé l'exécution de la politique générale à l'égard des Chinois d'outre-mer ».

L'article de l'ancien président de la Commission des Chinois d'outre-mer, Liao Chengzhi, poursuit la critique dans le même sens.

> « Lin Biao et la "Bande des Quatre", attachés à leur attitude anti-Chinois d'outre-mer, ont traité les Chinois d'outre-mer comme des ennemis, et ils ont intentionnellement saboté les relations étrangères de la Chine avec les Etats dans lesquels les Chinois d'outre-mer résident, et ils leur ont causé un préjudice important ».

Sans affirmer que les dirigeants précédents aient appelé les Chinois d'outre-mer à entrer directement en conflit avec les gouvernements d'accueil, les critiques émises à partir de 1977 prônent au contraire aux Chinois le respect des lois et des gouvernements des Etats étrangers. De tels conseils montraient le rejet d'une politique visant à déstabiliser les gouvernements des Etats d'accueil.

Enfin, le dernier groupe d'arguments utilisés pour dénoncer la politique antérieure, consista à octroyer un rôle aux Chinois d'outre-mer dans l'amélioration des relations de gouvernement à gouvernement. En mars 1978, lors d'une réception donnée en l'honneur de l'Association d'amitié sino-philippine, Li Xiannian demanda instamment aux Chinois résidant dans cet Etat de participer à la construction et au maintien de l'amitié entre les deux Etats.

La R.P.C. déclara renoncer à se servir des Chinois d'outre-mer pour déstabiliser les régimes politiques des Etats d'accueil. Son souci était à présent d'entretenir de bonnes relations avec eux. Mais, les déclarations de principe des autorités communistes sur les Chinois d'outre-mer ne pouvaient à elles seules convaincre tous les gouvernements, et particulièrement ceux qui, à côté du problème des communautés chinoises, connaissaient aussi des rebellions communistes. Au delà, de l'abandon politique des Chinois d'outre-mer, il fallait que Beijing cesse son appui aux Partis communistes locaux.

2) L'abandon du soutien aux Partis communistes

Dans les années 1970, les Etats asiatiques, où la présence de communautés chinoises est importante, ont toujours posé comme condition à l'amélioration des relations avec la R.P.C., l'arrêt du soutien aux Partis communistes locaux. Le 16 août 1975, le Président indonésien, Suharto, déclara dans un discours devant la Chambre des représentants :

«D'autres Nations continuent à fournir une protection aux responsables des terrorismes communistes ou appuient ouvertement la résurgence du P.K.I. [Parti communiste Indonésien] dans nos affaires intérieures. C'est dans ce contexte que nous devons voir pourquoi il est encore difficile de normaliser les relations avec la Chine »[90].

Le dirigeant de Singapour, Lee Kuan Yew, subordonnait l'établissement de relations diplomatiques avec la R.P.C. à l'évolution des relations de ces voisins indonésien et malaisien avec Beijing. Mais, il exigea aussi que la R.P.C. ne soutienne plus le Parti communiste malaisien. Lors de son voyage à Beijing en novembre 1980, il demanda que le gouvernement chinois s'engage publiquement à cesser ses relations avec les P.C. locaux. Quant aux relations avec la Malaysia, elles ne purent s'améliorer malgré l'établissement de contacts diplomatiques en 1974, car Kuala Lumpur n'avait pas pu obtenir de Beijing l'arrêt de son soutien au Parti communiste malaisien.

Les dirigeants chinois, conscients de cet obstacle, vont dans un premier temps essayer de le contourner. A partir de 1973, ils poursuivirent une double politique. Cette dernière consista à établir des relations de gouvernement à gouvernement, tout en maintenant des contacts avec les partis locaux. La R.P.C. tenta de persuader les Etats concernés que les deux types de relations devaient être dissociés [91]. Cette politique se concrétisa particulièrement dans le cas de la Malaysia. Après l'établissement en 1974 des relations officielles entre les deux Etats, Beijing envoya un message au Parti communiste malaisien à l'occasion du 55ème anniversaire de la fondation de ce dernier.

> « Depuis toujours le P.C.M. est uni au P.C.C. qui a Mao Zedong à sa tête et les autres partis marxistes léninistes. Ils ont combattu ensemble, ils défendent fermement les principes du marxisme léninisme; ils soutiennent les peuples opprimés du monde, le travail juste des Nations opprimées » [92].

Un message semblable fut envoyé la même année, pour l'anniversaire de la fondation du P.K.I. (Parti Kommunist Indonésien). En novembre 1975, Beijing félicita le FRETILIN (Front Révolutionnaire de l'indépendance de Timor-Est), d'avoir proclamé la République de Timor-Est. Le 9 décembre 1975, les autorités communistes condamnèrent l'intervention militaire indonésienne sur l'île. La tactique du gouvernement chinois consista aussi à laisser les radios clandestines, telle que la Voix de la Révolution Malaisienne, dont les stations étaient installées en Chine, employer un langage agressif à l'égard des gouvernements sans s'impliquer directement [93].

Parallèlement, les dirigeants chinois affirmèrent aux délégations en visite à Beijing que si la Chine soutenait la Révolution, elle ne l'exportait pas. Le P.C.C. ne pouvait encore cesser tout soutien aux autres Partis communistes. La situation politique intérieure et les rivalités entre les différents dirigeants communistes entraînèrent le maintien de la politique de soutien. Dans leur volonté de freiner la politique d'« encerclement » soviétique, les communistes chinois refusèrent de rompre avec les Partis communistes locaux, qui les soutenaient contre l'Union Soviétique. Lors du XIème Congrès du Parti communiste Chinois en 1977, Hua Guofeng, Président du Parti, déclara :

> « Nous sommes des communistes, il va donc de soi que nous soutenions les luttes révolutionnaires des différents pays. Mais, en même temps, nous avons toujours estimé que tous les Partis communistes sont indépendants et souverains. C'est au Parti communiste de chaque pays qu'il appartient d'unir la vérité universelle du marxisme-léninisme à la pratique concrète de la révolution dans son pays et de conduire le peuple pour l'accomplir. La révolution ne s'exporte pas. Nous ne nous sommes jamais ingérés dans les affaires intérieures des autres pays.

> Notre parti a des rapports avec de nombreux Partis communistes. Ces rapports entre partis et les relations entre Etats sont deux choses différentes» [94].

L'arrivée au pouvoir de Deng Xiaoping marqua le début d'un changement de position du P.C.C. En novembre 1980, lors de la visite de Lee Kuan Yew à Beijing, Deng Xiaoping affirma que le soutien aux P.C. était un legs ancien qui serait progressivement restreint [95]. Beijing fit quelques gestes en direction des gouvernements asiatiques concernés. En juin 1981, la «Voix de la Révolution malaise», cessa d'émettre. Elle fut remplacée par la «Voix de la Démocratie malaisienne», qui émit à partir de la frontière thaïlandaise. Le changement d'appellation était révélateur du tournant pris dans la politique chinoise [96]. D'autre part, entre la fin de l'année 1980 et le début de l'année 1981, Musa bin Ahmad, ancien dirigeant du Parti communiste malaisien, réfugié depuis longtemps en R.P.C., revint à Kuala Lumpur, où il abjura le communisme [97].

A partir de 1982, les dirigeants chinois donnèrent officiellement la priorité aux relations de gouvernement à gouvernement [98]. Lorsque le Premier ministre, Zhao Ziyang se rendit en visite officielle en Asie du Sud-Est, il déclara au Premier ministre malaisien que le Parti communiste chinois avait cessé de soutenir militairement les Partis communistes asiatiques. Il ajouta que l'appui de son pays à ces partis n'était plus que moral et politique [99].

Tout au long des années 1980, la R.P.C. essaiera de convaincre les Etats de la région de la réalité de cette politique [100]. En 1984, Wu Xueqian, ministre des Affaires étrangères chinois affirma à son homologue malaisien que les liens du P.C.C. étaient « un sérieux obstacle au développement de meilleures relations ». En avril 1985, après sa visite en Indonésie, Wu Queqian précisa que le P.C.C. n'avait plus eu de relations avec le P.K.I. depuis dix-huit ans.

Pendant le XIIème congrès du Parti communiste chinois en 1987, le rapport présenté par Zhao Ziyang, secrétaire du P.C.C., ne fit aucune référence à la nécessité d'entretenir des liens avec les autres Partis communistes. Au contraire, il mit en avant la nécessité d'améliorer les rapports de gouvernement à gouvernement.

> «La Chine continuera à mener résolument une politique étrangère indépendante et pacifique et à développer des relations d'amitié et de coopération avec tous les pays du monde sur la base des cinq principes de coexistence pacifique.[...] La naissance de la République populaire de Chine a eu un très grand retentissement dans le monde; elle y a renforcé l'influence des forces progressistes et du marxisme. Le succès de la modernisation socialiste en

> Chine contribuera davantage à la paix dans le monde et au progrès de l'humanité; elle rendra plus attirant encore le socialisme scientifique» [101].

Les dirigeants actuels de la R.P.C. semblent avoir rassuré les autres Etats sur la question des P.C. locaux. De plus, ces derniers, déjà fortement affaiblis au début des années 1980, n'ont plus aujourd'hui d'existence effective. A la fin des années 1970, le P.K.I. n'existait déjà plus qu'à l'état de groupuscule à l'extérieur de l'Indonésie. Or, sans l'appui de la Chine communiste, ses possibilités de survie se sont encore fortement réduites. Le P.C.M., après avoir connu plusieurs scissions, semble s'orienter vers une « optique » plus islamique [102].

Même après les événements de juin 1989 et le retour au pouvoir de dirigeants plus « conservateurs », le soutien aux Partis communistes de la région ne sembla pas avoir été envisagé. Les positions officielles sur la question furent exposées par Hu Qiaomu en juillet 1991.

> « Dans les rapports avec les partis étrangers (y compris les partis bourgeois), le P.C.C. met en pratique les principes de l'indépendance, l'autonomie, l'égalité totale, le respect mutuel, et la non ingérence mutuelle dans les affaires intérieures» [103].

L'utilisation politique des communautés chinoises n'est plus envisagée. L'ensemble des discours sur la politique étrangère de la Chine prône la non ingérence dans les affaires intérieures, et aucune référence n'est plus faite aux relations de partis à partis. Le discours du Président de la République populaire, Jiang Zemin, lors de sa visite officielle en Malaysia en novembre 1994, confirma le maintien d'une telle politique.

> « Nous accordons un grand prix à l'indépendance, la souveraineté et l'égalité. Il y a plus de 2000 ans, le sage Confucius enseigna la "valeur suprême de la paix" et conseilla "ne faites pas aux autres ce que vous ne voudrez pas qu'ils vous fassent". Les développements de l'histoire contemporaine ont prouvé que toutes violations des principes d'égalité et de respect mutuel, toute ingérence gratuite dans les affaires internes des autres [...] étaient voués à l'échec. [...] Notre politique qui consiste à développer des relations de bon-voisinage et d'amitié avec les pays qui nous entourent n'est en aucun cas un expédient, mais un choix inévitable que nous avons fait répondant à l'appel de la période et considérant les intérêts à long terme des peuples de Chine et des autres pays de la région » [104].

Si, à la fin des années 1970, la R.P.C. a eu tendance à reprendre certains aspects des politiques « coloniales » antérieures, elle s'est dirigée rapidement vers le rejet et l'abandon d'une telle attitude. En matière de politique intérieure à l'égard des Chinois d'outre-mer, la politique de la R.P.C. consiste, nous l'avons vu, à satisfaire les intérêts des émigrés. Quelle est donc aujourd'hui la nature de l'adaption de sa politique extérieure à l'égard des Chinois d'outre-mer?

Section 2 : L'établissement de relations de gouvernement à gouvernement, un lien avec les Chinois d'outre-mer

A la fin des années 1970 et au début des années 1980, on pouvait encore penser que la R.P.C. oscillait entre sa volonté de rétablir et de maintenir certains liens privilégiés avec les communautés chinoises, et celle de rompre l'isolement international au sein duquel la Révolution culturelle l'avait plongé. Il semble qu'elle ait choisi de suivre une politique qui vise à améliorer les relations d'Etat à Etat (§.1). Dans ce nouvel environnement, peut-elle envisager d'entretenir des relations particulières avec les Chinois d'outre-mer ? (§.2)

§.1 <u>Les conséquences de la politique étrangère chinoise sur les communautés émigrés</u>

Depuis l'ouverture économique du pays, les dirigeants chinois ont poursuivi une politique étrangère dont l'objectif a été la rupture de l'isolement international, puis la volonté d'intégrer le pays au sein du concert des Nations (A). Cette attitude a provoqué des réactions de la part des Etats d'accueil de communautés chinoises (B).

A / La fin de l'isolement international

L'évolution et les caractéristiques de la politique étrangère chinoise sont très étudiées [105]. Il ne s'agit pas pour nous de tenter d'étudier en détail cette politique. Nous avons choisi d'en exposer deux des principaux traits. La R.P.C. suit aujourd'hui une politique indépendante, non hégémoniste, et axée essentiellement sur l'amélioration des relations bilatérales.

1) Une politique indépendante et non hégémoniste

Durant les années 1980, les dirigeants chinois s'attachent à mener une politique étrangère, dont les axes principaux furent définis à partir du Xème Congrès du Parti communiste en août 1973 par le Premier ministre Zhou Enlai. Ce dernier définit cette politique comme un compromis entre les pays révolutionnaires et les pays impérialistes. Il dénonça les risques de conflit mondial, causés par la lutte hégémoniste que menaient les deux grandes puissances (U.R.S.S. et Etats-Unis). Selon lui, le danger pouvait être évité :

> «Tant que les peuples du monde, qui deviennent toujours plus conscients, discerneront nettement l'orientation à suivre, redoubleront de vigilance, renforceront leur solidarité et persévéreront dans la lutte [contre l'hégémonisme], il sera possible de conjurer la guerre»[106].

La R.P.C. se déclara dès lors opposée à tout hégémonisme. Le Premier ministre prôna une politique de rapprochement avec tous les Etats victimes du conflit entre les deux puissances.

> «Ainsi sur le plan international, notre Parti doit s'en tenir à l'internationalisme prolétarien et à sa politique conséquente, s'unir plus étroitement avec le prolétariat et les peuples et nations opprimés du monde, avec tous les pays victimes de l'agression, de la subversion, de l'interventionnisme du contrôle et des vexations de l'impérialisme pour former le front uni le plus large contre l'impérialisme, le colonialisme et le néocolonialisme, en particulier contre l'hégémonisme des deux superpuissances, les Etats-Unis et l'Union Soviétique»[107].

En 1974, la « théorie des trois mondes » compléta les nouveaux principes de la politique étrangère chinoise. Le 22 avril 1974, Mao Zedong en exposa les principes au Président zambien :

> « A mon avis les Etats-Unis et l'Union Soviétique constituent le premier monde. Les forces intermédiaires, telles que le Japon, l'Europe et le Canada, forment le second monde. Le Tiers monde a une population fort nombreuse. Toute l'Asie, à l'exception du Japon, fait partie du Tiers monde. L'ensemble de l'Afrique appartient au Tiers monde, l'Amérique Latine aussi»[108].

L'ensemble des principes énoncés ci-dessus fut consigné dans la Constitution de 1975. Le paragraphe 6 du Préambule proclama :

> « Dans les affaires internationales, nous devons rester fidèles à l'internationalisme prolétarien. La Chine ne sera jamais une grande puissance. Nous devons resserrer notre unité avec les pays socialistes et tous les peuples et nations opprimés, en renforçant le soutien mutuel, oeuvrer pour la coexistence pacifique avec les pays à systèmes sociaux différents, sur la base des cinq principes : respect mutuel de la souveraineté et de l'intégrité territoriale, non-agression mutuelle, non-ingérence mutuelle dans les affaires intérieures, égalité et avantages réciproques, coexistence pacifique, et lutter contre la politique d'agression et de guerre de l'impérialisme et du social impérialisme, contre l'hégémonisme des superpuissances» [109].

Dans les années 1970, la politique étrangère ainsi définie ne put être totalement mise en oeuvre. Elle avait été élaborée afin de rompre l'isolement international dans lequel la Révolution Culturelle avait plongé la Chine communiste. Certaines luttes politiques internes et le contexte international s'opposèrent au développement approfondi de ces principes [110].

Dès 1978, les nouveaux dirigeants chinois, sous la direction de Deng Xiaoping, entreprennent de reprendre et de développer cette politique étrangère.

> « Depuis la troisième réunion plénière du XIe Comité central du Parti communiste chinois à la fin de 1978, Deng Xiaoping a, tout en poursuivant la politique étrangère formulée par Mao Zedong et Zhou Enlai, procédé à d'importants ajustements de la diplomatie chinoise en fonction de l'évolution de la situation intérieure et extérieure » [111].

Il ne s'agit plus seulement de rompre un isolement diplomatique, mais de créer un environnement de paix et de mieux intégrer la Chine au sein du concert des Nations, tant au plan régional qu'international. De tels objectifs sont jugés nécessaires aux réformes économiques. Dans son Rapport sur les activités du gouvernement, devant la deuxième session de la Vème A.P.N., en 1979, Hua Guofeng déclara :

> «Notre travail et nos succès dans le domaine des affaires étrangères ont eu un effet positif sur l'évolution de la situation internationale; ils ont apporté une contribution utile à la lutte des peuples du monde contre l'impérialisme, le colonialisme, l'hégémonisme et pour sauvegarder l'indépendance, la souveraineté et la paix

> mondiale, et créé des conditions extérieures favorables pour la modernisation de notre pays»[112].

Afin de participer à la création d'un environnement pacifique, la R.P.C. choisit de se présenter sur la scène internationale en tant qu'Etat non engagé. Elle posa le principe d'une politique étrangère indépendante, attitude qu'elle a suivi jusqu'à aujourd'hui. Dès 1982, le secrétaire général du Parti communiste chinois, Hu Yaobang, confirma ce choix :

> «Notre détermination à poursuivre une politique extérieure indépendante s'accorde avec notre volonté de remplir le noble devoir international de contribuer à sauvegarder la paix mondiale et à promouvoir le progrès de l'humanité. Depuis trente trois ans que la République populaire a été fondée, nous avons montré au monde entier par des actions concertées que la Chine ne dépend d'aucune grande puissance, ni d'aucun bloc d'Etats»[113].

Depuis, les dirigeants chinois ont réaffirmé à plusieurs reprises cette règle. En 1994, Tian Zengpei rappela :

> « La Chine ne s'allie, ni n'établit de relations stratégiques avec quelque grande puissance que ce soit, pas plus qu'elle ne soutient un pays contre un autre sur la scène internationale. La Chine ne cède à aucune pression de quelque grande puissance ou groupe de puissances que ce soit »[114].

Etat non engagé dont le but est de préserver la paix mondiale, la R.P.C. rejette toute velléité de poursuivre une politique hégémoniste, en particulier au sein de la région asiatique. Invité à participer au premier Forum, organisé dans le cadre de l'ASEAN en 1994, sur la sécurité dans la région de l'Asie, le ministre des affaires étrangères chinois insista sur le fait que :

> « La Chine applique une politique indépendante de paix, et elle refuse l'agression, l'expansionnisme ou l'hégémonisme, ce qui est inscrit dans sa constitution qui est devenue le fondement de sa politique nationale. La force défensive limitée de la Chine est destinée exclusivement à des fins défensives et ses défenses militaires représentent une part très restreinte du budget national. La Chine ne cherche pas à se tailler une sphère d'influence [...] »[115].

La Chine s'opposa également à tout règlement non pacifique des conflits. Lorsque Qian Qichen fut interviewé sur la position de la Chine quant à la crise du Golfe, il expliqua :

> « Le Gouvernement chinois a toujours affirmé que les relations entre Etats devraient être basées sur les cinq principes de coexistence pacifique et que les conflits entre Etats devraient être résolus de façon pacifique et non par le recours à la force. Sur la base de ces principes, le gouvernement chinois lorsqu'à éclaté la crise du Golfe, a exprimé sa forte opposition à l'invasion et à l'annexion du Koweït par l'Irak.[...] Sur la base de ces mêmes principes le gouvernement chinois est pour une solution pacifique de la Guerre du Golfe.[...] Le gouvernement chinois pense donc qu'il ne peut être d'accord avec la Résolution 678 dans lequel le Conseil de Sécurité de l'O.N.U. autorise le recours à la force» [116].

S'exprimant devant l'Assemblée générale des Nations Unies sur les conflits ethniques qui secouent l'Europe de l'Est, Qian Qichen suit un raisonnement similaire :

> « De notre point de vue, la force ne devrait pas être utilisée, même en dernier recours, pour régler un problème, quelque complexe qu'il soit. La solution fondamentale consiste en une réconciliation des divers groupes ethniques par le biais de dialogue sur un pied d'égalité et de négociations pacifiques » [117].

Forte d'une politique étrangère dont le but est le maintien de la paix et le développement économique, la R.P.C. a pu peu à peu être admise au sein de diverses organisations d'Etat, notamment régionales. Depuis 1991, elle est devenue avec la Russie, un partenaire consultatif de l'ASEAN. Elle participa d'ailleurs à ce titre à la première réunion du Forum Régional de l'ASEAN, organisé spécifiquement pour nouer un dialogue étatique sur les questions de sécurité au sein de la région [118]. La dimension stratégique et politique de l'intégration de la R.P.C. s'est progressivement consolidée au plan économique. En 1979, elle accéda à la Commission économique et sociale de l'O.N.U. pour l'Asie et le Pacifique, dont elle a accueilli la conférence en octobre 1994. En 1980, la R.P.C. devient membre du Fonds Monétaire International et de la Banque Mondiale. Trois ans plus tard, l'Accord général sur le commerce et les tarifs douaniers (G.A.T.T.) lui accorde le statut d'observateur, qu'elle cherche depuis à modifier en membre à part entière. En 1991, elle fut admise en tant qu'observateur au sein de la Conférence pour la Coopération économique en Asie-pacifique (C.E.A.P., en anglais A.P.E.C.), et elle soutient les projets visant à créer d'autres zones de libre échange à l'intérieur de la région [119].

La position d'une Chine opposée à tous conflits, indépendante et intégrée favorise ses relations bilatérales. Les dirigeants chinois cherchent à préserver un environnement de paix pour promouvoir le développement économique, en poursuivant une politique entamée dans les années 1970, qui consiste à rétablir des relations bilatérales avec tous les Etats.

2) Des relations bilatérales pragmatiques

Pour les dirigeants chinois, la réalisation de la modernisation du pays, telle qu'ils l'envisageaient, nécessitait d'établir le plus de relations politiques et économiques possibles avec les autres Etats, et en particulier avec ceux de la région. Reprenant les principes du Préambule de la Constitution de 1975, les dirigeants de la R.P.C. affirmèrent qu'ils étaient prêts à nouer des relations avec tous les Etats sur la base des « Cinq principes de coexistence pacifique »[120], et ce, sans prendre en considération les idéologies, les systèmes sociaux et politiques existant à l'intérieur de ces Etats. Comme le rappelait le vice-ministre des affaires étrangères, Tian Zengpei :

> « La Chine développe des relations d'amitié et de coopération avec tous les pays sur la base des Cinq principes de Coexistence pacifique, mettant l'accent sur le développement de relations amicales avec les pays voisins, tout en renforçant l'union et la coopération avec les pays en voie de développement »[121].

C'est à cette position de principe que la R.P.C. s'est rattachée lors des événements politiques survenus dans les pays de l'est en 1989, ou lors de la dislocation de l'Union Soviétique.

> « Après les changements spectaculaires survenus en Europe de l'est, la Chine a maintenu et a continué à développer ses relations d'amitié avec les pays de cette région, sur la base du respect des choix des autres pays et de la non-ingérence dans les affaires intérieures, laissant de côté les différences de système social, d'idéologie, et de valeurs. [...] La Chine a, l'année dernière, établi des relations diplomatiques avec l'Estonie, la Lettonie et la Lituanie. A la suite du démantèlement de l'Union Soviétique, la Chine a reconnu la République Fédérale de Russie et onze autres Républiques ex-soviétiques »[122].

Cette position de principe a contribué au fait que la R.P.C. ait pu établir des liens officiels avec des Etats que le régime maoïste condamnait systématiquement, tel que la Corée du Sud[123] ou bien les Etats membres de l'ASEAN. Si trois de ces Etats (Philippines, Thaïlande et Malaysia) avaient noué des relations diplomatiques avec la Chine en 1975, il fallut attendre les années 1980 et 1990, pour que le rapprochement de ces trois Etats avec la R.P.C. soit effectif. Par ailleurs, ce ne fut qu'au début des années 1990 que la R.P.C. pu renouer officiellement des relations diplomatiques avec l'Indonésie, et voir enfin Singapour et Brunéi officialiser leurs relations avec la R.P.C. [124]. Cette dernière compléta sa politique de rapprochement avec les Etats de la région en renouant des relations diplomatiques avec le Vietnam (1991) et en améliorant ses relations avec les autres Etats de l'ancienne Indochine [125].

La politique étrangère de la Chine se veut avant tout pragmatique, fuyant toute ligne idéologique précise. « L'époque n'est plus aux idéologues, écrit François Joyaux, mais aux modernisateurs : qu'importait la place de tel ou tel pays étranger dans le système mondial dès lors qu'il pouvait servir la modernisation de la Chine» [126]. A l'aube de la seconde moitié des années 1990, la remarque semble garder toute sa pertinence. A partir de la fin des années 1970, le choix d'une politique étrangère privilégiant les relations de gouvernement à gouvernement, conjugué à l'abandon de toute politique « coloniale » à l'égard des Chinois d'outre-mer, provoqua une réaction des Etats d'accueil à l'égard des Chinois résidant sur leur territoire.

B / Les conséquences de la politique étrangère chinoise sur les Chinois d'outre-mer

Tout au long des années 1980, malgré le discours politique chinois destiné aux Chinois d'outre-mer et à leurs Etats d'accueil, les dirigeants des Etats asiatiques, envisagèrent avec crainte les conséquences possibles de contacts multipliés avec la R.P.C. Dans la perspective d'un rapprochement jugé, économiquement et diplomatiquement nécessaire, les Etats d'accueil des communautés chinoises, et notamment les Etats asiatiques, ont dû se pencher à nouveau sur la situation des Chinois d'outre-mer résidant sur leur territoire.

1) La persistance d'une certaine méfiance

Tout au long des années 1980, les dirigeants des Etats d'accueil en Asie craignirent que l'établissement de relations plus poussées avec la R.P.C. ne remit à nouveau en cause l'allégeance des communautés chinoises à leurs Etats de résidence.

Cette crainte fut très présente dans le cas de l'Indonésie. Dès les années 1970, les autorités indonésiennes déclarèrent qu'un rapprochement ne pourrait être envisagé que lorsque les Chinois de l'archipel seraient totalement assimilés. En avril 1973, le ministre des affaires étrangères, Adam Malik, rejeta la proposition chinoise de renouer les relations diplomatiques en expliquant que « l'Indonésie avait encore besoin de temps pour apprendre aux communautés chinoises à être loyales à leur pays » [127].

Par la suite, l'Indonésie invoqua la question du statut juridique intérieur des Chinois comme obstacle à la reprise des relations. Certains groupes de pression indonésiens, notamment les membres du Parti Musulman, le P.P.P. (*Partai Persatuan Pembangunan*) étaient opposés à la reprise des contacts entre les deux Etats. En 1977, Amin Iskandar, porte parole du P.P.P. déclara que l'instauration de relations plus régulières avec la R.P.C. n'était pas nécessaire, d'autant qu'il y avait encore « beaucoup de problèmes concernant les Chinois à l'intérieur du pays » [128].

Une telle méfiance s'observa aussi au sein des Etats de la Malaysia et de Singapour. En 1984, les dirigeants malaisiens protestèrent auprès du gouvernement chinois sur la question des visas octroyés à des Chinois de Malaysia, sans autorisation du gouvernement malaisien.

> «Le fait que ces Malaisiens soient autorisés par le gouvernement chinois à visiter clandestinement la R.P.C. et obtiennent des documents de voyage temporaires afin de leur faciliter les démarches administratives en Chine, démontre à nouveau le peu d'honnêteté de la politique de la Chine à l'égard de la question des Chinois» [129].

Singapour subordonna l'établissement de relations officielles avec la R.P.C. à la reprise des relations sino-indonésiennes. Les dirigeants de l'île ne voulaient nullement renforcer les sentiments anti-chinois de ces deux voisins [130]. En outre, la construction d'une identité singapouréenne nécessitait l'effacement des liens avec le continent chinois. Lee Kuan Yew, alors Président de Singapour, s'empressa de rappeler la spécificité des Chinois de Singapour. En 1978, lors de sa visite à Beijing, il déclara :

> « Les Chinois de Singapour ont eu leur propre expérience et leur propre histoire; différentes de la Chine. Si courtes qu'elles puissent être, en comparaison avec celles de leurs ancêtres de Chine, cela les a modifié. Plus important, ils sont en train d'assurer un avenir durable et différent pour eux-mêmes en Asie du Sud-Est. Et cet avenir doit être partagé avec les Malais, les Indiens, et les autres singapouréens. Ils connaissent assez de géopolitique pour comprendre que leur avenir dépend de celui de Singapour en Asie du Sud-Est, et non de l'avenir de la Chine au sein des Nations industrialisées. Naturellement, l'industrialisation de la Chine aura des conséquences sur l'ensemble du Sud-Est asiatique et indirectement sur l'avenir de Singapour. Même si les Singapouréens se rendent compte de cela, de la même manière qu'ils ne peuvent pas se permettre de sacrifier leurs intérêts nationaux pour la Chine, ils ne peuvent

attendre de la Chine qu'elle sacrifie ses intérêts pour ceux de Singapour. Plus les relations seront franches et claires sur cette question, plus les relations bilatérales seront constructives et prospères» [131].

A côté de la question de l'assimilation et de l'intégration des communautés chinoises, les Etats asiatiques concernés par la présence de nombreux Chinois d'outre-mer et descendants d'émigrés chinois, redoutèrent que l'établissement de relations avec la R.P.C., notamment dans le domaine économique, ne soit profitable qu'aux seuls Chinois.

En 1984-1985, lorsque la Malaysia décida de renforcer ses échanges économiques et commerciaux avec Beijing, elle demanda instamment aux autorités chinoises de traiter avec les entreprises publiques « indigènes », telle que la compagnie « Pernas ». Pour les autorités malaisiennes, il était important de freiner une pratique commerciale présente depuis 1974. Les échanges sino-malaisiens se firent traditionnellement par l'intermédiaire de Singapour et des entrepreneurs chinois de Malaysia. De telles agissements pouvaient laisser penser aux autorités malaisiennes que la R.P.C. favorisait délibérément la communauté chinoise, au détriment des autres populations. La Malaysia reprocha à la R.P.C. d'entraver ainsi la « Nouvelle Politique Economique », qui visait à rééquilibrer la position économique des Malais [132].

En Indonésie, les Partis musulmans déclarèrent que les *Cukongs*, les hommes d'affaires chinois liés au pouvoir, seraient les seuls à bénéficier de la reprise du commerce direct. Les Indonésiens d'origine chinoise renforceraient de ce fait leur position dans l'économie nationale, au détriment, là encore, des autres populations. Selon ces groupes de pression, la restauration des relations sino-indonésiennes ne pouvaient intervenir qu'après l'émergence d'une classe moyenne « indigène », capable de rivaliser avec les Chinois de l'archipel [133].

Néanmoins, tous les Etats de la région, envisagèrent de resserrer les liens avec la R.P.C. Un tel projet, allié à une méfiance persistante, les amena à prendre certaines mesures à l'égard des communautés chinoises.

2) Des mesures liées au rapprochement avec la R.P.C.

Au début des années 1980, la perspective d'un rapprochement avec la R.P.C. amena les Etats de la région, tel que l'Indonésie et la Malaysia, à accentuer leur politique de contrôle, d'assimilation et d'intégration des Chinois.

Bien que les contacts entre la Chine communiste et ces Etats d'accueil s'améliorèrent, les déplacements des personnes d'origine chinoise sur le continent furent interdits, ou soumis à autorisation, dans ces deux Etats jusqu'au début des années 1990. Singapour avait aussi limité les déplacements de ses citoyens en Chine. Les dirigeants asiatiques craignaient que leur retour ne donne naissance à certains sentiments culturels, ou politiques, préjudiciables à la construction nationale. Les dirigeants malaisiens, quant à eux, redoutaient plus particulièrement, au regard de l'attitude de la communauté indienne, que les Chinois retournent en Chine pour se marier. Ils renforceraient ainsi le nombre des Chinois en Malaysia au détriment des autres ethnies [134].

La reprise des relations commerciales obligea ces Etats à modifier quelque peu leur législation. Le 25 juin 1985, les dirigeants malaisiens décidèrent de libéraliser les déplacements. Ils permirent aux hommes d'affaires d'origine chinoise de moins de trente ans de se rendre en Chine sans autorisation. Cependant, la législation antérieure resta en vigueur pour les autres déplacements en Chine. Seuls étaient autorisés à voyager en R.P.C., les personnalités officielles, les délégations et les hommes d'affaires accrédités par le gouvernement, de même que les équipes sportives. Les visites à caractère privé demeurent, aujourd'hui encore, soumises à autorisation. Au début des années 1980, le gouvernement malaisien renforça les restrictions en interdisant aux Chinois d'envoyer leurs enfants de moins de quinze ans étudier à l'étranger [135].

La législation indonésienne interdit également tout déplacement en R.P.C. Après le gel des relations diplomatiques en 1967, tout voyage en R.P.C. fut bien sûr interdit. En 1985, lorsque les relations commerciales sino-indonésiennes ont repris, le gouvernement indonésien autorisa seulement certains hommes d'affaires accrédités officiellement, à se rendre en Chine. Ce n'est qu'en 1991, que les interdictions de voyage d'Indonésiens en R.P.C. furent levées. Le décret présidentiel du 29 juillet 1991 permit aux citoyens indonésiens de se rendre en Chine sous la seule condition de l'obtention du visa de l'Ambassade chinoise. Ce même décret autorisa les citoyens de la R.P.C. à déposer des demandes de visas dans tous les postes diplomatiques indonésiens à l'étranger et non plus seulement à Hong Kong, comme c'était le cas auparavant [136].

Les perspectives d'un rapprochement avec le continent communiste amena les dirigeants indonésiens à essayer de résoudre les problèmes juridiques internes qui se posaient encore avec un certain nombre de Chinois de l'archipel. A la fin des années 1970, Suharto décida d'accélérer le processus d'assimilation des Chinois. En 1979, le gouvernement indonésien organisa une campagne de recensement des Chinois afin d'éclaircir et de confirmer le statut juridique de ces derniers. Des équipes de fonctionnaires furent envoyées dans tous les grands centre urbains. Cette campagne se solda par un échec [137].

Face à l'échec du recensement de la communauté chinoise de l'archipel, les dirigeants indonésiens décidèrent de modifier le système, et surtout de l'orienter vers une naturalisation massive des Chinois. En 1980, le gouvernement indonésien promulgua deux décrets, les *Kepres* N°13. Le premier texte devait bénéficier à environ 100 000 Chinois, considérés comme citoyens indonésiens, mais n'ayant pu obtenir la confirmation officielle du statut. Le second simplifia les modalités de naturalisation, posées par la loi de naturalisation de 1958. Il concerna environ 850 000 Chinois qui désiraient postuler pour la citoyenneté indonésienne. Mais, cette campagne ne sembla pas avoir été totalement couronnée de succès [138]. La simplification des formalités de naturalisation a permis à 500 000 Chinois d'obtenir la citoyenneté indonésienne. En 1991, les Chinois considérés comme ayant une nationalité étrangère ou indéterminée n'étaient plus qu'au nombre de 300 000, soit 500 000 de moins qu'en 1980. La campagne de naturalisation des Chinois de l'archipel fut organisée à des fins de sécurité. David Jenkins écrivait à l'époque, que l'octroi de la citoyenneté indonésienne aux Chinois permettrait de faciliter leur contrôle par le département des services secrets indonésiens, lorsque les relations sino-indonésiennes seraient rétablies [139].

Enfin, ce fut sur le terrain des politiques culturelles que l'on vit les autorités des Etats asiatiques les plus soucieux des conséquences du rapprochement avec la Chine, prendre des mesures à l'égard des personnes d'origine chinoise. Depuis le début des années 1980, la tendance des dirigeants malaisiens à privilégier une politique d'assimilation des Chinois au détriment de la politique traditionnelle d'intégration s'explique par ce contexte. Les nouvelles orientations de la politique éducative sont une illustration de la volonté malaisienne de limiter le développement de traits culturels chinois. Les autorités malaisiennes essaient régulièrement de modifier ou de limiter le système éducatif chinois. En 1984, ils décidèrent d'introduire dans les écoles primaires chinoises, une nouvelle politique linguistique. Le seul enseignement de la langue chinoise fut remplacé par l'obligation du bilinguisme malais-chinois [140]. L'enseignement universitaire fut également concerné par de telles mesures. Au début des années 1980, les autorités malaisiennes refusèrent la création d'une université chinoise, proposée par certaines personnalités politiques chinoises. Les dirigeants malais fondèrent leur décision sur le fait que l'université appartiendrait au secteur privé et qu'elle ne faciliterait aucunement l'intégration des communautés. Cependant, les autorités malaisiennes autorisèrent peu de temps après la création d'une université privée islamique, la *International Islamic University* [141].

Il y a lieu de penser que les quelques mesures décrites ci-dessus illustrent la recherche par les Etats asiatiques d'un compromis entre le rapprochement avec la Chine et l'éradication de tout problème émanant des communautés chinoises. Au début des années 1990, la R.P.C. a réussi à convaincre les Etats voisins de sa réelle volonté de créer un « environnement de paix et de prospérité » et d'abandonner toute politique revendicative à l'égard des Chinois émigrés.

Les relations étatiques demeurent la priorité des autorités de Beijing, mais aussi celle des Etats de résidence. Il s'avère que ce type de contacts n'est pas un obstacle au maintien de relations particulières avec les Chinois d'outre-mer. Le dialogue entre le gouvernement chinois et les gouvernements d'accueil apparaît au contraire ouvrir de nouvelles perspectives dans ce domaine.

§.2 Les perspectives des relations entre les Chinois d'outre-mer et la R.P.C.

Les dirigeants chinois privilégient l'établissement de liens avec les Chinois d'outre-mer dans deux domaines essentiels : économiques et culturels. Dans le premier, c'est par l'intermédiaire des contacts bilatéraux avec les Etats d'accueil que la R.P.C. a pu finalement créer des relations avec les Chinois d'outre-mer (A). Dans le second, son action consiste essentiellement à adapter son offre aux besoins des Chinois d'outre-mer, mais surtout à être à leur écoute (B).

A / Les Chinois d'outre-mer, un lien pour un développement partagé ?

Depuis le milieu des années 1980, les autorités chinoises se sont particulièrement attachées à améliorer les relations bilatérales économiques avec les Etats voisins. Parmi ces derniers, ceux qui ont sur leur territoire une présence chinoise semblent accepter aujourd'hui qu'un certain type de contacts s'établisse entre ces personnes et leur Etat d'origine.

1) Des échanges économiques croissants avec les Etats d'accueil

Ce sont essentiellement des préoccupations économiques qui ont amené les dirigeants des Etats d'accueil asiatiques à améliorer leurs relations avec la R.P.C. Le mouvement fut perceptible dès la seconde moitié des années 1980. Pour les Etats du Sud-Est asiatique, cette période coïncida avec une crise économique [142]. En juin 1985, les services du gouvernement malaisien élaborèrent un document, intitulé « La conduite de relations contrôlées avec la Chine ». Le texte invita l'ensemble des institutions officielles à allier une attitude vigilante à un « pragmatisme économique » dans les relations avec la R.P.C. [143]. La même année, au mois de juillet, l'Indonésie accepta de signer un accord officiel avec Beijing sur la reprise du commerce direct. Dans le même temps, Wu Xueqian, alors ministre des affaires étrangères chinois, se rendit à Singapour. Sa visite fut suivie par la signature de plus de 106 projets d'investissements singapouréens en R.P.C. A la fin des années 1980 et au début des années 1990, les échanges économiques de la R.P.C. avec l'ensemble des Etats de la région connaissent un nouvel essor.

En 1994, la R.P.C. estimait que le chiffre d'affaire du commerce extérieur avec les pays et les « unités territoriales » d'Asie devrait être de 120 milliards de dollars US, soit plus de 60 % de celui de l'ensemble de son commerce extérieur [144]. Parmi les échanges commerciaux, ceux réalisés avec les Etats membres de l'ASEAN ont connu une augmentation importante et constante. De 1987 à 1992, les exportations de la R.P.C. en direction de ces économies augmentèrent approximativement de 7 % par an. Quant aux importations de la R.P.C. en provenance de ces pays, elles connurent une augmentation de 20 % par an au cours de la même période [145]. La multiplication des échanges permit aux Etats membres de l'organisation régionale de se positionner à la cinquième place dans le commerce extérieur avec la Chine derrière Hong-Kong, le Japon, les Etats-Unis et la Communauté européenne. Au côté des Etats du Sud-Est asiatique, le Vietnam, le Laos, le Cambodge et le Myanmar [146] ont également considérablement accru leurs échanges commerciaux avec la R.P.C. Les autorités chinoises estimèrent que le chiffre d'affaire réalisé avec eux avait atteint 950 millions de dollars US en 1993 [147].

Les préoccupations économiques des dirigeants asiatiques à l'égard de l'évolution économique chinoise semblent être en grande partie les mêmes en 1985 qu'en 1990. Au sein de la région, la R.P.C. est perçue comme un concurrent direct. En septembre 1994, lors du premier symposium sur les relations entre l'Asie du Sud-Est et la Chine, Sulaiman Mahbod, directeur de l'Institut malaysien de recherche économique, s'exprima sur ce sujet. La concurrence, expliqua-t-il, se situe tout d'abord, au plan de l'attrait des investissements étrangers.

> « [...] Le faible coût de la main d'oeuvre chinoise contribuait énormément à attirer des investissements étrangers, en provenance d'Europe, des Etats-Unis et du Japon. Certains pays de l'Asean, qui dépendent directement des investissements étrangers, s'en inquiètent, parce que les pays de l'Asean ont également besoin de grosses quantités de capitaux étrangers pour pouvoir poursuivre leur industrialisation » [148].

L'évolution de la production chinoise serait également préjudiciable au développement économique de ces Etats.

> « Certains participants pensent que la concurrence entre la Chine et les pays d'Asie du Sud-Est dans le domaine du commerce international est relativement vive, en particulier du fait qu'ils exportent tous les mêmes marchandises vers les pays d'Europe et d'Amérique » [149].

Afin de contrebalancer les effets négatifs de la concurrence, les dirigeants des Etats asiatiques envisagent comme solution une coopération renforcée avec la Chine. Une telle solution permet aussi d'allier le souhait de profiter de la croissance économique chinoise. La perspective du marché chinois constitue un débouché important pour ces économies en développement [150]. Les dirigeants des Etats voisins semblent également vouloir bénéficier de l'environnement productif que la Chine offre aux investisseurs étrangers. Les Etats asiatiques viennent ici rejoindre le Japon, Taiwan et les Etats-Unis dans leur souci de délocaliser leur production en R.P.C. Enfin, la R.P.C. est de plus en plus perçue par les économies de la région comme un nouvel investisseur potentiel important. Le président de l'Institut d'Affaires Internationales de Singapour, Lau Teik Soon, insista lors de son allocution pendant le symposium, sur l'espoir « de voir la Chine augmenter ses investissements dans les pays de l'Asean et les autres pays de l'Asie du Sud-Est » [151].

Cette volonté des Etats asiatiques de faire de la Chine un partenaire économique se concrétise, pour chacun d'entre eux, par l'établissement de relations bilatérales renforcées. Depuis 1990, les Etats membres de l'Asean reçoivent et envoient régulièrement des délégations officielles. En septembre dernier, ce fut le président de Singapour, Ong Teng Cheong, accompagné de Lee Kuan Yew, qui se rendit en visite officielle en Chine [152]. L'entretien de ces relations aboutit à la signature d'accords multiples et divers en matière de coopération économique. Le dernier accord signé par la R.P.C. et l'Indonésie porta sur la promotion mutuelle des investissements et la coopération scientifique [153].

L'amélioration des relations économiques entre la R.P.C. et les Etats voisins, et pour ce qui nous concerne, les Etats d'accueil de communautés chinoises émigrées a, semble-t-il, permis de renforcer les liens économiques de la Chine avec les Chinois d'outre-mer.

2) Les Chinois d'outre-mer au coeur des relations économiques bilatérales

Depuis 1990, l'amélioration des relations politiques et économiques bilatérales de la R.P.C. avec les Etats voisins correspond à une nette augmentation des investissements des Chinois d'outre-mer résidant au sein de ces Etats. L'estimation exacte des investissements réalisés par des entrepreneurs chinois des Etats asiatiques demeure difficile. D'une part, Hong-Kong reste leur intermédiaire privilégié dans les relations avec le continent. Le volume de leurs échanges et de leurs investissements est comptabilisé avec celui de l'île. D'autre part, la R.P.C., ainsi que les Etats dont ils proviennent, considèrent à juste titre, ces investissements comme ceux réalisés par des nationaux. Ils les comptent dans l'ensemble des transactions réalisées par le pays. Une estimation « ethnique » officielle des investissements serait très mal perçue par les autorités des Etats d'accueil, ainsi que par les autres populations. Enfin, dans le cas de Singapour, les principales entreprises qui ont investi de manière plus conséquente en R.P.C. depuis les années 1990, se caractérisent par une forte participation du secteur public [154].

L'établissement de meilleurs contacts officiels entre la Chine et ces Etats offre un environnement favorable aux investissements des Chinois d'outre-mer en Chine. Ainsi, à l'inverse des périodes précédentes, il existe aujourd'hui des accords bilatéraux garantissant les investissements réalisés en Chine. Par ailleurs, comme c'est le cas en Malaysia et en Indonésie, ces investissements ne sont plus considérés comme des fuites de capitaux. Une telle évolution a permis aux autorités chinoises d'écarter l'obstacle politique et économique que représentaient les Etats d'accueil dans son projet d'utiliser le potentiel économique des Chinois d'outre-mer pour la modernisation économique.

L'intérêt que l'économie chinoise et son évolution suscite auprès des autres Etats de la région est aussi à l'origine de l'apparition d'un nouveau phénomène : l'utilisation par les autorités de ces Etats d'entrepreneurs d'origine chinoise pour pénétrer et profiter des occasions économiques offertes par la Chine. L'accroissement des investissements de Singapour en R.P.C. ne soulève pas de protestations de la part de ses partenaires régionaux. Au contraire, les liens économiques qui existent entre eux, conduisent les Etats voisins à utiliser Singapour comme une base pour leurs transactions économiques avec le continent communiste [155]. La présence en R.P.C. des groupes indonésiens Liem, Astra ou bien de l'entrepreneur Kuok de Malaysia illustre une complémentarité voulue par les dirigeants locaux.

Au mois de mai 1993, devant l'augmentation des investissements indonésiens d'origine chinoise et des protestations qu'elle souleva parmi certains groupes, le président Suharto, lui-même, affirma que « ce processus était irréversible du fait de la globalisation de l'économie du pays ». Parallèlement, l'archipel a accru ses relations commerciales avec le « monde chinois ». En 1993, Hong-Kong était le second investisseur du pays avec 14 millions de dollars US. Taiwan avait investit la même année 8,8 millions de dollars US. L'accroissement des relations économiques bilatérales avec la Chine et sa périphérie a été suivi dans l'archipel par la réapparition de caractères chinois, auparavant interdits en public. En 1994, le gouvernement autorisa une université privé à enseigner le chinois [156]. A l'image des dirigeants de Beijing, les autorités des Etats asiatiques semblent vouloir se servir des réseaux chinois pour développer leur économie, et notamment renforcer leurs relations avec la Chine [157].

Inversement, ils auraient aussi tendance à accepter une nouvelle « émigration » chinoise sur leur territoire. Celle-ci est structurée dans le cadre d'accords officiels. Elle est également de courte durée. L'envoi de ressortissants de la R.P.C. dans ces Etats a pour but de fournir une main d'oeuvre peu coûteuse aux économies de ces pays.

> « En 1993, la Chine a signé 609 contrats de ce type avec des pays de l'Asean, pour un ensemble de 684 millions de dollars US, et 85 avec le Vietnam, pour 26 millions de dollars US. Le chiffre d'affaire réalisé par ces contrats a été respectivement de 250 et de 9,48 millions de dollars US » [158].

L'entrepreneur chinois d'outre-mer et, dans une moindre mesure, le nouvel émigré chinois sont tout deux un lien économique important entre la R.P.C. et les Etats d'accueil. Ils participent, comme le désirent les dirigeants chinois, au développement économique du continent. Cela paraît aujourd'hui concevable dans la mesure où par l'intermédiaire de leur activité économique en Chine et à l'extérieur, les Chinois d'outre-mer participent dans le même temps au développement des économies d'accueil.

Par le biais des relations de gouvernement à gouvernement, particulièrement dans le domaine économique, la R.P.C. donne un nouveau départ à celles qu'elle souhaite entretenir avec les Chinois d'outre-mer. Elle parvient ainsi à utiliser les Chinois d'outre-mer comme un instrument pour sa modernisation, car ils apportent dans leur intérêt et celui de leurs Etats d'accueil, les capitaux et les technologies désirées par la Chine. La coopération établie avec certains Etats, notamment Singapour, lui permet aussi d'accéder plus directement au modèle. Derrière l'intégration économique de la Chine au sein de la région, par l'intermédiaire des Chinois d'outre-mer et des Etats d'accueil, se profile aussi de plus grandes possibilités pour l'intégration de Taiwan au continent.

L'action extérieure de la R.P.C. à l'égard des Chinois d'outre-mer dans le domaine culturel semble également s'orienter vers une direction nouvelle. Celle-ci sera peut-être, plus propice à « attacher » les émigrés chinois, leurs descendants, mais aussi les « compatriotes » de Taiwan à la Chine continentale.

B / La R.P.C. à l'écoute de la culture des Chinois d'outre-mer

L'aspect culturel demeure le point commun entre les Chinois d'outre-mer et la R.P.C. En voulant entretenir des liens avec les Chinois d'outre-mer par le biais du domaine culturel, les autorités chinoises ont dû reconsidérer leurs actions. Il y a même lieu de penser qu'aujourd'hui les relations culturelles s'écoulent, à la demande des autorités de Beijing, dans le sens diaspora-continent chinois.

1) Une action adaptée aux Chinois d'outre-mer

A la fin des années 1970, les dirigeants chinois tenteront de reprendre certains des moyens culturels utilisés par leurs prédécesseurs pour attirer les Chinois d'outre-mer et leurs descendants. Leur principale mesure consista à rétablir, sur le territoire chinois, les structures d'enseignement, spécialement destinées aux enfants des communautés émigrées.

> « Les enfants des Chinois d'outre-mer qui veulent étudier en Chine sont toujours les bienvenus. Pour entrer dans les écoles primaires et secondaires chinoises, les tuteurs doivent présenter une demande aux services locaux d'enseignement. [...]. Ils payent les mêmes droits de scolarité que les élèves du continent » [159].

En 1978, l'Etat réouvre la *Jinan Daxue* et la *Huaqiao Daxue*. Les deux universités pluridisciplinaires sont placées sous l'autorité directe du Bureau des Chinois d'outre-mer du Conseil des Affaires d'Etat. Elles sont destinées à accueillir les enfants des émigrés. Au début des années 1980, le gouvernement central, en collaboration avec les autorités du Fujian, créa pour cette même catégorie de personnes, une école polytechnique à Quanzhou.

L'invitation lancée par les autorités chinoises à envoyer les enfants des Chinois d'outre-mer, mais aussi de Hong-Kong et Taiwan, étudier en Chine n'a pas eu le succès espéré. Les politiques culturelles de certains des Etats voisins, comme la Malaysia, étaient certes des obstacles à un tel projet. Mais, le peu d'enthousiasme des Chinois émigrés s'expliqua en grande partie par d'autres facteurs.

La majorité des Chinois d'Asie du Sud-Est ne parle pas le Chinois, excepté ceux de Singapour [160], Hong-Kong et Taiwan. Ils pratiquent peut-être encore certains dialectes dans le contexte familial, mais ils s'expriment aujourd'hui dans la langue de leur Etat d'accueil. Partir étudier dans les universités chinoises revenait pour eux à apprendre une langue étrangère. Cet obstacle aurait pu être franchi, comme c'est le cas pour d'autres pays, si l'enseignement donné par les universités chinoises avait présenté un intérêt.

Or, les connaissances dispensées en R.P.C. n'étaient plus attrayantes pour les jeunes d'origine chinoise dans la perspective d'emplois futurs [161]. Le déclin de cet attrait s'est accentué particulièrement depuis que les autorités chinoises ont fait elles-mêmes appel à l'assistance technique étrangère, et qu'elles ont envoyé leurs propres étudiants se former à l'étranger. Dans la perspective d'un enseignement plus classique, en matière d'histoire ou de civilisation chinoise par exemple, ces jeunes se rendaient à Taiwan ou Hong-Kong.

Conscients du décalage entre l'offre et la demande, les autorités centrales et provinciales ont peu à peu modulé les enseignements offerts aux Chinois d'outre-mer. Certaines universités des provinces côtières, telle que l'université de Xiamen, ont développé des enseignements par correspondance dans des matières telles que la langue, la civilisation, mais aussi l'acupuncture. Les matières offertes sont puisées dans le patrimoine commun des Chinois de la diaspora et de la Chine. Certains enseignements sont destinés particulièrement à cette population. C'est le cas par exemple de l'organisation de cours de dialecte, comme à l'Université de Xiamen où le *Minnan Hua* est enseigné dans la faculté pour étrangers [162]. On s'aperçoit que ces enseignements ne sont pas seulement destinés aux descendants d'émigrés chinois, mais aussi à tous les étrangers qui le souhaitent. Le « folklore » et la culture chinoises sont utilisés pleinement par les autorités chinoises pour attirer les étrangers, et parmi eux les personnes d'origine chinoise.

Avec de tels enseignements, la R.P.C. se pose aujourd'hui en concurrente directe de Taiwan pour les familles d'origine chinoise qui désireraient voir l'un de leurs enfants maintenir les caractéristiques culturelles chinoises. Mais, l'offre s'adresse aussi à la population de Taiwan et de Hong-Kong. La Chine semble vouloir ainsi occuper la place de complément « culturel » des deux territoires.

L'enseignement proposé aux enfants des Chinois d'outre-mer est de plus en plus présenté comme un complément finalisé. Il s'agit de fournir une formation linguistique, sociale, culturelle qui permet d'améliorer les connaissances de la Chine des personnes qui se destinent à exercer une activité professionnelle en rapport avec ce pays. L'importance économique acquise par la Chine depuis ces dernières années attirent, comme nous l'avons vu, de nombreuses entreprises. La connaissance de la Chine peut-être à nouveau un critère d'embauche [163].

L'offre faite en matière d'enseignement s'adapte de plus en plus au profil des jeunes descendants d'émigrés. Bien souvent, ils méconnaissent le pays d'où sont partis leurs ancêtres [164]. Le souci de ne pas créer de conflits avec les gouvernements d'accueil explique également une telle démarche de la part de Beijing. L'objectif de l'action culturelle poursuivi par la Chine est celui de l'apport d'une meilleure connaissance d'un Etat étranger, et non plus comme par le passé, celui de l'entretien de caractéristiques culturelles communes [165].

La R.P.C. adopte une attitude différente que celle affichée par le passé à l'égard des relations entre les caractéristiques culturelles chinoises et les Chinois d'outre-mer. L'ensemble des éléments de la culture chinoise fit l'objet de critiques sévères de la part des communistes jusqu'en 1978 [166]. Leur dénonciation fut importante pendant la Révolution culturelle. Au début des années 1980, Taiwan, Hong-Kong, Singapour et les communautés émigrées apparaissaient comme plus traditionnels que la R.P.C. [167].

L'association de la réussite économique et du maintien de particularismes chinois a suscité un nouvel intérêt de la part de la Chine continentale. C'est vers cette périphérie que la R.P.C. s'est tournée pour « réintroduire » certains des traits culturels chinois.

2) La R.P.C., une attente culturelle en provenance de la périphérie

C'est principalement au travers du réexamen de la pensée de Confucius que se traduit la volonté des dirigeants chinois de combler le fossé idéologique et culturel qui existe entre le continent et la diaspora chinoise. La « réhabilitation » de la pensée de Confucius en R.P.C. s'amorça à la fin des années 1970. Elle fit suite à la dernière campagne vindicative à l'égard du penseur, la campagne Pi Lin Pi Kong [168].

Au début de l'année 1979, de nombreuses publications chinoises entamèrent la critique de cette campagne, dont l'origine fut, elle aussi, imputée à la « Bande des Quatre ».

> « Ceux-ci ont affirmé que toute recherche de ce qui était valable chez Confucius conduisait à vénérer le confucianisme et que "ceux qui respectent Confucius étaient tous des réactionnaires". Ils ont ainsi galvaudé l'histoire et le rapport entre les problèmes politiques et les recherches académiques, et provoqué la confusion dans les esprits. En 1974, en relation avec leurs objectifs politiques, ils ont déclenché un mouvement de critique de Confucius. Ils ne se sont jamais sérieusement intéressés à la critique de la conception confucéenne, ni à l'élaboration d'une culture prolétarienne. Leurs insultes contre ce personnage étaient une manière d'épancher leur haine à l'égard des révolutionnaires prolétariens de notre parti, afin de les abattre définitivement » [169].

Jusqu'au début des années 1980, il s'agit encore de procéder à la « réévaluation de la pensée de Confucius selon la pensée de Mao

Zedong »[170]. Mais, peu à peu, la critique laisse la place à l'analyse des textes du penseur en fonction des préoccupations du pays.

> « Aujourd'hui, les études sur Confucius ne se limitent pas à quelques domaines. On procède à des recherches touchant à d'autres domaines comme la politique, l'économie, la philosophie, la logique, l'éthique, la pédagogie, la psychologie, l'histoire, le droit, l'art militaire, l'esthétique, la littérature... »[171].

En 1989, à l'occasion du 2 540ᵉ anniversaire de la naissance de Confucius, Jiang Zemin, secrétaire général du Comité central du Parti communiste exposa les objectifs à atteindre dans l'étude des textes du penseur.

> « [...] Ce grand penseur de la Chine antique qu'était Confucius avait formulé une idéologie qui est maintenant une partie précieuse du patrimoine culturel de notre pays, que nous devons maintenir et transmettre. Pourtant, du fait de l'époque où le penseur vivait, il existe dans son idéologie des éléments maintenant dépassés et peu utilisables dans la société moderne. En bref, nous devons assimiler l'essence de l'idéologie confucéenne et en éliminer les déchets, et éduquer nos jeunes générations à mieux développer l'excellente tradition de notre nation »[172].

Le nouvel engouement pour la pensée de Confucius a été, en partie, provoqué, comme nous l'avons dit, par l'observation du développement économique et social de certains Etats asiatiques. En 1989, le professeur Zhang Danian, directeur de l'Institut de recherche confucéenne de Beijing, résumait bien les principales interrogations que l'on se pose encore aujourd'hui en Chine.

> « Pourquoi le Japon, Singapour et certains autres pays d'Asie orientale qui ont été également influencés par les idées confucianistes, ont pu se développer de façon si réussie ? »[173].

Afin de répondre à une telle question, les chercheurs du continent chinois ont requis l'aide de leurs homologues chinois de Taiwan, Singapour, mais aussi de l'ensemble de la diaspora. En 1989, les autorités chinoises organisèrent à l'occasion du 2 540ᵉ anniversaire de la naissance de Confucius, un symposium international de quatre jours sous le patronage de la Fondation Confucius de Chine et de l'UNESCO. Sur le thème du « Rôle historique et de l'idéologie de Confucius et de son influence dans la société moderne », de nombreux chercheurs taiwanais, américains d'origine chinoise, singapouréens, mais aussi japonais et coréens du sud tentèrent d'apporter un début de réponse aux questions du continent.

Les propos du colloque, retracés par les journalistes chinois, révèlent les aspects de la pensée de Confucius et de l'expérience des autres territoires et Etats qui intéressent le plus les autorités chinoises dans l'étude de la pensée de Confucius.

> « Les spécialistes de Singapour, de Taiwan et de la Corée du Sud ont tous reconnu que l'idéologie de Confucius, ainsi que celle de l'école confucianiste ont joué un rôle important pour la prospérité économique et pour l'ordre public de la région.
>
> Dans sa communication, le professeur Wang Sheng de l'université Tamkong de Taiwan a affirmé que c'était grâce à la bonne influence du confucianisme que les économies des quatre pays asiatiques surnommés "les quatre dragons de l'Asie" avaient prospéré » [174].

Cinq ans plus tard, les autorités chinoises organisèrent une seconde Conférence Internationale sur la pensée de Confucius réunissant à nouveau de nombreux chercheurs étrangers. Le président de la C.C.P.C., Li Ruihan, ouvrit les séances en déclarant : « Après 2 500 années, les théories confucéennes sont toujours d'actualité, et l'enseignement indispensable de sa [sic] sagesse doit être combiné avec la pratique de la modernisation » [175].

A l'occasion de la tenue du symposium, les différents participants décidèrent de créer l'Association confucéenne internationale. La charte de l'association prévoit la création d'un centre international de recherche, ainsi que l'organisation de fichiers universitaires « pour faciliter les liaisons et renforcer la coopération entre ses membres ». Le président honoraire de l'association n'est autre que l'ancien Président de Singapour, Lee Kuan Yew [176].

Avec une telle démarche, la R.P.C. se met à l'écoute de la diaspora chinoise et surtout des Etats et des « territoires » dirigés par des personnes d'origine chinoise. A l'inverse des périodes précédentes, elle ne se pose plus comme l'unique centre de la culture chinoise. Elle semble reconnaître l'existence d'un monde sinisé extérieur dont elle espère aujourd'hui qu'il accepte d'enrichir de ses propres apports la civilisation chinoise du continent.

Les dirigeants chinois espèrent que ces éléments donneront une nouvelle base idéologique et politique à leur réforme économique, tout en leur permettant de se maintenir au pouvoir [177]. La recherche de points communs, au plan culturel et au plan économique, est également perçue comme un atout supplémentaire dans la réalisation de l'unification avec Taiwan [178] et Hong-Kong.

Les dirigeants chinois ont scindé leur action culturelle en deux axes. Aucun des deux domaines ne semble pouvoir heurter la sensibilité des gouvernements d'accueil. Au contraire, ils peuvent les intéresser pour améliorer leurs relations avec la R.P.C., tant économiques que politiques.

L'abandon de la politique extérieure antérieure était une condition importante pour l'amélioration et l'intégration de la R.P.C. au plan régional, mais aussi international. Inversement, le rétablissement de relations bilatérales meilleures permet à la R.P.C. d'avoir des contacts avec les personnes d'origine chinoise, et même d'envoyer une nouvelle émigration dans ces Etats. Les Chinois d'outre-mer sont, peut-être, sur le point de devenir ainsi l'instrument d'un développement économique « partagé ». La Chine communiste a pu parvenir à un tel objectif en privilégiant dans son action extérieure l'éveil de l'intérêt économique et politique des Etats d'accueil. Ces derniers voient dans la Chine un partenaire, et un moyen supplémentaire pour leur développement. L'implication croissante de certains de ces Etats, et notamment de Singapour ou de Taiwan, permet à la R.P.C. d'avoir accès plus facilement au modèle de développement qu'ils représentent.

NOTES DU CHAPITRE 2

[1] *Cf.* Seconde partie. chapitre 1,§1. A la différence de ce premier point sur la nationalité chinoise, nous ne développons ici que l'aspect extérieur du problème de la nationalité. L'objet de cette présentation est de montrer de quelle manière la question de la nationalité des Chinois d'outre-mer a été une source de conflit avec certains Etats d'accueil.

[2] « Importance des services chargés des ressortissants... », *op.cit.*, page 14.

[3] Dès 1973, la Malaysia entama des négociations avec la Chine pour établir des relations diplomatiques. Tout comme l'Indonésie en 1955, la Malaysia avait sur son territoire une catégorie de Chinois possédant la citoyenneté malaisienne et malgré la déclaration de principe de 1957, un doute subsistait quant à la reconnaissance de ces mêmes Chinois par la R.P.C. Nés dans les *Straits Settlements* avant l'indépendance ou peu après, ces Chinois avaient pu bénéficier, par la mise en oeuvre du principe de *Jus Soli*, de la citoyenneté malaisienne. Selon certaines estimations, en 1957, les deux tiers des Chinois de Malaysia obtinrent cette citoyenneté.

[4] « Communiqué conjoint du Gouvernement de la République Populaire de Chine et du Gouvernement de Malaysia. Etablissement des relations diplomatiques, 31 mai 1974 ». *Pékin Information*, n°23, juin 1974, page 8.

[5] Willmott, Donald. « The National Status of the Chinese in Indonesia, 1900-1958 ». New-York, Cornell University Press, 1961, 139 pages, pp.25-29. L'Acte de 1946 mettait en place un "système passif" d'octroi de la citoyenneté indonésienne. Conformément à ces dispositions tout Chinois nés en Indonésie et ayant résidé d'une manière continue pendant cinq ans sur le territoire devenait automatiquement citoyen indonésien. Ceux qui ne désiraient pas abandonner leur nationalité chinoise devait le spécifier officiellement. L'Acte de 1946 avait été élaboré pendant une période de troubles intérieurs: Indonésiens et Néerlandais étaient en lutte. Or, l'Acte de 1946, émanant du Gouvernement mis en place par les nationalistes Indonésiens ne pouvait s'appliquer que dans les territoires qu'ils contrôlaient. Les Chinois vivant dans les parties Est, Ouest de Java, dans l'île de Madura, par exemple, dépendaient encore de l'administration Néerlandaise. Ils ne pouvaient bénéficier de l'Acte de 1946. En 1949, les "Accords de la Table Ronde" ont mis fin aux combats. L'Indonésie est devenue un Etat indépendant. Lors des discussions, la question de la citoyenneté fut abordée. L'Acte de 1946 put être appliqué à tous les Chinois réunissant les conditions fixées, mais aussi au petit nombre de Chinois qui avait obtenu la citoyenneté néerlandaise.

[6] Coppel, Charles. « The National Status of the Chinese in Indonesia ». *Papers on Far Eastern History*, Canberra, Australian National University, n°1, pp.115-139, page 119.

[7] Le "moyen simple" consistait à reconnaître comme citoyens indonésiens sans autre nationalité les fonctionnaires de l'administration, de même que tous les électeurs d'origine chinoise. Face à ces oppositions, les deux gouvernements tentèrent de rétablir la situation dans un échange de note le 3 juin 1955, additives au Traité. Les deux Gouvernements reconnaissaient l'existence d'une catégorie de citoyens ayant seulement la citoyenneté indonésienne "car selon l'opinion du Gouvernement de la République d'Indonésie leurs positions sociales et politiques démontrent qu'ils ont spontanément (et d'une manière implicite) renoncé à la citoyenneté de la République populaire de Chine. Willmott, Donald E., « The National Status... », *op.cit.*, page 51. La détermination de cette catégorie incombait au Gouvernement indonésien. Il était certes clair que les ministres, fonctionnaires ou parlementaires d'origine chinoise étaient inclus dans cette catégorie. Mais comme le

souligne Mary F.Somers cela ne concernait que quelque centaine d'entre eux. Somers. Mary F.. *Peranakan Chinese Politics in Indonesia*. Cornell University Press. Modern Indonesian Project. New York. 1964. 56 pages. pp.15-18. Le débat porta par la suite sur les Chinois inscrits en tant qu'électeurs. Le gouvernement indonésien. après l'adoption du traité par le parlement en décembre 1957. déclara qu'il ne dispenserait pas ces Chinois d'effectuer un choix.

[8] Isoart. Paul. « La situation au Kamputchéa ». R.G.D.I.P.. jan-mar.1983. pp.42-104. pp.74-76. Chang. Pao-min. *Beijing, Hanoi, and the Overseas Chinese* , Californie. University of California. Institute of East Asian Monograph. Chinese Research Monograph. 1982. 70 pages. pp.9-37.

[9] Cité par Chiu. Hungdah. « China's Legal Position on Protecting Chinese Residents in Vietnam ». *The American Journal of International Law*. Vol.74. 1980. pp.685-689. page 687.

[10] An. « China Seeks Settlement Consultation of Question of Chinese Nationals in Vietnam ». *Beijing Review*. 18 août 1978. page 24-29. page 26.

[11] En mai 1978. Zhong Xitong. l'un des délégués chinois chargés des négociations entre la R.P.C. et le Vietnam sur ces questions. déclara qu'en « mai 1957. la Commission des Affaires des Chinois d'outre-mer de la République populaire de Chine avait publié une déclaration qui dénonçait fermement et protestait sérieusement contre les mesures arbitraires prises par les autorités réactionnaires du Sud-Vietnam pour changer de manière forcée la nationalité des résidents chinois. La République Démocratique du Vietnam (Vietnam du Nord) avait appuyé et soutenu la juste position chinoise ». An. « China Seeks Settlement Consultation... ». *op.cit*. pp.27-28.

[12] An. « Who's to Blame ? ». *Beijing Review*. 7 juillet 1978. page 30.

[13] La seule restriction émise par la R.P.C. concernait le rapatriement de ces personnes d'origine chinoise. Les autorités chinoises auraient affirmé que seuls les Chinois résidant au Vietnam avec un certificat de retour en Chine émis par l'Ambassade chinoise du Vietnam serait admis en Chine. Cité par Chiu. Hungdah. *China's Legal Position...* . *op.cit.*. page 687.

[14] « Mémorandum sur le rétablissement des relations diplomatiques sino-indonésiennes ». *Beijing Information*. n°35. 27 août 1990. page 12.

[15] Suryadinata. L.. « Indonesian Policies Toward the Chinese Minority under the New Order ». *Asian Survey*. Vol.16. n°8. 1976. pp.770-787. page 785.

[16] « Convention de New York relative au statut des apatrides (23 septembre 1954) ». *Jurisclasseur Droit International*. Fasc 521. page 13.

[17] Vatiokis. Michael. « Peking and Jakarta Resume Ties but Ethnic Suspicion Linger. Red Carpets. Red Flags ». *Far Eastern Economic Review*. 23 Août 1990. pp.8-9.

[18] *The Reopening Diplomatic Ties Between Indonesia and China*. Document reçu de l'Ambassade d'Indonésie à Paris. mai 1992.

[19] Lombards. Denys. *Le carrefour javanais. Essai d'histoire globale* . Paris. Ed. de l'Ecole des Hautes Etudes en Sciences Sociales. 3 Vol.. 1990. 267+420+334 pages. Vol.2.

[20] Les études concernant les aspects culturels. sociaux ou politiques des communautés chinoises en Asie du Sud-Est sont nombreuses. Pour les périodes les plus anciennes nous renvoyons à l'ouvrage de Lombard. D.. *Le carrefour javanais* . *op.cit*.. Vol.2. Pour des études plus contemporaines. le vol. 2 de l'ouvrage de Gosling. P.. et Lim Linda. C.Y..

rassemble un large éventail d'articles sur ces questions. Gosling, P., et Lim Linda, C.Y., *The Chinese in Southeast Asia: Identity, Culture and Politics*, op.cit., voir notamment Tan. Chee-Beng. « Acculturation and the Chinese in Melaka : The Expression of Baba Identity Today », pp.56-78.

[21] Salmon. Claudine. « Le rôle des femmes dans l'émigration chinoise en Insulinde ». *Archipel*. n°16. 1978. pp.161-174.

[22] Salmon, C.. « Un colloque sur les "Changements d'identités des Chinois d'Asie du Sud-Est depuis la Seconde Guerre Mondiale" ». *Archipel*. n°32. pp.15-18.

[23] Il n'existe pas d'ouvrages généraux sur la question du fait de l'ampleur de l'analyse requise. En effet, il faudrait imaginer une synthèse de l'ensemble des études monographiques portant sur les communautés chinoises émigrées. Une telle étude révèlerait cependant des limites importantes, car elle tendrait à écarter une analyse approfondie de chaque environnement, nécessaire à la compréhension de l'évolution socio-économique des émigrés. La réflexion sur l'intégration de certaines catégories sociales nous a été inspirée par la lecture de plusieurs de ces monographies, tant historiques que contemporaines. *Cf.* Bibliographie.

[24] *Cf.supra*, les notes suivantes.

[25] Fernando. M.R. (trad.). Bulbeck. D., (ed.). *Chinese Economic Activity in Netherlands India. Selected Translations from the Dutch*. Singapour & Canberra, Institute of Sotuheast Asian Studies & Australian National University. Coll. : « Data Paper Series. Sources for the Economic History of Southeast Asia ». n°2. 1992. xii+275 pages; Turnbull. M.C., *A History of Singapore. 1819-1975*. Singapour, et alii. Oxford University Press, 1975.

[26] Le succès des systèmes de relais commerciaux s'expliqua par les facilités de crédits concédés par les négociants occidentaux à leurs intermédiaires chinois. Cela favorisa l'interpénétration des activités économiques des marchands chinois avec les Occidentaux. Drabble. J.H.. « The British Agency Houses in Malaysia : Survival in a Changing World ». *Journal of the Southeast Asian Studies*. Vol.12. n°2. sept.1981. pp.297-328. Le lien fut renforcé par l'absence d'organisations financières chinoises institutionnalisées. A la fin du XIXe siècle, les structures chinoises traditionnelles (tontines, politiques de l'argent en caisse) se sont révélées insuffisantes pour faire face aux défis économiques lancés par les Occidentaux. Les marchands et les industriels chinois dépendaient financièrement de leurs créanciers, généralement étrangers. Quelques entrepreneurs chinois ont été rapidement conscients de la fragilité engendrée par ce manque. A Deli, Zhang, Bishi a ouvert lui-même une banque en 1907, tout comme Oei Tiong Ham en 1906 aux Indes néerlandaises. Si ces institutions devaient quelque peu renforcer leurs activités économiques, elles n'ont pu faire face à la concurrence des institutions financières européennes. Comme le précise Salmon C., le vrai départ des entreprises bancaires chinoises se situe au lendemain de la Seconde Guerre Mondiale. Salmon. C.. « Les marchands chinois en Asie du Sud-Est », in Lombard. D.. Aubin. Jean. (dir). *Marchands et hommes d'affaires asiatiques dans l'Océan Indien et la Mer de Chine. 13e-20e siècles*. Paris. Ed. de l'Ecole des Hautes Etudes en Sciences Sociales. 1988. 375 pages. pp.331-351, page 349.

[27] Tsai. Maw-Kuey. *Les Chinois au Sud-Vietnam*. op.cit., page 154.

[28] Les marchands chinois sont moins nombreux que les planteurs chinois ou les exploitants de mines. Ces derniers emploient d'ailleurs la majorité de la population coolie chinoise. Ils entretiennent des relations économiques et politiques particulières avec les autorités indigènes. Les sultans leur accordaient des titres et des droits d'exploitation pour leurs plantations et leurs mines. *Cf.* Guerassimoff. E.. « Le *Gangzhu* blanc du Johor. Récit d'un

missionnaire français à la tête d'une colonie de cultivateurs chinois dans la jungle malaise au milieu du XIXe siècle ». *Etudes Chinoises*. à paraître.

[29] La vie des négociants chinois de la péninsule malaise est particulièrement exemplaire de l'intégration au milieu local, ainsi qu'au milieu colonial. *Cf.* Wong, Lin Ken, « Singapore : Its Growth as an Entrepot Port, 1819-1914 », *Journal of Southeast Asian Studies*. Vol.11. n°1. mars 1978. pp.97-109.

[30] Salmon. C.. « Les marchands chinois en Asie du Sud-Est ». *op.cit.*, pp.332-335.

[31] Chiu. Kwei-Chiang. *Late Ch'ing's Modern Entreprise...* . *op.cit.*, page 32.

[32] A Singapour, dans les années 1980. Chen. Lim-keak note que la majorité des entreprises, possédées par des Chinois, dans les secteurs du transport, des communications et de l'industrie. sont tournées vers le marché intérieur. Les firmes multinationales sont la plupart d'origine étrangère et surtout possédées par l'Etat. Chen. Lim-keak. *Social Change and the Chinese in Singapore. A Socio-Economic Geopgraphy with Special Reference to Bang Structure*. Singapour. Singapore University Press. National University of Singapore. 1985. 235 pages. pp.82-87. La même description est faite pour les entreprises détenues par des personnes d'origine chinoise en Indonésie et en Malaysia. Yuan. Li Wu. Wu. Chun-hsi. *Economic Development in Southeast Asia. The Chinese Dimension*. Californie. Hoover Institution Press. 1980. 219 pages.

[33] *Cukong* est à l'origine un terme chinois (dialecte hakka) qui signifie « maître ». En Indonésie. le terme désigne « un homme d'affaire chinois habile, associé étroitement comme intermédiaire avec les personnes au pouvoir et notamment les militaires ». Roeder. O.G.. « Chinese "Impudence" ». *Far Eastern Economic Review*. 7 mai 1973, page 34.

[34] Robinson. Richard. « Etats autoritaires, classes possédantes et politiques des nouveaux pays industriels : le cas de l'Indonésie ». *Revue Tiers Monde*. Tome XXXI. n°124. oct-déc.1990. pp.853-876. En Malaysia. le président de l'un des plus plus important groupe chinois. Kuok. a réparti les postes à responsabilité de ses entreprises entre l'aristocratie malaise, les militaires et les hauts fonctionnaires. Inversement. l'un de ses frères a occupé le poste d'Ambassadeur de la Malaysia en Allemagne et au Bénélux.

[35] Yen. Ching-hwang. *A Social History of Chinese in Singapore...* . *op.cit.*. page 8.

[36] Leung. Yuen Sang. « The Economic Life of the Chinese in Late Nineteenth-Century Singapore ». page 10.

[37] Isoart. Paul. *Les Etats d'Asie du Sud-Est*. Paris. Economica. Coll. : « Politique Comparée ». 1978. 275 pages. page 223.

[38] Pour une synthèse rapide des politiques de la Malaysia. de l'Indonésie et de Singapour. *Cf.* Guerassimoff. C.. « La question des Chinois d'outre-mer dans l'évolution des relations de la R.P.C.». *op.cit.*. pp.77-89. Pour les autres Etats . *Cf.* les quelques ouvrages cités en bibliographie.

[39] Suryadinata. Léo. « Governement Policy and National Integration in Indonesia ». *Southeast Asian Journal of Social Science*. Vol.16. n°2. 1988. pp.111-132. page 120.

[40] Tsai Maw-Kuey étudie de manière détaillée le système éducatif mis en place par les Chinois du Sud Vietnam jusqu'en 1965. Tsai. Maw-Kuey. *Les Chinois au Sud-Vietnam*. *op.cit.*. pp.232-253. page 233.

[41] Aux Etats-Unis et dans les dominions britanniques. (Nouvelle-Zélande et Australie). les diplomates chinois furent essentiellement préoccupés par le problème de la protection du

droit d'immigrer, ainsi que celle des droits des émigrés sur le territoire américain. Tsai, Sih-Shan H., *Reaction to Exclusion...* , *loc.cit.*, p.187-237.

[42] Wen, Chung-chi, *The Nineteenth-Century Imperial Chinese Consulate in the Straits Settlments...* . *op.cit.*, page 98.

[43] *Ibidem*, pp.99-106.

[44] Godley, R.M., « The Late Ch'ing Courtship of the Chinese in Southeast Asia ». *Journal of Asian Studies*, Vol.XXXIV, n°2, fév.1975, pp. 361-385, page 370; Yen, Ching-hwang, « Ch'ing Sale of Honours... ». *op.cit.*, page 32.

[45] Cité par Fitzgerald, S., *China and the Overseas Chinese...* . *op.cit.*, page 9.

[46] Zhonghua minguo zhengfu, (Gouvernement de la République de Chine), « Xunzheng shiqi guomin zhengfu shizheng gangling, juin 1929 », (Programme politique du gouvernement républicain du Guomindang), in Collectif, *Shijie huaqiao...* . *op.cit.*, page 204.

[47] Le premier règlement du gouvernement de Jiang Jieshi concernant l'enregistrement des écoles outre-mer date de février 1928. Il fut modifié en août 1929. Zhonghua minguo zhengfu, Jiaoyu bu, (Gouvernement de la République de Chine, Ministère de l'éducation), « Huaqiao xuejiao li'an tiaolie, fév.1928 », (Règlement sur l'enregistrement des écoles des Chinois d'outre-mer), in Collectif, *Huaqiao Jiaoyu* , (L'éducation des Chinois d'outre-mer), Taibei, Chung Hwa Book Compagny, 1973, 540 pages, page 221. L'action consulaire en la matière avait été prévue par le premier gouvernement républicain en 1913. « Lingshi guanli huaqiao xuewu guicheng, 22 fév.1913 », (Règlement concernant l'administration de l'éducation des Chinois d'outre-mer par les Consuls), *in Ibidem*, page 341. Le gouvernement de Jiang Jieshi publie à son tour en mai 1929 un règlement sur la question qui visa à renforcer le rôle des consuls en la matière. Zhonghua minguo zhengfu, Jiaoyu bu, (Gouvernement de la République de Chine, Ministère de l'éducation), « Ling shi jingli huaqiao jiaoyu xingzheng guicheng, mai 1929 », (Règlement sur l'administration et la direction de l'éducation des Chinois d'outre-mer par les Consuls), *in Ibidem*, pp.245-246.

[48] En 1948, les autorités britanniques de la péninsule malaise estiment que plus de 50 % des écoles chinoises de Singapour, de Kedah, de Perak et du Johore sont contrôlées par le Parti Guomindang. Yong, C.F., Mc Kenna, R.B., *The Kuomintang Movement...* , *op.cit.*, page 212.

[49] Tsai, Maw-Kuey, *Les Chinois au Sud-Vietnam* . *op.cit.*, pp.240-241.

[50] Zhonghua minguo zhengfu, Jiaoyu bu (Gouvernement de la République de Chine, Ministère de l'éducation), *Qiaomin jiaoyu shishi gangyao, 1933* . (Grandes lignes pour l'éducation des citoyens d'outre-mer), Document disponible à la Bibliothèque de Leiden, Pays-Bas, non paginé.

[51] Les textes officiels concernant les associations des Chinois d'outre-mer, publiés pendant la période du gouvernement de Jiang Jieshi sont nombreux. Nous renvoyons aux recueils de textes en chinois déjà cités qui les reproduisent. *Cf.* Zhonghua minguo zhengfu, Qiaowu weiyuanhui, (Gouvernement de la République de Chine, Commission des Affaires des Chinois d'outre-mer), *Qiaowu fagui* . *op.cit.*, pp. 27-32; Collectif, *Shijie huaqiao...* . *op.cit.*.

[52] *Cf.* Yong, C.F., Mc Kenna, R.B., *The Kuomintang Movement...* . *op.cit.*.

[53] Tsai, Maw-Kuey, *Les Chinois au Sud-Vietnam* , *op.cit.*, pp.17-18.

[54] Cité par Fitzgerald, S., *China and the Overseas Chinese...* , *op.cit.*, page 102.

[55] Zhou, Enlai, « Dui Miandian huaqiao... ». *op.cit.*, page 8.

[56] Cité par Fitzgerald. S.. *China and the Overseas Chinese...* . *op.cit.*, page 152.

[57] *Ibidem*. page 153.

[58] Les campagnes politiques et idéologiques sur ces thèmes ont jalonné. de manière assez permanente. l'histoire de la R.P.C. La Campagne des Cent Fleurs (1957). le Mouvement d'éducation socialiste (1963) figurent parmi les mouvements les plus étudiés. La Révolution culturelle fut bien sûr la plus importante. Wang, Nora. *L'Asie orientale...* . *op.cit.*. pp.269-292

[59] Cité par Leong. Stephen. « Malaysia and the People's Republic of China in the 1980's ». *Asian Survey*. Vol.XXVII. n°10. oct.1987. pp.1109-1126 page 1113.

[60] Collectif. « Les ressortissants chinois et les politiques adoptées... ». *op.cit.*, page 3.

[61] *Ibidem*. page 2.

[62] *Ibidem*.

[63] An. « Importance des services... ». *op.cit.*. page 13.

[64] Basdevant. Jules. *Dictionnaire de terminologie du droit international*. Paris. Sirey. 1960. page 485.

[65] Lee. Lai To. « Deng Xiaoping's Asean Tour : A Perspective on Sino-Southeast Asian Relations ». *Contemporary South East Asia*. Vol.3. n°1. 1981. pp.58-75. page 68.

[66] Cité par Soo. Fong Tan. « Chinese Communist Policy... ». *op.cit.*. page 13.

[67] Cité par *Ibidem*. page 14.

[68] Zhou. Enlai. « Political Report to the National People's Congress. 23 oct.1951 ». *Current Background*. n°134. 5 nov.1951. pp.14-23. page 21.

[69] *Zhonghua renmin gonheguo xianfa...* . *op.cit.*. page 24.

[70] *The Constitution of the Republic of China...* . *op.cit.*. page 33.

[71] *Cf.infra*. seconde partie. chapitre 1.

[72] Hsiung. Chieh James. *Law and Policy in China's Foreign Relations. A Study of Attitudes and Pratices*. New York. Columbia University Press. 1972. 435 pages. page 73.

[73] Chang. Pao-min. *Beijing, Hanoi...* . *op.cit.*. pp.45-49.

[74] *Ibidem*. page 51.

[75] Cité par Suryadinata. Léo. *China and the ASEAN States...* . *op.cit.*. page 123.

[76] An. « Indonesia-The Ban ». *Far Eastern Economic Review*. n°26. 24 déc.1959. page 1017.

[77] Sur la politique du gouvernement indonésien à l'égard des Chinois de l'archipel au cours de cette période. *Cf.* Mackie. J.A.C.. (ed). *The Chinese in Indonesia*. Hong-Kong. Heinemann. 1976.

[78] Domanget. Françoise. *Contribution à l'étude de la politique extérieure de l'Indonésie: relations avec la Chine. 1955-1965*. Paris. Thèse de Doctorat de 3ᵉ cycle. Paris III. 1978. 480 pages. pp.250-264.

[79] Mackie. J.A.C.. « Anti-Chinese Outbreaks in Indonesia. 1959-1968 ». *in Ibidem*, (ed), *The Chinese in Indonesia*. *op.cit.*. pp.111-129.

[80] Mozingo. David. « China's Policy Toward Indonesia » *in* Tang, Tsou. (ed). *China in Crisis. Vol. II.* . Chicago. Chicago University Press. 1968. pp.332-352. page 336.

[81] L'unification de la Nation Vietnamienne fut un objectif important pour les communistes Nord-Vietnamiens, comme il l'a été pour tous les nationalistes vietnamiens. Or, les dirigeants Chinois se seraient opposés au projet. Certes les textes de l'époque tendraient à démontrer que Beijing était au contraire favorable au projet. Néanmoins, divers spécialistes de la question montrèrent que ses actions allaient à l'encontre du projet Le Livre Blanc publié par Hanoi en 1979, quatre ans après la réunification, est le reflet de l'amertume vietnamienne à l'égard de l'attitude de son voisin. Sous le titre "La vérité sur les relations vietnamo-chinoises durant les trente dernières années" les dirigeants du Vietnam reprochent aux communistes chinois de s'être opposer à la réunification de leur Etat. Les titres du Livre sont assez évocateurs : « De 1954 à 1964: les dirigeants chinois contrecarrent le peuple vietnamien dans la lutte nationale » « De 1973 à 1975: empêcher le peuple vietnamien de libérer le sud Vietnam ». Les propos tenus par le Livre Blanc sont le reflet de la passion anti chinoise de l'époque et sont de ce fait quelque peu excessifs. Aux moments jugés décisifs par les communistes vietnamiens, la R.P.C a plutôt conseillé la prudence et la patience, c'est à dire le maintien du *statu quo*. En janvier 1973, la Chine accueillit favorablement l'Accord de Paris sur le cessez le feu. Cet Accord perpétuait la présence des deux Vietnam. En ce qui concerne le Laos et le Cambodge, l'Accord de Paris se référait aux positions prises à Genève en 1954 et 1962, qui garantissaient leur neutralité, à laquelle la R.P.C demeurait très attachée. Isoart. Paul. « La situation au Kamputchea », *op.cit.*, pp.79-83.

[82] Joyaux. F., *La politique extérieure de la Chine*. Paris. P.U.F. 1983, 126 pages, page 107.

[83] Le conflit entre le Vietnam, le Cambodge et la Chine est analysé par le professeur Paul Isoart dans son article « La situation au kamputchéa ». R.G.D.I.P., jan-mars.1983, pp.42-104.

[84] Sheldon. W.Simon. « The Two Southeast Asia and China ». *Asian Survey*. Vol.XXIV, n°5, mai 1984. pp.519-533.

[85] Chang. C.Y.. « Overseas Chinese in China's policy ». *The China Quarterly*. n°80. juin 1980. pp.281-303, page 300.

[86] Isoart. Paul. « La situation au Kamputchea ». *op.cit.*, page 45.

[87] Chanda. Nayan.« Peking says it out moud to Hanoi ». *Far Eastern Economic Review*, 12 mai 1978. pp.9-10.

[88] Hicks. George. Mackie. J.A.C.. « Overseas Chinese. A Question of Identity. Despite Media Hype, they are firmly settled in Southeast Asia ». *Far Eastern Economic Review*, 14 juil.1994. pp.46-48.

[89] Chang. C.Y.. *Overseas Chinese in China's policy*. *op.cit.*, pp.281-282.

[90] Cité par Goldfiem. J., *Sous l'oeil du dragon...* , *op.cit.*, page 195.

[91] Goldfiem. J.. « La Chine et l'Association des Nations du Sud-Est Asiatique ». in Collectif. *La politique asiatique de la Chine* . *op.cit.*, pp.221-266, pp.224-236.

[92] Cité par Tyl. Dominique. *La Chine et l'ASEAN de 1967 à 1976. Analyse du discours du Quotidien du Peuple* . Paris. Thèse de Doctorat. 3ème cycle. E.H.E.S.S.. 1979. 384 pages, page 204.

[93] *Ibidem*.pp.156-231.

[94] Hua. Guofeng. « Rapport politique au XIeme Congrès du Parti communiste chinois ». *in* Collectif. *Le Onzième Congrès du Parti communiste chinois. (Documents)* Beijing. Ed. En Langues Etrangères. 1977. 213 pages. pp.1-126. page 69.

[95] Cité par Richer. P., *Jeux de quatre en Asie du Sud-Est*, Paris, P.U.F., 1982, page 66.

[96] Goldfiem. J., *La Chine et l'Association...* , op.cit., page 241.

[97] Selon William R.Heaton, au début des années 1980, un autre fait révéla le changement de la politique de la R.P.C à l'égard des P.C locaux. La presse chinoise fit de moins en moins souvent, pour ne pas dire plus, état des actes ou des revendications des P.C. locaux à l'encontre des gouvernements. Heaton. William R., « China and Southeast Asian Communist Movements : The Decline of Dual Track Policy », *Asian Survey*, Vol. XXII, n°8, août 1982, pp.779-800.

[98] Heaton. William R., op.cit., pp.781-798.

[99] Agence Reuter. 15 janvier 1985.

[100] Barang. Marcel. « La politique chinoise en Asie du Sud-Est et le sort des Partis communistes locaux », *Le Monde Diplomatique*. jan.1982, pages 1 et 10-11.

[101] Zhao. Ziyang. « Rapport au XIIeme Congrès du Parti communiste chinois. in Collectif. *Le XIIeme Congrès du Parti communiste chinois. (Documents)*. Beijing, Ed. En Langues Etrangères. 1988. 260 pages, pp.3-83, page 82.

[102] Lim Joo-Jock. *Armed Communist...* , op.cit..

[103] Hu. Qiaomu. « Comment le Parti communiste chinois a enrichi le marxisme », *Beijing Information*. n°28, juil.1991, pp.13-18, page 18.

[104] Jiang. Zemin. « La politique chinoise en Asie Orientale, extrait », *Beijing Information*. n°48, 28 nov.1994, pp.25-27, page 27.

[105] Cf. Bibliographie et en particulier les ouvrages de François Joyaux.

[106] Zhou. En Lai. « Rapport au Xeme Congrès du Parti communiste chinois ». in Collectif. *Le dixième Congrès du Parti communiste chinois, (documents)*. Beijing, Ed.En Langues Etrangères. 1973. 108 pages. pp.2-42, page 32.

[107] *Ibidem*.

[108] Collectif. *La théorie du Président Mao sur la division en trois mondes, importante contribution au Marxisme léninisme*. Beijing. Ed.En Langues Etrangères. 1977. 10 pages. page 4.

[109] *Constitution de la République populaire de Chine (1975)*. op.cit., page 8.

[110] Cabestan. Jean-Pierre. *Conflits au sein du Parti communiste Chinois et politique étrangère de la République populaire de Chine. La politique à l'égard de l'Union Soviétique et des Etats-Unis*. Paris I, Thèse pour le doctorat de 3ème cycle. 1982. 517 pages. pp.220-349.

[111] Tian. Zengpei. « Trois époques de la diplomatie chinoise », *Beijing Information*. n°42, 17 oct.1994. pp.24-25, page 24.

[112] Hua. Guofeng. « Rapport sur les activités du Gouvernement », *in* Collectif. *Deuxième session de la I^{eme} A.P.N. (documents)*. Beijing, Ed. En Langues Etrangères. 1979. 287 pages. pp.5-113. pp.97-98.

[113] Hu. Yaobang. « Rapport présenté au XIIeme Congrès du Parti communiste chinois », *in* Collectif. *Le XIIeme Congrès du Parti communiste chinois (documents)*. Beijing, Ed. En Langues étrangères. 982. 187 pages. pp.9-103, page 65.

[114] Tian. Zengpei. « Trois époques... ». op.cit.. page 25.

[115] Qian. Qichen. « Sécurité et Coopération dans la région Asie-Pacifique : le point de vue de la Chine, extrait ». *Beijing Information*. n°32, 8 août 1994. pp.19-20.

[116] Qian. Qichen. « Situation internationale et crise du Golfe », *Beijing Information*. n°1. jan.1991. pp.10-12. page 11.

[117] *Ibidem*, « Déclaration devant l'Assemblée Générale des Nations-Unies ». *Beijing Information*. n°40. pp.10-13. page 10.

[118] « Forum Régional de l'ASEAN. Communiqué de Presse ». *Documents d'Actualité Internationale*. n°20. 15 oct.1994. pp.523-524. page 523.

[119] Lors du Sommet de l'A.P.E.C. de novembre 1994. Jiang Zemin déclare que « la Chine soutient la proposition du Forum de l'APEC. à savoir faire de la libéralisation du commerce un objectif à long terme ». An. « Jiang : La Chine soutient le libre échange ». *Beijing Information*. n°47. 21 nov.1994. pp.6-7. page 6. La position de la Chine sur la question a été réaffirmée et développée lors du dernier sommet de l'APEC en novembre 1995 à Osaka. An. « Jiang parle de la stabilité de la Chine et de l'APEC ». *Beijing Information*. n°49. 4 déc.11995. pp.8-11.

[120] « Dans les affaires internationales. nous devons établir et développer nos relations avec les autres pays sur la baser des cinq principes : respect mutuel de la souveraineté et de l'intégrité territoriale. non agression mutuelle. non ingérence mutuelle dans les affaires intérieures. égalité et avantages réciproques et coexistence pacifique », « Constitution de la République populaire de Chine. Préambule. 1978 » *op.cit.*, page 7.

[121] Tian. Zengpei. « Trois époques... », *op.cit.*, page 25.

[122] Agence Xin Hua. « La Chine s'affirme dans le domaine diplomatique ». *Beijing Information*. n°19. mai 92. pp.9-13. page 11.

[123] Les relations diplomatiques entre les deux Etats ont été rétablies le 24 août 1992.

[124] *Cf.* Guerassimoff C.. « La question des Chinois d'outre-mer dans l'évolution des relations de la R.P.C... ». *op.cit.*.

[125] Grant. Richard. « China and its Asian Neighbors : Looking toward the Twenty-First Century ». *The Washington Quarterly*. n°17. nov.1994. pp.59-69.

[126] Joyaux. F.. « Géopolitique de l'extrême-orient.Tome I... », *op.cit.*, page 142.

[127] Van der Kroef. Justus. «"Normalizing" Relations with the People's Republic of China : Indonesia Policies and Perceptions ». *Asian Survey*. Vol.XXVI. n°8. août 1986. pp.909-934. page 912.

[128] *Ibidem*. page 914.

[129] Cité par Leong. Stephen. « Malaysia and the People's Republic of China in the 1980's ». *Asian Survey*. Vol.XXVII. n°10. oct.1987. pp.1109-1126. page 1112.

[130] Avec plus de 75 % de Chinois. Singapour constitue un Etat « chinois » au sein du monde malais. Les dirigeants de la cité-Etat ont toujours fait en sorte de tenir compte des tendances xénophobes qui se manifestent parfois chez ces voisins. ainsi que de la volonté de leurs homologues malais dans ces Etats de maintenir le caractère malais de leur société. C'est en grande partie ce qui explique le choix d'une politique multiraciale à Singapour pour gérer la présence des différentes ethnies sur son territoire. Regnier. Ph.. « Singapour et son environnement régional. Etude d'une cité Etat au sein du monde malais ». Paris. P.U.F.. Publications de l'Institut Universitaires de Hautes Etudes Internationales. 1987. 258 pages.

[131] Lee. Kuan Yew. « Text of Premier Lee Kuan Yew's Speech at a Dinner in Honour of Vice-Premier Deng Xiaoping (12 november 1978) ». *Speeches 2*. n°6. déc.1978. pp.1-2.

[132] Leong, S., « Malaysia and the People's Republic of China in the 1980's... », op.cit., pp.1111-1112.

[133] Suryadinata, L., « The Chinese Minority and Sino-Indonesian Diplomatic Normalization », Journal of Southeast Asia, Vol XII, n°1, mars 1981, pp.197-206.

[134] Leong, S., « Malaysia and the People's Republic of China in the 1980's », op.cit., page 1113.

[135] Ibidem.

[136] Nouvelle publiée dans la revue de l'Ambassade d'Indonésie à Paris (Indonesia), automne 1991. Cette libéralisation des déplacements d'Indonésiens ne concerne que les seules personnes d'origine chinoise bénéficiant du statut de citoyen indonésien. En 1991, sur les quatre millions de Chinois de l'archipel, seuls environ deux millions d'entre eux avaient la citoyenneté indonésienne. Les Chinois dont le statut n'a pas été clairement établi (300 000 personnes) ne peuvent ni se rendre en R.P.C, ni dans d'autres Etats puisqu'aucun passeport ne leur ait attribué.

[137] Les critères pour apparaître sur ces listes étaient vagues. L'inscription définitive dépendait des renseignements de police, pas toujours fiables. L'enregistrement sur ces listes engendrait de nombreux frais pour les Chinois. Parfois, certain fonctionnaire profitait de l'occasion pour augmenter la somme demandée. Enfin, les documents nécessaires à l'enregistrement étaient trop nombreux et parfois difficiles à fournir. Les autorités demandaient souvent les originaux des cartes de naturalisation, d'immigration, des permis de travail. Van der Kroef, J., «"Normalizing" Relations with the People's Republic of China : Indonesia's Rituals of Ambiguity », Comtemporary Southeast Asia, Vol.3, n°3, déc.1981, pp.187-218, page 208.

[138] Il semblerait que la corruption de certains fonctionnaires et parfois l'opposition qu'ils affichaient à ces mesures soient à l'origine d'un succès mitigé. Les Indonésiens opposés dès la fin des années 1970 à la reprise des relations diplomatiques ne souhaitaient pas aboutir à cette naturalisation de masse. Ils avaient conscience que le gouvernement devrait mettre en oeuvre un tel processus pour les Chinois de l'archipel. Or, ils étaient opposés à l'octroi de la citoyenneté aux Chinois, car cela leur permettrait d'accéder aux biens immobiliers, aux facilités économiques octroyées aux seuls citoyens indonésiens, et ne ferait que renforcer la position économique des Chinois de l'archipel.

[139] Jenkins, David, « The Jakarta Solution », op.cit., page 40.

[140] Pomonti, Jean-Claude, « Malaisie : arrestations et mesures repressives. La démocratie en question ». Le Monde, 7 nov.1987, page 3.

[141] Parallèlement au rapprochement avec la Chine, il faut aussi préciser que le regain actuel de l'islam en Malaysia est aussi à l'origine du renforcement de la politique assimilationiste.

[142] En 1985, année de la reprise du commerce direct entre la R.P.C. et l'Indonésie, ce dernier Etat connaît une récession économique importante. Les efforts de développement entrepris dès le début des années 1980 sont fortement compromis par la baisse du prix du pétrole et du gaz naturel. Ces deux produits représentent environ 70 % des recettes extérieures et permettent de financer à peu près 60 % du budget de l'Etat. Le taux de croissance tomba à 1.9 % en 1985. Cayrac-Blanchard, Françoise, Indonésie, l'armée et le pouvoir. De la révolution au développement, Paris, l'Harmattan, Col. : « Recherches Asiatiques », 1991, 214 pages, pp.140-142. La même baisse de croissance économique se produisit à Singapour, et en Malaysia. Maurier, J-L., Régnier, P.T., (dir) La nouvelle Asie industrielle... , op.cit.

[143] Leong. S.. *Malaysia and the People's Republic of China in the 1980's*. op.cit., page 1118.

[144] Tian. Zengpei. « Trois époques... ». *op.cit.*, page 25

[145] Grant, Richard. « China and its Asian Neighbours... ». *op.cit.*, page 67. En 1992. le total des échanges commerciaux avec les membres de l'Asean se répartissait comme suit : la Malaysia. 147 562 millions de US$. Singapour. 326 680 millions de US$. l'Indonésie. 202 570 millions de US$. la Thaïlande. 131 935 millions de US$. les Philippines. 36 467 millions de US$. Brunei. 1 540 million US$. En 1993. les autorités chinoises estimèrent que le commerce avec ces Etats se divisait ainsi : Malaysia, 178 824 millions de US$. Singapour.489 057millions US$. Indonésie.214 302 millions de US$. Thaïlande. 135 191 millions de US$. Phillipines.49 476 millions de US$. Brunei. 1 064 millions de US$. « Wo guo tong ge guo(diqu) meiguan jinchukou zongling ». (Commerce extérieur de la Chine avec les Etats et territoires voisins). *in* State Statistical Bureau. People's Republic of China. (ed). *Statistical Yearbook of China* . Beijing. China Statistical Publishing House. 1994. 794 pages. page 512.

[146] Le commerce et les relations d'ensemble entre la Chine et le Myanmar (Birmanie) se sont considérablement accrus ces dernières années. Beijing pourvoyait déjà aux besoins militaires de la junte birmane. L'«expansion » chinoise prend de plus en plus un caractère économique. La zone économique spécial de Ruili à la frontière sino-birmane connaît une croissance importante. Lintner. B.. « Burma. Enter the Dragon ». *Far Eastern Economic Review*. 22 déc.1994. pp.22-24.

[147] Yu. Jiafu. « Premier symposium sur les relations de l'Asie du Sud-Est et la Chine ». *Beijing Information*. n°37. 12 sept.1994. pp.22-25. page 23.

[148] *Ibidem*. page 24.

[149] *Ibidem*.

[150] Grant. Richard. « China and its Asian Neighbours ... ». *op.cit.*, page 67.

[151] Yu. Jiafu. « Premier symposium sur les relations... ». *op.cit.*, page 24.

[152] An. « Liens plus étroits Chine-Asean ». *Beijing Information*. n°37. 11 sept.1995. page 4.

[153] L'accord a été signé le 18 novembre 1994. An. « Jiang messager d'amitié en Asie ». *Beijing Information*. n°48. 28 nov.1994. pp.4-5.

[154] Bouteiller. Eric. *Les Chinois de la diaspora. Moteurs du miracle asiatique* . Paris. Eurasia Institute. Hivers 1991-1992. 55 pages.

[155] *Cf.* Première partie sur l'utilisation de Singapour comme intermédiaire avec la R.P.C.

[156] Ching. F.. « Jakarta takes Significant Step »*Far Eastern Economic Review*. 24 nov.1994. page 40.

[157] Plus récemment. Vatikiotis Michael a réalisé un reportage sur les personnes d'origine chinoise en Thaïlande. Il révèle le même phénomène que dans les autres Etats asiatiques. Il existe depuis le début des années 1990, une importante augmentation des investissements thaïlandais d'origine chinoise sur le territoire de la R.P.C., et ce avec la « bénédiction » des autorités du pays. « Comme les Chinois d'outre-mer des autres Etats du Sud-est asiatique. les Chinois de Thaïlande *sont l'avant-garde de la pénétration économique* de leur pays en Chine ». Vatikiotis, M.. « Sino Chic. Suddenly. it's cool to be Chinese », *Far Eastern Economic Review*. 11 jan.1996. pp. 22-24. page 22.

[158] Yu. Jiafu. « Premier symposium sur les relations... ». *op.cit.*, page 23.

[159] Collectif. « Les ressortissants chinois... ». *op.cit.*, page 5.

[160] A Singapour. l'apprentissage du chinois-mandarin est une obligation pour les Chinois. Depuis 1979. le gouvernement a lancé une campagne de promotion du mandarin au sein de l'ensemble de la population. Elle se concrétise notamment par l'implantation de slogans dans les lieux publics. Les autorités de l'île expliquent que par ce moyen. ils pourront lutter contre le fractionnement de la société. Il est vrai que la communauté chinoise se divise avant tout en groupes linguistiques, issus de différentes régions de Chine, pratiquant des dialectes parfois incompréhensibles par les autres groupes. Newmann. John. « Singapore's Speak Mandarin Campaign : the Educationnal Argument ». *Southeast Asian Journal of Social Science*. Vol.14. n°2. 1986. pp.52-67.

[161] Suryadinata. L.. *China and the Asean States...* . op.cit. page 124.

[162] Lors de notre année d'étude à l'université de Xiamen (1988-1989). nous avons pu assister à ces cours. Le public se composait essentiellement d'étudiantes philippines d'origine Hakka. pratiquant déjà le *Minnan hua* à Manille.

[163] C'est également ce qui explique la réapparition officielle de l'enseignement de la langue chinoise dans certains Etats où il était interdit. A l'école Sri Thabut Bamrung. à Bangkok. quelque 2 000 adultes apprennent le mandarin. « Beaucoup d'entre eux ont une éducation occidentale. et ils ont besoin du Chinois pour le commerce ». Vatikiotis. M.. « Sino Chic... ». *op.cit.*. page 22.

[164] Les ouvrages et les études sur les descendants d'émigrés chinois et leurs caractéristiques sont très nombreux. *Cf.* les quelques uns que nous avons recensés dans la bibliographie.

[165] Les personnes d'origine chinoise défendent également ce point de vue. Chulacheeb Chinwanno. spécialiste thaïlandais des relations sino-thaï déclara à propos du regain de « sinité » que certains se plaisent à décrire comme un renaissance de la culture chinoise et d'une emprise de la R.P.C. sur ces communautés que : « La Langue chinoise est seulement un véhicule. pas une identité ». Vatikiotis, M.. « Sino Chic... ». *op.cit.*. page 24.

[166] Il existe encore des Chinois. chercheurs. universitaires. mais aussi des personnalités politiques qui pensent que les traditions culturelles chinoises demeurent un obstacle pour l'évolution et le développement du pays. Gen. Yun Zhi. Directeur de l'Institut d'Histoire moderne de l'Académie des Sciences Sociales chinoises déclarait en 1991 : « En Chine. on entend généralement par "modernisation" la réalisation de deux objectifs importants : briser toutes les formes de relations traditionnelles héritées du moyen âge et qui pèsent encore sur l'Etat et sur la nation. afin que le peuple puisse créer une situation favorable à la satisfaction de ses besoins matériels et spirituels. et à partir de là créer un nouveau mode de vie ». Geng. Yunzhi. « L'héritage du Confucianisme et la modernisation chinoise ». *in* Mizogushi. Yuzo. Vandermeersh. Léon. (ed). *Confucianisme et sociétés asiatiques* . Paris. L'Harmattan. Coll. : « Recherches Asiatiques ». 1991. 190 pages. pp.175-181. page 176.

[167] Vandermeersch. L.. *Le nouveau monde sinisé* . op.cit..Dans les années 1950-1960. ces Etats ont été le lieu privilégié des études sur les caractéristiques culturelles. ethniques et sociales chinoises pour les universitaires et les chercheurs de toutes nationalités.

[168] En 1973. peu après la mort de Lin Biao. Mao Zedong lança la campagne politique « Pi Lin Pi Kong ». (Critiquer Lin Biao. Critiquer Confucius). Elle servit de prétexte à la critique de certains membres du Parti. comme Zhou Enlai dont le nom évoquait celui du Duc de Zhou. tant admiré par Confucius et ses disciples. Kam. Louie. *Critiques of Confucius in Contemporary China* . Hong-Kong. The Chinese University Press, 1980. 186 pages.

[169] An. « Réévaluation de Confucius ». *Beijing Information*. n°14. 9 av.1979. pp.19-20. page 19.

[170] « Etudes sur Confucius ». *Beijing Information*. n°7. 16 fév.1981. page 30.

[171] Wei. Liming. « Le Confucianisme : un sujet toujours actuel ». *Beijing Information*. n°51. 18 déc.1989. pp.18-23. page 19.

[172] *Ibidem*. page 18.

[173] An. « Continuation de la culture traditionnelle ». *Beijing Information*. n°46. nov.1989. page 6.

[174] Wei. Liming. « Le Confucianisme... ». *op.cit.*, page 21.

[175] An. « Confucius toujours d'actualité ». *Beijing Information*. n°42. nov.1994. page 6.

[176] *Ibidem*.

[177] Lors du dernier symposium sur Confucius. la presse asiatique soulignait cette évolution. « Qu'est que la Grande muraille. le temple Shaolin avec les moines Kung-fu. et Confucius ont en commun ? Pas grand chose. mais ils font tous partie de la tradition culturelle chinoise. et en tant que tel. ils sont utilisés dans le projet du Parti communiste pour renforcer le "patriotisme" et pour justifier sa monopolisation du pouvoir ». Ching. F.. « Confucius, the New Saviour ». *Far Eastern Economic Review*. 10 nov.1994. page 37.

[178] Parmi les auteurs qui défendent la thèse d'un rapprochement possible et probable entre les deux rives du fait de leur patrimoine culturel commun. Meliksetov définit les deux rives comme appartenant « à une même civilisation industrielle ». Les modernisations poursuivies en Chine et à Taiwan ne sont « pas tant l'expression des différences de leurs systèmes socio-économiques (capitalisme et socialisme) que la recherche de méthodes de développement et l'émulation de deux tendances dans le cadre d'une seule et même civilisation ». Meliksetov. Arlen. « La modernisation de la Chine et le confucianisme ». *Cahier d'études chinoises*. n°10. 1992. pp.71-80. pp.79-80.

CONCLUSION

Par cette étude, nous avons tenté de faire une première analyse des relations de l'Etat chinois et des communautés chinoises d'outre-mer. De nombreuses lacunes caractérisent ce travail, et ces dernières rendent difficile l'énoncé de réelles conclusions. Néanmoins, il est possible d'apporter certains éléments de réponse aux questions posées par la nature de ces relations, et l'existence d'une « politique d'émigration » chinoise intégrée à une stratégie de développement.

L'Etat chinois cherche auprès des Chinois d'outre-mer des moyens de se renforcer tant au plan économique que politique. La politique du gouvernement actuel a pour objectif premier d'utiliser le potentiel économique des Chinois émigrés pour favoriser les réformes économiques. Avec cette volonté d'utiliser les Chinois d'outre-mer pour le développement économique, la R.P.C. reprend un projet élaboré par les gouvernements chinois antérieurs. L'attitude des dirigeants actuels tend à se rapprocher de celle du gouvernement impérial à la fin du XIX⁰ siècle, et non plus de celle des dirigeants communistes dans les années 1950. Les Chinois d'outre-mer doivent aussi participer à ce renforcement en privilégiant la réunification territoriale chinoise.

Mais, pour obtenir cette aide des Chinois d'outre-mer, l'Etat chinois a dû s'adapter à ces « étrangers ». Une première remarque sur la politique mise en oeuvre par les dirigeants chinois consiste à écrire qu'elle se fonde principalement sur l'élaboration d'« une politique de retour ». Il s'agit d'attirer sur le continent des émigrés de longue date et leur descendance. Dans cette optique, l'action de la Chine depuis 1978 s'inscrit en partie dans une perspective de continuité. Les autorités centrales et provinciales ont repris les principaux fondements des politiques de leurs prédécesseurs. Leur action consiste à octroyer sur le territoire de la Chine un statut privilégié aux Chinois émigrés. Le statut s'étend à l'ensemble de la population chinoise qui maintient des liens avec la diaspora. Ces personnes peuvent être aussi bien des membres des familles, proches ou éloignées d'émigrés, que d'anciens émigrés de retour en R.P.C.

C'est dans le fond des mesures que les dissemblances s'affichent, et que se reflète l'adaptation de l'Etat. Les actions entreprises pour favoriser les Chinois d'outre-mer et leurs familles en Chine, s'articulent toutes autour d'un thème principal : une grande, pour ne pas dire une totale liberté d'action (Liberté de nouer des contacts, de recevoir et surtout d'utiliser les remises espérées). Pour permettre aux liens qui unissent les familles du continent aux Chinois émigrés d'avoir un effet stimulant sur les échanges (financiers, matériels), l'Etat a dû renoncer à exercer un contrôle strict sur les bénéfices qu'ils peuvent engendrer.

En agissant de la sorte, l'Etat chinois a essentiellement pris en compte les requêtes des Chinois d'outre-mer. Cette démarche est à l'origine du second type d'action mis en oeuvre par les dirigeants chinois pour pouvoir associer le potentiel des émigrés et de leurs descendants aux réformes économiques et à la réunification. Avec les zones économiques spéciales, ils ont forgé un environnement économique similaire à celui que les investisseurs chinois d'outre-mer connaissent. En faisant des régions du sud les principaux foyers des réformes, ils ont pris en considération le lien régional qui stimule les investissements des émigrés. Enfin, en leur accordant des domaines d'investissements particuliers (immobiliers), ils ont accédé à leurs requêtes. C'est en acceptant de les considérer comme des investisseurs étrangers que les dirigeants actuels ont le plus radicalement rompu avec les politiques précédentes. Non seulement les investissements des Chinois d'outre-mer bénéficient en R.P.C. de privilèges particuliers liés à leur qualité de « Chinois », mais surtout ils peuvent entrer directement en concurrence avec les autres investisseurs étrangers, en ayant les mêmes faveurs économiques. Le titre « d'étranger » les rassure quant à d'éventuels changements d'orientations politiques et économiques de la R.P.C.

A la différence des actions précédentes, celles mises en oeuvre par les dirigeants depuis 1978 acceptent le fait que les Chinois d'outre-mer aient un développement particulier. Ce développement est pris en compte par l'Etat dans l'élaboration de sa « politique de retour ». Une telle attitude du gouvernement chinois n'est possible aujourd'hui que dans la mesure où les dirigeants sont plus intéressés par le modèle que les Chinois d'outre-mer représentent, que par l'instrument financier et technologique qu'ils ont toujours été. En accédant aux demandes des Chinois émigrés, les dirigeants sont orientés et dirigés dans la construction de ce « modèle » en R.P.C.

Lorsque l'on se penche sur le contenant du « modèle », surtout au plan économique, et par delà, sur les réformes mises en oeuvre par la R.P.C. pour attirer les Chinois d'outre-mer, il s'avère que, dans bien des cas, ce modèle n'a de spécifique que l'appellation chinoise. Il est calqué dans ses modalités (mode de production capitaliste) et ses objectifs (développement économique basé sur la recherche de profit) sur les stratégies de développement de tous les Etats capitalistes. La différence résiderait, selon certains spécialistes asiatiques, sur l'opposition qui existerait entre la prospérité et le profit. La première, qui caractérise le système « chinois » ne peut inclure que l'ensemble de la communauté concernée, la seconde est liée essentiellement à l'enrichissement individuel. Cette subtilité de langage apparaît néanmoins peut probante au regard des problèmes engendrés par les réformes économiques en R.P.C. (disparité des revenus, chômage, corruption). Nous restons persuadés que le recours au modèle « asiatique » et « confucéen » de développement ne constitue qu'un moyen pour les dirigeants communistes de maintenir leur pouvoir à la tête d'un pays, dans lequel ils ont permis la reconstitution d'une société dominée par l'économie de marché.

L'action extérieure de l'Etat chinois illustre également sa nécessaire adaptation aux Chinois d'outre-mer et à leur environnement. Si, à la fin des années 1970, la R.P.C a semblé maintenir certains aspects des politiques antérieures, elle s'est très rapidement orientée vers l'abandon total d'une politique qualifiée de « coloniale ». Il n'est plus question d'entretenir des liens exclusifs avec les Chinois d'outre-mer, au détriment de leurs Etats d'accueil, et parfois aussi au détriment des Chinois émigrés. L'Etat chinois ne considère plus que l'intégration politique, économique, mais surtout culturelle, soit aujourd'hui un obstacle pour le « retour » de certains Chinois d'outre-mer en Chine. Il nous semble que son attitude, à l'égard de la « sinité » des émigrés, ne puisse pas essentiellement s'expliquer par le fait que ces expatriés et leurs descendants conservent leur spécificité culturelle indépendamment de toutes actions de l'Etat chinois. Certes, cela contribue à perpétrer l'idée d'une Chine continentale à la recherche d'un développement économique « sinisé » et « confucéen ». Mais, dans la mesure où, selon nous, la R.P.C. est à la recherche de tout apport « étranger » potentiel, aujourd'hui l'intégration ne peut plus être un obstacle, mais plutôt un atout pour le renforcement de l'Etat.

L'action extérieure de l'Etat chinois s'est détournée des seules personnes d'origine chinoise pour se concentrer sur leurs Etats d'accueil. Elle a d'abord consisté à écarter l'obstacle que les Etats de résidence pouvaient représenter dans le projet d'attirer les Chinois d'outre-mer en Chine communiste. Pour cela, la R.P.C. a fait de l'amélioration des relations de gouvernement à gouvernement son objectif premier. Dans le domaine des Chinois émigrés, elle s'est attachée à montrer sa décision de respecter les intérêts des Etats d'accueil. En agissant de la sorte, les dirigeants montrent également leur respect des communautés elles-mêmes. Trop d'actions par le passé ont contribué à nuire à ces Chinois dans leur environnement d'accueil.

Le second axe particulier de la politique chinoise en direction de l'extérieur a été d'intéresser les gouvernements des Etats d'accueil plus particulièrement à son développement économique. Le continent chinois peut ainsi profiter non seulement des investissements publics de ces Etats, mais aussi plus facilement des investissements des personnes d'origine chinoise résidant dans ces Etats. Les Etats asiatiques n'hésitent plus à se servir de leur communauté chinoise pour s'implanter en R.P.C., et à tirer profit, à leur tour, de cette croissance économique.

Si les communautés chinoises d'outre-mer jouent un rôle moteur dans le renforcement de l'Etat chinois, et plus spécifiquement dans le développement économique de la Chine, c'est parce que trois séries de conditions ont été réunies. En premier lieu, les Chinois d'outre-mer possédaient le potentiel économique (capitaux, techniques) dont l'Etat chinois avait besoin. En second lieu, cet appel n'est couronné de succès que dans la mesure où les Etats d'immigration profitent d'une telle stratégie de développement, et donc du renforcement de l'Etat chinois. Enfin, l'utilisation du potentiel des Chinois de la diaspora, de Hong-Kong et Taiwan n'a été possible que parce que la R.P.C. s'est engagée dans une stratégie de développement conforme aux aspirations économiques de ces personnes.

Les relations entre l'Etat chinois et les Chinois expatriés, telles qu'elles sont conçues, particulièrement depuis 1978, sont une composante de la stratégie de développement (économique et politique) entreprise par la R.P.C.. Mais, ces relations gardent trop de spécificité pour pouvoir constituer un exemple « universel » de stratégie de développement par l'émigration. L'exemple chinois montre néanmoins que « s'il l'on ne peut faire reposer toute la problématique du développement des régions et des pays de départs sur les seules ressources humaines et financières de l'émigration, la contribution de celle-ci ne doit pas être négligée, car si elle est accompagnée par une politique de mesures adaptées, elle peut devenir une composante du développement local sur le plan social, et aussi, dans certaines conditions, sur le plan économique » [1].

Parallèlement à la gestion de ces relations, l'Etat chinois s'oriente vers la mise en place de la seconde composante des politiques d'émigration : l'acceptation et l'organisation de nouveaux départs. Dans le cas de la R.P.C., il est difficile d'écrire que le phénomène a débuté sans réel contrôle des autorités publiques. Il serait plus juste d'écrire que l'émigration clandestine n'a pas préoccupé les autorités chinoises, et qu'elle est acceptée par elles. La Chine continentale rejoint aujourd'hui d'autres Etats en développement pour qui l'émigration est devenue, selon les termes de Gildas, « une réponse classique » au sous-développement [2]. Pour reprendre la description employée par Abella dans le cas des Philippines, autre pays à forte émigration, « l'émigration est une réponse rationnelle à l'incapacité de l'Etat à générer croissance et emploi. La famille (chinoise) est devenue « transnationale » pour se protéger contre le déclin de ses revenus et de son niveau de vie » [3]. La R.P.C. comme les Philippines, connaît les problèmes et les maux traditionnels des pays de départs : forte pression démographique, forte densité humaine, faiblesse du niveau de vie, chômage et frustration des jeunes diplômés sans travail. Sans l'encourager, les autorités chinoises acceptent ces départs.

Pour des raisons de politique extérieure, mais aussi intérieure, les autorités chinoises tendent aujourd'hui à « récupérer » une partie de cette nouvelle émigration. Pour pouvoir en « bénéficier » et surtout créer le moins de heurts possibles avec les autres Etats, la R.P.C. semble vouloir organiser les départs (sélection, formation, emploi). Ce dernier point est aujourd'hui l'une des questions majeures de l'avenir de l'émigration chinoise. La R.P.C. deviendra-t-elle, comme se plaise à l'écrire certains spécialistes, le principal fournisseur de main d'oeuvre du XXIe siècle ? Cette activité, comme nous l'avons vu, commence d'ailleurs à constituer une activité lucrative importante pour le pays. La R.P.C. pourrait alors suivre l'exemple de la Corée du Sud, qui pendant longtemps a été l'un des principal pourvoyeur de main d'oeuvre de travail, surtout au Moyen Orient. La R.P.C. en possède les ressources avec plus de 1,1 milliard de personnes.

Une telle évolution sera d'autant plus intéressante à suivre, qu'elle s'inscrit dans un contexte de migrations asiatiques croissantes. Comme Simon Gildas le montre récemment dans son étude sur la géodynamique des migrations internationales dans le monde, l'Asie est aujourd'hui l'une des principales lignes de forte charge migratoire. Il note d'ailleurs que :

> « Dans cette vaste dynamique migratoire asiatique, qui traverse le Pacifique Nord [...] un fait nouveau, capital, apparaît avec l'organisation d'un vaste bassin régional de main d'oeuvre autour du Japon, mais aussi d'autres "dragons asiatiques" (Corée du Sud, Taiwan, Hong-Kong, Singapour), que rejoignent rapidement la Malaisie et la Thaïlande »[4].

Tous les Etats d'Asie connaissent aujourd'hui à la fois des départs et des arrivées. Ces flux s'expliquent par une pénurie croissante de main d'oeuvre peu qualifiée. A côté de cette migration peu qualifiée, la région subit un mouvement important de personnes très qualifiées. Ces dernières se dirigent vers les pôles économiques les plus dynamiques de la région. Les migrations chinoises intra-régionale suivent la même évolution. Qu'elles proviennent de la R.P.C., de Taiwan, de Hong-Kong ou d'autres Etats asiatiques, elles contribuent à rendre plus complexe le paysage migratoire asiatique.

Le renouveau des mouvements migratoires au sein de cette région, et en particulier celui des migrations d'origine chinoise, soulève de nouvelles questions qui étendent la problématique migration-développement à l'ensemble de la région. Dans ce contexte plus large, cette première question rejoint une préoccupation majeure de la région : la sécurité, c'est à dire le maintien d'un environnement dépourvu de conflits et favorable à la continuité du développement économique.

Les flux migratoires actuels se déroulent dans un environnement pacifique que les Etats asiatiques s'attachent à maintenir pour favoriser leur développement. L'un des moyens qu'ils semblent prôner est une intégration économique et politique croissante. Les bouleversements engendrés par le renouveau des phénomènes migratoires, et en particulier chinois, sont-ils compatibles avec cet objectif de maintien de la paix ?

Une première approche de cette question tendrait à considérer ces nouveaux flux migratoires comme un facteur de déstabilisation pour la région Asie-Pacifique. D'une part, comme tous les bouleversements de population, elle pourrait constituer, à l'image du passé, un élément déséquilibrant pour la situation intérieure des Etats de départs, mais aussi d'arrivée. En ce qui concerne en particulier les départs de main d'oeuvre qualifiée, les Etats asiatiques ne risquent-ils pas d'être confrontés, à nouveau, au problème de la « fuite de cerveaux » ? L'arrivée, même pour une période brève, de main d'oeuvre chinoise pose de nombreuses interrogations au sein d'Etats, où jusqu'à aujourd'hui la cohabitation avec les communautés chinoises est plutôt synonyme de conflits. Par ailleurs, l'illégalité du phénomène migratoire chinois peut être une source majeure de déstabilisation intérieure des Etats à cause de l'ensemble des maux qui lui sont attachés (crimes organisés). Entre autre, le processus de construction national peut-être compromis par l'arrivée de personnes trop attachées à leur Etat d'origine. Les mouvements de populations ont été par le passé, comme nous l'avons décrit avec le cas chinois, une source importante de conflits inter-étatique. Il semble que ce problème ne soit pas totalement écarté dans la perspective des nouveaux mouvements de population.

Cette approche classique de la relation migration-sécurité s'accompagne aujourd'hui d'une vision moins conflictuelle. On pourrait envisager que les migrations chinoises actuelles, quelque soit leur forme, puissent à terme participer au processus d'intégration de la région. Elles favoriseraient le maintien d'un développement économique régional en organisant « naturellement » une répartition des ressources et des capitaux. Cela pourrait-être envisagé dans la mesure où les Etats participeraient à une meilleure organisation de ces migrations inter-régionale, et accroîtraient pour ce faire le dialogue multilatéral. Les migrations deviendraient ainsi l'un des canal principal du dialogue et de la coopération régionale. C'est en cela qu'elles pourraient-être considérées comme un moyen pour la région de maintenir un environnement de paix et de prospérité.

NOTES DE LA CONLUSION

[1] Gildas. Simon. *Géodynamique des migrations internationales dans le monde*. Paris. P.U.F. Coll. : "Politique d'Aujourd'hui", 1995. 429 pages. page 406.

[2] *Ibidem*, page 389.

[3] Cité par *Ibidem*.

[4] *Ibidem*. page 404.

BIBLIOGRAPHIE

Sommaire de la bibliographie

I Sources 279
   A Textes règlementaires, traités 279
      1 Recueils généraux 279
      2 Textes règlementaires utilisés se rapportant à l'émigration 280
   B Documents officiels 285
      1 En langue chinoise 285
      2 En langues européennes 287
   C Presse 299
      1 Périodiques consultés 299
      2 Articles de presse chinois cités en note 301
II Etudes 303
   A Ouvrages 303
   B Articles 318

I   Sources

A   Textes règlementaires, traités

1   Recueils généraux

République de Chine, Conseil Législatif, 中华民国法规汇编, *Zhonghua minguo fagui huibian*, (Recueil législatif de la République de Chine), Shanghai, Hua shu suo, 1934, 8 Vol + 1 Vol table, *ca* 8000 pages.

République de Chine, Conseil Législatif, 中华民国法律汇编, *Zhonghua minguo falu huibian*, (Recueil législatif de la République de Chine), Taipei, 1968, 4 Vol., *ca* 3902 pages.

République de Chine, Conseil législatif, 中华民国现行法规大全, *Zhonghua minguo xianxin fagui daquan*, (Recueil de la législation en vigueur dans la République de Chine), Shanghai, Commercial Press, 1936, 4 Vol., 5959 pages.

République de Chine, Conseil Législatif, 中华民国法令大全补编, *Zhonghua minguo faling daquan bubian*, (Recueil complémentaire aux décrets et lois de la République de Chine), Shanghai, Commercial Press, 1917, 312 pages.

République Populaire de Chine, 中华人民共和国法规汇编, *Zhonghua renmin gongheguo fagui huibian*, (Recueil législatif de la République Populaire de Chine), Beijing, Falu chubanshe, 1954-1993.

République Populaire de Chine, 侨务政策文集, *Qiaowu zhengce wenji*, (La politique à l'égard des Chinois d'outre-mer), Beijing, Renmin chubanshe, 1957, 103 pages.

République de Chine, Commission des Affaires Outre-mer, 侨务法规, *Qiaowu fagui*, (Règlements concernant les Chinois d'outre-mer), Nanjing, 1950, 73 pages.

République de Chine, Secrétariat de la Commission des Affaires Outre-mer, 侨务法规汇编, *Qiaowu fagui huibian*, (Recueil de dispositions légales concernant les affaires des Chinois d'outre-mer), Nanjing, Zhonghua minguo qiaowu weiyuanhui (ed), 1935.

République de Chine, Commission des Affaires Outre-mer, 现行侨务法规纪要, *Xianxin qiaowu fagui jigao,* (Résumé des dispositions légales en vigueur concernant les affaires outre-mer), Nanjing, Zhonghua minguo zhongyan qiaowu weiyuanhui, 1931, 110 pages.

République de Chine, Commission des Affaires Outre-mer, 国民政府侨务委员会工作报告, *Guomin zhengfu qiaowu weiyuanhui gongzuo baogao,* (Rapport sur le travail de la Commission des Affaires des Chinois d'outremer du Gouvernement de la République chinoise), Beijing, Guomin zhengfu qiaowu weiyuanhui, 1928.

YANG, Jiancheng, (ed) 杨建成, 中国国民党与华侨文献初编, *1908-1945, Zhongguo guomindang yu huaqiao wenxian qubian, 1908-1945.* (Premier recueil de documents sur le Guomindang et les Chinois d'outre-mer), Taipei, Zhonghua xueshuyuan nanyang yanjiu suo yinxin, 84 pages.

2   Liste des textes règlementaires utilisés se rapportant à l'émigration

Gouvernement des Qing, 拟订华商办理实业爵赏章程, *Niding huashang banli shiye jueshang zhangcheng,* Règlement concernant l'octroi de récompenses et de titres aux Chinois d'outre-mer qui ont crée des entreprises, Fév. 1908

Zhonghua minguo zhengfu, (Gouvernement de la république chinoise), 中华民国国会组织法, *Zhonghua minguo guohui zuzhi fa.* Loi organique de l'Assemblée nationale de la République de Chine, 10 Août 1912

Guomin zhenfu (Gouvernement républicain), 领事管理华侨学务规程, *Lingshi guanli huaqiao xuewu guicheng,* Règlement concernant l'administration de l'éducation des Chinois d'outremer par les Consuls, 22 Fév. 1913

Beiyang zhengfu, (Gouvernement du Nord), 侨工出洋条列, *Qiaogong chuyang tiaolie.* Règlement sur l'émigration contractuelle, 21 Avr. 1918

Beiyang zhengfu, (Gouvernement du Nord), 募工成揽人取缔规则, *Mugong chenglan ren qudi guize.* Règlement sur les agences de recrutement, 21 Avr. 1918

Beiyang zhengfu, (Gouvernement du Nord), 侨工合同纲要, *Qiaogong hetong gangyao.* Décret concernant les clauses de contrat de travail pour l'étranger, 3 Mai 1918

Beiyang zhengfu, (Gouvernement du Nord), 按职回国华工章程, *Anzhi huiguo huagong zhangcheng.* Règlement concernant l'octroi d'un emploi aux travailleurs chinois émigrés de retour en Chine, Jan. 1919

Geming zhengfu, (Gouvernement révolutionnaire), 侨务局章程, *Qiaowu ju zhangcheng.* Règlement concernant le Bureau des Affaires des Chinois d'outre-mer, 22 Déc. 1923

Zhonghua minguo zhengfu, Jiaoyu bu (Gouvernement de la République de Chine, Ministère de l'éducation), 华侨学教立案条列, *Huaqiao xuejiao li'an tiaolie.* Règlement sur l'enregistrement des écoles, Fév. 1928

Zhonghua minguo, Qiaowu weiyuanhui, (République de Chine, Commission des Chinois d'outre-mer), 华侨回国兴办实业建立法, *Huaqiao huiguo xingban shiye jianli fa.* Loi concernant l'octroi d'encouragements aux Chinois d'outre-mer rentrés en Chine pour créer des entreprises, 27 Jan. 1929

Zhonghua miguo zhengfu, Jiaoyu bu, (Gouvernement de la République de Chine, Ministère de l'éducation), 领事经理华侨教育行政规程, *Lingshi jingli huaqiao jiaoyu xingzheng guicheng.* Règlement sur l'administration et la direction de l'éducation des Chinois d'outre-mer par les Consuls, Mai 1929

Zhonghua minguo zhengfu (Gouvernement de la République de Chine), 训政时期国民政府施政纲领, *Xunzheng shiqi guomin zhengfu shizheng gangling.* Programme de gouvernement du Guomindang au cours de la période de tutelle du Parti, Juin 1929

Zhonghua minguo, Lifa yuan, (République de Chine, Conseil législatif), 华侨革命益捐登记规则, *Huaqiao geming yijuan dengji guize.* Règlement d'application concernant l'enregistrement des dons des Chinois d'outre-mer pour la cause révolutionnaire, 25 Sep. 1930

Zhonghua minguo zhengfu, (Gouvernement de la République de Chine), 侨务委员会组织法, *Qiaowu weiyuanhui zuzhi fa*, Loi organique de la Commission des Affaires outre-mer, 7 Fév. 1931

Qiaowu weiyuanhui, (Commission des Chinois d'outre-mer), 侨务委员会常务委员会议规则, *Qiaowu weiyuanhui changwu weiyuan huiyi Guize*, Règlement du Comité permanent de la Commission des Affaires outre-mer, 27 Avr. 1932

Zhonghua minguo zhezngfu, Jiaoyu bu, (Gouvernement de la République de Chine, Ministère de l'éducation), 侨民教育实施纲要, *Qiaomin jiaoyu shishi gangyao*, Grandes lignes pour l'éducation des citoyens outre-mer, Jan 1933

Zhonghua minguo, Lifa yuan, (République de Chine, Conseil législatif), 华侨爱国义捐总收款处组织条列, *Huaqiao aiguo yiyuan zongshou kuanchu zuzhi tiaolie*, Règlement concernant l'octroi de dons en argent des Chinois d'outre-mer patriotes, 16 Mar. 1933

Zhonghua minguo zhengfu, (Gouvernement de la République de Chine), 工人出国条列, *Gongren chuguo tiaolie*, Loi concernant les travailleurs émigrés, 21 Oct. 1935

Zhonghua minguo zhengfu, (Gouvernement de la République de Chine), 募工成揽人取缔规则, *Mugong chenglan ren qudi guize*, Règlement concernant les entreprises de recrutement, 6 Nov. 1935

Zhonghua minguo zhengfu, (Gouvernement de la République de Chine), 出国工人雇佣实业纲要, *Chuguo gongren guyong shiye gangyao*, Grandes lignes concernant les contrats des salariés émigrés, 6 Nov. 1936

Zhonghua minguo zhengfu, (Gouvernement de la République de Chine), 赴美移民审查规则, *Fu mei yimin shencha guize*, Règlement pour l'examen de l'émigration en direction des Etats-Unis, Jan 1946

Zhonghua minguo zhengfu,(Gouvernement de la République de Chine), 中国赴奥人民证明及许可办法, *Zhongguo fu ao renmin zhengming ji xuke banfa*, Mesures concernant les permis et les autorisations d'émigrer en Australie, 17 Mar. 1948

Zhonghua renmin gonheguo, (République populaire de Chine),
中华人民共和国宪法, *Zhonghua renmin gongheguo xianfa*,
Constitution de la République populaire de Chine, 20 Sep. 1954.

Guowuyuan, (Conseil des Affaires d'Etat),
受理华侨捐献的若干规定, *Shouli huaqiao juanxian de ruogan guiding*, Quelques règles concernant l'admission des dons faits par les Chinois d'outre-mer, 14 Sep. 1979

Qiaowu bangongshi, Guojia chengzheng jianshi zongju, (Bureau des Affaires de l'outre-mer, Commission nationale du logement),
侨汇购房建房政策, *Qiaohui goufang jianfang zhengce*, Dispositions concernant l'utilisation des remises pour l'achat et la construction de maison, 5 Mar.1980

Zonghua renmin gongheguo, (République populaire de Chine),
中华人民共和国国籍法, *Zhongguo renmin gongheguo guoji fa*, Loi de la République populaire de Chine sur la nationalité,10 Sep 1980

Guowuyuan, (Conseil des Affaires d'Etat), 侨汇免税规定, *Qiaohui mianshui guiding*, Règlement concernant l'exonération d'impôts des remises envoyées par les Chinois d'outre-mer, Oct. 1980

Qiaowu bangongshi, (Bureau des Affaires de l'outre-mer),
归侨侨卷出境探亲待遇, *Guiqiao, qiaojuan chujing tanqin taiyu*, Règlement concernant la sortie du territoire des Chinois d'outre-mer de retour et des familles d'émigrés pour se rendre au sein de leur famille, 9 Avr 1982

Minzheng bu, (Bureau des Affaires civiles),
华侨与国内公民结婚的规定, *Huaqiao yu guonei gongmin jiehun de guiding*, Règlement sur le mariage d'un (e) Chinois (e) d'outre-mer et d'un (e) citoyen (e) chinois(e), 10 Mar 1983

Qiaowu bangongshi, (Bureau des Affaires de l'outre-mer),
照顾归侨侨卷子女就业规定, *Zhaogu guiqiao, qiaojuan zinü jiuye guiding*, Règlement sur la scolarisation des enfants des Chinois d'outre-mer de retour et des familles d'émigrés, 21 Mar 1983

Qiaowu bangongshi, (Bureau des Affaires de l'outre-mer),
照顾归侨侨卷子女住房规定, *Zhaogu guiqiao, qiaojuan nüzi*

zhufang guiding, Règlement concernant le logement des Chinois d'outre-mer de retour et des familles d'émigrés, 21 Mar 1983

Qiaowu bangongshi, Guojia jihua shengyu weiyuanhui, (Bureau des Affaires de l'outre-mer, Commission nationale de planning familial), 关于归侨侨卷计划生育工作的几点意见, *Guanyu guiqiao, qiaojuan jihua shengyu gongzuo de jidian yijian*, Quelques directives sur le travail concernant le contrôle des naissances des Chinois d'outre-mer de retour et des familles d'émigrés, 20 Juin 1983

Qiaowu bangonshi, Minzheng bu, (Bureau des affaires de l'outre-mer, Bureau des affaires civiles), 关于华侨去世后回国安葬问题的通知, *Guanyu huaqiao qushi hou huiguo anzang wenti de tongzhi*, Informations concernant l'inhumation en Chine des Chinois d'outre-mer, 23 Jul. 1983

Qiaowu bangonshi, Minzheng bu, (Bureau des affaires de l'outre-mer, Bureau des Affaires civiles), 关于华侨修复祖墓问题的通知, *Guanyu huaqiao xiufu zumu wenti de tongzhi*, Communiqué sur la remise en état des tombeaux des ancêtres, 23 Jul 1983

Fujian zhengfu, (Gouvernement du Fujian), 福建鼓励华侨办学规定, *Fujian gudong huaqiao banxue guiding*, Règlement du Fujian pour inciter les Chinois d'outre-mer à créer et diriger des écoles, 15 Oct. 1983

Guowuyuan, (Conseil des affaires d'Etat), 华侨投资优惠的暂行规定, *Huaqiao tuozi youhui de zanxing guiding*, Règlement provisoire concernant les préférences accordées aux investissements des Chinois d'outre-mer, 2 Avr. 1985

Quanguo renmin dabiao dahui changwu weiyuanhui, (Comité permanent de l'A.P.N.), 归侨侨卷权益保护法, *Guiqiao, qiaojuan quanyi baohu fa*, Loi sur la protection des droits et des intérêts des familles d'émigrés et des Chinois d'outre-mer de retour, 7 Sep. 1990

Quanguo renmin dabiao dahui changwu weiyuanhui, (Comité permanent de l'A.P.N.), 中华人民共和国归侨侨卷保护法实施办法, *Zhonghua renmin gongheguo guiqiao qiaojuan baohu fa shishi banfa*, Loi sur l'application de la protection des droits et des intérêts des Chinois d'outre-mer de retour et des familles d'émigrés, 19 Jul. 1993

Fujian sheng renmin dabiaodahui changwu weiyuanhui, (Comité permanent de l'A.P.N. de la province du Fujian),
中华人民共和国台北同胞投资保护法, *Zhonghua renmin gonheguo taibei tongbao tuozi baohu fa*, Loi de la République populaire de Chine (A.P.N. du Fujian) sur la protection des investissements des compatriotes de Taiwan, 23 Oct 1994

B   Documents officiels

1   En langue chinoise

AN., (quotidien du Peuple), 全国侨务会议预备会在京举行, « Quanguo qiaowu huiyi yubeihui zai jing juxing », (Une réunion préparatoire de la Commission nationale des Chinois d'outre-mer s'est tenue dans la capitale), *Renmin Ribao*, 4 janvier 1978, pp. 1 et 4.

AN., 我省启用因私新版护照, « Wo sheng qiyong yin si xinban huzhao », (Notre province met en circulation les nouveaux passeports pour affaires privées), *Fujian Qiaobao*, 4 avril 1993, page 1.

AN., 出国留学护照签证的申办程序, « Chuguo liuxue, huzhao, qianzheng de shenban chengxu », (Procédures de demande de passeport et de visa pour aller étudier à l'étranger), *Fujian Qiaobao*, 11 avril 1993, page 2.

AN., 赴海外探亲访友指南, « Fu haiwai tanqin fangyou zhinan », (Guide pour se rendre auprès de la famille résidant à l'étranger), *Fujian Qiaobao*, 4 et 11 avril 1993, page 3.

AN., , 非法移民是国际问题, « Feifa yimin shi guoji wenti », (L'émigration illégale est un problème de droit international), *Fujian Qiaobao*, 4 juill. 1993, page 3.

CHEN, Hansheng, (ed), 陈韩生, 华工出国资料汇编, *Huagong chuguo ziliao huibian*, (Recueil de matériaux concernant les travailleurs chinois émigrés), Beijing, Zhonghua Shubanshi, 1985, 10 Vol., 1824 pages.

Collectif, 闽南三角地区经济开发研究, *Minnan sanjiao diqu jingji kaifa yanjiu*, (Etudes sur le développement économique du triangle du Sud-Fujian), Fuzhou, Fujian kexue jishu chuban she, 1986, 299 pages.

Collectif, 华侨教育, *Huaqiao jiaoyu*, (L'éducation des Chinois d'outre-mer), Taibei, Chung Hwa Books Company, 1973, 540 pages.

Collectif, 世界华侨华人词典 *Shijie huaqiao huaren cidian*, (Dictionnaire des Chinois d'outre-mer et des personnes d'origine chinoise du monde entier), Beijing, Beijing daxue chubanshe, 1993, 1023 pages.

Fujian Qiaoxiang Baoshi (Collectif), 侨务政策问答, *Qiaowu zhengce wenda*, (Questions et Réponses sur la politique à l'égard des Chinois d'outre-mer), Fuzhou, Fujian renmin shubanshi, 1957, 52 pages.

GAO, Xin, 高信, 中华民国之华侨与侨务, *Zhonghua minguo zhi Huaqiao yu Qiaowu*, (Les Chinois d'outre-mer et la politique de la République à leur égard), Taipei, Zhengzhong shuju, 1989, 106 pages.

JIANG, Jieshi, 将介世, 将总统有关华侨之言论选集, *Jiang zongtong youguan huaqiao zhi yanlun xuanji*, (Recueil de propos choisis du président Jiang sur les Chinois d'outre-mer), Taipei, Haiwai shubanshe, 1975, 136 pages.

JIN, Mousheng, 中华人民共和国国籍法讲话, *Zhonghua renmin gongheguo guoji fa jianghua*, (Commentaires à propos de la loi sur la nationalité de la R.P.C.), Beijing, Qunzhong chubanshe, 1981, 50 pages.

LIU, Shimu, 刘十木, 华侨参政权权案, *Huaqiao canzheng quan quan'an*, (Recueil de l'ensemble des documents concernant la participation des Chinois d'outre-mer au Parlement), Shanghai, Huaqiao lianhehui, 1913, xx+xxii+82+84+ii pages.

République de Chine, Bureau d'information du Conseil Administratif, 移民交涉, *Yimin jiaoshe*, (Les relations avec l'émigration), Nanjing, 1947, 10 pages.

SUN, Zhongshan, 孙中山, 国父对华侨的遗较, *Guofu dui huaqiao de yijiao*, (Propos de Sun Yat-Sen se rapportant aux Chinois d'outre-mer), Taibei, Haiwai chubanshe, 1965, 2+8+160 pages, ill.

YANG, Jiancheng, (ed) 杨建成, 侨汇流通之研究, *Qiaohui liutong zhi yanjiu*, (Recherche sur les remises provenant des Chinois émigrés), Taipei, Zhonghua Xueshuyuan Nanyang Yanjiu Suoyinxin, 1984, 140 pages.

2   En langues européennes

Agence XIN HUA, « La Chine s'affirme dans le domaine diplomatique », *Beijing Information*, n°19, mai 1992, pp.9-13.,

Ambassade d'Indonésie à Paris, *The Reopening Diplomatic Ties Between Indonesia and China*, Document reçu de l'Ambassade d'Indonésie à Paris, mai 1992.

Ambassade de la RPC en Birmanie, « Protestation énergique auprès du gouvernement birman contre sa persécution politique des ressortissants chinois », *Pékin Information*, n°39, 30 septembre 1968, page 28.

Ambassade de la RPC en Birmanie, « Protestation énergique contre l'expulsion injustifiable de ressortissants chinois patriotes par le gouvernement birman », *Pékin Information*, n°25, 24 juin 1968, pp. 28 et 30.

Ambassade de la RPC en Birmanie, « Protestation énergique au gouvernement birman devant l'incessante persécution dont sont victimes les Chinois d'outre-mer qu'il a emprisonnés », *Pékin Information*, n°41, 14 octobre 1968, pp.38-39.

AMBEKKARS, G.V., DIVEKAR, V., (ed), *Documents on China's relations with South and South East Asia*, Allied Publishers Private Ltd., Bombay, 1964, 491 pages.

AN, « Un deuxième groupe de ressortissants chinois persécutés en Indonésie regagne la patrie », *Pékin Information*, n°49, 5 décembre 1966, page 28.

AN, « Les 700 millions de Chinois soutiennent la juste lutte des ressortissants chinois en Indonésie et du peuple indonésien », *Pékin Information*, n°19, 8 mai 1967, pp.11-14.

AN, « La politique à l'égard de la bourgeoisie nationale. Extrait d'un discours d'Ulanhu », *Beijing Information*, n°7, 19 fév.1979, pp.11-16 et 23.

AN, « Les ressortissants chinois persécutés en Indonésie regagnent leur patrie », *Pékin Information*, n°42, 17 octobre 1966, pp.36-37.

AN, « Le tourisme en Chine », *Beijing information*, n°42, oct.1988, page 30.

AN, « Le Zhi Gong Dang représente les Chinois d'outre-mer », *Beijing Information*, n°50, 14 déc.1992, pp.20-22.

AN, « Les organes du pouvoir d'Etat en Chine », *Beijing Information*, n°20, mai 1979, pp.18-27.

AN, « Importance accordée aux affaires des Chinois d'outre-mer », *Beijing Information*, 25 déc.1989, page 7.

AN, « Promulgation des "dispositions provisoires d'orientation des investissements étrangers" », *Beijing Information*, n°38, 18 sept.1995, pp.14-24.

AN, « Chant d'outre-mer à la gloire de Mao Tse-toung », *Pékin Information*, 10 juil.1967, pp.19-20.

AN, « Le congrés des Chinois d'outre-mer rapatriés », *Beijing Information*, 23 avr.1984, page 5.

AN, « Toute la Chine condamne les violences antichinoises du gouvernement birman », *Pékin Information*, n°28, 10 juillet 1967, pp.19-20.

AN, « Des facilités pour les passeports chinois », *Beijing Information*, n°29, 20 juil.1992, pp.7-8.

AN, « Jiang parle de la stabilité de la Chine et de l'APEC », *Beijing Information*, n°49, 4 déc.1995, pp.8-11.

AN, « Les ressortissants chinois et les politiques adoptées à leur égard », *La Chine en Construction*, n°17-f1183,4 pages.

AN, « Etudes sur Confucius », *Beijing Information*, n°7, 16 fév.1981, page 30.

AN, « R弹valuation de Confucius», *Beijing Information*, n°14, 9 av.1979, pp.19-20.

AN, « Jiang messager de paix en Asie », *Beijing Information*, n°48, 28 nov.1994, pp.4-5.

AN, « Liens plus étroîts Chine-Asean », *Beijing Information*, n°37, 11 sept.1995, page 4.

AN, « Réaffirmation de la politique concernant les Chinois d'outremer », *Beijing Information*, n°18, Mai 1978, pp.5-6.

AN, « Importance des services chargés des ressortissants chinois », *Beijing Information*, n°3, Jan.1978, pp.13-15.

AN, « Continuation de la culture traditionelle », *Beijing Information*, n°46, nov.1989, page 6.

AN, « Jiang : la Chine soutient le libre échange », *Beijing Information*, n°47, 21 nov.1994, pp.6-7.

AN, « Criticize Liao Combat Bulletin », *South China Morning Post*, Hong-Kong, n°4013, 27 nov.1967, pp.5-11.

AN, « Lutte contre l'émigration illégal »e, *Beijing Information*, n°26, 28 juin 1993, pp.5-6.

ASEAN, « Forum régional de l'ASEAN. Communiqué de Presse », *Documents d'Actualité Internationale*, n°20, 15 oct.1994, pp.523-524.

B.I.T., *La Règlementation des Migrations. Volume I: Les Législations sur l'Emigration; Volume II: Les Législations sur l'Immigration ; Volume III: Les Traités et les Conventions Internationales.*, Etudes et Documents, Série O (Migration), Genève, 1928 et1928, 402 pages, 493 pages et 345 pages.

BANQUE MONDIALE, *Rapport sur le Développement dans le monde. Une infrastructure pour le développement*, Washington, Banque Mondiale, 268 pages.

CHEN, Yin Ching, *Treaties and Agreements between the Republic of China and other Powers, 1929-1954*, Washington, Sino-American Publishing Service, 1957, 491 pages.

CHEN, Yin-Fun, « Statement by Mr. Chen Yin-Fun, Chairman of the Overseas Affairs Commission (Formosa) on the Sino-Indonesian Dual Nationality Treaty », in AMBEKKARS, G.V., DIVEKAR, V., (ed), *Documents on China's relations with South and South East Asia*, Allied Publishers Private Ltd., Bombay, 1964, 491 pages, pp.238-240.

CHINE, GRANDE-BRETAGNE, « The Joint Declaration on Hong-Kong, 26 september 1982 », in Hinton, Harold, C., (ed), *The People's Republic of China, 1979-1984. A Documentary Survey*, Wilmington (Etats-Unis), Scholarly Resources Inc., 1986, 2 tomes, 747 pages, Tome 2, pp.735-743.

CHINE, GRANDE-BRETAGNE, « Déclaration sino-britannique sur Hong-Kong, 26 septembre 1984 », *Documents d'Actualités Internationales*, n°22, 15 nov.1984, pp.23-27.

CHINE-ETATS-UNIS, « Treaty between the United States and China for the Regulation of Chinese Immigration into the United States, Signed in Peking nov.17th 1880 », in Hertslet, Godfrey, E.P., *Treaties and Co between Great Britain and China; and between China and Foreign Power*, pp. 558-560.

CHINE-ETATS-UNIS, « Additional Articles to the Treaty of Commerce between the United States and China of June 18, 1858 », *in* Hertslet, Godfrey, E.P., *Treaties and Co between Great Britain and China; and between China and Foreign Power*, pp. 554-557.

CHINE-ETATS-UNIS, « Traité sur l'immigration et le séjour des ouvriers Chinois dans les Etats-Unis signé le 17 novembre 1880, échange des ratifications le 19 juillet 1881 », *in*,MARTENS *et alii*., (ed), *Nouveau Recueil des Traités*, 2nd série, Tome XI, p. 730 et Tome XX , p. 103.

CHINE-ETATS-UNIS, « Traité additionnel au Traité du 18 juin 1858, signé le 28 juillet 1868, sur l'imigration chinoise », *in*, MARTENS *et alii*,(éds), *Nouveau Recueil Général des Traités*, 2nd série, Tome XX, p. 100.

CHINE-ETATS-UNIS, « Convention signée à Washington le 17 mars 1894, relative à l'émigration entre les deux pays », *in Journal du Droit international Privé et de la Jurisprudence Comparée*, Vol.22, 1897, pp. 220-223.

CHINE-FRANCE, « Convention de paix additionnelle au traité de Tien-Tsin conclue à Pékin, le 25 octobre 1860 », *in* De Clercq, M., (dir), *Recueil des Traités de la France*, Paris, A.Durand et Pedone-Lauriel, 1880, 10 Tomes, Tome 8, 642 pages, pp. 135-139.

CHINE-FRANCE, « Traité de commerce et de navigation conclu à Tien-Tsin, le 27 juin 1858, entre la France et la Chine », *in* DE CLERK, M.,

Recueil des traités de la France, Tome 7, 1856-1859, Paris, 1880, pp. 413-427, 695 pages.

CHINE-FRANCE, « Traité d'amitié, de commerce et de navigation conclu à Whampoa, le 24 octobre 1844, entre la France et la Chine », *in* DE CLERCQ, *Recueil des Traités de la France*, Tome V, 1843-1849, 1880, pp. 230-248.

CHINE-FRANCE, « Convention réglant les rapports entre la France et la Chine relativement à l'Indochine française et aux provinces limitrophes signé à Nankin le 16 mai 1930 », *L'Asie Française*, n°331, juin-juil.1935, pp.173-175.

CHINE-GRANDE BRETAGNE, « Accord concernant l'introduction de la main-d'oeuvre asiatique dans l'Afrique du Sud, signé le 13 mai 1904 », MARTENS et al., (ed), *Nouveau Recueil des Traités*, 2nd série, Tome XXXII, page 235.

CHINE-GRANDE BRETAGNE, « Convention of peace and friendship between Great britain and China. Signed in Peking, 24 th October 1860 », *in* Hertslet, Godfrey, E.P., *Treaties and Co between Great Britain and China; and between China and Foreign Power*, pp. 48-53.

CHINE-GRANDE BRETAGNE-FRANCE, « Convention to Regulate the Engagement of Chinese Emigrants by British and French Subjects, March 5, 1866 », *in* Chen, Ta, *Chinese Migrations with Special Reference to Labor Conditions*, Taipei, Chen Wen Publishing Compagny, 1967, 237 pages, pp. 165-168.

CHINE-INDONESIE, « Traité sino-indonésien sur la question de la double nationalité, 22 avril 1955 », *New China News Agency*, Beijing, 1955.

CHINE-INDONESIE, « Memorandum sur le rétablissement des relations diplomatiques sino-indonésiennes, le 8 août 1990, Djakarta », *Beijing Information*, n°35, 27 août 1990, page 12.

CHINE-MALAYSIA, « Communiqué conjoint du gouvernement de la République Populaire de Chine et du Gouvernement de Malaysia, Etablissement des relations diplomatiques, signé le 31 mai 1974 », *Beijing Information*, n°23, juin 1974, page 8.

CHINE-PAYS-BAS, « Convention consulaire entre les Pays-Bas et la Chine en ce qui concerne les possessions et colonies néerlandaises, Mai 1911 », *Bulletin Economique de l'Indochine*, n°92, sept-oct.1911, pp.877-811.

CHINE-PEROU, « Protocole sur l'émigration chinoise au Pérou, signé le 28 août 1909 », *in* MARTENS et al., (ed), *Nouveau Recueil des Traités*, 3ème série, Tome V, page 578.

CHINE-SINGAPOUR, « Communiqué de presse conjoint Chine-Singapour concernant l'établissement de relations diplomatiques », *Beijing Information*, n°35, août 1990, page 12.

COHEN, Jerome, Alan, CHIU, Hungdah, *People's China and International Law. A Documentary Study*, New Jersey, Princeton University Press, 1974, 2 Vol., 1790 pages.

COLLECTIF, *Deuxième session de la Vème A.P.N.*, Beijing, Ed. En Langues Etrangères, 1979, 287 pages.

COLLECTIF, *La modernisation à la chinoise*, Beijing, Ed. *Beijing Information*, 1983, 187 pages.

COLLECTIF, *La politique d'ouverture de la Chine*, Beijing, Ed. *Beijing Information*, 1985, 385 pages.

COLLECTIF, *China's Policy Towards Overseas Students*, Beijing, Beijing Review Press, Coll.: "Issues and Ideas", n°11, 1989, 40 pages.

COLLECTIF, *Le XIIème Congrès du Parti communiste chinois. (Documents)*, Beijing, Ed. En Langues Etrangères, 1982, 187 pages.

COLLECTIF, *Le Onzième Congrès du Parti communiste chinois. (Documents)*, Beijing, Ed. En Langues Etrangères, 1977, 213 pages.

COLLECTIF, *Le Dixième Congrès du Parti communiste chinois. (Documents)*, Beijing, Ed. En Langues Etrangères, 1973, 108 pages.

COLLECTIF, *La théorie du Président Mao sur la division en trois mondes. importante contribution au Marxisme léninisme*, Beijing, Ed. En Langues Etrangères, 1977, 10 pages.

COMITE PERMANENT DE L'ASSEMBLEE POPULAIRE NATIONALE, « Message à nos concitoyens de Taiwan, 1 er janvier 1979 », *Beijing Information*, n°1, 8 jan.1979, pp.16-17.

COMMISSION ON EXTRATERRITORIALITY, *Revised Law of Nationality. Detailed Rules for the Application of Revised Law of Nationality. Rules for the Application of Laws. (With Chinese Text)*. The Commission on Extraterritoriality, Peking, 1925, 21 pages + 12 pages.

CONFERENCE CONSULTATIVE POLITIQUE DU PEUPLE CHINOIS, COMITE PERMANENT, « Règlements de la Conférence consultative politique du peuple chinois, 8 mars 1978 », *Beijing Information*, n°12, 27 mars 1978, pp.33-37.

DENG, Xiaoping, *Les questions fondamentales de la Chine d'aujourd'hui*, Beijing, Ed. En Langues Etrangères, 1987, 227 pages.

DENG, Xiaoping, « Discours d'ouverture à la deuxième session du Comité National de la 5 e C.C.P.P.C. », *Beijing Information*, n°25, juin 1979, pp.14-16.

DENG, Xiaoping, « Les six points de Deng Xiaoping », *Bulletin de Sinologie*, Hong-Kong, n°9, sept.1983, page 22.

DENG, Xiaoping, « Appliquons la politique d'ouverture vers l'extérieur et adoptons les techniques de pointe étrangères. (Extrait d'un discours prononcé devant une délégation de l'Allemagne Fédérale. 10 oct.1978) », *Beijing Information*, n°50, 12 déc.1994, pp.9-10.

DENG, Xiaoping, « Allocution d'ouverture au XII e Congrès du Parti communiste chinois, 1 er sept.1982 », *in* Deng, Xiaoping, *Les questions fondamentales de la Chine d'aujourd'hui*, Beijing, Ed. En Langues Etrangères, 1987, 227 pages, pp.1-6.

DENG, Xiaoping, « Discours de Deng Xiaoping dans le Sud. Document n°2 du Comité Central », *Perspectives Chinoises*, n°2, av.1992, pp.10-14.

DENG, Xiaoping, « On "One Country, Two System", october 1984 », *in* Hinton, Harold, C., (ed), *The People's Republic of China, 1979-1984. A Documentary Survey*, Wilmington (Etats-Unis), Scholarly Resources Inc., 1986, 2 tomes, 747 pages, Tome 2, pp.746-747.

DENG, Xiaoping, « A propos des zones économiques spéciales et de l'ouverture de nouvelles villes, 24 février 1984 », *in* Deng, Xiaoping, *Les questions fondamentales de la Chine d'aujourd'hui*, Beijing, Ed. En Langues Etrangères, 1987, 227 pages, pp.49-52.

FOREIGN TRADE MINISTERY, « Rules for the Implementation of the Control of Foreign Exchange Relating to Individuals », in Foreign Trade Ministery, *Collections of Laws and Regulations of the People's Republic of China*, Beijing, Zhonguo zhantang chubanshe, 1986, 3 vol., ca 400 pages, Vol.3, 112 pages, pp.83-86.

FOREIGN TRADE MINISTERY, *Collections of Laws and Regulations of the People's Republic of China*, Beijing, Zhonguo zhantang chubanshe, 1986, 3 vol., ca 400 pages.

GONG, Qiuxiang, « Quelques problèmes sur le code de la nationalité », *Beijing Information*, n°45, 10 nov.1980, pp.25-26.

Gouvernement de la R.P.C., « Protestation énergique contre le gouvernement réactionnaire indonésien qui a suspendu les relations entre les deux pays. Soutien ferme et sans défaillance à la lutte révolutionnaire du peuple indonésien », *Pékin Information*, 6 nov.1967, pp.5-6.

Gouvernement de la R.P.C., « Protestation des plus résolue et des plus énergique contre les atrocités antichinoises du gouvernement réactionnaire d'Indonésie, 26 avril 1967 », *Pékin Information*, n°18, 1 mai 1967, pp.22-23.

Gouvernement des QING, « Loi sur la nationalité, 1909 », *Revue Indochinoise*, Tome XI, n°8, août 1909, pp.812-818.

HINTON, Harold, C., (ed), *The People's Republic of China, 1979-1984. A Documentary Survey*, Wilmington (Etats-Unis), Scholarly Resources Inc., 1986, 2 tomes, 747 pages.

HOWE, C., « The People's Republic of China. Economy », *in The Far East and Australia, 1995*, Europe Publications Ltd, Coll. : "Regional Digest of the World", 26 ed, 1995, 1142 pages.

HU, Qiaomu, « Comment le Parti communiste chinois a enrichi le marxisme », *Beijing Information*, n°28, juil.1991, pp.13-18.

HUA, Guofeng, *Rapport sur les activités du gouvernement présenté à la 1ère session de la Vème A.P.N.*, Beijing, Ed. En Langues Etrangères, 1978, 140 pages.

JIANG, Zeming, « La politique chinoise en Asie Orientale », *Beijing Information*, n°48, 28 nov.1994, pp.25-27.

LEE, Kuan Yew, « Text of Premier Lee Kuan Yew's Speech at a Dinner in Honour of Vice-Premier Deng Xiaoping (12 november 1978) », Ministry of Communication and Information, *Speeches. A Bimonthly Selection of Ministerial Speeches*, n°6, déc.1978, pp.1-2.

LEGISLATIVE AFFAIRS COMMISSION OF THE STANDING COMMITTEE OF THE NATIONAL PEOPLE'S CONGRESS OF THE PEOPLE'S REPUBLIC OF CHINA, « Law of the People's Republic of China on the Control of the Exit and Entry of Citizens, 1st Feb.1986 », *in* Legislative Affairs Commission of the Standing Committee of the National People's Congress of the People's Republic of China, (compiled), *The Laws of the People's Republic of China, 1983-1986*, Beijing, Foreign Language Press, 1987, 360 pages.

LEGISLATIVE AFFAIRS COMMISSION OF THE STANDING COMMITTEE OF THE NATIONAL PEOPLE'S CONGRESS OF THE PEOPLE'S REPUBLIC OF CHINA, *The Laws of the People's Republic of China, 1983-1986*, Beijing, Foreign Language Press, 1987, 360 pages.

LI, Jiaquan, « Indépendance de Taiwan, isolement de Taiwan et réunification », *Beijing Information*, n°32, 10 août 1992, pp.24-28.

LIN, Lanqing, « Développons le commerce extérieur et améliorons l'environnement offert à la coopération », *Beijing Information*, n°10, 9 mars 1992, pp.8-10.

MARTENS, *Nouveau Recueil général de traités, fondé par Martens, continué successivement par Murhard, Pinhar, Samwer, Hopf, Stoerk et Triepel.*, Trois série.

Ministère des Affaires étrangères chinois, « Note du ministère des Affaires étrangères à l'Ambassade d'indonésie, 5 septembre 1966, (Rapatriement des ressortissants chinois) », *Pékin Information*, n°38, 19 septembre 1966, pp.16-17.

Ministère des Affaires étrangères chinois, « Protestation énergique auprès du gouvernement birman contre l'assassinat d'une ressortissante chinoise », *Pékin Information*, n°52, 30 décembre 1968, page 6.

Ministère des Affaires étrangères chinois, « Note du ministère des Affaires étrangères à l'Ambassade d'Indonésie, 29 juin 1966, (Rapatriement des ressortissants chinois) », *Pékin Information*, n°28, juillet 1966, pp.45-46.

Ministère des Affaires étrangères chinois, « Condamnation des campagnes massives contre les ressortissants chinois en Indonésie », *Pékin Information*, n°16, 18 avril 1966, pp.9 et 12.

Ministère des Affaires étrangères chinois, « Protestation auprès du gouvernement indonésien contre les violences antichinoises », *Pékin Information*, n°14, 4 avril 1966, pp.18-19.

Ministère des Affaires étrangères chinois, « La Chine élève la protestation la plus énergique auprès de l'Indonésie », *Pékin Information*, n°10, 7 mars 1966, pp. 6-7.

Ministère des Affaires étrangères chinois, « Protestation contre l'expulsion en masse de ressortissants chinois par le gouvernement indonésien », *Pékin Information*, n°44, pp. 36 et 38.

NATIONS-UNIES, (Assemblée générale), « Convention de New-York relative au statut des apatrides (23 septembre 1954) », *Jurisclasseur Droit International*, Fasc.521, page 13.

Organisation Internationale du Travail, *Conventions et recommandations adoptées par la Conférence Internationale du Travail, (1919-1966)*, Genève, Bureau International du Travail, 1966, 1334 pages.

PANG, Yongjie, LI, Shanquan, « Edification d'une civilisation spirituelle socialiste », in COLLECTIF, *La modernisation à la chinoise*, Beijing, Ed. *Beijing Information*, 1983, 187 pages, pp. 131-140.

PENG, Zhen, « Rapport sur le projet de révision de la Constitution de la République populaire de Chine », *Beijing Information*, n°50, 13 déc.1982, pp.10-26.

PENG, Zhen, « Rapport de travail devant le Comité permanent de l' A.P.N., 2 sept. 1980 », *Beijing Information*, n°39, 29 sept.1980, page 32.

QIAN, Qichen, « Situation internationale et crise du Golfe », *Beijing Information*, n°1, jan.1991, pp.10-12.

QIAN, Qichen, « Sécurité et coopération dans la région Asie-pacifique : le point de vue de la Chine », *Beijing Information*, n°32, 8 août 1994, pp.19-20.

QIAN, Qichen, « Déclaration devant l'Assemblée Générale des Nations Unies », *Beijing Information*, n°40, page 10.

R.P.C-MALAISIE, « Communiqué conjoint du Gouvernement de la République Populaire de Chine et du Gouvernement de Malaysia. Etablissement des relations diplomatiques. 31 mai 1974 », *Pékin Information*, n°23, juin 1974, page 8.

R.P.C., *Constitution de la République Populaire de Chine,1975*, Beijing, Edition en Langues Etrangères, 1975, 54 pages.

R.P.C., « Income taxe law of the People's Republic of China concerning Joint Ventures with Chinese and Foreign Investment, 10/09/1980 », *in* Hinton, Harold, C., (ed), *The People's Republic of China, 1979-1984. A Documentary Survey*, Wilmington (Etats-Unis), Scholarly Resources Inc., 1986, 2 tomes, 747 pages, t.2, pp. 583-584.

R.P.C., *Constitution de la République Populaire de Chine, 1982*, Beijing, Edition en Langues Etrangères, 1982, 81 pages.

R.P.C., *Constitution de la République Populaire de Chine, 1978*, Beijing, Edition en Langues Etrangères, 1978, 51 pages.

R.P.C., « Directive du Conseil d'Etat concernant les Chinois d'outremer de retour, 2 février 1960 », *in*, AMBEKKAR,G.V., (ed), *Documents on China's Relations with South and South-East*, Allied Publishers Private Ltd, Bombay, pp. 229-231.

R.P.C.-INDONESIE, « Mémorandum sur le rétablissement des relations diplomatiques sino-indonésiennes », *Beijing Information*, n°35, 27 août 1990, page 12.

Republic of China, « The Constitution of the Republic of China, 25 déc.1949 », *in A Compilation of the Laws of the Republic of China*, Taibei,

Yinyu zhonghuaminguo liufa quanshu, 2 vol., 1967, 886+728 pages, Vol.1, pp. 3-41.

Republic of China, *A Compilation of the Laws of the Republic of China*, Taibei, Yinyu zhonghuaminguo liufa quanshu, 2 vol., 1967, 886+728 pages.

République Chinoise, « The Nanking Provisionnal Constitution, March, 11, 1912 », *in* Tyau, T.Z., *China's New Constitution and Internationals Problems*, Shanghai, Commercial Press Ltd, 1920, 298 pages, pp. 287-291.

République de Chine, « Loi du 5 février 1929 (nationalité) », *Répertoire de Droit International*, Tome IX, 1931, pp. 588-589

Société des Nations, *Recueil des traités et des engagements internationaux enregistrés par le secrétariat de la S.D.N.(1920-1946)*, Genève, 1920-1946.

STAUNTON, Sir George Thomas, *Ta Tsing Lu Lee, ou les lois fondamentales du code pénal de la Chine (traduit par Renouard)*, Paris, 1812, 2 volumes, 455 pages et 511 pages.

TIAN, Zengpei, « Trois époques de la diplomatie chinoise », *Beijing Information*, n°42, 17 oct.1994, pp.24-25.

WANG, Qisheng, High and Low Tides in Studying Abroad, *in* COLLECTIF, « China's Policy Towards Overseas Students », Beijing, Beijing Review Press, Coll.: "Issues and Ideas", n°11, 1989, 40 pages, pp. 17-28.

WEI, Liming, « Le Confucianisme : un sujet toujours actuel », *Beijing Information*, n°51, 18 déc.1989, pp.18-23.

YE, Jianying, « Beijing's terms for Unification with Taiwan, 30 september 1981 », *in* Hinton, Harold, C., (ed), *The People's Republic of China, 1979-1984. A Documentary Survey*, Wilmington (Etats-Unis), Scholarly Resources Inc., 1986, 2 tomes, 747 pages, t.2, pp. 733-735.

YEO, G., Ministre de l'information de Singapour, « Dragon's diaspora. Cultural links should bolster economic growth », *Far Eastern Review*, 2 décembre 1993, page 18.

YU, Fuzeng, « Overseas Students : the World of Education », *in China's Policy Towards Overseas Students*, Beijing, Beijing Review Press, Coll.: "Issues and Ideas", n°11, 1989, 40 pages, pp. 8-16.

YU, Jiafu, « Premier symposium sur les relations de l'Asie du Sud-Est et la Chine », *Beijing Information*, n°37, 12 sept.1994, pp.22-25.

ZHAO, Ziyang, « La marche en avant sur la voie d'un socialisme à la chinoise », *Beijing Information*, n°45, 9 nov.1987, pp. 19-49.

ZHAO, Ziyang, « Rapport sur le sixième plan quinquennal. Présenté le 30 novembre 1982 par le Premier ministre à la 5eme session de la 5eme A.P.N. », *Beijing Information*, n°51, 20 déc.1982, pp. 9-37.

ZHOU, Enlai, « Political Report of the National People's Congress, 23 oct.1951 », *Current Background*, n°134, 5 nov.1951, pp. 14-23.

ZHOU, Enlai, « Text of Premier Minister Zhou Enlai's Talk with David Marshall on the Nationality of the Chinese in Singapore, October 9, 1956 », *in* Ministry of Communication and Information, *Speeches. A Bimonthly Selection of Ministerial Speeches*, n°6, déc.1978

ZHU, Minzhi, ZOU, Aiguo, « Chen Yun parle de l'économie planifiée », *Beijing Information*, n°12, 22 mars 1982, pp.15-16.

C   Presse

1   Périodiques consultés

  a) presse chinoise

  - en langue chinoise

Dongfang Zazhi 东方杂志 (Mélanges d'Orient), Shanghai, 1904-1948

Fujian Qiaobao 福建侨报 (Journal des émigrés fujiénais), Fuzhou, 1993-

Haiwai Yuekan 海外月刊 (Mensuel de l'outre-mer), Nanjing, 1932-1935

Hainei yu Haiwai. 海内与海外 (A l'intérieur et à l'extérieur), Beijing, 1993-

Huaqiao Zazhi, 华侨杂志 (Revue des Chinois d'outre-mer), Shanghai, 1913-1914

Huaqiao Zhoubao 华侨周报 (Hebdomadaire des Chinois d'outre-mer), Nanjing, 1932-1933

Nanda yu Huaqiao 南大与华侨 (L'Université Jinan et les émigré chinois), Guangzhou, 1923-1926

Qiaowu Bao 侨务报 (Journal des Chinois d'outre-mer), Beijing, 1956-1966

Qiaowu Yuebao 侨务月报 (Mensuel des Chinois d'outre-mer), Nanjing, 1931-1937

Qiaosheng Bao 侨声报 (La voix des émigrés), Beijing, 1983-

Qiaoyuan 侨园 (Le domaine des émigrés), 1993-

- en langues étrangères

Beijing Information, 1978-

Chinese Social and Political Review, 1917-1940

Pekin Information, 1963-1978

La Chine en construction, 1963-1988

La Chine au présent, 1989-

b) Revues non-chinoises

L'Asie Française, 1910-1940

Journal du Droit International et de la Jurispridence Comparée, 1874-1914

Revue de Droit International du Travail, 1921-

Survey of International Affairs, 1923-

2   Articles de presse chinoise cités en note

AN., 中国政府一贯反对非法移民，« Zhongguo zhengfu yiguan fandui feifa yimin », (Le gouvernement chinois est strictement opposé à l'émigration illégale), *Fujian Qiaobao*, 4 sep. 1994, page 3.

AN, 新加坡留学签证最新规定，« Xinjiapo liuxue qianzheng zuixin guiding », (Une toute nouvelle législation sur les visas d'études à Singapour), *Fujian Qiaobao*, 5 juin 1994, page 3.

AN, 关于印度尼西亚华侨的双重国际问题，« Guanyu Yindunixiya Huaqiao de Shuangchong Guoji Wenti », (A propos du problème de la double nationalité des Chinois d'outre-mer d'Indonésie), *Qiaowu Bao*, n°3, mars 1960, page 34.

AN, 持加拿大学生签证，« Chi Jianada xuesheng qianzheng », (Formalité de demande d'un visa pour aller étudier au Canada), *Fujian Qiabao*, 6 mars 1994, page 3.

AN, 新西兰计分移民，« Xinxilan jifen yimin », (Les quotas d'immigrés prévus par la Nouvelle Zélande), *Fujian Qiabao*, 9 janvier 1994, page 3.

AN, 澳洲政府又立移民新例, « Aozhou zhengfu youli yimin xinli », (De nouveaux règlements promulgués par le gouvernement de la Nouvelle Zélande), *Fujian Qiabao*, 13 mars 1994, page 3.

AN, 中国游客入境印尼放宽限制，« Zhongguo youke ruying Yinni fangkuan xiangzhi », (Règlement indonésien concernant l'élargissement du nombre des entrées de visiteurs en Indonésie), *Fujian Qiaobao*, 4 sept.1994, page 3.

AN, 中国大陆人申请移居仍不易, « Zhongguo dalu ren shenqing yiju reng buyi », (Les demandes des Chinois du continent pour aller résider (au Canada) ne sont pas encore facilitées), *Fujian Qiaobao*, 10 avril 1994, page 3.

AN, 菲律兵发给中国人多种入境签证，« Feilubin fagei zhongguo ren duozhong rujing qianzheng », (Les Philippines offrent un plus grand nombre de visas d'entrées aux Chinois), *Fujian Qiaobao*, 14 août 1994, p.3.

AN, 神情赴新加坡留学答读者问, « Shenqing fu Xinjiapo liuxue dadu zhewen », (Questions et réponses sur les demandes pour aller étudier à Singapour), *Fujian Qiaobao*, 19 juin 1994, page 3.

AN, 赴新加坡国立大学留学答疑, « Fu Xinjiapo guoli daxue liuxue dayi », (Réponses sur les études à l'Université de Singapour), *Fujian Qiaobao*, 17 juil.1994, page 3.

AN, 华人抵美后怎样看病, « Huaren di mei hou zenyang kanbing ? », (Comment faire si un Chinois est malade après son arrivée aux Etats-Unis ?), *Fujian Qiaobao*, 7 août 1994, page 3.

AN, 美留学签证的材料, « Mei liuxue qianzheng de cailiao », (Documents utiles à l'établissement d'un visa pour aller étudier aux Etats-Unis), *Fujian Qiaobao*, 27 fév.1994, page 3.

AN, 如何申请赴美短期工作签证, « Ruhe shenqing fumei duanqi gongzuo qianzheng », (Comment faire pour demander un visa de courte période pour aller travailler aux Etats-Unis ?), *Fujian Qiaobao*, 25 juil.1993, page 2.

AN, 赴美工作移民类别的申请手续, « Fumei gongzuo yimin leibie de shenqing shouxu », (Classifications des demandes de visas pour aller travailler aux Etats-Unis), *Fujian Qiaobao*, 16 jan.1994, page 3.

AN, 留日打工须知, « Liuri dagong xuzhi », (Ce qu'il faut savoir pour occuper un emploi au Japon en tant qu'étudiant), *Fujian Qiaobao*, 25 déc.1994, page 3.

AN, 加拿大拟改变移民政策 : 约4000名中国人将被遣送回国, « Jianada ni gaibian yimin zhengce : Yue 4000 ming zhongguoren jiangbei qiansong huiguo », (Le Canada réorganise sa politique d'immigration : environ 4000 Chinois incités au rapatriement), *Fujian Qiaobao*, 14 août 1994, page 3.

AN., 赴美留学可能拒签的原因, « Fu Mei liuxue keneng juqian de yuanyin », (Causes des refus de visas pour aller étudier aux Etats-Unis), *Fujian Qiaobao*, 22 janvier 1995, page 3.

AN., 马来西亚急聘十种技工，« Malaixiya jipin shizhong jigong », (La Malaisie a un besoin pressant de dix ouvriers qualifiés), *Fujian Qiaobao*, 6 février 1994, page 3.

AN., 赴美留学问答，« Fu Mei liuxue wenda », (Questions et réponses au sujet des études aux Etats-Unis), *Fujian Qiaobao*, 4 sep. 1994, page 3.

WANG, Feng, 王枫, 侨务立法向具体配套方向发展，« Qiaowu lifa xiang juti peitao fangxiang fazhan », (L'édification d'un système légal dans le domaine des Chinois d'outre-mer se développe par une série de mesures concrètes), *Fujian Qiaobao*, 17 avril 1994, page 2.

WEN, Yi, 文逸, 中印（尼）关系的变化对华人社会的影响，« ZhongYin (ni) Guanxi de bianhua dui huaren shehui de yingxiang », (Les conséquences du changement de relations entre la Chine et l'Indonésie sur les Communautés Chinoises Outre-mer), *Huaren Yuekan* (China Monthly), n°106, mai 1990, pp.10-14.

Xu, Lixin,许立新, 侨务工作走上法制轨道的重要举措，« Qiaowu gongzuo zoushang fazhi guidao de zhongyao jucuo », (Le travail dans le domaine des affaires des Chinois d'outre-mer prend une bonne voie vers l'édification d'un système légal), *Hainei yu haiwai*, n°9, 1993, pp.14-15.

II   Etudes

A   Ouvrages

BASDEVANT, Jules, *Dictionnaire de terminologie du droit international*, Paris, Sirey, 1960, 658 pages.

BADIE, Bertrand, DEWENDEN, Whitol, (dir), *Le défi migratoire. Questions de relations internationales*, Paris, Ed. de la F.N.S.P., 1993, 185 pages.

BARLOW, G., Jeffrey, *Sun Yat-sen and the French*, Berkeley, University of California, Institute of East Asian Studies, Chinese Research Monograph n°14, 1979, 93 pages.

BASTID, Marianne, *L'évolution de la société chinoise à la fin de la Dynastie des Qing (1873-1911)*, Paris, Edition de l'E.H.E.S.S., 1979, 136 pages.

BEAUGE, Gilbert, BUTTNER, Friedmann, (dir), *Les migrations dans le monde arabe*, Paris, Ed. du C.N.R.S., 1991, 327 pages.

BERAUD, P., PERRAULT, J-L., *Entrepreneurs du Tiers Monde*, Lonrai, Editions Maison Neuve et Larose, De l'orient, Coll."Economies en Développement", 1994, 215 pages.

BERGERE, M-C., BIANCO, L., DOMES, J., *La Chine au XXe siècle. Tome 1: D'une révolution à l'autre. 1885-1949; Tome 2: De 1949 à aujourd'hui*, Paris, Fayard, 1994, 441+448 pages.

BERGERE, Marie-Claire, *Sun Yat-Sen*, Paris, Fayard, 1994, 543 pages.

BERGERE, Marie-Claire, *L'âge d'or de la bourgeoisie chinoise*, Paris, Flammarion, Coll. : "Nouvelle Bibliothèque Scientifique", 1986, 370 pages.

BLASER, Pierre Michel, *La nationalité et la protection juridique de l'invidu*, Lausanne, Nouvelle Bibliothèque de Droit et de Jurisprudence, 1962, 149 pages.

BOURBOUSSON, E., *Traité général de la Nationalité dans les cinq parties du Monde*, Paris, Académie Diplomatique Internationale, Edition Sirey, 1931, pp.57-58 et 308-596.

BOUTEILLIER, Eric, *Les Chinois de la Diaspora, moteurs du miracle asiatique*, Paris, Eurasia Institute, Hiver 1991-1992, 55 pages.

BOUTILLIER, S., UZUNIDIS, D., *Chine. Questions sur l'ouverture aux multinationales*, Paris, L'Harmattan, 1989, 157 pages.

CABESTAN, Jean-Pierre, *Conflits au sein du Parti Communiste Chinois et politique étrangère de la République populaire de Chine. La politique à l'égard de l'Union Soviétique et des Etats-Unis*, Paris, Thèse pour le Doctorat de 3eme cycle, Paris I, 1982, 517 pages.

CAMPBELL, P.C., *Chinese Coolie Emigration to Countries within the British Empire*, Taipei, Ch'en Publishing Compagny, 1970, 240 pages.

CARILLON, Daniel, *Contribution à l'étude des Chinois de Malaisie et de Singapour*, Bordeaux, Mémoire de Maîtrise, Géographie Tropicale, 1969, 216 pages.

CAYRAC-BLANCHARD, Françoise, *Indonésie, l'armée et le pouvoir. De la révolution au développement*, Paris, l'Harmattan, Coll. : "Recherches Asiatiques", 1991, 214 pages.

CHALIAND, G., RAGEAU, J.P., *Atlas des Diasporas*, Paris, Edition Odile Jacob, 1991, 183 pages.

CHAN, K.K., Wellington, *Merchants, Mandarins and Modern Enterprise in Late Ch'ing China*, Cambridge, Harvard East Asian Monograph, Monograph n°19, 1977.

CHAN, K.K, Wellington, *Politics and Industrialization in Late Imperial China*, Singapour, I.S.E.A.S., Occasional Papers n°30, mai 1975, 19 pages.

CHANDA, Nayan, *Les frères ennemis, la péninsule indochinoise après Saigon*, Paris, Presse du C.N.R.S.,1987.

CHANG, Chu Kuing, *Essai sur la Nationalité chinoise*, Paris, Thèse de Doctorat en Droit, Université de Paris, Imprimerie M.G Durand, 1941, 149 pages.

CHANG, Pao-Min, *Beijing, Hanoi and the Overseas Chinese*, Californie, University of California, Institute of East Asian Monograph, Chinese Research Monograph, 1982, 70 pages.

CHARBONNIER, Jean, *Confucianisme et modernité en Asie orientale*, Pas de Lieu, Dossier n°2/85, Echange France-Asie, fév.1985, 35 pages.

CHEN, Charng-ven, *China and the Law of Consular Relations*, Cambridge, Harvard University Law School, Doctoral Dissertation, 1972, 528 pages.

CHEN, Edward, K.Y., *Hyper-Growth in Asian Economies : A Comparative Study of Hong-Kong, Japan, Korea, Singapore and Taiwan*, Londres, Macmillan Press, 1979.

CHEN, Jack, *The Chinese of America*, San Fransisco, Harper and Row, 1980, 286 pages.

CHEN, Lim-keak, *Social Change and the Chinese in Singapore. A Socio-Economic Geography with Special Reference to Bang Structure*, Singapour, Singapore University Press, National University of Singapore, 1985, 235 pages.

CHEN, Ta, *Chinese Migrations with Special Reference to Labor Conditions*, Taipei, Cheng Wen Publishing Compagny, 1967, 237 pages.

CHEN, Ta, *Emigrant Communities in South-China, A Study of Overseas Migration and Its Influence on Standards of Living and Social Change*, New-York, Institute of Pacific Relations, 1940, 287 pages.

CHEN, Wan Li, *Les développements des Institutions politiques de la Chine depuis l'établissement de la République (1911) jusqu'à nos jours (1925)*, Paris, Thèse de Doctorat de Sc. Politique et Economique, 1926, 179 pages.

CHENG, Cheng Yen, *Les principaux mouvements constitutionnels en Chine de 1897 à 1935*, Lyon, Imprimerie P.Féréol, 1936, 156 pages.

CHESNEAUX, J., BASTID, M., *La Chine*, Paris, Hatier Université, Coll. : "Histoire Contemporaine", 1969, 3 volumes, 223 pages chacun.

CHESNEAUX, J., *Sun Yat-sen*, Bruxelles, Editions Complexe, Coll. : "Le Temps et les Hommes", (1ère ed. le Club du Livre, 1954), 1982, 260 pages.

CHESNEAUX, J., DAVIS, F., NGUYEN, Nguyet (préparé par), *Mouvements populaires et sociétés secrètes en Chine au XIXe siècle*, Paris, Maspero, 1970, 492 pages.

CHIEU, Nguyen Huy, *Le statut des Chinois en Indochine*, Paris, Thèse de Doctorat en Droit, 1939, 123 pages.

CHIN, Kan Wah, *ASEAN and China. An Evolving Relationship*, Californie, University of California, Institute of East Asian Studies, 1988, 367 pages.

CHUI, Kwei-Chiang, *Late Ch'ing's Modern Enterprise and the Chinese in Singapore and Malaya, 1904-1911*, Singapour, Nanyang University, College of Graduates Students, Institute of Humanities and Social Science, Occasionnal Paper n°17, 1976, 37 pages.

COCORDAN, Eugène J., *Hsueh Fu-Ch'eng and China's Self Strengthening Movement, 1865-1894*, Kansas, University of Kansas, Ph.D. 1979, 585 pages.

COGORDAN, G., *La nationalité au point de vue des rapports internationaux*, Paris, L.Larose et Forcel, 1890, 560 pages.

COHEN DE BOER, H., *Het koelie-contract te Genève*, La Haye, D.A. Daamen's Uitgevers-Maatschappij N.V, 's-Gravenhage, 1930, 22 pages.

COLLECTIF, *La modernisation à la chinoise*, Beijing, Ed. *Beijing Information*, 1983, 187 pages.

COLLECTIF, *La Nationalité dans la Science Sociale et dans le Droit Contemporain*, Paris, Institut de Droit Comparé de l'Université de Paris, Librairie du Recueil Sirey, 1933, 348 pages.

COLLECTIF, *La Chine et le Monde*, Paris, Presse Universitaire de France, Tome I et II, 1925, 1926, 274 pages et 288 pages.

COLLOQUE, *Early Migration to Southeast Asia and America. An International Conference*, Singapour, The South Seas Society, 1984, pagination non continue.

COOLIDGE, M.R., *Chinese Immigration. American Problem*, Taipei, Chen Wen Publishing Compagny, 1968, 531 pages.

COUVREUR, S., *Choix de documents, lettres officielles, edits, mémoriaux. Textes chinois avec traduction en français et en latin.*, Ho Kien Fu, Imprimerie de la Mission Catholique,1898, 560 pages.

DARESTE, Rodolphe, *Nouvelles Etudes d'histoire du Droit. La Chine (ch.8)*, Paris, Librairie de la Société du Receueil Général des Lois et Arrêts, 1902, pp.284-300.

DAVID, René, *Les grands systèmes de droit contemporain*, Paris, Précis Dalloz, 651 pages.

DE BEAUREGARD, P., et alii, *La politique asiatique de la Chine*, Paris, F.E.D.N., 1986, 357 pages.

DEEMER, Y., GAMBLIN, A., *Taiwan (Formose) République de Chine*. Paris, P.U.F., Coll. : "Que Sais-Je ?", 1979, 127 pages.

Département de Philosophie de l'Université Zhongshan, Canton, *Démocratie nouvelle et socialisme*. Paris, Editions du Centenaire, 1980, 103 pages.

DOMANGET, Françoise, *Contribution à l'étude de la politique extérieure de l'Indonésie : relations avec la Chine. 1955-1965*, Paris, Thèse de Doctorat de 3ᵉ cycle, Paris III, 1978, 480 pages.

DOMENACH, J-L., RICHER, P., *La Chine, 1949-1985*, Paris, Imprimerie Nationale (ed), Coll. : "Notre Siècle", 1987, 501 pages.

DUBOIS, Adolphe, *Les Accords Franco-Chinois*. Paris, Thèse de Droit, 1928, 172 pages.

DUBOSCQ, André, *L'évolution de la Chine. Politique et Tendances. 1911-1921*. Paris, Edition Brossard, 1921, 191 pages.

DUPUIS, Isabelle, *La politique intérieure de la province de Taiwan, 1979-1986. Ebauche d'une analyse*. Nice, I.D.P.D., Mémoire pour l'obtention du D.E.A de Droit et Economie du Développement, 1987, 141 pages.

ELEGANT, S.Robert, *The Dragon's Seeds. Peking and the Overseas Chinese*. New-York, St Martin Press, 1959, 319 pages.

ESCARRA, Jean, *Le Droit Chinois. Conceptions et évolution, Institutions législatives et judiciaires, Science et enseignement*, Paris, Sirey, 1936, 559 pages.

ESCARRA, Jean, *Recueil des sommaires de la jurisprudence de la Cour Suprème de la République de Chine en matière civile et commerciale, (1912-1918)*. Shanghai, Commission de l'Extraterritorialité, 1924, 528 pages.

ESCARRA,Jean, *La Chine et le Droit International*. Paris, Edition Pedone, 1931, 419 pages.

FAIRBANK, K., *Trade and Diplomacy on China Coast : The Opening of the Treaty Port, 1842-1854*. Cambridge, Harvard University Press, 1964, 2 vol., 490 pages.

FERNANDO, M.R, (trad), BULBECK, D., (ed), *Chinese Economy Activity in Netherlands India. Selected Translations from the Dutch*, Singapour & Canberra, Institute of Southeast Asian Studies & Australian National University, Coll. :"Data Paper Series. Sources for Economic History of Southeast Asia", n°2, 1992, xii+275 pages.

FITZGERALD, Stephen, *China and the Overseas Chinese : a Study of Peking's Changing Policy, 1949-1970*, Cambridge, Cambridge University Press, 1972, 268 pages.

FOREIGN LANGUAGE PRESS, (ed), *Individual Economy*, Beijing, Foreign Language Press, 1989, 17 pages.

FRODSHAM, J.D., *The First Embassy to the West : The Journal of Kuo-Sung T'ao, Liu Hsi-Hung and Chang Te-I*, Cambridge, Oxford University Press, Cambridge, 1974.

GARTH, A., *Silent Invasion : The Chinese in Southeast Asia*, Londres, MacDonnald, 1973, XIII+24 pages.

GENTELLE, P., (dir), *L'Etat de la Chine*, Paris, Ed. La Découverte, 1989, 454 pages.

GERNET, J., *Le Monde Chinois*, Paris, Armand Colin, Coll. : "Destins du Monde",1972, 699 pages.

GIPOULOUX, François, *La Chine vers l'économie de marché? La longue marche de l'après Mao*, Paris, Nathan, Coll. : "Economie Sciences Sociales", 1993, 207 pages.

GODLEY, Michael R., *The Mandarin-Capitalists from Nanyang. Overseas Chinese Entreprise in the Modernization of China, 1893-1911*, Cambridge, Cambridge University Press, 1981, 222 pages.

GOLDFIEM, Jacques, *Sous l'oeil du dragon. Les relations de la Chine avec les pays de l'ASEAN*, Paris, F.E.D.N., 1988, 317 pages.

GOSLING, L.A., LIM, L.Y.C., (ed), *The Chinese in Southeast Asia. Vol.1 Ethnicity and Economic Activity. Vol.2 Identity, Culture and Politics*, Singapour, Maruzen Asia, Economic Research for South and Southeast Asian Studies, 1983, 335+283 pages.

GUERASSIMOFF, Carine, *La question des Chinois d'outre-mer dans l'évolution des relations de la R.P.C. avec la Malaisie, l'Indonésie et Singapour, 1978-1992*, Nice, Mémoire pour l'obtention du D.E.A. de Droit et Economie du Développement, I.D.P.D., 1992, iii+137 pages+XXXII.

GUERASSIMOFF, Eric, *Les racines de l'oeuvre éducative de Chen Jiageng. Les Chinois d'outre-mer et le développement de l'éducation en Chine au début du XXe siècle*, Paris, Université de Paris VIII, Thèse de Doctorat d'Histoire, 3 tomes, janvier 1997, 1076 pages.

GUERASSIMOFF, Eric, *La campagne contre la "Pollution Spirituelle" dans la Chine de Deng Xiaoping. (Printemps 1983-Printemps 1984). Idéologie et politique en Chine depuis la fin de la Révolution culturelle*, Nice, I.D.P.D., Mémoire pour l'obtention du D.E.A. de Droit et Economie du Développement, 1987, v+127+CXX pages.

HAO, Chang, *Chinese Intellectuals in Crisis, Search for Order and Meaning, 1890-1911*, Berkeley, Californie, University of California Press, 1987, 223 pages.

HELLY, Denise, *Histoire des gens sans histoires, les Chinois Macao à Cuba. Travail sous contrat et communauté raciale dans une société esclavagiste*, Paris, Thèse de 3ᵉ cycle, Ethnologie, Paris V, 2 vol., 1975, 399 pages et pagination discontinue.

HOFHEINZ, Roy, KENT, E., *The Eastasia Edge*, New-York, Basic Books, 1982.

HOU, Chi-ming, *Foreign Investment and Economic Development in China, 1840-1937*, Cambridge, Harvard University Press, 1965, 306 pages.

HSIUNG, Chieh James, *Law and Policy in China's Foreign Relations. A Study of Attitudes and Pratice*, New York, Columbia University Press, 1972, xii+435 pages.

HSU, C.Y.Immanuel, *China's Entrance into the Family of Nations. The Diplomatic Phase, 1858-1880*, Cambridge, Harvard University Press, 1960, 255 pages+xxxvi pages.

HSU, R.C., *Economics Theories in China, 1979-1988*, Cambridge, Cambridge University Press, 1991, 208 pages.

HUANG, Tseng Ming, *The Legal Status of Chinese Abroad*, Taibei, China Cultural Service, 1954, 347 pages.

IRICK.L.Robert, *Ch'ing Policy toward the Coolie Trade, 1847-1878*, Taibei, Chinese Materials Center, 1982, 452 pages.

ISOART, Paul, *Les Etats d'Asie du Sud-Est*, Paris, Economica, Coll. :"Politique Comparée", 1978, 275 pages.

IZARRY, J., *Traité sur les fonctions internationales des consuls*, Paris, Edition A.Pédone, 1937, 484 pages.

JACKSON, James, *Planters and Speculators : Chinese and European Agricultural Enterprise in Malaya, 1781-1921*, Kuala Lumpur, University of Malaya Press, 1968, 312 pages.

JAN, G.P., *Nationality and Treatment of Overseas Chinese in Southeast Asia*, New-York, Thesis PH.D., New York University, School of Arts and Sciences, 1960, 234 pages.

JOYAUX, François, *Géopolitique de l'Extrême Orient. Tome 1 : Espaces et politiques. Tome 2 : Frontières et stratégies*, Paris, Ed.Complexes, Coll. : "Questions aux XXeme siècle", 1991, 225 pages chacun.

JOYAUX, François, *La Tentation Impériale : Politique extérieure de la Chine depuis 1949*, Paris, Imprimerie Nationale (ed), 1994, 426 pages.

JOYAUX, François, *La politique extérieure de la Chine*, Paris, Presse Universitaire de France, 1983, 126 pages.

KAM, Louie, *Critiques of Confucius in Contemporary China*, Hong-Kong, The Chinese University Press, 1980, 186 pages.

KO, Swan Sik, (ed), *Nationality and International Law in Asian Perspectives*, La Haye, Martinus Nijhoff Publishers, 1990, 506 pages.

KU, Djao-Fing, *Essai sur les idées pacifistes et le Droit International en Chine. (Après la Révolution de 1911)*, Nancy, Thèse de Doctorat de l'Université de Nancy, Faculté de Droit, Imprimerie Granvile, 1933, 155 pages.

LABIN, Suzanne, *Menaces chinoises sur l'Asie*, Paris, La Table Ronde, Coll."l'ordre du jour", 329 pages.

LE CONTE, René, *Etude sur l'émigration italienne*, Paris, Thèse pour le doctorat, Librairie des Facultés, A.Michalon, 1908, 404 pages.

LEE, Lai To, (ed), *The 1911 Revolution. The Chinese in British and Dutch Southeast Asia*, Singapour, Heinemann Asia, 1987, 140 pages.

LEMOINE, Françoise, *La nouvelle économie chinoise*, Paris, Edtions La Découverte, Coll. : "Repères", 1994, 125 pages.

LEVIS, Benjamin, *L'émigration asiatique*, Paris, Librairie Nouvelle de Droit et de Jurisprudence Arthur Rousseau, 1909, 125 pages.

LEW, R., THIERRY, F., (dir), *Bureaucraties chinoises*, Paris, L'Harmattan, Coll. : "Asie-Débat", 1986, 185 pages.

LI, Koue-tsai, *Règlementation internationale de l'émigration*, Lyon, Thèse de Droit, Université de Lyon, 1928, 221 pages.

LIM, Joo-Jock, VANI, S., (ed), *Armed Communist Movements in Southeast Asia*, Singapour, Institute of Southeast Asian Studies, 1984, 204 pages.

LIVE, Yu-Sion, *La diaspora chinoise en France : immigration, activités socio-économiques et pratiques socio-culturelles*, Paris, Thèse de Doctorat en Sociologie, 1991, 824 pages.

LOMBARD, D., AUBIN, Jean, (dir), *Marchands et hommes d'affaires asiatiques dans l'Océan Indien et la mer de Chine, 13e-20e siècles*, Paris, Ed. de l'Ecole des Hautes Etudes en Sciences Sociales, 1988, 375 pages.

LOMBARD, Denys, *Le carrefour javanais. Essai d'histoire globale*, Paris, Ed.de l'Ecole des Hautes Etudes en Sciences Sociales, 1990, 3 volumes, 267+420+334 pages.

LU, Yu-Sun, *Programms of Communist China for Overseas Chinese*, Hong Kong, Communist China Problem Research Series, E.C.12, The Union Research Institute, 1956, 82 pages.

LUI, Suinian, WU, Qingan, *Ebauche d'une histoire de l'économie socialiste en Chine, 1949-1984*, Beijing, Ed. Beijing Information, 1986, 805 pages+tables.

MAC NAIR, H.F, *The Chinese Abroad. Their Position and Protection. A Study in International Law and Relations*, Taibei, Cheng Wen Publishing Compagny, 1971,340 pages.

MACKIE, J.A.C., (ed), *The Chinese in Indonesia*, Hong-Kong, Heinemann, 1976.

MARTIN, W.A.P., *A Cycle of Cathay*, New-York, Flemming H.Compagny, 1900, 469 pages.

MAURIER, J-L., REGNIER, P., (dir), *La nouvelle Asie Industrielle. Enjeux, stratégies et perspectives*, Paris, Presse Universitaire de France, Institut de Hautes Etudes Internationales (Genève), 197 pages.

MIZOGUSHI, Yuzo, VANDERMEERSH, Léon, *Confucianisme et Sociétés asiatiques*, Paris, L'Harmattan, Coll. : "Recherches Asiatiques", 1991, 190 pages+table.

MORTON, Fried,(ed), *Colloqium on the Overseas Chinese*, New-York, Institute of Pacific Relations, 1958.

MURRAY, H.Dian, *Pirates of South China Cost*, Stanford, Stanford University Press, 1987, 243 pages.

NICOLAI, Auguste, *Les remises des émigrants italiens*, Nice, Société Générale d'Imprimerie, 1935, 221 pages.

O.C.D.E., (ed), *Migrations internationales : le tournant*, Paris, Organisation de Coopération et de Développement Economiques, 1993, 298 pages.

O.C.D.E., (ed), *Migration et développement. Un nouveau partenariat pour la coopération*, Paris, Organisation de Coopération et de Développement Economiques, 1994, 343 pages.

O.C.D.E.,(ed), *L'incidence des migrations internationales sur les pays en développement*, Paris, Organisation de Coopération et de Développement Economiques, 1989, 459 pages.

OWNBY, D., SOMERS HEIDUES, M., *Secret Societies Reconsidered. Perspectives on the Social History of Modern South China and Southeast Asia*, Armonk (Etats-Unis), M.E.Sharpe, 1993, 259 pages.

PARKS, Coble, M., *The Shanghai Capitalist and the Nationalist Governement, 1927-1937*, Cambridge, Harvard University Press, Council on East Asian Studies, 1980, 307 pages.

PLENDER, Richard, *International Migration Law*, Leiden, A.W.Sijthoff, 1972, 339 pages.

PURCELL, Victor, *The Chinese in Southeast Asia*, Kuala Lumpur, Oxford University Press, Coll. : "Oxford Asian Paperback", 1980, 623 pages.

PYE, Lucien, *Asian Power and Politics. The Cultural Dimensions of Authority*, Cambridge, Harvard University Press, 1985, 414 pages.

QUINTILLA del MAR, Maryse, *L'émigration chinoise au Pérou au XIXe siècle*, Paris, Thèse de 3e cycle, Histoire Contemporaine, Ecole des Hautes Etudes en Sciences Sociales, 1978, 213 pages.

RANDON, Jean, *De l'émigration et de l'immigration au point de vue du droit international*, Paris, Imprimerie Henri Jouve, 1909, 132 pages.

REGNIER, Philippe, *Singapour et son environnement régional. Etude d'une cité Etat au sein du monde malais*, Paris, Presse Universitaire de France, Publications de l'Institut Universitaire de Hautes Etudes Internationales, 1987, 258 pages.

RICHER, Philippe, *Jeux de Quatre en Asie du Sud-Est*, Paris, Presse Universitaire de France, 1982.

SAAVEDRA LAMAS, Carlos, *Traités internationaux de type social*, Paris, Editions Pédone, 1924, 453 pages.

SHEFFER, Gabriel, (ed), *Modern Diasporas in International Politics*, Londres, Croom Helm, 1986, 349 pages.

SOCIETE FRANCAISE POUR LE DROIT INTERNATIONAL, (ed), *Les travailleurs étrangers et le droit international*, Paris, Colloque de Clermont-Ferrand, 1978, Editions Pédone, 1979, 449 pages.

SOMERS, Mary F., *Peranakan Chinese Politics in Indonesia*, New-York, Cornell University Press, Modern Indonesian Project, 1964, 56 pages.

SUN, Yat-sen, *Souvenirs d'un révolutionnaire chinois*, Plan de la Tour (Var), Edition d'Aujourd'hui, Coll. : "Les Introuvables", 1983, 221 pages.

SURYADINATA, Léo, *China and the ASEAN States : The Ethnic Dimension*, Singapour, Singapour University Press, 1985, 230 pages.

SURYADINATA, Léo, LAU, Teik, Soon, (ed), *Moving into the Pacific Century : The Changing Relation Order in The Asia-Pacific*, Singapour, Heinemann Asia, 1988, 189 pages.

TAN, Soo Fong, *Chinese Communist Policy toward Overseas Chinese in Southeast Asia, 1949-1960*, Californie, M.A. Thesis in Political Science, Berkeley University, 1963.

TANG, Tsou, (ed), *China in Crisis. Vol.I et Vol.II.*, Chicago, Chicago University Press, 1968, 336 pages et 358 pages.

TAYLOR, Jay, *China and Southeast Asia : Peking's Relations with Revolutionnary Movement*, Londres, Praeger, 1975.

TCHAI, Tsoun-Tchun, *Essai historique et analytique sur la situation internationale de la Chine. Conséquences des Traités Sino-Etrangers*, Paris, Librairie Orientaliste, 1929, 235 pages.

TENG, Ssu-yu, FAIRBANK, John K., *China's Response to the West*, Cambridge, Harvard University Press, 1972, 296 pages.

TIEN, Hung-Mao, *Governement and Politics in Kuomintang China. 1927-1937*, Californie, Stanford University Press, 1972, 240 pages.

TSAI, Maw Kuey, *Les Chinois au sud Vietnam*, Paris, Bibliothèque Nationale, 1968, 293 pages.

TSAI, Shih-Shan, *Reaction to Exclusion : Ch'ing Attitudes Toward Overseas Chinese in the United States, 1848-1906*, Oregon, University of Oregon, Phd. in History, juin 1970, 348 pages.

TSI, Tchou Sheng, *Etude sur le projet de Constitution de la République chinoise du 5 mai 1936*. Paris, Thèse de Doctorat en Droit, Faculté de Droit de Paris, Edition Monchrestien, 1940, 242 pages.

TSIEN, Tche Hao, *Les institutions chinoises et la constitution de 1978*. Paris, La Documentation française, *Notes et Etudes Documentaires*, n°4501-4502, jan.1979, 176 pages.

TSIEN, Tche hao, *La Chine, constitution de 1982 et institutions*. Paris, La Documentation Française, *Notes et Etudes Documentaires*, n°4741-4742, nov.1983, 144 pages.

TYAU,T.Z., *China's New Constitution and International Problems*. Londre, Commercial Press Ltd, 1920, xv+298 pages.

TYL, Dominique, *La Chine et l'ASEAN de 1967 à 1976. Analyse du discours du Quotidien du peuple*. Paris, Thèse de Doctorat, 3 ᵉ cycle, Ecoles des Hautes Etudes en Sciences Socilaes, 1979, 384 pages.

VAN PANHUYS, Haro Frederick, *The Role of Nationality in International Law-An Outline*. Leiden, Sijthoff, 1959, 256 pages.

VANDERMEERSCH, Léon, *Le nouveau monde sinisé*. Paris, Presses Universitaires de France, Coll. : "Perspectives Internationales", 1986, 223 pages.

VERWILGHEN, M., (dir), *Nationalité et Statut personnel : Leur interaction dans les traités internationaux et dans les législations nationales*. Paris, Travaux des journées d'études juridiques organisés à Louvain la Neuve (Bruxelles), 27-29 octobre 1982, Librairie Générale de Droit et de Jurisprudence, 1984, 578 pages.

VOGEL, Erza, F., *One Steap Ahead in China. Guangdong under Reform*. Cambridge, Harvard University Press, 1989, 510 pages.

VOGEL, Erza, F., *Canton under Communism, Programms and Politics in a Provincial Capital, 1949-1968*. Cambridge, Cambridge University Press, 1969, 448 pages.

WANG, Gungwu, *China and the Chinese Overseas*. Singapour, Times Academic Press, 1991, 312 pages.

WANG, Nora, *Paris/Shanghai. Débats d'idées et pratique sociale, les intellectuels progressistes chinois, 1920-1925*, Paris, Université de Paris VIII, Thèse pour le Doctorat d'Histoire, 1986, 2 vol., 1156 pages.

WANG, Nora, *L'Asie orientale du milieu du XIXe siècle à nos jours*, Paris, Armand Colin, Coll. : "Histoire Contemporaine", 1993, 407 pages.

WANG, Sing-Wu, *The Organisation of Chinese Emigration, 1848-1888*, San Fransisco, Chinese Material Center, Coll. : "Chinese Materials and Service Center Occasionnal Series", n°25, 1978, viii+436 pages.

WANG, Sze-Cheng, *Pourquoi ne négocions-nous pas avec les communistes chinois*, Taibei, Ed. Kuang Lu, 1982, 163 pages.

WANG, T.C., D., *Les sources du Droit de la République Populaire de Chine*, Genève, Librairie Droz, 1982.

WANG, Y.C., *Chinese Intellectuals and the West, 1872-1949*, Taibei, Rainbow Bridge Book Co, XIV+557 pages.

WEN, Chung-chi, *The Nineteenth-Century Imperial Chinese Consulates in the Straits Settlements : Origins and Development*, Singapour, Thesis of Master of Arts, University of Singapore, 1964, 295 pages+Annexes.

WENG, Kwong-Han, *Essai sur l'immigration chinoise en Insulinde*, Paris, Thèse de Doctorat de l'Université de Paris, 1937, 194 pages.

WILLMOTT, E.Donald, *The National Status of the Chinese in Indonesia, 1900-1958*, New York, Southeast Asia Programm, Cornell University Press, Ithaca, 1961, 139 pages.

WONG, John, *The Political Economy of China's Changing Relations with Southeast Asia*, Singapour, National University of Singapore, Macmillan Press, 1980, 231 pages.

WOU, Kack Tcheng, *L'évolution du droit dans les institutions fondamentales de la Chine depuis l'Antiquité jusqu'à la Révolution de 1911*, Nancy, Thèse de Doctorat de l'Université de Droit, 1938, 160 pages.

WOU, P., *Les travailleurs chinois et la Grande Guerre*, Paris, Edition Pedone, 1939, 36 pages.

WRIGTH, Tim, *The Chinese Economy in The Early Twenty Century*, New-York, St Martin Press, 1992, 220 pages.

WU, Chunshi, *Dollars, Dependants and Dogma. Overseas Chinese Remittances to Communist China*, Stanford, Hoover Institution, 1967.

WU, Friedrich.C., *La Nouvelle Chine et le Gouvernement National. Etude sur la loi organique du 18 octobre 1928 et ses organisations des pouvoirs publics dans le Gouvernement national*, Paris, Edition Marcel Rivière, 1929, 211 pages.

YEN, Ching-Hwang, *The Overseas Chinese and the 1911 Revolution. With Special Reference to Singapore and Malaya*, Kuala Lumpur, Oxford University Press, 1976, 439 pages.

YEN, Ching-Hwang, *A Social History of the Chinese in Singapore and Malaya, 1800-1911*, Singapour, Oxford University Press, 1986, 433 pages.

YEN, Ching-Hwang, *The Overseas Chinese and China's Economic Modernization, 1875-1912*, Singapour, South Seas Society, 1976, 439 pages.

YEN, Ching-Hwang, *Coolies and Mandarins*, Singapour, Singapore University Press, 1985, 413 pages.

YOJI, Akashi, *The Nanyang Chinese National Salvation Movement, 1937-1941*, Kansas, International Studies, East Asia Research Publication, n°5, University of Kansas, 1970, 211 pages.

YONG, C.F., McKENNA, R.B., *The Kuomintang Movement in British Malaya, 1912-1949*, Singapour, Singapore University Press, 1990, 289 pages.

YUAN, Li Wu, WU, Chun-hsi, *Economic Development in Southeast Asia. The Chinese Dimension*, Californie, Hoover Institution Press, 1980, 219 pages.

B   Articles

ALEXANDROVIWICZ, A., « The Continuity of the Sovereign Status of China in International Law »., *The Indian Yearbook of International Affairs*, Vol.5, 1956, pp 84-94.

AN, « Peking and the Chinese in Indonesia », *China New Analysis*, n°311, fév.1960, pp.4-6.

AN, « Notice sur la situation des Chinois en Indochine », *Revue Indochinoise*, 12ème année, Tome XII, n°I, nov.1909, pp 1063-1109.

AN, « La Convention Consulaire entre les Pays-Bas et la Chine », *Bulletin Economique de l'Indochine*, n°92, sept-oct.1911, pp.877-879.

AN, « Who's to Blame ? », *Beijing Review*, 7 juillet 1978, page 30.

AN, « China Seeks Settlements Consultation of Question of Chinese Nationals in Vietnam », *Beijing Review*, 18 août 1978, pp.24-29.

AN, « Le problème de l'émigration chinoise », *Revue de Défense Nationale*, Vol.22, avril 1966, pp 659-683.

AN, « Chine-Indonésie. (Statuts des ressortissants) », *Revue Générale de Droit International Public*, n°32, 1961, pp 584-588.

AN, « Le tourisme en 1995 », *Beijing Information*, n°47, déc.1994, page 26.

AN, « La maison des Chinois d'outre-mer, China Commercial Services International », *Beijing Information*, n°33, 16 août 1993, page 34.

AN, « The International Conference on Emigration and Immigration held in Roma on the 15th-30th may 1924 on the invitation of the Italian governement », *Survey of International Affairs 1924*, Londres, 1926, pp.123-127.

AN, « L'émigration chinoise », *Revue Internationale du Travail*, Vol.XLIV, n°1, juillet 1941, pp.80-82.

AN, « La politique d'immigration des Etats-Unis », *Revue Internationale du Travail*, Vol.LVI, juil-déc 1947, pp.78-82.

AN, « Les derniers Accords Franco-Chinois », *L'Asie Française*, Hanoi, n°331, juin-juil. 1935, pp 17-23.

AN, « L'émigration chinoise », *Annales de l'Extrême Orient*, Bulletin de la Société Académique Indochinoise, Tome II, juil.1879-juin 1880, pp.1-5.

AN, « Regard sur la zone économique spécial de Xiamen », *Beijing Information*, n°2, jan.1986, page 24.

AN, « Resserrement du contrôle sur l'import-export », *Beijing Information*, n°11, 13 mars 1995, page 7.

AN, « La migration des ressortissants chinois », *Revue Internationale du Travail*, Vol.LVIII, n°2, août 1948, page 255.

AN, « The Problem of Oriental Immigration into Overseas Countries », *Survey in International Affairs 1924*, Londres, 1926, pp.127-160.

AN, « A Survey of Chinese Emigration », *Revue Internationale du Travail*, Vol.60, sept.1949, pp..289-301.

AN, « Under the Shadow of the Giant :Chinese in Southeast Asia », *China New Analysis*, n°295, oct.1959, pp.1-7.

AN, « Overseas Chinese », *Current Notes in InternationaL Affairs*, Etats-Unis, n°26, 1955, pp.325-330.

AN, « Indonesia-The Ban », *Far Eastern Economic Review*, n°26, 24 déc.1959, page 1017.

AN, « L'émigration des Chinois au Siam », *Revue Internationale du Travail*, Vol.LVIII, n°1, juil.1948, Rubrique "Migrations", page 98.

ARDANT, Philippe, « La pratique diplomatique chinoise récente », *Revue Générale de Droit International Public*, Tome 29, 1968, pp.991-1041.

ASH, F.R., « The Agricultural Sector in China. Performance and Policy Dilemmas during the 1990's », *The China Quarterly*, n°131, sept.1992, pp.545-576.

ASH, R.F., KUEH, Y.Y., « Economic Integration within Greater China : Trade and Investment Flows Between China, Hong-Kong and Taiwan », *The China Quarterly*, n°spécial, n°136, juin 1993, pp.711-745.

AUBERT, C., « La crise agricole en Chine », *Le Courrier des Pays de l'Est*, n°344, nov.1989, pp.51-68.

AUBERT, C., ETIENNE, G., « Les progrés et les aléas de l'agriculture et du monde rural », *Economie Prospective Internationale*, n°50, 2nd trimestre 1992, pp.31-65.

BARANG, Marcel, « La politique chinoise en Asie du Sud-Est et le sort des Partis communistes locaux », *Le Monde Diplomatique*, jan.1982, pages 1 et 10-11.

BARDONNET, Daniel, « Les Minorités asiatiques à Madagascar. », *Annuaire Français de Droit International*, Vol.X,1964, pp.127-224.

BAUDEZ, Marcel, « La nouvelle loi chinoise sur la nationalité du 18 novembre 1912 », *Revue de Droit International Privé et de Droit Pénal International*, Vol.10, 1914, pp.238-247.

BAUM, J., « Lee's Challenge », *Far Eastern Economic Review*, 14 sept.1995, pp.20-22.

BAUM, Julian, Human Wave. « Rise in Illegal Immigrants from China Alarms Taipei », *Far Eastern Economic Review*, 5 août 1993, page 24.

BERGERE, Marie-Claire, » Réforme du communisme et capitalisme chinois d'outre-mer », *Nouveaux Monde*, Génève, n°2, été 1993, pp.87-110.

BIGGERSTAFF, K., « The Establishment of Permanent Chinese Diplomatic Mission Abroad », *The Chinese Social and Political Science Review*, Péking, Vol.20, n°1, 1936, pp.1-41.

BIJARD, Laurent, « Wenzhou-Belleville...et retour », *Le Nouvel Observateur*, n°1535, 7 au 13 av.1994, pp.70 et 71.

BOHNING, W.R., « International Migration and the International Economic Order », *Journal of International Affairs*, Vol. 22, n°2, 1979, pp.187-200.

BOUTELLIER, E., « Attirer un oiseau sur la branche », *Economie Prospective Internationale*, n°spécial, n°57, 1er trimestre 1994.

BROWN, R.Shannon, « The Partially Opend Door : Limitations on Economic Change in China in the 1860s », *Modern Asian Studies*, Vol.19, n°2, 1978, pp.177-192.

CAYRAC-BLANCHARD, Françoise, « Les Chinois en Indonésie », *Revue Française de Science Politique*, Vol.18, n°4, août 1967, pp.738-744.

CHANG, C.Y., « Overseas Chinese in China's Policy », *The China Quarterly*, n°80, juin 1980, pp.281-303.

CHARBONNIER, Jean, « Les Chinois de la Diaspora », *Etudes*, juil-août 1987, pp.15-25.

CHEAH, Boon Keng, « Sino-Malay Conflicts in Malaya, 1945-1948. Communist Vendetta and Islamic Resistance », *Journal of Southeast Asian Studies*, Vol.XII, n°1, mars 1981, n° spécial, pp 108-117.

CHEN, Hurng-yu, « China's Political Division and Chinese Communities in Southeast Asia », *Issues and Studies*, Vol. 21, n°9, 1991, pp.69-92.

CHEVRIER, Yves, « Chine : L'échec des conservateurs après Tian'anmen », *Le Courrier des Pays de l'Est*, n°361, juil-août 1991, pp.17-36.

CHING, Franck, « Jakarta takes Significant Steps », *Far Eastern Economic Review*, 24 nov.1994, page 40.

CHING, Franck, Harry Wu « A Possible Resolution. But problems stemming from Lee visit to U.S. remain unresolved », *Far Eastern Economic Review*, 3 août 1995, page 31.

CHING, Franck, « Jiang Zemin goes fishing. Moderate Ouverture is designed to Lure Taiwan into a Dialogue », *Far Eastern Economic Review*, 2 mars 1995, page 40.

CHING, Franck, « Confucius, the New Saviour », *Far Eastern Economic Review*, 10 nov.1994, page 37.

CHING, Franck, « Indonesia's Harsh Mesures on Chinese are bearing Fruits », *Far Eastern Economic Review*, 20 mai 1993, page 33.

CHING, Franck, « China, Taiwan vie for Support of Chinese in North America », *Far Eastern Economic Review*, 8 juil.1993, page 28.

CHING, Franck, « China Tightens the Noose. But isolation of Taiwan may well backfire on Beijing », *Far Eastern Economic Review*, 18 août 1994, page 31.

CHING, Franck, « Taiwanese Exiles in US return to a Transformed Homeland », *Far Eastern Economic Review*, 17 juin 1993, page 34.

CHIOU, C.L., « Dilemmas in China's Reunification Policy toward Taiwan », *Asian Survey*, Vol.XXVI, n°4, avr.1986, pp.467-482

CHIU, Hungdah, « Communist China's Attitude toward International Law », *The American Journal of International Law*, Vol.60, n°2, avr.1966, pp.245-267.

CHIU, Hungdah, « China's Legal Position on Protecting Chinese Residents in Vietnam », *The American Journal of International Law*, Vol.74, n°3, juil.1980, pp.685-689.

CHIU, Hungdah, « Nationality and International Law in Chinese Perspectives », *Chinese Yearbook of International Law and Affairs*, Vol.9, 1990, pp.29-65.

CLAMMER, R.John, « French Studies on the Chinese in Indochina : A Bibliography Survey », *Journal of Southeast Asian Studies*, Vol.XII, n°1, mars 1981, n° spécial, pp.15-26.

CLIFFORD, Mark, « Question of Loyalty. Indonesian Capital Spending in China Sparks Controversy », *Far Eastern Economic Review*, 29 av.1993, page 54.

COLLECTIF, « L'émigration chinoise dans le Sud-Est Asiatique. Son importance politique et économique. Première partie : Indochine-Siam-Birmanie-Malaisie, Deuxième partie : Indonésie-Bornéo-Philippines »., *Notes et Etudes Documentaires*, La Documentation Française, n°2035, n°2036, juin 1955, 24 pages; 17 pages.

COLLECTIF, « New Trade in Human Slaves », *Newsweek*, 21 juin 1993, pp.20-24.

COLLECTIF, « Nationalité :Théorie Générale », *Répertoire de Droit International*, Publié par Lapradelle et Niboyet, Tome IX, 1931, pp.245-319.

COLLECTIF, « The New Boat People », *Newsweek*, 8 fév.1993, page 26.

COLLECTIF, « Shanghai, rires et fantômes », *Autrement*, n°spécial, n°26, sept.1987, 219 pages.

COLLECTIF, « La Légalité socialiste en Chine », *Beijing Information*, n°2, jan 1979, pp.24-34.

COLLECTIF, « The Overseas Chinese », *Far Eastern Economic Review*, 16 juin 1978, pp.17-24.

COLLECTIF, « Le Congrès des Chinois d'outre-mer », *Beijing Information*, avril 1984, page 5.

COLLIARD, Claude, « La Convention de Vienne sur les Relations Diplomatiques », *Annuaire Français de Droit International*, Vol.VII, 1961, pp.3-42.

COPPEL, Charles, « The National Status of the Chinese in Indonesia », *Papers on Far Eastern History*, Canberra, n°1, pp.115-139.

CRAMMER-BYNG, John, « The Chinese View of their Place in the World. An Historical Perspective. », *The China Quarterly*, n°53, jan-mars 1973, pp 67-79.

CROVITZ, G., « Dragon's Diaspora. Cultural links should bolster economic growth », *Far Eastern Economic Review*, 2 déc.1993, page 18.

CUCHE, Denys, RODRIGUEZ, Umberto, « La Formation de la minorité chinoise au Pérou », *Pluriel Débat*, n°8, 1976, pp.27-42.

De BEER LUONG, Brigitte, « Les Chinois d'outremer », *Défense Nationale*, jan.1993, pp.79-89.

DEAN, Arthur, « United States Foreign Policy and Formosa », *Foreign Affairs*, Vol.33, n°3, avril 1955, pp 360-375.

DENBERGER, Robert E., « Economic Cooperation in the Asia-Pacific Region and the Role of the P.R.C. », *Journal of Northeast Asian Studies*, spring 1988, pp.3-21.

DERON, Francis, « Pékin tente de tirer profit de la nouvelle vague d'émigration clandestine et de la recrudescence de la piraterie », *Le Monde*, 24 juil.1993, page 7.

DERON, Francis, « La Chine décide de faire flotter le yuan », *Le Monde*, 31 déc.1993, page 19.

DERON, Francis, « Le remaniement monétaire du 1er janvier a provoqué une débauche de consommation », *Le Monde*, 4 jan.1944, page 6.

DERON, Francis, « La Chine prépare une vaste réforme fiscale », *Le Monde*, 3 nov.1993, page 23.

DRABBLE, J.H., « The British Agency Houses in Malaysia : Survival in Changing World », *Journal of Southeast Asian Studies*, Vol.12, n°2, sept.1981, pp.297-328.

DUDLEY, L.P.Jr., MEI,Yu-Yu, « The Distribution of Overseas Chinese in Contemporary World », *International Migration Review*, Vol.24, Fall 1990, pp.480-508.

EL HASHIMI, « Sayed, Chinese Communism Abroad », *Contemporary Review*, n°1059, mars 1954, pp 144-153.

ESCARRA, Jean, « Droit International Privé de la Chine », *Répertoire de Droit International*, Publié par Lapradelle et Niboyet, Tome IV, 1930, pp. 203-207.

ESCARRA, Jean, « Remarques sur la Sinologie juridique », *Revue Indochinoise Juridique et Economique*, n°1, 1937, pp.39-56.

ESCARRA, Jean, « Nationalité en Chine », *Répertoire de Droit International*, Publié par Lapradelle et Niboyet, Tome IX, 1931, pp.586-589.

ESCARRA, Jean, « La conception chinoise du droit », *Archives de Philosophie du Droit et de Sociologie Juridique*, 1935, pp.7-73.

ESCARRA, Jean, « Le problème de l'extraterritorialité en Chine », *Revue de Droit International Privé*, Tome VXIII, Année 1922-1923, pp.693-720.

FAUCHILLE, Paul, « Le droit d'émigration et le droit d'immigration », *Revue Internationale du Travail*, Vol.IX, n°3, mars 1924, pp.333-350.

FENG, Bing, « 1994 : succès des mesures de réformes », *Beijing Information*, n°52, 26 déc.1994, pp.10-16.

FENG, Lanrui, « Comparaison entre les deux vagues de chômages en Chine pendant la dernière décennie », *Revue Internationale de Science Sociale*, fév.1991, pp. 201-218.

FITZGERALD, Stephen, « Overseas Chinese Affairs and the Cultural Revolution », *The China Quarterly*, n°40, fév-déc.1969, pp.103-126.

FOSCANEAU, Lazard, « Les grands traités de la R.P.C. », *Annuaire Français de Droit International*, Vol VIII, 1962, pp.139-177.

FRIEDLAND, J., « Traffic Problem. Rising Tide of Chinese Illegal Immigrants worries Japan », *Far Eastern Economic Review*, 4 août 1994, page 20.

FUJIWARA, Riichiro, « Vietnamese Dynasties's Policies toward Chinese Immigrants », *Acta Asiatica*, Bulletin of the Institute of Eastern Culture, Tokyo, n°18, 1970, pp.43-69.

GENG, Yuxin, « 1955 : année de la réforme des entreprises », *Beijing Information*, n°1, 2 jan.1995, page 4.

GENTELLE, Pierre, « Les Chinois dans le Pacifique », *Revue Tiers-Monde*, Tome XVII, n°69, jan-mars 1977, pp. 168-173.

GINZBURG, George, « The 1980 Nationality Law of the People's Republic of China », *The American Journal of Comparative Law*, Vol.30, n°3, été 1982, pp. 459-498.

GODLEY, M., COPPEL, A.C., « The Pied Piper and the Prodigal Children. A Report on Indonesian Chinese Students who went to Mao's China », *Archipel*, n°39, 1990, pp.179-197.

GODLEY, R.Michael, « The Sojourners : Returned Overseas Chinese in the People's Republic of China », *Pacific Affairs*, Vol.62, n°3, 1989, pp.330-352.

GODLEY, R.Michael, « The Treaty Port Connection : An essay », *Journal of Southeast Asian Studies*, Vol.XII, n°1, mars 1981, n°spécial, pp.248-259.

GODLEY,R.Michael, « The Late Ch'ing Courtship of the Chinese in Southeast Asia », *Journal of Asian Studies*, Vol XXXIV, n°2, fév 1975, pp.361-385.

GOLDMAN, Merle, « Religion in Post-Mao China », *The Annals of the American Academy of Political and Social Sciences*, n°483, jan.1986, pp.146-156.

GOMANE, Jean-Pierre, « L'ombre de la Chine sur l'Asie du Sud-Est », *Défense Nationale*, jan.1993, pp.67-76.

GOODSTADT, L., « The Overseas Chinese », *The Round Table*, Etats-Unis, Vol.259, juil.1975, pp.251-262.

GRANT, Richard, « China and its Neighbors : Looking Toward the Twenty-First Century », *The Washington Quarterly*, n°17, nov.1994, pp.59-69.

GUERASSIMOFF, Eric, « Le gangzhu blanc du Johor. Récit d'un missionnaire français à la tête d'une colonie de cultivateurs chinois dans la jungle malaise au milieu du XIXe siècle », *Etudes Chinoises*, à paraître.

HAITUNG, King, LOCKE, B.Frances, « Chinese in the United States : A Century of Occupational Transition », *International Migration Review*, Vol.14, n°1, 1980, pp.15-42

HAN, Baocheng, « Fuzhou, lieu d'origine des Chinois d'outre-mer le plus ouvert », *Beijing Information*, n°52, 26 déc.1994, pp.17-22.

HEATON, William R., « China and Southeast Asian Communist Movements : The Decline of Dual Track Policy », *Asian Survey*, Vol.XXII, n°8, août 1982, pp.779-800.

HELLY, Denise, « La République Populaire de Chine et les Chinois d'outremer », *Anthropologies et Sociétés*, n°spécial, Vol.3, n°3, 1979, pp.69-86.

HICKS, George, MACKIE, J.A.C., « Overseas Chinese. A Question of Identity. Despite Media Hype, they are firmly settled in Southeast Asia », *Far Eastern Economic Review*, 14 juil.1994, pp.46-48.

HOUANG, R.P., « Dix millions de Chinois dans l'Asie du Sud-Est : Une interview du Réverend Père Houang », *Information Catholique Internationale*, n°68, 15 mars 1958, pp.17-23.

HSIA, Tao-tai, « Settlement of Dual Nationality between Communist China and other Countries », *Osterroparecht*, Tome XI, 1965, pp.27-38.

HUANG, Wei, « Rong Yiren ou "Monsieur CITIC" », *Beijing Information*, n°36, sept.1994, pp.24-26.

HUM LEE, Rose, « The Chinese Abroad », *Phylon*, Vol.17, n°3,1956, pp.257-270.

HUUS, Kari, « Plant a Tree in America. China : An anti emigration drive seems likely to fail », *Newsweek*, 16 août 1993, page 35.

JACKSON, James C., « Le développement de l'agriculture commerciale dans la péninsule malaise avant 1908 », *Les Cahiers de l'Outre-Mer*, Tome 24, n°93, 1971, pp.32-44.

JENKINS, David, « The Jakarta Solution », *Far Eastern Economic Review*, 21 sept.1979, pp.38-42.

JIE, Chen, The « "Taiwan Problem" in Peking's ASEAN Policy », *Issues and Studies*, avr.1993, pp.95-124.,

JOMO, K.S., « Wither Malaysia's Next Economic Policy ? », *Pacific Affairs*, Vol.63, n°4, Hiver 1990-1991, pp.469-499.

JONES, R.S., KING, R.E., KLEIN, M., « L'intégration économique entre Hong-Kong, Taiwan et les provinces côtières de la Chine », *Revue Economique de l'O.C.D.E.*, n°20, 1993, pp.130-163.

JOYAUX, François, « Les Chinois dans le monde », *Problèmes Politiques et Sociaux*, nos 79-80, 2-9 juil.1971, pp.5-31.

KAMMERER, A., « La nouvelle loi chinoise sur la nationalité », *Revue de Droit International Privé et de Droit Pénal International*, Vol.5, 1909, pp.720-736.

KAYE, Lincoln, China. Reduce the Speed Ahead, *Far Eastern Economic Review*, 16 mars 1995, pp.14-15.

KLEIN, Ira, British Expansion in Malaya, *Journal of Southeast Asian History*, Vol.9, n°1, 1968, pp.53-68.

KOTO, Matsudarai, « Peaceful Settlement of International Disputes and the People's Republic of China », *The Japanese Annual of International Law*, n°15, 1971, pp.38-69.

LARDY, N.R., « Chinese Foreign Trade », *The China Quarterly*, n°131, sept.1992, pp.699-718.

LE CORRE, Philippe, « Taiwan-Chine : les frères ennemis sont pragmatiques », *Défense Nationale*, n°6, juin 1993, pp.133-143.

LECLERC, Max, « L'émigration chinoise et les relations internationales », *Revue des Deux Mondes*, 1er av.1889, pp.650-687.

LEE, Lai To, « Deng Xiaoping's Asean Tour : A Perspectives on Sino-Southeast Asian Relations », *Contemporary South East Asia*, Vol.3, n°1, 1981, pp.58-75.

LEMOINE, Françoise, « Chine : Surchauffe économique, percée réformatrice », *La Lettre du C.E.P.I.I.*, n°120, jan.1994, 4 pages.

LENG, Shao-chuan, LIN, Cheng-yi, « Political Change on Taiwan : Transition to Democracy ? », *The China Quarterly*, n°spécial, n°136, juin 1993, pp.805-839.

LEONG, Stephen, « Malaysia and the People's Republic of China in the 1980's », *Asian Survey*, Vol. XXVII, n°10, pp.1109-1126.

LEONG, Stephen, « The Malayan Overseas Chinese and the Sino-Japan War, 1937-1941 », *Journal of Southeast Asian Studies*, Vol.X, n°2, sept.1979, pp.293-320.

LEVASSEUR, George, « Les répercussions des Accords de Nankin sur les problèmes de Droit International privé en Indochine », *Revue Indochinoise Juridique et Economique*, Vol.I/II/III/IV, 1937, pp.57-99; 83-118; 96-149; 2-134.

LI, Yongzheng, « Education : Des Chinois d'outre-mer souscrivent à la création de certaines écoles », *Beijing Information*, n°10, mars 1984, pp.17-20.

LI, Ziliu, « Guangzhou se transforme en une métropole internationale », *Beijing Information*, n°28, 11 juil.1994, pp.13-17.

LIN, Chin Pon, « Beijing-Taipei : Dialectics in Post-Tiananmen Interactions », *The China Quarterly*, n°spécial, n°136, déc.1993, pp.770-804.

LINTNER, Bertil, « Rocks and a Hard Place. Forgotten China Immigrant Ship off Thailand », *Far Eastern Economic Review*, 9 sept. 1993, pp.26 et 28.

LINTNER, Bertill, « Burma. Enter the Dragon », *Far Eastern Economic Review*, n°37, 12 sept.1994, pp.22-25.

LIU, H.Williams, « Ethnics Conflicts and the Chineseness Factor in ASEAN », *Issues and Studies*, Taipei, Vol.25, n°2, fév.1989, pp.95-129.

LIVE, Yu Sion, « Les travailleurs chinois et l'effort de la Grande Guerre », *Hommes et Migrations*, n°1148, nov. 1991, pp.12-14.

LOMBARD, Denys, SALMON, Claudine, « La Diaspora chinoise : Persistance du nationalisme au terme d'une longue assimilation », *Le Monde Diplomatique*, 1er fév. 1979, pp.6, 7-8.

LU, Yun, « Que sont devenus les anciens capitalistes ? », *Beijing Information*, n°40, 3 oct.1988, pp.25-27.

MALLORY, H.Walter, « Chinese Minorities in Southeast Asia », *Foreign Affairs*, Vol.34, n°2, jan.1956, pp.258-270.

MARSOT, Alain, « La Chine Populaire et les communautés chinoises du Sud-Est Asiatique », *Revue Juridique et Politique, Indépendances et Coopération*, n°2, avr.-juin 1965, pp.179-193.

MARTIN, P.L., HOUSTON, M.F., « The Future of International Labor Migration », *Journal of International Affairs*, Vol.33, n°2,1979, pp..311-333.

MAYBON, Albert, « La Révolution Chinoise », *L'Asie Française*, Hanoi, n°2 et 3, jan et fév 1912, pp.59-63 et pp.9-16.

MAYBON, Albert, « La Révolution et les Chinois de Cochinchine », *L'Asie Française*, Hanoi, n°14, déc.1912, pp.525-528.

McBEATH, H.Gerald, « Southeast Asian Chinese in China's Foreign and Domestic Policy », *Asian profile*, Vol.11, n°3, juin 1983, pp.231-242.

MELIKSETOV, Arlen, « La modernisation de la Chine et le Confucianisme », *Cahier d'études chinoises*, n°10, pp.71-80.

MOONEY, Paul, ZYLA, M., « Braving the Seas and More. Smuggling Chinese into the Us Means Big Money », *Far Eastern Economic Review*, 8 av.1993, pp.17-21.

MOORE, J.B., « Les Etats-Unis fermés aux Chinois », *Journal du Droit International Privé et de la Jurisprudence Comparée*, Tome 19, 1892, pp.388-401.

NAYAN, Chanda, « Peking Says it out Moud to Hanoi », *Far Eastern Economic Review*, 12 mai 1978, pp.9-10.

NEWMANN, John, « Singapore's Speak Mandarin Campaign : The Educationnal Argument », *Southeast Asian Journal of Social Science*, Vol.14, n°2, 1986, pp.52-67.

NHAY, Phan, « Ouverture de la Chine : la troisième vague », *Le Courrier des Pays de l'Est*, n°330, juin 1988, pp.39-49.

ONG, Puay Liu, « Ethnic Quotas in Malaysia : Affirmative Action or Indigenious Right ? », *Asian Profile*, Vol.18, n°4, août 1990, pp.325-334.

OWEN-WONG,H.H., « The Origin and Evolution of the Idea of Establishing Chinese Legations Abroad. », *Journal of Oriental Studies*, Vol.10, 1972, pp.145-171.

PACHO, G.Arturo, « Political Integration through Naturalization: a Southeast Asian Perspective », *Asia Quarterly*, n°4, 1980, pp.223-243.

PAIRAULT, Thierry, « Shanghai, Zhao Ziyang et le développement côtier », *Le Courrier des Pays de l'Est*, n°30, juin 1988, pp.50-54.

PAIRAULT, Thierry, « Politique industrielle et industrialisation en Chine », *Notes et Etudes Documentaires*, n°4735-36, 12 oct.1983, 126 pages.

PANG, Wing Seng, « The "Double Seventh" Incident,1937: Singapore Chinese Response to the Outbreak of Sino-Japanese War », *Journal of Southeast Asian Studies*, Vol.IV, n°2, Sept.1973, pp.269-299.

PERONE, P.Louis, « Les Chinois d'Indonésie : commerce ou politique? », *Le Monde Diplomatique*, Av.1960, page 5.

PETERSON, D.Glen, « Socialist China and the Huaqiao. The Transition to Socialism in the Overseas Area of Rural Guangdong, 1949-1956 », *Modern China*, Vol.14, n°3, juil.1988, pp.309-333.

POMONTI, Jean-Claude, « Malaisie : arrestations et mesures répressives. La démocratie en question », *Le Monde*, 7 nov.1987, page 3.

PURCELL, Victor, « La Révolution Chinoise et l'Asie du Sud-Est », *Politique Etrangère*, n°2, 1963, pp.141-151.

PURCELL, Victor, « The Dual Nationality of the Chinese in Southeast Asia », *India Quarterly*, Vol.11, 1955, pp.344-354.

RAMSES, Amer, « Sino-Vietnamese Normalization in Light of the Crisis of the Late 1970s », *Pacific Affairs*, mars 1994, pp.357-383.

RAULIN, Anna, « Minorités Intermédiaires et Diasporas », *Revue Européenne des Migrations Internationales*, Vol.7, n°11, 1991, pp.163-169.

ROBINSON, Richard, « Etats autoritaires, classes possédantes et politiques des nouveaux pays industriels : le cas de l'Indonésie », *Revue Tiers Monde*, Tome XXXI, n°124, oct-déc 1990, pp.853-876.

ROEDER, E.G., « Chinese "Impudence" », *Far Eastern Economic Review*, 7 mai 1973, page 34.

SAISON, C., CLUZEL, G., « La Nationalité dans le nouveau droit chinois », *Journal du Droit International Privé et de la Jurisprudence Comparée*, n°1-11, 1910, pp.407-421.

SALMON, Claudine, « The Contribution of the Chinese to the Development of Southeast Asia », *Journal of Southeast Asian Studies*, Vol.XII, n°1, n°spécial, mars 1981, pp.260-275.

SALMON, Claudine, « Un colloque sur les "changements d'identité des Chinois d'Asie du Sud-Est depuis la seconde Guerre Mondiale" », *Archipel*, n°32, 1986, pp.15-18.

SALMON, Claudine, « Le rôle des femmes dans l'émigration chinoise en Insulinde », *Archipel*, n°16, 1978, pp.161-174.

SAUVY, Alfred, « Quelques aspects du problème des migrations », *Revue Internationale du Travail*, Vol.LVIII, n°1, Juil.1948, pp.20-39.

SCHIER, Peter, « The Indochina Conflict from the Perspectives of Singapore », *Contemporary Southeast Asia*, Vol.4, n°2, sept.1982, pp.226-235.

SHELDON, W.Simon, « The Two Southeast Asia and China », *Asian Survey*, Vol.XXIV, n°5, mai 1984, pp.519-533.

SHELDON, W.Simon, « China and Southeast Asia : Suspicion and Hope », *The Journal of East Asian Affairs*, Vol.V, n°1, Hiver-printemps 1991, pp.185-202.

SIAN-CHONG, N., « The Overseas Chinese and South East Asia », *Military Review*, Etats-Unis, Vol.45, n°8, 1965, pp.29-35.

SIDHU S., Manjit, « The Chinese Diaspora », *Asian Profile*, Vol.3, n°6, déc.1985, pp.487-502.

SILVERSTEIN, J., SILVERSTEIN, L., « David Marshall and Jewish Emigration from China », *The China Quarterly*, n°75, 1978, pp.647-654.

SKINNER, G.William, « Overseas Chinese in Southeast Asia », *The Annals of the American Academy of Political and Social Science*, Philadelphie, Vol.321, jan.1959, pp.136-147.

SOMERS, F.Mary, « Peking and the Overseas Chinese : The Malaysian Dispute », *Asian Survey*, Vol.VI, n°5, mai 1966, pp.276-287.

SONG, Ong Siang, « Are the Straits Chinese British Subjects ? », *The Straits Chinese Magazine*, Singapour, Vol.III, n°10, juin 1899, pp.61-67.

STERN M., Lewis, « The Eternal Return : Changes in Vietnam's Policies toward the Overseas Chinese », *Issues and Studies*, Vol.24, n°7, juil.1988, pp.118-138.

SUEO, Kojima, « Les échanges commerciaux entre la Chine et Taiwan », *Problèmes Economiques*, n°2101, 30 nov.1988, pp.8-14.

SURYADINATA, Leo, « The Chinese Minority and Sino-Indonesian Diplomatic Normalization », *Journal of Southeast Asia*, Vol.XII, n°1, mars 1981, pp.197-206.

SURYADINATA, Leo, « Governement Policy and National Integration in Indonesia », *Southeast Asian Journal of Social Science*, Vol.16, n°2, 1988, pp.111-132.

SURYADINATA, Leo, « Indonesia Policies Toward the Chinese Minority under the New Order », *Asian Survey*, Vol.16, n°8, 1976, pp. 770-787.

SURYADINATA, Leo, « Ethnic Chinese in Southeast Asia : Problems and Prospects », *Journal of International Affairs*, Vol.41, n°2, été 1987, pp.135-151.

TAI, Hung-chao, « L'alternative orientale : Une hypothèse concernant la culture et l'économie de l'Asie Orientale », *Etudes et Documents*, juil.1989, pp.1-38.

TAN, Antonio S., « The Philipines Chinese Respons to the Sino-Japanese Conflict, 1931-1941 », *Journal of Southeast Asian Studies*, Vol.XII, n°1, n°spécial, mars 1981, pp.207-223.

TAN, Kong Yam, « Singapore's Role in the Economic Development of China », *Singapore Economic Review*, Vol.36, n°23, oct.1991, pp.27-42.

TANAKA, Keisuke, « Passeurs et clandestins en mer de Chine », *Courrier International*, 23 sept.1993, pp. 8-19.

TEITELBAUM, S., « Michael, Immigration, Refugees, and Foreign Policy », *International Organization*, Vol.38, n°3, été 1984, pp.429-450

THIBERT, Marguerite, « Emigration », *Répertoire de Droit International*, Publié par Lapradelle et Niboyet, Tome VII, 1930, pp.543-581.

TOFIMOV, Y., « No Promised Land. Chinese workers find little joy in Israel », *Far Eastern Economic Review*, 3 août 1995, page 28.

TOWNSEND, James, « Chinese Nationalism », *The Australian Journal of Chinese Affairs*, n°27, jan.1992, pp.97-130.

TRIOLLET, Pierre, « Les Huaqiao (Chinois d'outremer) et le socialisme du continent: une autre voie? », *Revue Tiers-Monde*, Tome XXII, n°86, avr-juin 1981, pp.459-466.

TSAI, Chutung, « The Chinese Nationality Law, 1909 », *The American Journal of International Law*, Vol.4, 1910, pp.404-411.

TSIEN, Tche Hao, « Le droit de la nationalité de la République populaire de Chine », *Revue Critique de Droit International Privé*, 1981, pp.588-592.

TSIEN, Tche Hao, « La Constitution de 1982 et les réformes institutionnelles en République populaire de Chine », *Revue de Droit International Comparé*, jan-mars 1983, pp.385-390.

TSIEN, Tche Hao, « La nouvelle législation et les réformes institutionnelles en République populaire de Chine », *Revue de Droit International et de Droit Comparé*, 1980, n°3, pp.602-606.

TSIEN, Tche Hao, « La Chine. Constitution de 1982 et institutions », *Notes et Etudes Documentaires*, n° 4741-4742, 143 pages.,

VAN der KROEF, Justus, « "Normalizing" Relations with People's Republic of China : Indonesia Policies and Perceptions », *Asian Survey*, Vol.XXVI, n°8, août 1986, pp.909-934.

VAN der KROEF, Justus, « "Normalizing" Relations with the People's Republic of China : Indonesia's Rituals of Ambiguity », *Contemporary Southeast Asia*, Vol.3, n°3, déc.1981, pp.187-218.

VANIN, V., « Peking and the Overseas Chinese », *International Affairs*, Moscou, août 1978, pp.48-60.

VARLEZ, Louis, « Les migrations internationales et leur règlementation », *Recueil des Cours de l'Académie de Droit International*, La Haye, Tome XX, 1927, pp.169-345.

VATIKIOTIS, Michael, « Sino Chic. Suddenly it's Cool to be Chinese », *Far Eastern Economic Review*, 11 jan.1996, pp.22-24.

VATIKIOTIS, Michael, « Pekin and Jakarta Resume Ties but Ethnic Suspicion Linger. Red Carpets, Red Flags », *Far Eastern Economic Review*, 23 août 1990, pp.8-9.

VERCRUYSSE-BOUSSON, J., « Lu, Yu Sun : Programms of Communist China for Overseas Chinese », *Pays Communistes*, Vol.2, n°3, 1961, pp.200-206.

VERWILGHEN, M., « R.P.C. : Loi sur la Nationalité », *Revue de Droit International et de Droit Comparé*, Bruxelles, Tome, LVIII,1981, pp.312-320.

WANG, Sing-wu, « The Attitude of the Ch'ing Court Toward Chinese Emigration », *Chinese Culture*, Vol.IX, n°4, 1968, pp. 62-76.

WANG, Dao Nao, « Les investissements directs des Chinois d'outre-mer en Chine », *Economie Prospective Internationale*, n°30, 2nd Trimestre 1987, pp.81-89.

WANG, Gungwu, « The Question of Overseas Chinese », *Southeast Asian Affairs*, 1976, pp.101-110.

WANG, Gungwu, « China and the Region in Relation to Chinese Minorities », *Contemporary Southeast Asia*, n°1, av.1979, pp.36-50.

WANG, Gungwu, « Southeast Asian Hua-ch'iao in Chinese History Writing », *Journal of Southeast Asian Studies*, Vol.12, n°1, mars 1981, pp.1-14.

WANG, Gungwu, « Greater China and the Overseas Chinese », *The China Quarterly*, n°spécial, n°136, juin 1993, pp.926-948.

WANG, Tieya, « International Law in China : Historical and Contemporary Perspective », *Recueil des Cours de l'Académie de la Haye*, Tome 221, 1990, pp.199-369.

WARNER, Deys, « Peking and the Overseas Chinese », *The New Republic*, New-York, Vol.140, n°2, 12 jan.1959, pp.14-16.

WEGGEL, O., « La politique de développement régional de la Chine et les effets de la régionalisation », *Problèmes Economiques*, n°2007, 14 jan.1987, pp.27-32.

WHITE, T.Gerald, « The Chinese and Immigration Law », *Far Eastern Survey*, 5 av.1950, pp.66-70.

WILLIAMS, L.S., « The Overseas Chinese and Peking », *Trans-Action*, Vol.4, n°3, jan-fév.1967, pp.5-9.

WILLMOTT, W.E., « The Chinese in Kamputchea », *Journal of Southeast Asian Studies*, n°1, n°spécial, mars 1981, pp.38-45.

WILSON, H.E., « An Abortive Plan for an Anglo-Chinese College in Singapore », *Journal of Southeast Asian History*, Vol.2, n°2, 1961, pp.35-42.

WONG, Lin Ken, « Singapore : Its Growth as an Entrepot Port, 1819-1914 », *Journal of Southeast Asian Studies*, Vol.11, n°1, mars 1978, pp.97-109.

WU, Ching-Ch'ao, « Chinese Immigration in the Pacific Area », *The Chinese Social and Political Review*, Vol.XII, n°4, oct.1929, pp.543-560 ; Vol.XIII, n°2, av.1929, pp.161-179; Vol.XIII, n°1, pp.50-76.

WU, Chun-hsi, « Peiping's Overseas Chinese Policy and Operations », Intervention disponible à la Bibliothèque de l'Institut de Sinologie de l'Université de Leiden, Pays-Bas, sans date, 16 pages.

WU, I., « Grounds for Refuge. Women benefit as U.S., Canada ease asylum policy », *Far Eastern Economic Review*, 11 août 1994, page 24.

WU, Natiao, « L'Association pour la Construction Démocratique de Chine oeuvre à promouvoir le développement économique », *Beijing Information*, n°52, 28 déc.1992, pp.24-27.

WU, Tieh-ch'eng, « Contributions from the Overseas Chinese during the War », *The China Quarterly*, Vol.5, n°4, automne 1940.

YEN, Ching-Hwang, « The Overseas Chinese and Late Ch'ing Economic Modernization », *Modern Asian Studies*, Vol.16, n°2, 1982, pp.217-323.

YEN, Ching-Hwang, « Ch'ing Sales of Honours and the Chinese Leadership in Singapore and Malaya, 1899-1911 », *Journal of Southeast Asian Studies*, Vol.16, n°3, 1982, pp.347-425.

YEN, Ching-Hwang, « The Confucius Revival Movement in Singapore and Malaya », *Journal of Southeast Asian Studies*, Vol.7, n°1, mars 1976, pp.33-44.

YONG, Mung Cheong, « A Survey of Some Dutch Language Materials on the Chinese in Indonesia », *Journal of Southeast Asian Studies*, Vol.XII, n°1, n°spécial, mars 1981, pp.27-37.

YOU, Sheng, SHEN, Ming, « Une université moderne au service de l'ouverture », *Beijing Information*, n°38, 20 sept.1993, pp.23-26.

YU, Helena S.H., « Reports from China, Overseas Remittances in South-Eastern China », *The China Quarterly*, n°78, juin 1978, pp.339-359.

YUEN, Fong Woon, « International Links and the Socioeconomic Development in Rural China : An emigrant community in Guangdong », *Modern China*, Vol.16, av.1990, pp.139-179.

YUEN, Fong Woon, « Social Change and Continuity in South China : Overseas Chinese and the Guan Lineage of Kaiping Country, 1949-1987 », *The China Quarterly*, n°118, juin 1989, pp.300-344.

YUEN, Fong Woon, « The Voluntary Sojourners among the Overseas Chinese : Myth or Reality ? », *Pacific Affairs*, Vol.56, n°4, Hiver 1983-84, pp.673-690.

TABLE DES MATIERES

INTRODUCTION..	7
NOTES DE L'INTRODUCTION...	29

PREMIERE PARTIE :
Les Chinois d'outre-mer et le renforcement de l'Etat chinois..................... 33

Chapitre 1 : **Les Chinois d'outre-mer et l'ouverture économique**.................. 37

Section 1 : La modernisation économique en R.P.C. depuis 1978................... 37

§.1 L'économie socialiste de marché.. 37
A / Des politiques économiques pragmatiques... 37
B / Une croissance déséquilibrée et coûteuse... 40

§.2 La politique d'ouverture... 42
A / Commerce extérieur et entreprises étrangères.. 43
    1) Développer les échanges extérieurs... 43
    2) Les investissements étrangers.. 44
B / Le réveil de la Chine maritime.. 45

Section 2 : Instruments et modèles.. 47

§.1 Un intérêt récurrent.. 48
A / Les Chinois d'outre-mer, un potentiel disponible....................................... 48
    1) Des ressources financières et techniques... 48
    2) Des Chinois d'outre-mer disponibles.. 51
B / Une ouverture économique maîtrisée par l'Etat... 54
    1) Des domaines d'investissements statégiques.. 54
    2) Le contrôle de l'ouverture économique.. 56
        a) Un subsitut à la participation économique des étrangers.............. 57
        b) Une modernisation contrôlée par l'autorité publique centrale.. 57

§.2 La recherche d'un modèle... 59
A / Des investisseurs pour la modernisation... 59
B / Capitalisme et confucianisme... 63
    1) Le modèle " affectif ".. 63
    2) La réussite micro-économique des Chinois d'outre-mer..................... 64

3) L'intérêt chinois pour les " Quatres dragons "	66
NOTES DU CHAPITRE 1	69

Chapitre 2 : Les Chinois d'outre-mer et la réunification étatique 81

Section 1 : Une nouvelle politique à l'égard de Taiwan 81

§.1 De la libération à la réintégration	81
A / Le retour forcé	82
B / " Un Etat, deux systèmes "	83
§.2 Intégration et lutte contre l'indépendance de Taiwan	85
A / La multiplication des échanges	85
B / Indépendance de Taiwan et menace de conflit	87

Section 2 : Les Chinois d'outre-mer, de l'indépendance à la réunification étatique 89

§.1 Les Chinois d'outre-mer et la souveraineté de la Chine	89
A / Les revendications de la souveraineté chinoise	89
1) La liberté d'émigrer des sujets chinois, une acceptation forcée	89
2) L'égalité souveraine	95
B / Une reconnaissance négociée	97
§.2 Les Chinois d'outre-mer et la réunification	99
A / L'appel au "patriotisme" des Chinois d'outre-mer	100
1) Les Chinois d'outre-mer et la révolution de 1911	100
a) Un contexte favorable et un Chinois d'outre-mer d'envergure	100
b) Un atout financier et théorique pour les révolutionnaires	102
2) L'utilisation de ce " patriotisme "	105
B / Un lien privilégié entre les deux Chine	107
1)Une influence politique extérieure	108
a) Les Chinois d'outre-mer, outil de l'hégémonie chinoise	108
b) Les Chinois d'outre-mer, porte parole politique de la réunification	110
2) Une passerelle économique	111
NOTES DU CHAPITRE 2	114

DEUXIEME PARTIE :
Les Chinois d'outre-mer et l'adaptation de l'Etat chinois............................ 123

Chapitre 1 : **Une politique intérieure valorisante**.. 127

Section 1 : La reconnaissance des Chinois d'outre-mer et de l'émigration..... 127

§ 1 La caractérisation politique et juridique des Chinois d'outre-mer................ 127
A / Une réhabilitation politique.. 127
    1) Chinois d'outre-mer et Bourgeoisie nationale...................................... 128
    2) Une image positive.. 131
B / Un statut juridique restrictif.. 133
    1) Le droit de la nationalité, un droit lié à l'émigration et à
    l'ouverture.. 134
    2) La législation de 1980.. 137

§ 2 Emigration clandestine et officielle... 140
A/ La croissance des départs illégaux... 141
    1) De nouveaux immigrés clandestins : les Chinois du continent.......... 141
    2) L'émigration illégale : un problème international............................. 144
B/ La constitution de nouveaux Chinois d'outre-mer....................................... 146
    1) Les prémisses d'une législation sur l'émigration................................. 146
    2) Une émigration préparée... 149

Section 2 : Une singularisation des Chinois d'outre-mer................................ 153

§ 1 La représentation politique des Chinois d'outre-mer.................................. 153
A / Une participation politique réduite... 153
    1) L'idée de la participation politique des Chinois d'outre-mer............ 154
    2) La représentation des Chinois d'outre-mer de l'intérieur.................. 156
B / Des institutions spécifiques... 159
    1) Des organes au sein de l'exécutif, du législatif et du politique........ 159
    2) Des institutions non-officielles.. 161

§ 2 Un cadre économique intérieur privilégié.. 164
A / L'action économique spontanée favorisée... 164
    1) Libéraliser les contacts des familles du continent avec les Chinois
    d'outre-mer... 165
    2) Des mesures favorables aux remises et aux dons............................. 168
        a) Avantages fiscaux et liberté d'utilisation des remises.............. 168
        b) Des dons honorés... 171
B / Une participation durable au développement... 174
    1) Une politique de retour des émigrés... 174
    2) Les Chinois d'outre-mer, des investisseurs étrangers privilégiés...... 177

        a) Une requête des Chinois d'outre-mer.................................. 177
        b) Investisseurs étrangers et chinois... 179

    NOTES DU CHAPITRE 1.. 184

Chapitre 2 : **Une politique extérieure apaisante**.. 203

Section 1 : L'abandon total d'une politique coloniale.................................... 203

§ 1 L'intégration des Chinois d'outre-mer... 203
A/ La résolution des problèmes juridiques.. 204
    1) La question de la double nationalité... 204
    2) Les apatrides d'origine chinoise... 208
B / L'assimilation culturelle, économique et politique des Chinois d'outre-mer
    au sein de leurs Etats d'accueil... 211
    1) Une réalité ancienne... 211
    2) Du rejet au constat... 214

§ 2 La non ingérence.. 220
A / La question de la protection diplomatique.. 220
    1) La réaffirmation du principe.. 221
    2) La réalité de l'application.. 222
B / Le rejet de l'utilisation politique des Chinois d'outre-mer........................ 227
    1) Critique de la politique étrangère menée pendant la Révolution
        culturelle à l'égard des Chinois d'outre-mer et des Etats d'accueil... 227
    2) L'abandon du soutien aux Partis communistes..................................... 228

*Section 2 : L'établissement de relations de gouvernement à gouvernement,
            un lien avec les Chinois d'outre-mer*.. 232

§ 1 Les conséquences de la politique étrangère chinoise sur les communautés
    émigrés... 232
A/ La fin de l'isolement international... 232
    1) Une politique indépendante et non hégémoniste................................... 233
    2) Des relations bilatérales pragmatiques.. 237
B/ Les conséquences de la politique étrangère chinoise sur les émigrés
    chinois... 238
    1) La persistance d'une certaine méfiance... 238
    2) Des mesures liées au rapprochement avec la R.P.C.............................. 240

§ 2 Les perspectives des relations entre les Chinois d'outre-mer et la R.P.C.... 243
A / Les Chinois d'outre-mer, un lien pour un développement partagé ?........... 243
    1) Des échanges économiques croissants avec les Etats d'accueil........... 243

2) Les Chinois d'outre-mer au coeur des relations économiques bilatérales..	245
B/ La R.P.C. à l'écoute de la culture des Chinois d'outre-mer............................	248
1) Une action adaptée aux Chinois d'outre-mer...................................	248
2) La R.P.C., une attente culturelle en provenance de la périphérie......	250
NOTES DU CHAPITRE 2..	254
CONCLUSION...	267
NOTES DE LA CONCLUSION...	274
BIBLIOGRAPHIE	275
Sommaire de la Bibliographie..	277
TABLES DES MATIERES...	337

Collection «Logiques Juridiques»
dirigée par Guy Braibant et Gérard MARCOU

Déjà parus :

Collectif, *Les droits de l'Homme : universalité et renouveau, 1789-1989*, 1990.
Alain Boutet, *L'Etat de Droit*, 1991.
J.-P. Simon, L'esprit des règles, 1991.
- ASSOCIATION INTERNATIONALE DES JURISTES DEMOCRATES, *Les Droits de l'Homme : universalité et renouveau, 1789-1989*, 1990.
- BOUTET D., *Vers l'Etat de Droit*, 1991.
- ROBERT P. (sous la direction de), *Entre l'ordre et la liberté, la détention provisoire, deux siècles de débats*, 1992.
- LASCOMBE M., *Droit constitutionnel de la Vème République*, 1992.
- HAMON F., ROUSSEAU D., (sous la direction de), *Les institutions en question*, 1992.
- LOMBARD F., *Les jurés. Justice représentative et représentations de la justice*, 1993.
- BROVELLI G., NOGUES H., *La tutelle au majeur protégé, La loi de 68 et sa mise en œuvre*, 1994.
- NIORT J.-F, VANNIER G. (sous la direction de), *Michel Villey et le droit naturel en question*, 1994.
- COUTURIER I., *La diversification en agriculture*, 1994.
- BOUDAHRAIN A., *Eléments de droit public marocain*, 1994.
- RAYNAL M., *Justice traditionnelle - Justice moderne. Le juge, le devin, le sorcier*, 1994.
- DUBOURG-LAVROFF S., PANTELIS A., *Les décisions essentielles du Conseil institutionnel*, 1994.
- VOLMERANGE X., *Le fédéralisme allemand et l'intégration européenne*, 1994.
- BONGRAIN M., *L'assistant de service social et l'enfant maltraité*, 1994.

Collection «Logiques Juridiques»
dirigée par Gérard MARCOU

Déjà parus :

- PROUDHON P.-J., *Théorie de l'impôt*. Texte commenté et présenté par Thierry Lambert, 1995.
- DESURVIRE D., *Le timeshare ou la multipropriété échangée*, 1995.
- LAVENUE J.-J., *Dictionnaire de la vie politique et du droit constitutionnel américain,* 1995
- MARCOU G (sous la direction de), Ouvrage collectif, *Mutations du droit de l'administration en Europe*, 1995.
- MIAILLE M. , *La régulation entre droit et politique*, 1995.
- SOUBIRAN-PAILLET F. , POTTIER M;-L., *De l'usage professionnel à la loi*, 1996.
- ETEKA V., *La Charte Africaine des Droits de l'Homme et des Peuples. Etude comparative*, 1996.
- BERGERON G, *Tout était dans Montesquieu, une relecture de L'Esprit des lois,* 1996.
- STRUILLOU J.-F., *Protection de la propriété privée immobilière et prérogatives de puissance publique,* 1996.
- DUTRIEUX D. et HENON J.-O., *Les bibliothèques juridiques parisiennes - Guide pratique*, 1996.
- VALDMAN E., *Pour une réforme de la Cour d'Assises*, 1996.
- RABAULT H., *L'interptrétation des normes, l'objectivité de la méthode herméneutique*, 1997.
- DEL CONT C., *Propriété économique, dépendance et responsabilité*, 1997.

Collection «Logiques Juridiques»
dirigée par Gérard MARCOU

Le droit n'est pas seulement un savoir, il est d'abord un ensemble de rapports et pratiques que l'on rencontre dans presque toutes les formes de sociétés. C'est pourquoi il a toujours donné lieu à la fois à une littérature de juristes professionnels, produisant le savoir juridique, et à une littérature sur le droit, produite par des philosophes, des sociologues ou des économistes notamment.
Parce que le domaine du droit s'étend sans cesse et rend de plus en plus souvent nécessaire le recours au savoir juridique spécialisé, même dans des matières où il n'avait jadis qu'une importance secondaire, les ouvrages juridiques à caractère professionnel ou pédagogique dominent l'édition, et ils tendent à réduire la recherche en droit à sa seule dimension positive. A l'inverse de cette tendance, la collection « Logiques juridiques » des Éditions L'Harmattan est ouverte à toutes les approches du droit. Tout en publiant aussi des ouvrages à vocation professionnelle ou pédagogique, elle se fixe avant tout pour but de contribuer à la publication et à la diffusion des recherches en droit, ainsi qu'au dialogue scientifique sur le droit. Comme son nom l'indique, elle se veut plurielle.